律令論纂

小林宏編

律令論纂 目次

律令論纂

日本律編纂の意義について

小林　宏

はじめに

大宝・養老の律、即ち日本律の編纂については、高塩博氏の論考「日本律編纂考序説」(『日本律の基礎的研究』所収、昭和六十二年、汲古書院刊)があって、すでに十分に委曲が尽くされており、今更改めて論ずるまでもないように思われる。高塩論文の特色は、従来の研究が何れも日本律が唐律の個々の条文の規定内容をどの程度変更したかという点に主として関心が払われていたのに対し、日本の「律」法典が唐の永徽律の公定注釈書である「律疏」(永徽律疏)を下敷として、それに加除変更を加えながら作り出されたという事実を重視し、その視点から編纂作業の具体的過程を唐律疏議と伝存養老律との比較の上に立って克明に追究したことにある。その研究は、日本律編纂の根元的な問題の解明に大きく貢献するものとして評価し得るであろう。

本稿では、基本的には右の高塩論文の研究方法に立ちつつも、日本律の編纂について筆者の最近感じていることを二、三述べることとし、そこから当時の我が律令学の実態を把握する手懸りを得ると共に、併せて唐の律疏の我が法史上に遺した軌跡を探る端緒を見出したいと思う。なお次の二点について、予めお断りをしておきたい。大宝律が現存していないこともあって、大宝律と養老律とでは、その内容や体裁について、どの程度の相違があったか現在ではまだ十分に明らかではない。しかし筆者は、大宝律に存する立法上の不備を養老律において修訂したことは十分に考えられるにしても、両者にはそれほど大きな相違はなかったのではないかと一応推測している。従って本稿では、そのことを前提として議論を進めたい[1]。また日本律撰者の直接参照した唐律及び唐の律疏は永徽度のものであり、一方、唐律疏議の藍本は開元二十五年度の刪定を経た律疏であるが、この開元律疏は大体において永徽律疏と同じ内容を伝えているといわれている。従って本稿における日本律と唐の律疏との比較も、養老律と唐律疏議との比較をもってすることとした[2]。

一　日本律編纂の創造性

令集解所載の古記、令釈、跡記等の天平から延暦期にかけての令私記にみる日本律の引用は、その唐律の疏に当る文に対して、「律云」「案律」「依律」というように、「律」字を冠して引用するのが一般的であり、それは冊府元亀、旧唐書、通典、唐会要等の中国の典籍における唐律の引用が疏文に対しては必ず「疏」字を冠していることと甚だ対象的である。又前記日本の令私記では、疏に当る文を律本文、律本注と区別せずに引用することもあり、逆にそれらと区別するときには、疏に当る文には「注云」という語を冠している。この事実から高塩氏は、「日本律は唐律の疏文を註釈文としてではなく律文として継承したから、日本律の疏文は本文や本注と同じ律文としての扱いを受けていた」（前掲書一五四頁）とし、養老律が(イ)唐律疏の書き出しの冒頭にある「議曰」の語を悉く削除し、(ロ)唐律疏に存する問答形式の疏文を悉く平叙体の文に改めるか削除するかし、(ハ)唐律疏の疏に当る文をいくつかに分断して、それを本文の間に小刻みに挿入してその分量をできるだけ削減したのも、疏に当る文をいかにも律文であるかのように構成し直す為であったとする。その他、唐の律疏では律の全条文にもれなく疏文を付しているのに対し、養老律ではその原則を継承せず、疏に当る文のない条文を設け、又唐律の名例以下断獄に至る篇目、及び十悪、八議等の標目に付されたた疏もすべて削除している。それらの作業も疏文に存する註釈文としての色彩を薄める為であり、「律」としての体裁を整備する為であったとする（前掲書一五四頁以下）。

以上の指摘は、日本律編纂の根本に関わる問題であるから、ここでもう一度考えてみたい。もし古記、令釈等が日本律令編纂当初の撰者の意識を伝えているとすれば、それらの私記にみえる日本律の引用が唐律の疏に当る文に「律」字を冠して引用し、疏に当る文を律本文、律本注と区別して引用するときには、その冒頭に「注云」という語を冠していることの意味は、日本律の法典としての性質を考える上において極めて重要である。また我々はすでに次の事実を指摘したことがある。即ち古記、古答や令釈等において引用される「疏」「律疏」は、少ない事例ではあるが、何れも唐の律疏（永徽律疏）を意味し、これらの私記において日本律中の疏に当る文を指して「疏」「律疏」という語を使用することは殆どなかったという事実である。(3) 以上のことを併せ考えると、日本律撰者は唐律の疏に当る文を取りこみながら、それをも含めて全体をあえて「律」と呼び、決して「律疏」とは呼んでいないことになる。また日本律中の唐律の疏に当る文を唐に倣って「疏」といってもよいように思われるが、これをもあえて「律」もしくは「注」といって、決して「疏」とはいっていないことになる。これは日本律撰者の独自の主張のように思われるが、そうであるとすれば、日本律撰者は何故そのことに固執するのであろうか。

さて大宝律令の編纂においては、令法典の編纂は律法典のそれに先立って行われ、令法典は文武四年（七〇〇）三月以前に、その編纂は終了したとされている。従って、この大宝令の編纂に次いでつくられるべきものは、令法典との均衡上、先ず律法典であって、「律疏」、即ち律法典の公定注釈書ではあり得ない。律法典なくして、律疏だけをつくることはできないという意識が当時の日本に強く存在したのであろう。しかし一方、律疏がなければ律法典の適正な運用が不可能であることも、当時の日本ではすでに広く知られていたに違いない。元来、唐律の「疏」とは、唐代初期、儒教の経典に存する鄭玄、馬融等の古注を更に敷衍して、「正義」又は「疏」と称する公定の注釈書が撰定されたことに倣って唐律に付けられた詳細な注釈である。しかも唐の律疏が撰定された直接の理由は、旧唐書刑法志所載の高宗の詔に「律学未有定疏。毎年所挙明法。遂無憑準。」とあるように、科挙の一つである明法試の為の準拠となるべき公定の注釈をつくることにあった。しかし律疏撰定の理由は、それだけに止まるものではない。「律疏序」(唐名例律篇目疏)には、「今之典憲。前聖規模。章程靡失。鴻纖備挙。而刑憲之司。執行殊異。大理当其死坐。刑部処以流刑。一州断以徒年。一県将為杖罰。不有解釈。觸塗睽誤。皇帝彝憲在懐。納隍興軫。」とあり、ここには官司によって律文の解釈が異なると、刑罰の執行に不公平な結果を生じ、民が苦しみ、国家の治安の乱れる恐れのあることが示唆されている。律は裁判に当り、それに準拠して刑罰を科す実定法規範であるから、令に比べてその解釈を一層厳格にし、それを統一しておく必要があったのである。従って律と律疏が共に国家統治上の必須の法律文献である事情は、日本においても唐と変りはなかった。そうすると当時の日本において、唐に倣って日本律と日本律疏の両者を編纂するという方法も可能性としては存在した筈である。しかし、その方法がとられなかったのは何故か。

周知のように唐にあっては、永徽二年(六五一)に永徽律が制定施行され、その二年後の永徽四年に永徽律の公定注釈書である永徽律疏が成立した。即ち唐にあっては、律と律疏とは、その編纂の時期を異にした。しかし大宝期の日本では、永徽律と永徽律疏の両者は、これを同時に参看することができたのである。そうであるとすれば日本律撰者が律法典を編纂すると同時に、それに律疏としての機能をも持たせようと考えたとしても、それは極めて自然なことであろう。日本律撰者にとっては、その方が律と律疏の両者をそれぞれ別個に編纂するよりも、編纂に要する労力や経費を削減することが可能となり、且つ律の運用にも便利であると思われたに違いない。更に日本に伝来した唐の律疏が敦煌発見の唐職制律疏断簡の如き体裁をもった、律と疏とを含む一種の取り合せ本であって、そこから日本律撰者が示唆を得たことも十分考えられよう(4)。唐律の改訂版といわれる後代の明律が、やはり唐の律疏からその公定注釈書としての機能をも取り入れた律法典をつくり出していることをみれば、事情はやや似ているということができよう。但し日本律と上記の職制律疏断簡の如き唐の律疏とでは、その書写上の体裁が類似しているといっても、次のことは留意されてよいことと思われる。即ち日本律撰者の目指したものは、あくまで律疏の機能を取り入れた律法典の編纂であって、いわば律が主、律疏が従の位地にあり、その逆ではなかったということである。恐らく唐の永徽律疏の原本は、律文を取りこんだ律疏ともいうべきものであって、その点では日本律と唐の律疏とでは、書写上の体裁は類似していても、その撰定の目的は大きく異なっていたのである。日本律撰者は、このような意識から律法典に取り入れる律疏の内容と体裁について考えを巡らしたようである。

先ず律法典に取り入れる律疏の内容についてである。今、唐の律疏の内容をみると、そこには用語の明確な定義づけ、関連する他の律条の規定や令・式等の他の法典の規定との適確な対応、問答体を導入しての疑問点の明快な解決、当該規定の古典的根拠の提示など甚だ多岐にわたっている(5)。日本律撰者は律法典の中に律疏としての機能を取り入れるに当って、律の運用にとって当面必要不可欠である解釈の統一という視点から右に列挙した唐の律疏の内容に一定の限定を施した。

日本律が唐律の疏文をどのように継受したかを知る為には、唐律の十悪条の疏と日本律（養老律）の八虐条の疏に当る文とを比較してみると理解し易い。日本律では、唐の十悪の各項目に付けられた本注の語句・章句の定義的説明、十悪の各項目の適用上の注意事項、各項目の関連規定の照応等については概ね継受されているが、十悪の各項目に関する経書等による原理的な説明は全く無い。又本注の語句・章句に関する経書等による説明や字書等による訓詁的な注釈も省略されることが多い。その他、中国における故事、沿革、習俗、服制等の記述は殆どすべて削除されている。このように日本律八虐条は、唐律十悪条の疏文の中から、その解釈・適用に際し、さしあたり必要不可欠のもののみを抽出して、他はこれを捨去しているのである。そうすると日本律撰者は、唐の律疏の中から律法典の運用に当面必要な注釈は、これを選び出していることになり、注釈を簡素なものにすることは考えていたとしても、それには一定の方針があったことを窺わせるものである。

このように日本律撰者が律法典に取り入れるべき律疏の内容を右の如く限定したのは、律の運用を簡便ならしめるという機能上の問題があったと思われるが、重要なことは次に述べる律法典としての体裁を保つ為にも、それは必要であったということである。

それでは日本律撰者が律疏を律法典に取り入れる場合の体裁であるが、そもそも唐律には本注と称する注釈が伴っており、そこには律本文中の語句・章句の解釈上の定義や律文適用上の留意事項、補充事項等が簡潔に述べられている。しかも、この本注は律本文と同時に制定されたものである。今度新しく編纂される日本律にあっても、その疏に当る文は、唐律の本注のように律文と同時に制定されるものであって、唐律の疏文のように律文と時を異にして制定されるものではない。そうであるとするならば、日本律撰者が新しく編纂する日本律に唐律の疏に当る文を付して、そこに律文の解釈を一定にする為に当面必要な最小限度の注釈を盛りこんで、それをいわば律法典の本注に準ずるものとして扱い、律の本文、律の本注、律の疏に当る文の三者を一体のものとして考えたとしても、それほど不自然なことではないであろう。

このようにみて来ると、先に高塩氏が列挙した唐の律疏と日本律の疏に相当する文との体裁上の相違点、即ち母法である唐の律疏を継受するに際して、日本律撰者が唐の律疏に対して施した様々な独自の改変の作業の性質もよく理解が行くように思われる。今、唐律疏議によって唐律の本注をみると、そこには「謂」という文字がその冒頭に置かれる場合が屢々認められるが（例えば名例律16・20・23・25・26・32・35・36・37・45・54条等）、「議曰」の文字が置かれているものは一つもない。一方、養老律の疏に当る文の冒頭にも、「謂」が置かれている文が多いが、「議曰」が置かれているものは一つもない。また唐律の本注の文には問答体の注釈は一つもない。一方、養老律の疏に当る文が唐の律疏中の問答体の注釈を平叙体の注釈に改めていることは前述の通りである。また養老律には疏に当る文が全く見えない条文が存することは高塩氏の指摘する通りであるが、唐律にも本注の全く見えない条文も存する。更に養老律において名例以下断獄に至る篇目や八虐・六議の標目に疏に当る文が存しないのは、唐律の前記篇目や十悪・八議の標目の疏に中国におけるそれらの淵源や沿革が記されている為、養老律ではこれを削除したものと思われるが、そもそも唐律の前記篇目や標目には本注は存しないのである。このように唐律本注の体裁上の特徴は、養老律の疏に当る文と共通するところが多い。とりわけ養老律が律本文を分断して小刻みに疏に当る文をそこに配置したのは、高塩氏のいうようにその分量を削減し、且つ解釈の便宜を計ると共に全体を律法典らしくする為であったと思われるが、これとても唐律の本注の体裁に倣ったものではなかろうか。何故なら唐律の本注も、律本文を分断して解釈の対象となるべき語句の直下に小刻みに挿入される場合があるからである。（例えば名例律17条「公罪。謂縁公事致罪。而無私曲者。」、同47条「称部曲者。部曲妻及客女亦同。」、衛禁律5条「謂已下直者」等の本注は、それぞれ律本文「公罪者」、「部曲」、「応宿衛人」の直下に配されている。）そもそも日本律が疏に当る文の分量をできるだけ削減し、簡潔な注釈を作るように心懸けたこと自体、唐律の本注に倣ったともいえよう。[6] 高塩氏は疏文の分量を削減する方法の一つとして、「唐律疏が中国の典籍を引用して注解を施している箇所を養老律は、これをことごとく削除している」ことを指摘し、その理由として「日本の法典に中国典籍からの引用が存するのは不都合である」（前掲書一六四・一六五頁）とする。確かに日本律では、唐の律疏にみえる中国の典籍からの引用は、これを多く削除している。（但し日本律では、中国の典籍の引用は、これをすべて削除したのではない。例えば唐職制律30条の「其妻既非尊長。又殊卑幼。在礼及詩。比為兄弟。即是妻同於幼。」は日本律でも同文である。）又これを引用する場合も、典籍の名称を削除して引用している。（例えば唐職制律20条疏の「天文者。史記天官書云。天文日月五星二十八宿等。」は、日本律では「史記天官書云」を削除して、「天文者。謂日月五星廿八宿等。」として引用する。又日本律では、唐の律疏中の典籍名を示さない経書の引用は、それをそのまま引用する場合がある。例えば唐闘訟律44条疏の「父為子天。有隠無犯。」は、儀礼及び礼記の引用であるが、日本律でもそのまま引用する。）しかし日本律がその疏に当る文を唐律の本注の体裁に準拠して作成したとすれば、その文に中国の典籍からの引用や中国の典籍名が多く削除されたのも肯首されよう。唐律の本注には、典籍からの引用は一個所もないからである。日本律撰者がその疏に当る文から経書等の中国典籍の引用を多く削除したのは、後述するように決してそれを軽視した為ではない。

以上からすると、日本律撰者は「藍本の唐永徽律疏からいかにして註釈書としての要素を排除するかということに意を用いた」（高塩前掲書一七五頁、傍点小林）という表現は、「藍本の唐永徽律疏からいかにして律疏としての要素を排除するかということに意を用いた」というように言い換えることができよう。

また日本律撰者は、唐の律疏を継受するに当って疏文の分量の削減に努め、「その疏文を可能な限り削除・縮小して継受しようとした」（高塩前掲書一七四頁）ことは確かなことであるが、律の公定注釈書としての律疏の多岐にわたる内容の中でも、その最も重要な機能、即ち律文の解釈を統一するという意味での「註釈書としての要素」は、いかに短文化をはかったとしても、日本律では依然これを積極的に保持したものと思われる。しかも、その内容は唐律の本注が律文の語句・章句の解釈上の定義や律文適用上の留意事項、補充事項を定めている趣旨とも、ほぼ符合するのである。

このようにして日本律撰者は、いかにして律と律疏との両者の機能を統合して新しい日本の律法典をつくるかということにその精力を傾注した。その為に律疏、即ち律の公定注釈書としての機能を必要最小限、律法典中に盛りこみながら、しかも律法典としての体裁を整えることに努めたのである。幸にも唐永徽律の本文には、本注といわれる簡潔な注釈が付けられている。日本律撰者はそれに着目し、本注作成の原則に拠って唐律の疏文の体裁に変更を施し、疏文としての特徴をできるだけ払拭して、その意味で疏文を「本注」化しようとしたのであろう。日本律撰者がそのような意図に基づいて日本律を編纂したとするならば、そのことに関する限り、日本律撰者は唐律に存する一つの規範に準拠して唐の律疏から日本律をつくり出したことになり、決して恣意的な方法で日本律を編纂したのではない。日本律撰者は唐律の十悪・八議の制を継受して八虐・六議の制をつくり出す過程においても、単に国情からする機能の面のみを重んずることなく、周礼や隋律、数の陰陽等の唐律に存する規範に準拠して、その適法性、合法性を得るように努めたと思われるが、(7)そのことは日本律の編纂そのものにおいても妥当するであろう。

そうすると日本律編纂の事業には、唐の律疏の機能を取り入れるに当って、一方では当時の日本の状況に応じて、その当面の運用にとって必要にして簡便な内容をもつ律法典の制定と他方では中国における法典編纂の規範に準拠して、それから大きく外れない体裁をもつ律法典の制定と、この二つの要請を調和せしめる為に、それなりの創意工夫があったとしなければならない。日本律撰者の意識を伝えていると思われる古記、令釈等が日本律の疏に当る文をあえて「律」もしくは「注」と呼んで、決して「疏」とはいっていないことは、実は日本律撰者が唐代の律令法典に存する、この種の規範を遵守して、唐の律疏の内容を取り入れながらも、なお日本律を「律」法典たらしめようとする努力の姿勢の反映でもあったのである。

元来、法典の継受は、その法文の内容は勿論のこと、それに伴う立法技術や解釈技法、更にはその背景にある思考様式に至るまで、それらの継受と切り離して行われるものではない。日本律の編纂を以上のように捉えるならば、我々はそこに日本における法的思考の源流ともいうべきものをみて取ることができるのではなかろうか。

二　日本律編纂の問題点

以上述べた日本律編纂の事業は、当面、一応の成功を収めたようであるが、それは後に大きな問題を残すことになる。本章では、そのことについて考えてみたい。

先ず日本律撰者が唐の律疏を律法典中に取り入れたその体裁である。前述の如く日本律撰者は、唐律の疏文を唐律の本注の体裁に倣って、それを「疏」としてではなく、「注」として取り入れたと思われる。しかし養老律自体が（恐らく大宝律もそうであったと思われる）、養老律の本注を指して「注云」といっているから（八虐条不孝、名例律18条等の疏に当る文）、日本律撰者が疏に当る文をなお「注」として扱おうとすると、本来の本注と疏に当る文とが等しく「注」となって、呼称上、両者を区別することができなくなる。また日本律写本では疏に当る文を小字双行に記しているから、それは大字一行に記された律本文・本注とは区別することができるが、それでは律本文と本注とを書式上、どのように区別すればよいかという問題も生ずる。結局、日本律では、この三者の関係は曖昧なものとなり、それらを厳格に区別することは不可能となった。古記、令釈等が日本律の疏に当る文を「律」と呼び、それを単独に引用するときにも「注云」といわず、他の律本文や本注と区別する場合に限って、それを「注云」といっているのは、本注も疏に当る文も等しく律文として扱うのが日本律の原則であることを示唆している。唐の「律疏」には、唐王朝において律の為に撰上された権威ある公権的注釈書としての意味合いが強くあったが、日本律に取りこまれた疏に当る文には、もはや律本文や本注と区別される程の特別な意味はなかったのである。日本律では唐律の疏文を継受するに当って、それを律本文や本注の中に繰り入れている事例が若干認められるが（高塩前掲書一六六頁）、このことからしても、日本律撰者にとって律本文、本注、疏に当る文の三者は、同じ法的効力をもつ法文であって、三者の性質を厳格に区別するという意識は、当初から甚だ稀簿であったといわなければならない。（後代の明律には、唐律の本注と疏文とを合して、小字双行の「注」に作ったり、また唐律の本注を律本文に繰り上げたりしている場合があるが、三者を区別せずに一つのものとしてみる意識は、日本律も明律も同じであったといえよう。(8)）

しかし後述するように日本律施行の比較的早い段階から唐の律疏は日本律の運用にとって必須の文献になったと推測され、それに伴って唐の律疏に関する研究が深化されると共に、一方では日本律編纂当初の意識も次第に忘れられて来ると、日本律全体を唐の律疏のように考えて、その疏に当る文を「注」といわず、「疏」として引用する傾向が生じて来る。(9)この事象は日本律撰者が律法典を制定するに際し、疏に当る文を「注」として扱った為、律本文、本注、疏に当る文の区別が困難となったことに起因し、それに対する反動として生じたものであろう。

さて、次は日本律撰者が唐の律疏を律法典中に取り入れたその内容である。その際、前述の如く日本律撰者が唐の律疏の文を削除、省略、変更した個所は多くあるが、その中でもとりわけ大きな意味をもつのは、唐の律疏中に屢々現れる儒教の経書からの引用を削除、省略したことと唐の律疏中にある問答体の注釈を悉く平叙体の文章に改めるか、もしくは削除したことの両者である。

先ず日本律が経書からの引用を多く削除、省略したことについて述べよう。唐律の笞杖徒流死の各刑名、十悪、八議の標目、及び各篇目に付けられた疏には、経書や史書が多く引かれて、当該諸制度の淵源や沿革が詳細に述べられているが、養老律では、それらはすべて削除されている。日本律の各条においても、唐律の疏にある経書からの直接の引用は削除、省略されることが多い。しかし、この作業は日本律撰者が律法典としての体裁を整える為に、唐律の本注に倣って削除、省略したものと思われ、決して経書からの引用を軽視したものではない。養老学令に定められた大学寮のいわゆる本科生（その中には将来、明法試を志す学生も含まれる）に対する教科々目には、特定の経書の書目とその注釈の名称とが列挙され、本科生はすべて孝経・論語と礼記以下の二経以上の経学を修めなければならなかった。

日本律撰者が日本律から経書の引用を多く削除、省略したのが経書を軽視したものでないことは、右の学令の規定に照らして明らかである。しかし日本律において経書の引用が多く削除、省略されたことは、実は重大な意味をもつのである。そもそも唐の律疏に屢々経書が引用されるのは、それによって当該条文の立法や当該諸制度の制定を正当化する為であったから、唐の律条の大部分を継受した日本律にあっても、その事情は全く同一であった。即ち日本律各条の規定は勿論のこと、五罪、八虐、六議等の重要な諸制度について、その淵源や沿革にまで溯ってその知識を得ようとするとき、又その知識によってそれらの律条や諸制度を柔軟、且つ円滑に運用しようとするとき、日本律のみでは、もはやその用を為さないということである。

例えば唐職制律30条の疏にみえる問答には、次のように記されている。

問曰。聞喪不即挙哀。於後択日挙訖事発。合得何罪。

答曰。依礼。斬衰之哭。若往而不返。斉衰之哭。若往而返。大功之哭。三曲而偯。小功緦麻。哀容可也。準斯礼制。軽重有殊。聞喪雖同。情有降殺。期親以上。不即挙哀。後雖挙訖。不可無罪。期以上。従不応得為重。大功従不応得為軽。小功以下哀容可也。不合科罪。若未挙事発者。各従不挙之坐。

右の問答の「問」は、親族の喪を聞いても直ちに挙哀（親族死去の報をうけた場合、直ちにその場で哭泣すべきこと）をせず、後に日を択んで挙哀をしたことが発覚した場合、その罪は律条には規定されていないが、いかなる罪を科すのか、それを問うたものである。それに対する「答」は、礼記の文を引いて、親族の喪に際しては、その関係の親疎によって哀哭の声音にも差異が生ずることを述べ、そこから期以上の親族の場合は「不応為重」（杖八十）を、大功の場合は「不応為軽」（笞四十）を科し、小功以下の場合は罪を科さないとしている。即ち法規欠缺の際における前記の行為は、経書に準拠して、そこから夫々の量刑が導き出されているのである。しかるに養老律同条の右の個所は、次のように改められている。

若聞喪不即挙哀。於後択日挙訖。事発者不可无罪。二等以上従不応得為重法。三等不応得為軽。若未挙事発者。各従不挙之坐。

ここには礼記等の経書は一切引用されず、前記の行為に対しては、事が発覚すれば罪なしとせず、二等以上の親族の場合は「不応為重」を、三等の親族の場合は「不応為軽」を科すとしている。この日本律の量刑は、唐の律疏の「期以上」を「二等以上」に、「大功」を「三等」に置き換えたものであるが、何故夫々にそのような罪が科されるのか、日本律の文だけを読んでも、その理由は全く不明である。唐の律疏の問答を読んで、初めてその量刑及び科罰の理由が了解されるのである。

次は日本律が唐の律疏にみえる問答体の注釈を平叙体の注釈に改めたことについてである。この改変は日本律と唐の律疏との体裁上の相違点を鮮明にしただけではなく、日本律の内容上の特徴をも最もよく表現していると思われるから、以下若干の項目に分けて、やや詳しくみて行きたい。

(イ)唐の律疏にみえる問答は、当該条文の解釈・適用に当って、重要な疑義を提起しているものが多い。従って、これを平叙体の文章に改めてしまうと、問題設定に的確さを欠き、問題の論点がどこにあるのか、撰者がそれを指摘して論述しない限り、その所在を明確に知ることが難しくなる。更に日本律では問答体の文を平叙体の文に改める際に、屢々「問曰」という質疑の個所を全文削除して、「答曰」という解答の個所のみを採用しているから、その場合はなおのこと、読者は直接、問題点の所在を知ることができない。今、その一例をあげよう。

唐闘訟律5条は、次に掲げる通りである。

諸闘殴殺人者絞。以刃及故殺人者斬。雖因闘。而用兵刃殺者。与故殺同。……

唐の律疏には、右の律文に対し、次のような問答が記されている。

問曰。故殺人。合斬。用刃闘殺。亦合斬刑。得罪既是不殊。準文更無異理。何須云用兵刃殺者与故殺同。

答曰。名例。犯十悪及故殺人者。雖会赦。猶除名。兵刃殺人者。其情重。文同故殺之法。会赦猶遣除名。

右の「問」の意味は次の通りである。即ち本条律文には人を故殺すれば斬とあり、又刃を用いて人を闘殺しても斬と定めている。両者ともその罪が斬であることに違いはなく、律文をよんでも、その法理は同じである。然るにわざわざ律文に、「雖因闘。而用兵刃殺者。与故殺同。」(「闘ニ因ルト雖モ、兵刃ヲ用ヒテ殺ス者ハ故殺ト同ジ」)として同じ意味の文を再び置いているのは何故かと。右の「問」に対する「答」の意味は次の通りである。即ち名例律18条によれば、十悪・故殺人を犯すものは恩赦に会っても、なお除名にするとある。兵刃を用いて人を殺すものは、その情状は極めて重い。本条律文にそれを故殺の法と同じといっているのは、兵刃を用いて人を殺すものは本来、故殺ではないけれども、その情状を責めて故殺と同じく除名にするという意味であると。(10)

養老律同条も、その律文は前掲唐律と同文であるが、その疏に当る文は、前掲唐律の問答を次のように改めている。

名例。犯八虐及故殺人者。雖会赦。猶除名。兵刃殺人。責其情重。文同故殺之法。会赦猶遣除名也。

日本律では、唐の律疏の「問」の個所を全文削除し、「十悪」を「八虐」に改めた他は、ほぼ唐の律疏と同じである。しかし日本律には「問」に当る文がないから、日本律の文だけをみても、何故この文がここに置かれているのか、その理由を知ることは容易ではない。即ち日本律の「文同故殺之法」の「文」が唐の律疏の「問」に引かれている律文「用兵刃殺者。与故殺同。」を意味することは、この「問」の文がなければ殆ど理解することができないといわざるを得ない。

(ロ)次に唐の律疏の問答体の文を日本律で改める際、日本律では唐の「答」の個所にある自己の解答を正当化する為の理由づけの文を屢々削除することがある。これに関しては、経書の引用が削除された養老職制律30条の前述の事例がここでも妥当する。即ち、この事例は唐の律疏の問答を日本律で改めた際のものであるから、それに伴って、その解答の理由づけの為に引かれた経書の文が削除されたと考えることもできるからである。

自己の解答を正当化する為の理由づけの文が日本律で全く削除されてしまう例は他にもある。唐闘訟律4条にみえる問答の場合がそれである。次にその全文を掲げよう。

問曰。人目先盲。重殴睛壊。口或先瘂。更断其舌。如此之類。各合何罪。

答曰。人貌肖天地。稟形父母。莫不愛其所受。楽天委命。雖復宿遭痼疾。然亦痛此重傷。至於被人毀損。在法豈宜異制。如人旧瘂或先喪明。更壊其睛或断其舌。止得守文。還科断舌瞎目之罪。

右の「問」は、すでに盲人であったものが、更にその睛《ひとみ》を傷つけられた場合、又すでに瘂であったものが、更にその舌を断たれた場合、加害者の罪はどうなるかを問うたものである。それに対する「答」は、人の身体は天地や父母からうけた尊いものであって、もともと痼疾があるからといって、その人に対する傷害を軽く考えてはならない。従って痼疾があろうとなかろうと法の適用を異にしてはならず、本条に規定された「断舌（流二千里）・瞎目（徒三年）」の罪をそのまま科すべきであるというのである。しかるに養老律同条では、右の個所は、ただ「若有人目先盲。重殴晴（睛）壊。口或癈（瘂）。更断其舌者。還科断舌瞎目之罪。」とあるのみであって、その結論は唐の問答と同じであるが、何故この場合、「断舌・瞎目」の罪がそのまま科されるのか、その理由づけの文はすべて省かれているのである。

更に右と関連して、もう一つ注意すべきことがある。即ち唐の律疏にみえる問答の「答曰」の個所の末尾には、屢々その解答を正当化する為の結びの語が付けられている。例えば唐名例律18条の第二の問答の末尾にある「今準諸条理例。除名故為合理。」、唐職制律4条の問答の末尾にある「以此処断。実允刑名。」の如くである。これらの「故為合理」（「故ニ理ニカナヘリト為ス」）、「実允刑名」（「実ニ刑名ニカナフ」）等の語は、唐の律疏が自己の解答を正当化する際に用いる常套語や慣用句であって、自己の解答の正しさを再確認する意味をもち、それなりに重要な語句であるが、養老律では問答体の注釈をとらない為に、前掲二例では何れもそれが削除されている。[11] なお日本律では、唐の問答に相当する個所ではないが、唐の律疏にあるこの種の文言が削除される例もある。即ち唐闘訟律56条の疏の末尾にみえる「雖無正文。比例為允。」は、養老律同条の逸文には存しない。日本律において、この種の文言が削除されるのは、日本律では理由づけの文に重きをおかない為であり、そうであるとすると、やはり日本律から法的決定の際におけるその結論の正当化の技術・技法を学び取ることは難しいといわざるを得ない。

(ハ)更に前項(ロ)と関連することであるが、唐の問答体の文を改めるに際し、日本律では律文解釈上の技術・技法、即ち自己の解答を正当化する為の操作の重要性やその必要性を説明する文章が屡々削除、省略されることがある。次に示す事例は、すでに論じたことがあるので(12)詳細はそれに譲り、ここではその要旨のみを掲げるに止める。

唐賊盗律30条は、死者を葬った冢を発《あば》いた罪を規定するが、そこには尊卑貴賤の身分関係にあるものの冢を発いた罪については規定するところがない。その為、疏の問答では、そのことを問い、それに対して尊長による卑幼の冢を発く罪を「比附」の手法によって案出し、その答を出している。右の問答を平叙文に改めた養老律同条も、唐の問答の文を殆どそのまま引き写したものであり、尊長の罪も各場合に応じて唐律より何等か減じてはいるが、それはやはり「比附」の手法によって、その量刑を案出したものである。しかし唐の問答の「答曰」の冒頭にある「五刑之属。条有三千。犯条既多。故通比附。然尊卑貴賤。等数不同。刑名軽重。粲然有別。」という文は、養老律では全く削除されている。上記の文は、この場合、何故「比附」という操作が必要であるか、その理由を述べたものである。処が日本律では、この文がない為に、この条文をみる限り「比附」という法解釈上の技法の必要性や重要性を窺い知ることができない。

賊盗律16条も、上記の場合と同じことがいえよう。唐律本条の疏にみえる問答は、次に掲げる通りである。

問曰。毒薬薬人合絞。其有尊卑長幼貴賤得罪。並依律以否。

答曰。律条簡要。止為凡人生文。其有尊卑貴賤。例従軽重相挙。若犯尊長及貴者。各依謀殺已殺法。如其施於卑賤。亦準謀殺已殺論。如其薬而不死者。並同謀殺已傷之法。

唐律本条の律文では、毒薬を用いて人を殺そうとしたものの罪は絞と規定するが（「諸以毒薬薬人及売者絞」）、尊長卑幼間、及び貴賤間において毒薬を用いて殺そうとしたものの罪については規定するところがない。その為、右の問答では、そのことを問い、それに対して、その場合は賊盗律5条から8条までの規定によるとし、それに載らない身分関係の毒殺については闘訟律各条に現れる規定と比べ、名例律50条の「挙軽明重」、「挙重明軽」の操作によって量刑を導き出すべきであると答えている。(13) しかるに養老律同条では、右の「問」の文はすべて削除され、「答」の前半部分、即ち「律条簡要。止為凡人生文。其有尊卑貴賤。例従軽重相挙。」の文は存在せず、それ以下の文は唐とほぼ同じである。日本律で削除された前掲文は、やはり法規欠缺の際における量刑案出の必要性とその方法を述べたものであって、律条の運用上、極めて重要な文言なのである。

㈡日本律が唐の律疏の問答を平叙体の文に改めた為に、律条全体に通ずる重要な留意事項が削除、省略されたり、或はその改めた文全体の意味が理解し難くなったりすることがある。その例として、唐名例律18条の問答を先ず掲げよう。

問曰。監守内略人。罪当除名之色。奴婢例非良人之限。若監守内略部曲。亦合除名以否。

答曰。抑殺一家非死罪三人乃入不道。奴婢部曲不同良人之例。強盗若傷財主部曲。即同良人。各於当条見義。亦無一定之理。今略良人及奴婢。並合除名。挙略奴婢是軽。計贓入除名之法。略部曲是重。明知亦合除名。又闘訟律云。殴傷部曲減凡人一等。奴婢又減一等。又令云。転易部曲事人。聴量酬衣食之直。既許酬衣食之直。必得一疋以上。準贓即同奴婢。論罪又減良人。今準諸条理例。除名故為合理。

右の「問」は、監臨主守が監守内で「人」、即ち良人を略取した場合、その罪は除名に当るが、奴婢は通例「人」と同じ扱いをうけない。それでは監臨主守が監守内で部曲を略取した場合は、「人」を略取したとして除名にすべきかどうかというものである。それに対する「答」は、律文の「監守内略人」の「人」が部曲を含むかどうかについて直接言及していないが、部曲を略取する行為が奴婢を略取する行為よりも重い犯行であることを賊盗律46条、闘訟律19条等の法理から説明し、そこから名例律50条の「挙軽明重」の操作によって奴婢を略取する行為が贓の立場から除名になるのであるから、監守内で部曲を略取すれば当然除名に当ると結論している。

処で右の唐律問答に相当する養老律同条では、前掲の文が次のように改められている。

若略家人。亦合除名。依闘律。殴傷家人減凡人一等。奴婢又減一等。今略良人及奴婢。並合除名。挙略奴婢是軽。計贓入除名之法。略家人是重。明知亦合除名。

右の養老律においても、唐の部曲に相当する家人を略取する行為が奴婢を略取する行為よりも重い犯行であることを唐律と同様、賊盗律や闘訟律の法理から証明し、やはり監守内の家人を略取すれば除名になると結論している。しかし日本律では、唐律の「答曰」の末尾の文「今準諸条理例。除名故為合理。」(前述)と共に、その冒頭の文「抑殺一家非死罪三人乃入不道。奴婢部曲不同良人之例。強盗若傷財主部曲。即同良人。各於当条見義。亦無一定之理。」がすべて削除されている。この冒頭の文は、唐律では部曲・奴婢が良人として扱われない場合(賊盗律12条)と良人として扱われる場合(同34条)との両者があり、右に関しては、それぞれ問題となる条文によって解釈が異なり、一定の原則のないことをいったものであって、律文解釈上、重要な提言といえよう。この提言は「部曲」を「家人」と言い換えれば、日本律にもそのまま妥当するものである。唐律問答の「答」が監守内での部曲略取の行為が除名に当るとする理由を縷々説明しているのは、実は右の冒頭の文にあるように部曲・奴婢の扱いが律条により異なり、一定の原則がない為である。即ちこの冒頭の文が前提となって、初めて次の部曲略取を除名とする説明の文が意味をもつ。しかるに日本律では、この律文解釈上の重要な留意事項ともいうべき前提の文がないから、日本律の前掲文の置かれている趣旨が唐律に比べると明確さを欠くことになるのである。

次に日本律で唐律の問答を改めた為に、その文の意味が極めて理解し難くなった例をあげよう。やはり唐名例律18

条の冒頭の律文「諸犯十悪故殺人反逆縁坐」の本注「本応縁坐。老疾免者亦同。」の疏にみえる問答の場合である。次にその文を掲げよう。

問曰。帯官応合縁坐。其身先亡。子孫後犯反逆。亦合除名以否。

答曰。縁坐之法。唯拠生存。出養入道。尚不縁坐。既已先死。豈可到遣除名。理務弘通。告身不合追毀。告身雖不合追毀。亦不得以為蔭。

前掲本注の意味は、本条の律文に反逆罪によって縁坐となったものは赦に会っても、なお除名にするとあるが、本来、縁坐となるべきもので老齢もしくは病疾により縁坐を免除されたものも同じく除名にするというのである。次に前掲問答の「問」は、上記の本注をうけて官品を有するものが、もしその子孫が反逆罪を犯せば縁坐となるべき身分であって、そのものが先に死亡し、後に子孫が反逆罪を犯した場合、その死亡した父祖はやはり除名にすべきかどうかを問うたものである。それに対する「答」は、縁坐の法は生存者のみを対象とし、他家に養子に入ったものや道士・僧尼となったものでさえ縁坐としないのであるから、死亡者を除名にしないのは当然であり、告身も追毀すべきではないけれども、その告身をもって親族に蔭を及ぼすことはできないとする。

処が右の唐律問答に相当する養老律同条の文では、それが次のように改められている。

若其身先亡者。不合除名。仍聴為蔭。

この文は、本注の疏に当る文「謂縁坐之中。有年八十及篤疾。雖免縁坐之罪。身有官位者。亦各除名。」をうけて、その下に記されているものである。前掲文の意味は官位を有するものが先に死亡し、後にその子孫が反逆罪を犯した場合、父祖は除名とせず、その位記をもって親族に蔭を及ぼすことができるというものである。今、日本律と唐律問答とを比べると、その父祖を除名にはしないという点では両者とも同じであるが、親族に対する蔭の効果は、両者では全く逆である。(14) しかし、そのことは暫く措くとしても、前掲の養老律の短い文のみによって、その内容を上記のように解することができるであろうか。恐らくそれは不可能であろう。やはり唐律の問答と比較することによって、初めて日本律の文をそのように解することができるといわなければならない。(15)

三 日本律の注釈書としての唐の律疏
――結びに代えて――

日本律撰者は当時の日本の国情に応じて、唐の律疏の中から律の公定注釈書としての機能を必要最小限、律法典中に取りこみながら、しかも律法典としての体裁を整える為に、それを唐律の本注に準ずるものとして導入したと思われる。そのことは、いわゆる立法における具体的妥当性と形式的合法性とを調和せしめるものとして評価し得るであろうが、その結果、日本律では唐の律疏にみえる経書等による律文の原理的説明や字書等による訓詁的注釈の多くが削除され、とりわけ唐の律疏の問答に関しては、その結論に当る部分のみが重視され、それに至る論理的な過程は省略されることが多くなった。従って日本律を的確に理解し、衡平にかなったその運用を行う為には、是非とも唐の律疏に遡ってそれを参照することが必要となったのである。

もとより日本律においても、「比附」や「挙軽明重」「挙重明軽」等の法解釈上の技術・技法が記されている。しかし、すでにみて来たように、その場合、結論の正当化の為に必要な説明や理由づけの文章、或はその為の常套語や慣用句等が屢々日本律の疏に当る文からは削除、省略され、且つ唐の律疏にある問答の文体を改めたことにより法規運用上の問題点の所在が明瞭さを欠き、読者が直ちにそれを把握することが頗る困難となっている。更に日本律では唐の五刑、十悪、八議に相当する五罪、八虐、六議の重要な諸制度の淵源や沿革を説明する文がなく、各律条の立法を正当化する為の経書による引用も多く省かれている。従って日本律から法規の解釈・適用の為の専門的な技術・技法を学び取ることは到底不可能であり、その為にも唐の律疏について学習しなければならなかった。その意味では、日本律は体裁上のみならず、内容上もあくまで「律」であって、「律疏」ではなかったのである。このように日本律に付けられた疏に当る文が唐の律疏に比べて、法的思考と関わりの深い、説得による合意形成の技術を磨く為の学習書としての機能を十全には果していないとすると、日本律にとってその役割を果すものは、やはり唐の律疏そのものであったと考えなければならない。

　唐にあっては、令条の数が律条のそれよりも、はるかに多く存するにも拘らず（大唐六典には「凡律一十有二章。……而大凡五百条焉。凡令二十有七篇。分為三十巻。……而大凡一千五百四十有六条焉。」とある）、その明法試には律七条、令三条が出題され、その八以上に通じなければ及第せずとされた（唐考課令）。それは恐らく律の学習には律疏の学習が前提とされ、明法試の「律七条」は結局、律疏をも含んだ「律七条」であるからであろう。右の唐考課令の規定は、そのまま我が国にも継受され（養老考課令73条）、我が延喜の大学寮式には、その講説に要すべき日数は、令が二百日であるのに対し、律は四百八十日であり（その比は出題数の比に近似する）、令が「小経」とされるのに対し、律は「大経」とされている。このように日唐にあって令よりも律の学習が重んじられたのは注意すべきことであって、これは結局、前述の唐の律疏にみられるような法解釈上の技術・技法を修得する為の学習が重んじられたからに他ならない。更に日本律には、その諸条間や同一条文中に矛盾・齟齬する内容がまま認められ、日本律と日本令との諸条間にも、それは少なからず存在した。いわゆる日本律令の枘鑿である。[16] それらの枘鑿を訂して日本律令を的確に解釈する為にも、唐の律疏は当時の法律家にとって必須の文献であったに違いない。

　日本の律学がどのような形態をとって発展したか、今それを具体的に詳かにする暇はないが、養老律令の刊脩に与り、古記の著者にも想定される大和長岡は、「少好刑名之学。兼能属文。霊亀二年（七一六）。入唐請益。凝滞之処。多有発明。当時言法令者。就長岡而質之。」（続紀、神護景雲三年十月癸亥条）とされているから、入唐の際には当然、唐の律疏についてその多くを学び、数多の唐律の注釈書をも日本に将来したことであろう。日本に舶載された唐律の注釈書はかなり多く存するが、[17]これらはすべて唐の律疏を前提にして著わされたものであって、唐の律疏の文を更に解釈したものか、若しくは律疏の適用を詳しく説明したものであった。[18]即ち日本に将来された唐律の注釈書は、唐の律疏を除外しては成立し得ないものであったことを忘れてはならない。九世紀前半の神亀年間から天平初年にかけては、大学明法科が大学本科から分立して設けられ、専門の法律家の養成が急務とされるに至った。そこには律学博士二人が置かれたが、「律学」とは唐制に倣って律令を専修する学問を称したから、この「律学博士」も日唐の律令は勿論のこと、その官名の示唆する通り唐の律疏をも本格的に教授したことであろう。同じ天平期に成立したとされる大宝律の注釈書、古答が日本律の注釈としては適さない文字を若干変更するだけで（「十悪」を「八虐」に、「八議」を「六議」に改める等）、唐の律疏の文をそのまま日本律の注釈の文としているのは、[19]唐の律疏が即ち日本律の注釈書であるという当時の律学の実態を如実に反映しているものではなかろうか。

我々は、すでに惟宗直本の編纂にかかる、九世紀後半の平安時代前期に成立した律集解の形式と内容について論じたことがある。その結論は、凡そ次のようなものであった。[20]

㈠律集解に直接引用される律疏は、唐の律疏（永徽律疏）そのものであり、又同じく律集解に引用される律附釈は、唐律に関する注釈書であって、共に日本において成立した日本律の注釈書ではない。

㈡律集解の体裁は、先ず日本律本文を大字一行にて記し、次にその下に小字双行にて「謂」として日本律の疏に当る文を最初に引き、次に同じく小字双行にて「疏云」として唐律の疏文を引き、更に古答、物記、穴記等の日本人による注釈、或は附釈、張、宋等の唐人による注釈を列記したものである。但し、律疏、附釈の引く唐律の疏文が必ず日本律の疏に当る文のすぐ次に配されたかどうかは確言できず、古答等が唐律の疏文を転載している場合は、律疏、附釈の前に置かれることがあったようである。

(三)（略）

もし右の結論が正しいとすれば、日本律の諸注釈を集大成した律集解において、律附釈や張、宋等の唐人による注釈と共に唐の律疏が「疏云」として直接引用され、それらが古答、物記、穴記等の日本の注釈書と相並んで同格に列記されていること、とりわけ「疏云」が日本の諸注釈よりも権威あるものとして扱われていることは極めて重要な意味をもつことになろう。それは同じ編者によって日本令の諸注釈が集大成された令集解において、唐代の律令の注釈が日本の令私記の中に間接的に引用されることはあっても、日本の諸家の注釈と相並んで直接引用されることのないことと甚だ対象的である。即ち右の事実は、律疏を始めとする唐代の律の諸注釈がまさに日本律の注釈書でもあったことを端的に物語るものに他ならない。実際、宣旨を受けて太政官に提出された我が明法家の勘文には、これらの唐の注釈が日本律の注釈として、そのまま引用されているのである。例えば、政事要略巻七十所載の寛弘六年（一〇〇九）二月八日付、大判事兼明法博士美麻那直節、勘解由次官兼明法博士令宗允正連署の罪名勘文には、我が名例律6八虐条謀反、及び賊盗律9謀殺人条の注釈として、それぞれ「唐儒張云」「唐儒宋云」の文が直接引用されている。そもそも律集解三十巻の構成が唐の律疏のそれとほぼ一致することは、律集解自体が唐の律疏をモデルとして日本律に注釈を施そうとする態度を示している。また唐の律疏の文章と律集解・令集解所載の日本の諸私記の文章とを比較してみても、問答形式による法文の説明方法を始めとして、法規の解釈・法規の欠缺補充の際における両者の表現技法には、驚くべきほど酷似しているものが多い(21)。やはり唐の律疏の学習による影響であろう。

今迄述べたことからすると、唐の律疏は、唐の律令が屢々日本律令の補充法とされた以上の意味をもつことになり、それは大宝律令施行の比較的早い段階から奈良・平安時代を通じて、説得による合意形成の法的技術を磨く為の最も重要な学習書の意味をも担った日本律の注釈書として、法実務に携わるものにとって権威ある地位を保ち続けたものと思われる。このように考えれば『本朝法家文書目録』所載の「律疏一部卅巻」の「律疏」は、もはや日本において成立した日本律の注釈書ではなく、その巻数、編次の一致とも相俟って、唐の律疏（恐らく永徽律疏）と推断してほぼ誤りないのではなかろうか。

以上、日本律の編纂について縷々述べて来たが、日本律の体裁や内容に関しては、まだ不明なことも多い。とりわけ養老律写本の五罪の個所が特殊な書式によって記されていること、及び養老律の五罪・八虐・六議条の部分が名例律の条文数から除かれていること等の意味である。[22] 後者に関する我々の若干の見解については、すでに述べたことがあるが、[23] 忘れてはならないことは、日本律の編纂自体、恐らくかなり性急に為されたものであり、それは十分なる推敲を経て出来上ったものではないということである。従って日本の律法典は、当初よりその中に多くの矛盾・齟齬する部分を孕んでいるのであり、今後そのことを踏まえながら、日本律編纂の合理的な解明が更に望まれるであろう。

日本律令の制定に関する今日の一般的な考え方によれば、律と令とでは継受の仕方に大きな差異があり、日本令は我が国情を斟酌して唐令の規定に大きな変更を加えたのに対し、日本律は唐律と大同小異であって唐律を殆どそのまま直写したというものである。この見解にはまだ検討の余地があるにしても、日唐律の用語や文章、更にその規定内容等からすれば、大筋において、それは正鵠を射ているものとして評価せざるを得ないであろう。しかし日本律編纂の真の本領ともいうべきものは、日唐間の規定内容の異同もさることながら、本稿で述べた如く律と律疏との機能をいかに統合して国情に見合った日本の律法典をつくるかという、その編纂の創造性にあったのではなかろうか。即ち唐の律疏の機能の中でも、律文の解釈の統一という基本的な機能を唐律の本注に倣って最小限、取り入れることによって、一方では当面の律運用に必要にして簡便な内容をもつ律法典を制定することが可能となると共に、他方では従来の中国の法典編纂の規範からも大きく外れない日本独自の新しい律法典を制定することができたのである。既存の法や制度に内在する規範にその変革の根拠を求め、それらの法や制度との整合性を考慮しながら、それらを内部から変革して、時代に見合った新しい法や制度を創り出す手法は、日本の歴史を貫く一つの思考様式のように思われるが[24]、日本律の編纂は、まさにその源流にも位置づけられるのではなかろうか。また日本律編纂後の唐の律疏の学習は、そのような改革を正当化する為の有力な武器を提供するものとして、法律家の実務遂行に大きく貢献するところがあったのではなかろうか。もしそうであるとするならば、唐の律疏こそは日本人に初めて法的なものの考え方を植えつけた文献として高く評価してもよいと思われるが、かかる日本法学史の分野における唐の律疏の軌跡をたどることも今後の課題の一つであろう。

注

（1）大宝律と養老律との相違について、吉田孝氏は「名例律継受の諸段階」（弥永貞三先生還暦記念会編『日本古代の社会と経済』上巻所収）において、大宝律八虐・六議条には疏に当る文が存在しなかったという仮説を提示されている。この論考からは唐律及び日本律の書式について多くの教示をうけるものであるが、右の大宝律八虐・六議条疏の不存在説は、氏自身も認められているように大宝律同条に疏に当る文が存在した可能性を全く否定するものではない。なお吉田氏が大宝律八虐条疏の不存在説の有力な傍証として提示された公式令集解49駅使在路条の古記所引の「賊盗律謀殺詔使条注云。奉勅定名及令所司差遣。」という律文についてであるが、大宝律には、養老律にくらべてその規定内容をより具体的に記す傾向が見受けられるから（高塩博「大宝養老二律の異同について」『日本律の基礎的研究』所収二一〇・二一一頁）、大宝賊盗律5謀殺詔使条が唐律同条の疏「制《（詔）》使。本属府主。国官邑官。已従名例解訖。」を継受するに当って、大宝名例律6八虐条にあった「奉勅定名及令所司差遣」なる文を、ここに再び引用したのかも知れない。これも所詮一つの仮説に過ぎないが、もしそうであるとすると、この史料はむしろ大宝律八虐条に疏に当る文が存在したことを証するものとなろう。また吉田氏が養老律五罪条の書式、及び五罪・八虐・六議条が名例律の条文数から除かれていることから、この部分が大宝以前に制定・施行されていた可能性が強いとされる見解（前掲論文）についての筆者の所感は、拙稿「日本律の成立に関する一考察」『牧健二博士米寿記念　日本法制史論集』所収二五頁、三四頁の注（16）及び『法制史研究　29』一六四頁以下の「書評」参照。

（2）筆者は現存の養老令には唐開元令の影響が認められるとしても、養老律には開元律疏の影響はなかったと一応考えている。

その理由は、現存養老律からその具体的な徴証が認められないこと、永徽律疏と開元律疏とでは、職官名、地名等に異同が若干認められるとしても、その法的内容においては大きな差異がなかったと思われること、日本国現在書目録には「唐永徽律十二巻。〻〻〻〻疏三十巻」とあるが、「開元律」「開元律疏」は見えないこと、一条兼良の「令抄」（書陵部所蔵の藤波本）の巻首に「本朝令ハ唐開元令ヲ本ニシテ書タリ（中略）。律ハ永徽律ヲ本ニシテ定ラルヽ也。」とあること等に拠る。

（3）小林宏・高塩博「律疏考――我が国における唐律継受の一断面――」國學院大學日本文化研究所編『日本律復原の研究』所収一二五頁以下参照。

（4）仁井田陞「最近発表せられた敦煌発見唐律令断簡」『中国法制史研究 法と慣習 法と道徳』二四八頁。吉田前掲論文二八四頁。

（5）八重津洋平「故唐律疏議」滋賀秀三編『中国法制史　基本資料の研究』所収一七七頁。

（6）但し日本律撰者が疏に当る文を唐律の本注に倣って簡潔な内容のものとし、その短文化をはかったとしても、それには限界があったことも事実である。唐律の本注は、その殆どが短文であるが、中にはかなり長文のものがない訳ではない。捕亡律18知情蔵匿罪人条の如きは、凡そ百五十字にわたる本注が見えている。従って日本律撰者は、短文化をはかりつつも、一方では長文を「注」と称することに、それほど抵抗を感じなかったのではないか。

（7）拙稿「『因循』について――日本律令制定の正当化に関する考察――」『國學院法學』第二八巻第三号二三頁以下参照。

（8）洪武三十年（一三九七）制定の「更定大明律」では、律本文を大字一行に、その注釈を小字双行に記している。（但し日本律の本注に相当するものはない。）この律文に付された小字双行の注釈は、唐律の本注、もしくは疏文に相当するものである。私人による明律の注釈書、例えば『律条疏議』（天順五年・一四六一刊、成化七年・一四七一重刊）では、著者張公楷は自ら著わした注釈を「疏議」と名付けているが、その中で上記明律本文に付された小字双行の注釈を「註云」として引用している。また『大明律集解附例』（万暦二十四年・一五九六刊、同三十八年・一六一〇重刊）の「纂註」でも、これを「本註」「律註」「註」等と呼んでいる。従って明律の編纂者も、唐律の本注及び疏文を律本文に対する「注」として再構成したものと思われる。なお明律において、唐律の本注と疏文とを合して「注」とした例には、名例律23給没贓物条の注「謂官物還官。私物還主。……畜産蕃息。皆為見在。」等、また唐律の本注を律本文に繰り上げた例には、名例律24犯罪自首条の本文「猶徵正贓」等がある。

（9）令私記の中でも、穴記の成立する頃から従来、唐の律疏を意味した「疏云」の用法が曖昧となり、穴記では明らかに唐の律疏を「疏云」として引用しながらも、一方、日本律の疏に当る文をも「疏云」として引用するようになる。更に成立年代の降る朱記、讃記に至っては、その引用する「疏」は、殆どみな日本律の疏に当る文である。詳しくは小林・高塩前掲論文参照。

（10）戴炎輝『唐律通論』一八〇・一八一頁参照。なお律令研究会編『譯註日本律令七 唐律疏議譯註篇三』二八五頁（奥村郁三執筆）では、本条疏の「答」にある「文同故殺之法」の「文」を滂熹斎本によって「又」とするが、この「文」は律文の意に取るべきであろう。養老律も「文」に作る。

（11）但し唐名例律26条疏の第一の問答の末尾にある「理用為允」の文は、養老律にも存する。養老律がその削除を失念したものか。

（12）拙稿「因准ノ文ヲ以ッテ折中ノ理ヲ案ズベシ——明法家の法解釈理論——」『國學院法學』第二八巻第四号一一頁以下参照。

（13）前掲『譯註日本律令七』一二九頁（中村茂夫執筆）参照。

（14）この養老律の「仍聴為蔭」という文は不可解である。即ち位記を追毀せず、しかもその蔭を親族に及ぼすことができるとすると、官位を有する父祖が生きておれば父祖は反逆縁坐により除名となり、子孫はその蔭をうけることができず、逆に父祖が死亡しておれば父祖は除名されず、子孫はその蔭をうけることができることとなって甚だしく不公平な結果を生ずる。やはり日本律の枘鑿の一つというべきであろう。

（15）なお日本律において唐律の問答を平叙体の文に改めた為に、その文意が取りにくくなった例として、他に名例律19条がある。拙稿「日本律の枘鑿——その立法上の不備について——」『古代文化』四一頁以下参照。

（16）瀧川政次郎「律令の枘鑿」『律令の研究』「附録第一」所収一頁以下。前掲拙稿「日本律の枘鑿」等参照。

（17）利光三津夫「わが国に舶載された唐律の注釈書」『律令及び令制の研究』六四頁以下参照。

（18）例えば『本朝法家文書目録』に、その巻数、編目が記載されている律附釈は、唐律の本文、本注の中から重要と思われる語句を選定して、その下に解釈を施すが、その解釈の内容は概ね律疏の疏文に依拠している。また政事要略に見える律疏骨覅録は、その書名の示す通り律疏の中の語句を注釈したものである。小林宏・高塩博「律附釈考」、同「律集解と唐律疏議」前掲『日本律復原の研究』所収一八九頁以下、六一頁以下参照。

(19) 古答が唐の律疏の文を殆どそのまま日本律の注釈としている例として政事要略巻八十二の「八虐」「六議」等の項(国史大系本六四七・六五四頁)参照。

(20) 小林・高塩「律集解と唐律疏議」前掲書所収六四頁参照。

(21) 例えば唐の律疏に見える次のような表現法は、令集解所載の令私記にも、それと類似の用法がまま認められる。即ち「故為合理」(名例律18条疏)、「理用為允」(名例律26条疏)、「理便適中」(名例律34条疏)等という自己の学説を正当化する文の結尾の表現法、「故云限内未送者。唯為贖銅生文。不為余贓立制。」(名例律33条疏)の如き「唯為……生文。不為……立制。」という解釈を限定する場合の表現法、「或遺弓無箭。或遺箭無弓。倶不得罪。故云弓箭相須乃坐。」(衛禁律8条疏)の如き「A・B相須」というAとBとの二つの要件が共に充足されて初めて律文の法的効果を生じ、一方の要件のみを充足しても法的効果を生じない場合の表現法、逆に「但盗之与毀。各得徒流之坐。故註云盗毀不相須。」(賊盗律29条疏)の如き「A・B不相須」というAとBとの二つの要件が共に充足されなくとも、その一方の要件を充足すれば律文の法的効果を生ずる場合の表現法、「鋪肆園宅。品目至多。略挙宏綱。不可備載。故言之類。」(名例律34条疏)や「但衣服器物。品類至多。不可具挙。故云之属。」(職制律52条疏)という代表的な事物の名称のみを挙げて、他は「之類」「之属」等の語によって類推せしめる場合の表現法等。

(22) 吉田前掲論文参照。

(23) 小林・高塩「律疏考」前掲書所収一六四頁以下参照。

(24) 例えば明法家の律令解釈による法創造も、それに該当しよう。前掲拙稿「因准ノ文ヲ以ッテ折中ノ理ヲ案ズベシ――明法家の法解釈理論――」、長又高夫『日本中世法書の研究』所収の諸論文等参照。

『令集解』所引の唐令の機能

——明法家の法解釈によせて——

宮部香織

はじめに

『令集解』の中に収録されている義解や諸私記といった日本令の注釈書に、しばしば唐令が引用されていることがある。日本の令である大宝令・養老令の注釈に何故、唐令が引用されているのであろうか。私的に作られた諸私記だけではなく、公的に編纂された義解においても唐令が引用されているのである。

『令集解』に引用されている唐令については従来から研究がなされているが、多くは唐令復原のための研究であり[1]、その注釈の内容について研究しているものはあまり見られない[2]。本稿では、諸注釈書が令文を注釈する際に、どのように唐令を引用しているのか、また唐令を引用することによって令の解釈にどのような効果をもたらしているのか、諸注釈における唐令の機能について検討していきたいと思う。
なお、『令集解』中に唐令の引用例はかなり多く見られ、写本の関係上、唐令であるのか判断できないものも多い(3)。そこで今回は、公撰の注釈書である義解、その当時権威ある注釈書とされていた令釈、大宝令の注釈書である古記を中心に見ていくことにする。また、本稿で扱う令文は、大宝令とことわりがない限り、すべて養老令である。

一　令の注釈に見える唐令の引用例

まず最初に、各注釈における唐令の引用方法について検討していく。

1．職員令2太政官条

本条は、太政官に所属する官人の定員やその職掌に関する規定であるが、条文自体が非常に長いものであるので、唐令引用に関係する左大臣についての部分のみを以下に掲げる。

左大臣一人。掌。統理衆務。挙持綱目。惣判庶事。弾正糺不当者。兼得弾之。

この左大臣の職掌としてあげられている本注の「惣判庶事」という文言について、義解は以下のような注釈を付している。

謂。官内尋常小事也。故唐令云。惣判省事也。

この義解の解釈を次に説明する。本注に「惣判庶事」とある「庶事」とは、太政官内における尋常の小事、すなわち通常業務のそれほど重要ではない事柄のことを意味する。何故、「太政官内」という限定的な解釈になるのか、その理由は、この太政官条のもとになった唐令には「惣判省事」とあり、この「省」は尚書省を意味するからである。以上が義解の内容であるが、ここで義解は「故唐令云」として、自己の解釈の根拠付けを行うために唐令を引用している。しかし何故、義解は唐令を引用して解釈しなければならなかったのであろうか。

なお、『令集解』のこの部分には右の義解の他に令釈と新令私記の注釈が付されており、参考にこれらを次に見ていくことにする。まず令釈の注釈を以下に掲げる。

釈云。惣判省事。謂官内小事也。何者。神祇伯注云。卜兆等諸事。並是大要之事。惣判官事者。此所遺事也。

この内容は次のようなものになるであろう。「惣判省事」とは太政官内の小事のことである。それは何故か。職員令1神祇官条に定められている神祇伯の職掌について、本注に記されている「卜兆」等はすべて重要な事項である。そうであるならば、その後に記されている「惣判官事」とは、神祇官内の卜兆等の重要事項以外の事柄、すなわち小事と言うことになる。これを参照して考えるなら、「惣判省事」は「太政官内の小事」ということになろう。

以上が令釈の解釈であるが、令文には「惣判庶事」とあるところを令釈は「惣判省事」としている。これはおそらく大宝令の文言であろうと思う。大宝令では、もとにした唐令の文言を改めるのを失念して「惣判省事」のまま採用してしまったのであろう(4)。また、これは「惣判省事」の「省事」を「小事」と解釈することに重きを置いた注釈となっている。

次に新令私記の注釈を見ていく。以下に掲げるのがそれである。

新令私記云。惣判庶事。謂官内少々之事。何者。神祇伯注云。卜兆以上宜諸事。是大要之事也。総判官事者。此謂少少所遺事故。又本令云判省事故也。

これは、表現的に多少の相違はあるが、内容は前に掲げた令釈とほぼ同じである。ただし、新令私記は新令、すなわち養老令の注釈であるので、先程の令釈が「惣判省事」としていたところは「惣判庶事」となっている。さらに、その後に「又本令云」として、「惣判庶事」の「庶事」が太政官内のことであると解釈する根拠として唐令の引用が付け加えられている。

大宝令において、その藍本である唐令の「惣判省事」の「省」の字を改めるのを失念して、唐令の「惣判省事」の文言のまま取り入れてしまった誤りに気づき、養老令では「惣判庶事」と修正するのであるが、太政官の規定であるのだから「惣判省事」は「惣判官事」と改めるべきであった。(5) それを「惣判庶事」と改めてしまったために、注釈を施す際に「庶事」の解釈に困り、養老令のもとになった唐令にまで遡及して解釈の参考にしようとしたものと思う。この新令私記の唐令の用法は先に述べた義解の用法と同じであり、おそらく義解の注釈はこれを採ったのであろう。

2. 公式令1詔書式条

本条は、詔書の書式や発布手続に関する規定である。以下にその条文を掲げるが、長い条文であるため必要な冒頭部分のみを抜粋して掲げることにする。

詔書式

明神御宇日本天皇詔旨。云々。咸聞。
明神御宇天皇詔旨。云々。咸聞。
明神御大八州天皇詔旨。云々。咸聞。
天皇詔旨。云々。咸聞。
詔旨。云々。咸聞。
　年月。御画日。
　中務卿位臣姓名宣。
中務大輔位臣姓名奉。

中務少輔位臣姓名行。

以上に掲げたのは、詔書の書式に関する部分であるが、「年月。御画日。」について古記は以下の注釈を付している。

古記云。問。年月日。未知。誰筆。答。御所記録年月日耳。何知者。以本令云御画日故。

この古記の内容は次の通りである。問。この令文の「年月日」というのは、誰が執筆するのか。答。この「年月日」は天皇が書き入れるのである。何故そのようなことがわかるのかといえば、それはこの条文のもとにした唐令には「御画日」とあるので、ここから考えればこの条文の「年月日」は天皇が書き入れることになるであろう。

以上がこの古記の解釈であるが、これによれば、大宝令の詔書式条では「年月御画日」という文言が「年月日」となっていたようである。「年月日」とあるだけでは誰が日付を入れるのかがわからないので、このような注釈が付されたのであろう。それで古記は、この条文のもとになった唐令に「御画日」という文言があるということを根拠にして、「御所記録年月日耳」との答を導き出しているのである。この古記の注釈を養老令が採り入れたのかどうかは定かではないが、養老令ではこの「年月日」を「年月御画日」と改められている。

また、令文に「中務卿位臣姓名宣」とある「中務卿」の部分に、令釈は以下のような注釈を付している。

釈云。大少輔上中務二字贅文耳。何者。唐令此式云。中書令。中書侍郎。中書舎人者。各是官儻。闕一字。全非其名。

この令釈の内容は次の通りである。令文の「大輔」「少輔」の上にある「中務」の二字は余計な文言である。唐令の詔書式条に「中書令・中書侍郎・中書舎人」とそれぞれ「中書」の二字が付されているのは、唐の官名においては「中書」の字の一字でも欠いたならば、全くその名をなさなくなってしまうからである。

以上がこの令釈の解釈である。ここで令釈が「中務」の二字は贅文であるとして、その根拠として唐令を引用している理由は、「中書」の文字を削ったならば、唐ではその官名を意味しなくなるが、日本では「中務」の二字を削っても意味は通ずるから、「大少輔」の上の「中務」は削るべきであるというのである。すなわち、令釈がここで唐令を引いているのは、日本令と唐令との相異を示すことにより、日本令の不備を指摘しているのである。

次に、同じ問題を扱っている義解の注釈を見ることにする。以下にその注釈を掲げる。

謂。其於大少輔。重注中務者。詔書事大。所以重言。即勅旨式既不重注。是制作之情。固有差別也。

この義解の内容は次の通りである。この詔書式条において、大輔・少輔の上に「中務」の二字を重複して記すのは、詔書によって扱う事柄が重大であるからで、そのために敢えて「中務」の二字を重複して記すのである。勅旨式は詔書式よりも事が重大ではないので「中務」の二字を重ねて記してはいないのである。これは令の制作上の意図として差別を設けているのである。

以上がこの義解の解釈であるが、義解は「中務」の二字を重複して記すべきであるとして、前述の令釈とは異なる説を採っている。義解は、その序文にあるように「撰先儒之旧説。省彼迂説。取此正義。」という方針で注釈がなされている。その義解がここでは令釈の説を採っていないのは、義解が令釈の説を妥当ではないと見なしているということである。すなわち、唐令を援用して令文を解釈しているからと言って、その解釈が妥当なものでなければ、義解はそれを採用しない、ということがこの例からわかるであろう。

3. 賦役令15没落外蕃条

本条は、外蕃に没落していた人が還ってきた時、外蕃の者が帰化してきた時、また家人・奴が良人となった時の復除に関する規定である。以下にその条文を掲げる。

凡没落外蕃。得還者。一年以上。復三年。二年以上。復四年。三年以上。復五年。外蕃之人投化者。復十年。其家人奴。被放附戸貫者。復三年。

この条文の内容は次の通りである。外蕃に略取されるか、もしくは航行中に嵐等により外蕃に漂流した者が帰国した場合、その没落期間が一年以上二年未満であれば三年間の賦役を全免、二年以上三年未満であれば四年間の賦役を全免、三年以上であれば五年間の賦役を全免することを認める。また外蕃の者が帰化してきた場合には十年間の賦役を全免、家人や奴が解放されて良人となり、本貫を定めて戸籍が作成された場合には三年間の賦役を全免することを認める。

以上がこの条文の内容であるが、この令文の「外蕃之人投化」という文言に、古記は次のような注釈を付している。

古記云。問。外蕃投化者復十年。未知。隼人。毛人赴化者。若為処分。答。隼人等其名帳已在朝庭。故帰命而不復。但毛人合復也。開元令云。夷狄新招慰附戸貫者復三年。

この古記の内容は次の通りである。問。令文に「外蕃投化復十年」とあるが、隼人や毛人が帰化した場合にはどうするのか。答。隼人については名帳がすでに朝廷に存在するので、帰化したとしても復除は認めない。ただし、毛人が帰化してきた場合には復除を認める。開元令には、「夷狄の者が、新たに帰化してきて戸貫に附する場合は、三年間の復除を認める」との規定がある。

以上が古記の解釈である。この条文の冒頭部分の「没落外蕃得還者。一年以上。復三年。」について、古記は「問。没落外蕃得還者与復。未知。毛人。隼人。被抄略得還者。若為処分。答。不足称蕃者。然給復。一種無別。」とも解釈しており、当時、隼人・毛人といった人々の立場が非常にあいまいなものであったことがうかがわれる。

この問答において、古記は「一種無別」との判断を下しており、外蕃に没落して帰国した場合の復については、隼人と毛人とを区別していないが、前掲の問いにおいては、毛人には復を認め、隼人には認めないと答えている。その根拠として、隼人はすでに朝廷に名帳が存在するからであるとして、職員令隼人司条に「正一人。掌。検校隼人。及名帳。……」との規定があることと照応して解釈している。しかし、毛人に関しては具体的な規定が存在しないため、唐の開元令の「夷狄新招慰附戸貫者復三年」、すなわち夷狄が新たに帰化して戸貫に附する者は三年間の賦役を全免する、という規定を引用することにより、戸籍の有無を基準とする結論を導き出している。ここでの古記による唐令の引用は、令に明文のない問題を取り扱う場合に準拠するものとして、補充的な目的でなされている。

4. 厩牧令5牧毎牧条

本条は、牧の構成に関する規定である。以下にその令文を掲げる。

凡牧。毎牧置長一人。帳一人。毎群牧子二人。其牧馬牛。皆以百為群。

この条文の内容は以下の通りである。牧は、それぞれの牧ごとに牧長を一人、牧帳一人を置き、牧で飼われている馬牛の群ごとに牧子を二人置く。牧で飼育する馬牛はすべて百頭をもって一群とする。以上がこの条文の内容であるが、牧長とは牧の管理・運営にあたる者、牧帳は文書事務にあたる者、牧子は牧の馬牛の飼育係のことである。

この条文の「皆以百為群」について、古記は以下のような注釈を付している。

古記云。以百為群。謂牝牡同耳。問。一百之牝。謂有六十。未至遊牝之間。若為作群。答。案本令。至四歳為別群也。開元令。牡馬牡牛毎三歳別群。准例置尉長給牧人。

この古記の内容は次の通りである。令文に「百を以って群とする」とあるのは、牝牡の区別をせずに百頭で一群とする。問。一百頭の牝がいるとするならば、六十頭の駒犢が生まれるということになる。この六十頭が未だ交尾の年齢に達していない間は、どのような群の構成とするのか。答。本令を案ずるに「四歳になった時点で別に群を作らせる」とあり、開元令には「牡馬と牡牛は三歳ごとに別の群として、例に准じて尉長を置いて牧人を給する」とある。

以上が古記の解釈である。まず、古記が問の部分で六十頭の駒犢が生まれると述べているのは、厩牧令6牧牝馬条の規定が根拠となっている。以下にその条文を掲げる。

凡牧牝馬。四歳遊牝。五歳責課。牝牛三歳遊牝。四歳責課。各一百毎年課駒犢各六十。其馬三歳遊牝而生駒者。仍別簿申。

この条文の内容は次の通りである。牧で飼育している牝馬は、四歳になった時に交尾をさせ、五歳になった時に増殖義務を課して駒を産ませる。牝牛は三歳で交尾をさせ、四歳で増殖義務を課して犢を産ませる。馬牛それぞれ百頭につき、毎年六十頭の駒犢を産ませる義務を課す。もし、牝馬に三歳で交尾をさせて駒が産まれた場合には、通常の場合とは別に帳簿を作って申告する。

以上がこの厩牧令6牧牝馬条の内容であるが、この「各一百毎年課駒犢各六十」の部分から、古記の問いの冒頭部分の「一百之牝。謂有六十。」が導き出されており、その新たに産まれた六十頭が交尾年齢に達するまでの間、群れはどのように構成するのか、という問いが厩牧令5牧毎牧条と厩牧令6牧牝馬条との関連性を念頭においてなされているのである。この問いに対する答えとして古記は、まず本令である唐令を引用して、「四歳になった時点で、母親とは離して別に群を作らせる」、すなわち四歳になるまでは母親と一緒の群に入れておく、との規定を導き出している。それから、開元令の「牡馬と牡牛は三歳ごとに別の群として、例に准じて尉長を置いて牧人を給する」という牡牝の区別を設けた詳細な規定を引用している。これは、本令だけでは不十分であると考え、さらに本令を補充するために開元令を引用したものと思う。ここでも古記は、明文のない問題について、唐令を補充的に引用することによって、その答えを導き出している。

また、古記は、唐令を引用する際には、唐令を「本令」と称しているのであるが、この他に「開元令」と称して唐令を引用することもある。前述の厩牧令5牧毎牧条の注釈で、「本令」と「開元令」の両方を引用しているのを見ればわかるように、古記はこの二つを区別して用いているようである。[6]「本令」とは、大宝令の藍本となった永徽令のことであろうとされており、これを古記が引用するのは理解できる。それでは、大宝令の直接の藍本ではない開元令を古記が注釈に引用しているのは何故であろうか。厩牧令5牧毎牧条で古記は、本令に問題解決に適当な規定が存在するのでそれを引用し、さらに本令に存しない部分を補うため開元令を引用している。このことを踏まえて考えるなら、本令に適当な規定が存在するが、それでは十分ではなく、さらに開元令には適当な規定が存在する、そのような場合に、古記は開元令を引用しているのではないかと思う。

法の補充を目的として唐令を引用するのは、古記に限ったことではなく、令釈にも見られることである。

5. 仮寧令3職事官条

本条は職事官が喪に遭った場合の解官・休暇に関する規定である。以下にその条文を掲げる。

凡職事官。遭父母喪並解官。自余皆給仮。夫及祖父母。養父母。外祖父母。卅日。三月服二十日。一月服十日。七日服三日。


この条文の内容を次に説明する。職事官が父母の喪に遭った時には並びに解官する。父母以外の者の喪に遭った時には全て休暇を給付する。夫および祖父母・養父母・外祖父母の場合は三十日、三月の服にあたる者の場合は二十日、一月の服にあたる者の場合は十日、七日の服にあたる者の場合は三日の休暇をそれぞれ給付する。

以上がこの条文の内容であるが、条文冒頭の「職事官。遭父母喪。並解官。」という令文に対して、令釈と古記がそれぞれ唐令を引用した注釈を付しているので、それを順に見ていくことにする。まず令釈の注釈を以下に掲げる。

釈云。職事官。遭父母喪並解官。挙職事此重。明番上此軽。解官无疑。或説番官不解者非。何者。選叙令云。職事官。患経百廿日。及縁親病。仮満二百日者解官。其番官者本司判解者。即知。縁親病仮満二百日解官。遭喪豈不解乎。但唐令。諸軍校尉以下。衛士防人以上。及親勲翊衛備身。給仮不解官。師説云。其郡司亦同職事。唯復任耳。

令釈の説は次の通りである。令文に「職事官が父母の喪に遭った場合にならびに解官する」とあるが、職事官が重きものとして挙げられているとするなら、番上官は明らかに軽きものであり、この番上官が父母の喪に遭った場合にも解官となることは疑いが無いであろう。或る説が「番上官は解官とならない」とするのは誤りである。何故なら、選叙令22職事官患解条に「職事官が病気により百二十日間欠勤した場合、及び親の病気のために二百日間休暇を取った場合は解官とする。番上官の場合は、所属する本司の判により解官とする。」との規定があり、この規定から次のことが言えよう。番上官が親の病気により二百日の休暇を取った場合に解官となるのであれば、親の喪に遭った時にどうして解官とならないことがあろうか。ただし、唐令には「軍の校尉以下、衛士防人以上の者および親勳翊衛の備身の者が（親の喪に遭った場合には）休暇を給い、解官とはしない」とあり、師説は「郡司は職事官と同じ扱いとするが、（解官した後に）再び郡司として任用する」としている。

以上が令釈の内容であるが、この令釈の解釈の中心は、番上官が親の喪に遭った場合に解官とするのか否か、という令に明文のない場合についてである。これについて令釈は、選叙令22職事官患解条を援用することにより、番上官も解官するとの結論を導き出している。それでは、何のために令釈はさらに唐令を引用しているのであろうか。それは、番上官でも武官の者については解官とはしない、という例外規定を補充的に導き出すために引用したものと思われる。その後に引かれている師説の内容も、仮寧令3職事官条自体には明文化されていない郡司の場合についてであり、これも補充的な引用であると考えられる。すなわち、ここでの令釈による唐令の引用は日本令にない部分を補うための補充的引用と言える。

次に古記の注釈を見ていく。以下に掲げるのがそれである。

古記云。喪為父母並解官。自余皆給仮。謂長上分番並同。何者。詐偽云。凡父母死応解官。詐言余喪不解者。徒二年。若詐称祖父母々々夫死以求仮。及有所避者。徒二年半。開元令云。諸衰。斬衰三年。齊衰三年。齊衰杖朞。

為人後者。為其父母並解官。勲官不解。申其心喪。又条云。諸軍校尉以下。衛士防人以上。及親勲翊衛備身。仮給一百日。父卒母嫁。及出妻之子。為父後者。雖不服。亦申心喪。其継母改嫁。及父為長子。夫為妻並不解官。仮同齊衰。其所養所生者。喪葬令服紀条具説訖也。但帳内資人還上本主也。其郡司亦同職事。唯復任耳。若公使遭父母喪。経九月以上。余喪日不至解官之限。欲仕者聴之。或欲追服者亦聴之。

古記の説は次の通りである。令文に「父母の喪に遭った場合は並びに解官とし、父母以外の者の喪の場合は休暇を給う」とあるのは、長上官・番上官に同じく適用する。何故ならば、詐偽律に「父母が死亡した時には解官しなければならないのに、父母以外の者の喪であると偽り解官しなかった者は徒二年とする。また、祖父母父母・夫が死亡したと偽って休暇を取ったり、徭役を逃れたりする場合には徒二年半とする。」とあり、開元令には「服喪には、斬衰三年・齊衰三年・齊衰杖朞がある。これらの服喪の場合と、養子となった者は養父母のために解官する。勲官は解官せずに、その心喪に服すものとする。」との規定があり、また「軍の校尉以下、衛士防人以上の者および親勲翊衛の備身の者が（親の喪に遭った場合には）一百日の休暇を給う。父親が死亡して母親が再婚した場合の子や、離婚された妻の子については、その子が父親の後を継いだ場合、母親のために喪に服す必要はないが、また心喪に服す。先妻の子は継母のために、父親は長子の喪のために、夫は妻の喪のために解官はしない。これらは齊衰の場合と同じく休暇を給う。」との規定もある。養子となった者の養父母と実父母のための喪については下条の喪葬令服紀条の方に詳しく説明している。ただし、帳内・資人は喪が明けたなら本主の元へ戻る。郡司は職事官と同じく解官とするが、喪が明けたならば復た任用する。もし、公使が使いの途中で父母の喪に遭った場合は、その知らせを聞いたのが死亡時より九月以上経っておれば、のこりの喪の期間については解官しなくともよい。出仕したいと願う者にはこれを許し、引き続き喪に服したいと願う者にはこれを許す。

以上が古記の内容であるが、前掲の令釈に比べて詳細であり、おそらく令釈が古記の説を踏襲して、これを簡潔にまとめたのであろう。すなわち、この古記の唐令の用法も補充的な引用ということになる。

ここで古記は、大宝令の藍本とされる本令を引用せずに、開元令の方だけを引用している。これは、本令には解釈の参考となるような規定が見当たらなかったためではないだろうか。おそらくは、大宝令の規定とその内容がほぼ同じであったのではないかと思う。そのため、解釈の参考として本令を利用することができなかったのであろう。

また、古記が「又条云」として引いている唐令は、その直前に「開元令云」として、唐令の別の条文を引いているから、やはり開元令の条文と考えてよい。しかも令釈は、この「又条云」と同じ内容のものを「唐令」として引いている。一方、令釈は古記が「本令（永徽令か）」として引くものも、「唐令」として引いている[7]。そうすると、令釈は、唐令を引用する際に、古記のように永徽度と開元度との条文の区別はしていなかったのではないだろうか。

6. 営繕令2有所営造条

本条は、営造や和雇による製作を行う時の手続に関する規定である。以下にその条文を掲げる。

凡有所営造。及和雇造作之類。所司皆先録所須摠数。申太政官。

この条文の内容は次の通りである。営造するところが有る場合や和雇によって造作するといった場合には、管轄の所司は全て、まず必要とする人数や材料の数量について予算を立てて太政官へ申請する。

以上がこの条文の内容であるが、この令文の「有所営造。及和雇造作之類。」について義解は以下のような注釈を付している。

謂。別勅臨時有所営造也。所以知者。唐令云。別勅有所営造。此令。雖不言別勅。而理亦不殊。其所司営造。下条別有文。

この義解の内容は次の通りである。令文の「有所営造」とは、別勅によって臨時に営造する場合を意味する。何故、このようなことがわかるのか。それは、この条文のもとになった唐令に「別勅有所営造」とあるからである。この唐令を踏まえて考えれば、日本令の本条において「別勅」とは言っていないけれども、その道理はまた同じであり、この条文の営造は別勅による営造と解すべきである。また、通常の所司の営造については、下条の営繕令6在今日営造条に規定がある。

以上が義解の内容である。この注釈で義解は、営繕令2有所営造条の令文には明文のない「別勅」の文言を導き出すために唐令を援用している。しかし、何故この条文に「別勅」という文言を必要としたのであろうか。それは、義解自身が注釈の中で言及している営繕令6在今日営造条との関係が問題となるからある。営繕令6在今日営造条を以下に掲げる。

凡在京営造。及貯備雑物。毎年。諸司摠料来年所須。申太政官付主計。預定出所科備。若依法。先有定料。不須増減者。不用此令。……略……

この条文には、在京諸司が毎年の営造や行事に必要な物品について、予算を立てて太政官に申請すべきこと等が規定されており、この規定は営繕令2有所営造条の「及和雇造作之類」以外の部分と重複している。おそらく、唐令を日本に採り入れる際に、「別勅」の文字を削ってしまったためにこのようなことが生じたものであろう。そこで、この重複を解消するために、注釈で唐令を引用することにより、営繕令2有所営造条の「有所営造」は別勅による場合とすることを導き出したのである。

また、令釈も「釈云。此条。臨時別勅営造之類耳。尋常営造。下条有文。見唐令。」との注釈を既に付しているので、義解はこの令釈の説に拠って先の注釈を施したのであろう。

7. 公式令40天子神璽条

本条は、公印の規格とその使用規則に関する規定である。以下にその令文を掲げる。

天子神璽。謂。践祚之日寿璽。宝而不用。内印。方三寸。五位以上位記。及下諸国公文則印。外印。方二寸半。六位以下位記。及太政官文案則印。諸司印。方二寸二分。上官公文及案。移牒則印。諸国印。方二寸。上京公文及案。調物則印。

冒頭の「天子」という文言は、平出すべき文言として公式令平出条の中に挙げられているので、通常条文冒頭に付されるべき「凡」の文字が付されてはいない。この令文の「天子神璽」の後に義解は次のように注釈を付している。

謂。此条不称凡者。依唐令。平闕之上。皆无諸字。故此令。亦不以凡字加平闕之上。但葬喪令。凡天皇為本服二等以上親喪。服錫紵。又凡先皇陵置陵戸令守。是制作之紕繆。不可為別例也。

これによれば、義解は以下のように述べている。すなわち、この条文が「凡」の文字を記していないのは、唐令を見るに、平闕の文言には全て、その上に条文冒頭に付すべき「諸」の文字を付してはいない。それ故、この日本令においてもまた、平闕の文言の上には「凡」の文字を付してはいないのである。ただし、葬喪令2服錫紵条の令文「凡天皇為本服二等以上親喪。服錫紵。」、葬喪令1先皇陵条の令文「凡先皇陵置陵戸令守」に、それぞれ「凡」の文字が付されているのは令の制作上の誤りである。そのため、これらを例外規定とすべきではない。

以上が義解の内容であるが、確かに義解が述べるように、葬喪令2服錫紵条の「天皇」は平出条に該当する文言であり、儀制令1天子条においては

天子。祭祀所称。

天皇。詔書所称。

皇帝。華夷所称。

……略……

とあるように、平出の原則が守られている。また、葬喪令1先皇陵条の「先皇陵」は公式令38闕字条に該当する文言

である。

ところが、義解が指摘するように、葬喪令2服錫紵条と葬喪令1先皇陵条では、いずれも「凡」の文字が付されており、平出・闕字の原則が守られてはいないのである。(8) 義解はこの失錯に気づき、これを是正する根拠として唐令を引用したのである。

先ほどの営繕令2有所営造条の例も、唐令継受の際に不用意に「別勅」の文字を削ってしまったために生じた失錯の一つと言えよう。これらの例に見られる令編纂時に生じた条文の失錯を、藍本である唐令に遡って是正するために唐令が引用されているのである。

8. 戸令1為里条

本条は、里の構成、里長の職掌等に関する規定であり、以下にその条文を掲げる。

凡戸。以五十戸為里。毎里置長一人。……略……若山谷阻険。地遠人稀之処。随便量置。

この条文の内容は次の通りである。戸は五十戸で一里となし、その里ごとに里長を一人置く。もし、山や谷などの地形がけわしい場所であったり、戸と戸の間の距離にかなり隔たりがあり人家もまばらな場合は、便の良いように里の編成を調整してもよい。

以上がこの条文の内容であるが、この令文の「以五十戸為里」という文言について令釈は以下のような注釈を付している。

釈云。師説云。若満六十戸者。割十戸立一里。置長一人。或説。為二分。各以卅戸為里者。非也。何者。為以五十戸為里故。唐令見文。

この令釈の内容は次の通りである。師説によれば、「もし戸が六十戸ある場合には、そのうちの十戸を別に分割して、十戸で一里として里長を一人置く」とする。或る説には、「戸が六十戸ある場合は、それを二つに分けてそれぞれ三十戸で一里とする」とある。しかしこの説は誤りである。何故なら、令文に「以五十戸為里」とあるからであり、二つに分けてどちらの里も五十戸に満たないのは、令の規定と異なることになるからである。そのことは唐令を見てもわかることである。

以上がこの令釈の解釈である。これによると令釈はまず、師説を引用し、それから師説とは異なる別の説を「或説」として引用している。令釈はこの「或説」の解釈に対して「非也」と否定しており、このことから令釈は師説を支持していることがわかる。その理由として、師説は令文の「以五十戸為里」という文言に忠実に準拠しているからであるとし、またそれを裏付けるものとして唐令を引用している。

「或説」として令釈が引用している説は、古記が「古記云。若有六十戸者。為二分。各以卅戸為里也。」と同じ内容の注釈を施しており、おそらく古記の説を指しているのであろう。ただ、引用されている唐令については「唐令見文」としか記されていないので、具体的に唐令のどの規定を指しているのか、令釈の注釈からは明らかではない。

『唐令拾遺』によると、戸令1為里条に該当する唐令は『通典』巻第三食貨三の記事を典拠に復原されているので、その『通典』の記事を以下に掲げる。

大唐令。諸戸以百戸為里。五里為郷。四家為鄰。五家為保。毎里置正一人。……略……在邑居者為坊。別置正一人。……略……在田野者為村。別置村正一人。其村満百家。増置一人。掌同坊正。其村居如不満十家者。隷入大村。不須別置村正。

この内容は以下の通りである。大唐の令では、戸は百戸をもって一里とし、五里をもって郷とする。四家をもって鄰とし、五家をもって保とする。里ごとに里正一人を置く。……略……邑居にある者は坊を一つの区画単位として、別に坊正一人を置く。……略……田野にある者は村が一つの単位となり、村正一人を置く。但し、村においては一つの村に居住している家数が百以上である場合には、村正をもう一人増して二人を置く。村正の職掌は坊正と同じとする。もし村に居住する者が十家に満たない場合には、他の大村の管轄下に置き、別に村正は置かない。

以上が『通典』の内容であるが、この記述は冒頭に「大唐令」という文言が見えており、また里と坊の規定については日本の令にも同様の規定が存在することから、唐令の規定であることは、ほぼ間違いないであろう。

この『通典』の内容からすると、里を構成する数は定められていたが、坊と村については特に定められていなかったようである。唐では坊も村も自然発生的な集落であったが、坊については都市の中の集落であり、その区画の大きさはある程度、一定していたであろうから、一つずつの坊の居住数に大きな差が出ることはなかったであろう。しかし、村の方は田野における集落であるから、それぞれの村ごとに居住数が著しく異なるということもあったと思われる。そこで村については、居住数の著しく多い場合と少ない場合の例外規定を設けることにしたのであろう。ところが日本の場合は、里と坊の規定しか取り入れておらず、村についての規定は削除してしまったのである。(9)

そこで前掲の令釈の説であるが、六十戸を五十戸と十戸に分割するというのは、令釈自身も根拠として挙げている「以五十戸為里」とある令文を厳格に解すれば、そのような結論になるかとも思われるが、あまりにも実際的ではない解釈のように思う。二つに分けて三十戸ずつとする古記の解釈の方が、令の規定と異なることになったとしても現実的な解釈ではないだろうか。

令釈自身も、令文を忠実に適用するというだけでは説得力に欠けるため、さらなる根拠を求めて唐令を援用しようとした。しかし、唐令にも百戸以上の場合はどうするのかという規定は設けられていなかったのではないだろうか。そこで注目したのが村の場合の「其村居如不満十家者。隷入大村。不須別置村正。」という例外規定である。令釈は、この「十家に満たない場合には、村正を置かずに大村に隷入する」という規定を反対解釈して「十家以上の場合は村正を置く」ことになる、という解釈を導き出した。この反対解釈により導き出した原則を里の場合にも適用させることにより、自己の解釈を裏付けようとしたのではなかろうか。

もし右の推測が正しいとすれば、この場合の令釈による唐令の引用は、唐令をそのまま直接引用するのではなく、唐令を解釈することにより、自説に有利な内容を引き出すという引用の方法であると言えよう。(10)

9．賦役令4歳役条

本条は歳役・留役の徴発、庸の徴収の基準、発遣・代役等の手続に関する規定である。以下にその条文を掲げる。

凡正丁歳役十日。若須収庸者。布二丈六尺。一日二尺六寸。須留役者。満卅日。租調倶免。役日少者。計見役日折免。通正役。並不得過卌日。次丁二人同一正丁。中男及京畿内。不在収庸之例。其丁赴役之日。長官親自点検。并閲衣粮周備。然後発遣。若欲雇当国郡人。及遣家人代役者聴之。劣弱者不合。即於送簿名下。具注代人貫属姓名。其匠。欲当色雇巧人代役者亦聴之。

この条文の内容は次の通りである。正丁に課される歳役は十日である。もし庸で徴収する場合には布二丈六尺を収める〔一日あたり二尺六寸〕。留めてさらに力役させる場合は三十日に満ちた時点で租調ともに免除する〔留役の日数が三十日に満たない場合には役した分の日数を日割で計算して免除する〕。通常の歳役と合計して四十日を過ぎてはならない。次丁は二人で正丁一人分とする。中男及び京畿内の者については歳役としての庸を徴収しない。丁が歳役に出発する日、その丁が所属する所の長官がみずから点検を行い、衣類や食糧を準備した後、出発させる。同国郡の者を代わりに力役させたい場合、もしくは家人を代わりに力役させたい場合にはそれを認める。力役に堪え得る能力のない者は徴発しない。その場合は、送付する帳簿に徴発しない者の名前の下に、代わりの者の貫属と姓名を注記する。匠については同じ種類の技能を有する者を代役させたい場合はそれを認める。

以上が条文の内容である。令釈は、令文の「正丁歳役十日」について、以下の注釈を付している。

釈云。十日役者。不給公粮。何者。唐令云。除程糧外。各准役日賫私粮者。而此令除彼条。此条注閲衣粮文。即知。鈔唐令両条。約此一条耳。其留役者。官給公粮也。

この令釈の内容は次の通りである。令文に「正丁歳役十日」とあるが、この十日間の力役には公粮は給付されない。何故ならば、唐令には、旅程の食糧を除く外は、力役の日数分の食糧は自弁で用意するとあるからである。しかし、日本令はこの唐令の条文を削除している。また、この賦役令の条文には「閲衣粮」の文言が記されている。これらのことから次のことがわかる。日本令では唐令の二ヶ条をこの賦役令歳役条の一ヶ条にまとめたのである。また、留役については官司が公粮を支給する。

以上が令釈の解釈である。ここでの問題は、十日の歳役の間は公粮を支給するのか否かについてであるが、令釈は引用した唐令を根拠に公粮を支給しない、と解釈をしている。すなわち、本条では削除してしまったが、もとになった唐令に存する「除程糧外。各准役日賫私粮。」という規定を補充的に引用しているのである。

さらに、「遣家人代役」についても、令釈は唐令を引用して注釈を付している。

釈云。唐令。遣部曲代役者。既知。是家人也。案奴婢亦聴耳。

この内容は次の通りである。令文の「遣家人代役」についてであるが、唐令には「遣部曲代役」とある。すなわち、この「部曲」とは「家人」のことであることがわかる。また案ずるに、奴婢を代役に遣わすことも認められるであろう。

以上が令釈の内容であるが、令釈はこの注釈において何のために唐令を引用しているのかがよくわからない。日本律令の「家人」には、唐の部曲にあたる賤民身分のものと家に属する人（「家内人」「家口」）との二つの意味がある。(11) 本条の跡記に「家人。謂先家内人及部曲。奴亦合代。」とあり、この跡記の解釈を参考にするなら、令釈は唐令を引いて、この「家人」は唐の部曲にあたる賤民の方の意であるとでも言っているのであろうか。そうすれば、次の「奴婢亦同耳」の文にも結びつくであろう。もし、そのように解することができるとすれば、令釈は令文の「家人」の意味を明らかにするために唐令をここに引用したことになろう。

　令文の同じ個所に付されている義解の注釈は「奴婢亦同耳」として、令釈と同じ説を採っているが、唐令に関する記述については省いており、このことから、この令釈の唐令引用は、この注釈において必ずしも必要なものではないように思う。

10．選叙令22職事官患解条

　本条は、病気やその他の理由による官人の解任についての規定である。以下にその条文を掲げる。

凡職事官。患経百廿日。及縁親患。仮満二百日。及父母合侍者。並解官。其応侍人。才用灼然。要籍駈使者。令帯官侍。
皆具状申太政官奏聞。其番官者。本司判解。並下本属。……略……

この条文の内容を次に説明する。職事官が病気によって百二十日経っても勤務に出られない時、親の病気を看病するために休暇を取り、それが二百日を過ぎた時、また八十歳以上、もしくは篤疾の父母に侍さなければならない時には、並びに解官とする〔父母に侍すべき者で、有能であることが明らかであって、その者の働きが必要である場合には、職事官を帯びたまま侍することを許す〕。これらは、全てその状況を詳らかに太政官に上申し、天皇へ奏聞する。番上官の場合には、その所属の本司の判により解官とする。解官となった者は、並びに本属の地へ帰す。

　以上がその内容であるが、この冒頭部分の令文「職事官。患経百廿日。」に、義解は唐令を引用して以下の注釈を付している。

　謂。併計仮日。満百廿日。即取考日之半。依唐令。百日為限。亦取考日半。……略……

この義解の内容は次の通りである。令文の「患経百廿日」とは、休暇の日も併せて計上して百二十日に満ちた場合を言う。何故なら、考課令59内外初位条に、「凡内外初位以上長上官。計考前釐事。不満二百卌日。分番不満一百卌日。若帳内資人不満二百日。並不考。」との規定があり、長上官、すなわち職事官が、出勤日数を総計して二百四十日に満たない場合には、考課の対象とされないことになっており、この考課の対象の日数である二百四十日を半分にすると百二十日となる。唐令では、百日が病気による解官の期限となっているが、これもまた唐令における考課の対象の日数二百日の半分となっており、これを参考にして考えるならば、百二十日の内に通常の休暇を含む、と解すべきである。

以上が義解の解釈であるが、この注釈において義解は、「百二十日の内に通常の休暇を含める」との自説を裏付けるものとして唐令を引用している。

同じ問題について、令釈もまた、次のような注釈を付しているので、参考として以下にそれを掲げる。

釈云。毎月六仮及下番日。不在計限。或説。唐令云。百日不癒。此令云。百廿日不癒。還計百日之内六仮数。適廿日。故知所加廿日。正為毎月六仮。故仮日不在除限者。其理不安。何者。於長上而計仮日者。番上人亦可計仮日。今計百廿日内。長上仮廿日。番上仮六十日。此其理不平。故依律。計見上日。可為百廿日。今検律条。此間律軽唐律。故令亦加日数耳。……略……

この令釈の内容は次の通りである。令文の「患経百廿日」には、仮寧令1給休暇条に規定されている毎月六仮の休日と下番の日は含まない。すなわち、欠勤の日数のみを計上する。或る説に次のごとくある。「唐令に病気が百日で治らなかった場合とあり、日本令に病気が百二十日で治らなかった場合とあり、この唐の場合の百日の間の六仮を計算すればちょうど二十日になる。そこで日本令では、この二十日を足して百二十日としているのであり、この百二十日から毎月の六仮を除いてはならない」。しかし、この説は妥当とは思われない。何故ならば、長上官の休暇の日数を計算するのであれば、番上官の休暇についても計算しなければならないであろう。これを計算するに、百二十日中で長上官の休暇は二十日であるが、番上官は六十日となって不公平である。(次の「故依律」以下の文不明) いま律の条文について見るなら、日本律は唐律よりも量刑が軽くなっている。これと同じく、令の場合も規定を緩和するために日数が増されているのである。

この令釈の説の内容はよく理解できないが、義解も、令釈も、「或説」も、すべて唐令もしくは唐律を基準として、そこからそれぞれ異なった自説を導き出していることがわかる。

11. 公式令23平出条

本条は、平頭抄出すべき文言についての規定である。この条文に挙げられている文言を文章中に使用する場合には、行を改めて行頭に書き、敬意を表すのであるが、この条文は以下のような形式で記されている。

皇祖
皇祖妣
皇考
皇妣
先帝
天子
……略……

この第一に挙げられている「皇祖」という文言に対して、令釈は以下のような注釈を付している。

釈云。唐令云。皇祖皇祖妣者。曾高同者。此令除而不取。即知。曾高不可平出。

これによれば、唐令では令文の「皇祖皇祖妣」に対して「曾高同」との注が付されており、皇帝の亡曾祖父母・亡高祖父母も皇帝の亡祖父母（皇祖・皇祖妣）と同じ扱いとして、これらの者も平出とする。しかし、この日本令ではこの注の文を削っている。そのことから考えると、日本令においては、天皇の亡曾祖父母・亡高祖父母は皇祖・皇祖妣と同じ扱いとせず、平出とはしない。

以上がこの令釈の解釈である。ここで令釈は、はじめに唐令を引用して、もとになった唐令には「曾高同」との本注が存するが、日本令ではこの本注を削除したのであるから、日本においては「曾高同」の注は適用しない、との結論を導き出している。これは、唐令の規定を日本令において削除したという点は全く同じであるが、そこから結論を導き出す過程が、前述の賦役令4歳役条の第一の場合と逆になっている。

12. 厩牧令19軍団官馬条

本条は、軍団の官馬の調教と正当な理由なくして官馬が死亡した場合の処置についての規定である。以下にその条文を掲げる。

凡軍団官馬。本主欲於郷里側近十里内調習聴。在家非理死失者。六十日内備替。即身死。家貧不堪備者。不用此令。

この条文の内容は次の通りである。軍団の官馬を飼育している兵士が、その調教を希望する場合、兵士の郷里から十里内で調教するのであれば許可する。兵士が家にある時に、正当な理由なくその官馬を死失せしめた場合は、六十日以内に替わりの馬を用意しなければならない。飼育していた兵士自身も死亡し、その兵士の家が貧しく、替わりの馬を用意することが不可能な時は、この規定を適用せずともよい。

以上がこの条文の内容であるが、この「在家非理死失」の部分について、義解は以下のような注釈を付している。

謂。案唐令。因公事死失者。官為立替。在家死失。卅日内備替。則知。非公事者。皆為在家。若因公事。非理死失者。依下条徴陪之法也。

この義解の内容を次に説明する。唐令を見るに、官馬を公事によって死失させた場合には、官が替わりの馬を用意し、家にある時に死失させた場合は、官馬を飼育していた兵士が三十日以内に替わりの馬を用意する、とある。この唐令から以下のことがわかる。公事による場合と家にある場合の二つが挙げられているということは、公事でない場合とは、すなわち全て家にある場合と見なすことができる。もし、公事により官馬を使用していた時に正当な理由なく死失させた場合には、下条の厩牧令27因公事条の徴陪の規定を適用する。

以上が義解の解釈であるが、ここでは、令文の「在家非理死失」の「在家」とはいかなる状態を意味するのかが問題とされている。そこで義解は、まず唐令には「因公事死失」と「在家死失」の二つの場合が挙げられていることを示し、ここから、唐令にこの二つの場合しか挙げられていないということは、公事に因らない死失はすべて「在家死失」ということになる、との結論を、唐令を解釈することによって導き出している。これは自説の根拠として唐令を引用しているのだが、唐令をそのまま援用するのではなく、それを解釈することによって自説に役立つように唐令の内容を創造しているのである。

13．戸令28七出条

本条は、夫の一方的な意志により離婚できる事由に関する規定である。この条文を以下に掲げる。

凡棄妻。須有七出之状。一無子。二淫泆。三不事舅姑。四口舌。五盗窃。六妬忌。七悪疾。皆夫手書棄之。与尊属近親同署。若不解書。画指為記。妻雖有棄状。有三不去。一経持舅姑之喪。二娶時賤後貴。三有所受無所帰。即犯義絶。淫泆。悪疾。不拘此令。

この条文の内容を次に説明する。夫が妻を一方的に離婚する時には、妻に七出の状がある場合でなければならない。

七出の状とは、以下の七つの事由を指す。一．子供がいない、二．夫以外の男性と姦通した、三．夫の父母の世話をしない、四．悪口を言う、五．盗癖がある、六．嫉妬深い、七．癩病等の疾患がある。これらの場合に夫は、離婚の書類を作成し、尊属近親の署名があれば、離婚することができる。もし、夫が文字を解することができない場合には、画指をもって自署のかわりとする。ただし、妻に七出の状があったとしても、次の三不去の要件がある場合には離婚することはできない。一．夫の父母の喪をつとめ終わっている場合、二．妻を娶る時は身分が低かったが、後に身分が高くなった場合、三．帰すべき妻の実家が無くなっている場合。ただし、妻が義絶を犯したり、淫泆・悪疾の場合には、たとえ三不去があっても離婚しなければならない。

以上がこの条文の内容であるが、この「画指為記」という部分に、古記は以下のような注釈を付している。

古記云。謂夫不解写書。賃他人合作牒。年月日下。夫姓名注付。食指点署。但食指為記法。用此間。与本令異耳。

其記文送里長也。

この古記の内容は次の通りである。令文に「画指為記」とあるが、もし夫が字を解さない場合には、字を解する他の者を雇って書類を作らせる。それで夫は、書類の中の年月日の下の夫の姓名を記してある所に、自分の食指の点署をすればよい。ただし、食指を自筆による記述のかわりにするのは、日本令での使用法であり、唐令における食指の使用法とは異なる。(12) 作成した書類は里長へ送付する。

以上が古記の解釈である。ここで古記は、夫が文字を解さない場合の食指の使用法が、日本と唐では異なることを説明するために唐令を用いている。

14．儀制令7太陽虧条

本条は、廃朝と廃務すべき場合についての規定である。この前半部分は日蝕の際に関する規定である。その条文を以下に掲げる。

凡太陽虧。有司預奏。皇帝不視事。百官各守本司。不理務。過時乃罷。……略……

この条文の内容は次の通りである。日蝕がある時には、陰陽寮はあらかじめその事を奏上しなければならない。天皇は政務を執らず、百官は各々自分の所属の本司を守り、その間の事務は行わない。日蝕が終わってから退朝する。

以上がこの条文の内容である。この令文の「過時乃罷」について、古記は以下のような注釈を付している。

古記云。過時乃罷。謂本令過虧時者。即如常理務也。罷訓止。音破阿反。此令過虧時者乃退。遂日不理務耳。罷訓退。音破阿反。……略……

この内容を次に説明する。令文にある「過時乃罷」とは、本令、すなわち唐令においては、日蝕が終わったならば直ちに通常の事務にもどることになっている。「罷」は止《とど》むとよむ。音は破阿の反切である。この日本令においては、日蝕が終われればそのまま退朝し、その日は事務を行わない。「罷」は退くとよむ。音は破阿の反切である。

以上が古記の解釈であるが、古記はここで、令文の「罷」の字の意味を説明するために唐令を引用している。しかし、「罷」の文字自体の解釈に唐令を役立てているのではない。日本令においても、唐令においても、令文の中で同じく「罷」の字を用いており、その発音も同じであるが、その意味する内容が異なる、ということを説明するために唐令を用いているのである。

15. 儀制令11遇本国司条

本条は、郡司が本国司に遇った時の下馬の礼に関する規定である。以下に掲げるのがその条文である。

凡郡司遇本国司者。皆下馬。唯五位。非同位以上者。不下。若官人就本国見者。同位即下。若応致敬者。並准下馬礼。

この内容を次に説明する。郡司がその当国の国司と遇った時には、常に馬から下りなければならない。ただし、郡司が五位である場合には、出遇った国司が五位以上でなければ馬を下りなくともよい。もし、官人が本国にある時に国司とあった場合には、国司と同じ位であれば、その官人は馬から下りなければならない〔もし致敬すべき場合には、下馬の礼における原則を準用する〕。

以上がこの条文の内容である。この令文の「若官人就本国見者」について、令釈は以下の注釈を付している。

釈云。就見者。唐令属意。有就州県見。不是路遇。此令属意。界内相遇耳。法用各殊。不可膠柱。……略……

令釈の内容は次の通りである。令文にある「就見」とは、唐令での令意は「京の官人が本州や本県において、その州県の官人に出遇った時」ということであり、その道中で出遇った時には下馬の礼は取らなくてよい。日本令での令意は「本国の境界内に入って国司に出遇った時」ということである。法の用い方は、日唐でそれぞれ異なるので、柔軟に解釈すべきである。

以上が令釈の解釈である。令釈はこの注釈で、日本令と唐令とで規定自体は同じであるが、その解釈・適用の仕方は異なる、ということを示すために唐令を用いている。また、その後に「法用各殊。不可膠柱。」として、令の運用に注意を促している。

二　令の注釈における唐令の機能

前節において、わずかな事例ではあるが、令の注釈書が唐令を引用して令文の解釈を行っている例について、古記・令釈・義解を中心にその内容を検討してきた。

令文を解釈する上で、その解釈が困難な箇所について唐令を参考にするというのは、『令集解』に収録されている諸私記にしばしば見られることであり、当時の明法家にとっては一般的なことであった。日本令、すなわち大宝令・

養老令は唐令を藍本にして編纂されたものであるから、唐令を参考にして令文を注釈するというのは、当然なことと思われるが、問題はその注釈における唐令の機能である。

以下、前節で検討してきた『令集解』所載の諸注釈に引用された唐令の種々の機能について、それを整理して掲げておこう。

（一）日本令の条文の解釈に疑義が生じた場合、母法である唐令と同義に解釈するために唐令を引用する。（職員令2太政官条の義解・新令私記、公式条1詔書式条の古記）

（二）日本令に明文規定のない場合、それを補充するために唐令を引用する。（賦役令15没落外蕃条の古記、厩牧令5牧毎牧条の古記、仮寧令3職事官条の令釈・古記）

（三）日本令の立法上の不備や失錯について、それを指摘し、是正するために唐令を引用する。（営繕令2有所造作条の義解、公式令1詔書式条の令釈、公式令40天子神璽条の義解）

（四）唐令を自説に有利になるように解釈し、自説を正当化するために唐令を引用する。（戸令1為里条の令釈、賦役令4歳役条の令釈、選叙令22職事官患解条の義解、公式令23平出条の令釈、厩牧令19軍団官馬条の義解）

（五）日唐で国情が異なるため、令条の章句や用語が一致しても、唐とは異なった解釈をすべきであるとして唐令を引用する。（戸令28七出条の古記、儀制令7太陽虧条の古記、同11遇本国司条の令釈）

（六）自説を権威付けるために唐令を引用する。

この中で、とくに注意すべきは（四）（五）（六）の場合である。

（四）の明法家が自説を正当化するために唐令を引用する際に、どのようにして唐令を引用するのか、その形態をさらに考察する必要があるが、注意すべきは継受された日本令の条文と唐令の条文とを比較して、日本令に唐令と同じ章句や語句が存在しない場合である。その際の明法家の解釈には、その存在しないという理由を、それらを適用しないという目的で日本令編纂者が削除したと解して、唐令と反対の解釈をする場合と、逆にその理由を日本令の簡素化をはかる目的で削除したと解して、唐令と同じ解釈をする場合とがある。いずれにせよ、状況に応じて自説を正当化するために、その削除の理由付けを全く正反対に利用しているのであって、しかもそれが同一の私記の中で行われているのである。(賦役令4歳役条の令釈と公式令23平出条の令釈)

(五)の日唐の令条で、同一の用語や章句を用いていても、国情が異なるため、日本では唐と異なった解釈をすべきであるとして「法用各殊。不可膠柱。」(儀制令11遇本国司条の令釈)というのも当時の明法家の解釈をうかがうものとして注意すべきである。すなわち、明法家には、状況に応じて(一)に見るように日本令を唐令と同義に厳格に解釈する場合と、それとは逆に唐令とは異なるものとして柔軟に解釈する場合があったのである。

(六)の自説を権威付けるために唐令を引用するのは、(一)から(五)までの場合すべてに認められるものであるが、後述するように、さして唐令を引用する必要性もないと思われる場合にも、自説に説得力をもたせるために唐令を引用する場合がある。

以上に述べたように、明法家の唐令引用の形態は様々であるが、その引用の方法も、まず始めに結論である自説を述べてから、「故云」、「何者」として、その解釈の根拠となる唐令を引用する場合(職員令2太政官条の義解、公式令1詔書式条の古記)、始めに唐令を引用しておいて、そこから「即知」として自己の解釈を導き出す場合(公式令23条の令釈)等があって、これにも一定の法則はない。おそらく、明法家たちが自己の解釈を提示する上で、説得力を増す、より効果的な形式を状況によって使い分けているものと思われる。

最後に、古記・令釈・義解に見られる個々の特色について述べて終わりたいと思う。

まず、古記についてである。これもすでに述べたことであるが、古記が唐令を引用する際には「本令」・「開元令」と唐令の名称を使い分けており、これは日本令の藍本になった唐令については「本令」、それ以後の令としては「開元令」というように意図的に使い分けていたようである。また、令に明文化されていない部分を補充するために唐令を引用する（二）にあたるものが古記では多く見られる。これは令を実際に運用していく上で問題となった事案であるのか、注釈を施していく過程で気づいたことであるのか、ともかく令を巧みに機能させようとする姿勢が感じられるように思う。

次に令釈についてであるが、令釈は唐令を引用する際には「唐令」という名称で統一しようとしているようである。しかし、「本令」として唐令を引用している例もいくつか見られるが、注釈の内容を見る限り、古記のような意識的な使い分けはしなかったようである。これは、令釈が、おそらくすでに存在する古記等の注釈の説を踏襲する際に、「本令」とあるのを「唐令」に改めるのを失念して、そのまま自説に採り入れてしまったからではないかと思われる。公式令8奏弾式条では、同一の令と思われるものを「本令」「唐令」と両方用いており、令釈は少なくとも古記におけるような区別をしていないようである。

また、賦役令4歳役条での第二の例のように、さして唐令を引用して令文を解釈する必要性があまり感じられない、言わば付けたり的な引用が令釈には多く見られる。

さらに、令釈は自説を述べてこれを裏付けるために唐令を引用するだけでなく、自説を掲げた後に続けて自説と異なる説を取り上げ、この他説が誤りであると指摘した上で、その他説を否定する根拠として唐令を引用している。これは他説を批判するという一段階を間にはさむことにより、自説のみを述べる場合に比べてより効果的に唐令を用いようとしているようである。（戸令1為里条、選叙令22職事官患解条）

最後に、義解についてであるが、義解は他の注釈に比べて唐令を引用している例は少ない。その引用例の多くは、令文に失錯等が見られる場合で、この失錯を是正するには唐令を引用して行わなければ不可能である、という場合に唐令が用いられているようである。

また義解は、すでに存在する注釈の中から最も妥当であると思われる解釈を択び採る、という性格の注釈であるので、古記や令釈の説を踏襲することもしばしばある。したがって、唐令を引用して解釈している令釈の注釈を義解が採用している例もいくつか見られる。その場合に、義解は令釈の自説の部分、すなわち結論の部分は採っているが、自説の根拠として引用されている唐令の部分については削除している。これは、義解が令釈に引用されている唐令を、令文解釈上必ずしも必要なものではないと見なしているからであり、義解はむやみに唐令を引かず、必要最小限の引用に留めておこうとしているように思われる。

おわりに

以上、古記・令釈・義解を中心とした令注釈書における唐令の引用の方法と形態、その果した機能について見てきた。なお、『令集解』中に見られる他の私記の例をもここに取り上げるべきであろうが、紙幅の関係上それは不可能であった。しかし、ここに取り上げなかった他の私記の例についても、本稿で掲げた類型のいずれかに当てはまるものと思う。

今回は、諸注釈書が令文を解釈する上で、何を目的として唐令を引用しているのか、ということに焦点を当てて見てきたが、諸注釈による唐令の理解度、ひいてはその解釈の完成度についても検討していく必要がある。令の注釈書についての研究はこれまでも多くなされているが、当時の明法家の法解釈の技術を知る上でも、さらに注釈書の内容に関する研究を深化していかなければならないであろう。

注

（1）代表的なものに、仁井田陞『唐令拾遺』（東京大学出版会、一九三三年、一九六四年復刻）、池田温編『唐令拾遺補』（東京大学出版会、一九九七年）、坂上康俊「『令集解』に引用された唐の令について」（『九州史学』八五号、一九八六年）等がある。
（2）まとまった研究としては、岩橋小彌太「唐令と本朝の令」（『律令叢説』吉川弘文館、一九七二年）、同「令義解」（『増補上代史籍の研究』下、吉川弘文館、一九五八年、一九七三年二版増補）等くらいである。
（3）「唐答」とあるのがそれであり、『唐令拾遺』『唐令拾遺補』、奥村郁三編著『令集解所引漢籍備考』（関西大学出版部、二〇〇〇年）の間でも唐令と見なすか否かで意見が分かれている。
（4）岩橋小彌太「唐令と本朝の令」八〇〜八一頁
（5）岩橋前掲（4）論文、八一頁
（6）瀧川政次郎『律令の研究』（名著普及会一九八八年、刀江書院一九三一年初版）二一八〜二二二頁、坂上前掲（1）論文、二六頁
　瀧川氏は「令集解に『本令云』として引かれてゐる唐令は、これを永徽令と解すべきであらうと思ふ。何となれば、本令とは我が養老令の本となった唐令の意味であるべきであるからである。」と述べられており、坂上氏もこの説に拠られている。また、『唐令拾遺』において、古記が引用する「本令」を典拠に復原されている唐令について、仁井田氏は「本令」は開元以前の令であろうとしか言及されていないが、『唐令拾遺補』では永徽令としている。
（7）養老公式令42給駅伝馬条、養老厩牧令8死耗条等
（8）義解はこの二条しか言及していないが、養老儀制令3皇后条の「凡皇后皇太子以下。率土之内。……」、同じく養老儀制令4車駕巡幸条の「凡車駕巡幸及還。……」等も平出・闕字とはなっていない。
（9）日本思想体系『律令』岩波書店（一九七六年、一九九四年新装版）五五〇頁補注一a
（10）岩橋前掲（4）論文、九九頁では「令釈は唐令を誤解して、十戸の里というものを考えたのであらう」としているが、筆者は誤解ではないと考える。
（11）岩波『律令』五六八頁、小林宏「日本律の枘鑿」『古代文化』五一（一九九九年）四一頁等

(12) この古記の「但食指為記法。用此間。与本令異耳。」の解釈については、仁井田陞『唐宋法律文書の研究』(東方文化学院東京研究所、一九三七年、一九六七年再版)、五〇~五一頁、五〇六頁注六四、岩波『律令』五六四頁補注二八c、『令集解所引漢籍備考』二八一頁等、説が分かれているのだが、本稿においてはひとまずこのように解釈しておく。

明法博士官歴攷

長又高夫

はじめに

我が国では、十二世紀後半頃から坂上・中原の両家によって明法博士の世襲化が進められる。当該期においては、検非違使であることが、明法博士たる者の資格要件であったので、坂上・中原両博士家の人々も、検非違使としての経験を積んでから明法博士を拝任するのが慣例であった。

ところが、平基親によって著わされた『官職秘鈔』（十二世紀末の成立か？）には、次の如く記されている。

明法

博士。

得業生居諸司者任之。以廷尉為最。兼廷尉佐例。公方。保資。允亮。道成。兼勘解由次官例。利業。道成。兼五位外記例。敏久。文義。兼六位史例。惟宗善綱。三人例。建久加廣光。

右文には、明法博士がその在任中に兼務した職が挙げられているのであるが、これによると検非違使ばかりではなく、勘解由次官、五位外記、六位史を兼務する明法博士も存在したことが知られるのである。但し、検非違使以外の職を兼務した者としてここに挙げられている明法博士は、いずれも十一世紀初頭以前にその在任が確認できる者達であり、十二世紀以降の明法博士の名は一人も見出すことはできない。もし右文の内容に誤りがないとすれば、十一・十二世紀の間に、なにか転機があったのではないかということを推測せしめる。たとえば九世紀の明法博士の中には、物部敏久の如く、太宰主典、左少史、左大史兼大内記、大外記、主税助等を歴任する者もいたのであり(1)、司法実務に専念する後世の明法博士とは異なる明法博士の姿がそこにある。初期の明法博士と院政期以降の明法博士との間にかくの如き径庭があるとすると一体それは何に由来するのであろうか。やはりそれは明法博士の社会的な役割の変化といった観点から明らかにする必要があるのではないか。

明法博士に関しては、なぜ大学教官職である明法博士が、当初から立法を中心とする法実務に従事したのかといったことや、令師・明法曹司と明法博士とが如何なる関係にあったのかということなど明らかにすべき点は多い。そこで本稿では、こういった問題点を視野に入れつつ、各時代の明法博士が従事した実務に注目し、その変遷を追うことで、各時代における明法博士の役割について考えてみたい(2)。

一　大学教官職としての明法博士の成立

明法博士は、定員二名の式部省被官大学寮所属の大学教官職であり、律令法律学を官僚候補生達に教授するのが、その任であった。神亀五年（七二八）に律令学を担当する大学教官職として律学博士〔正七位下相当、定員二名〕が置かれるが（『類聚三代格』巻四）、これが明法博士の前身であったことは疑いない。唐制では、「律学」という法律専門学校（「六学」の一つ）において律学博士（従八品下）（その下に「律学助教」がいた）が律令学を教授していたのであり、我が国でもこれを襲用して、神亀五年に大学教官職としてこの役職をもうけたのであった。だが我が国では、いつの頃からか、律学博士が明法博士と改称される様になる。

大宝令・養老令の職員令には、律学（明法）博士についての規定を見いだせないのであり、なぜ律学（明法）博士の設置が、神亀五年まで遅れたのかということがまず問題となろう。

神亀五年に律学博士二人がまず置かれ、その後、天平二年（七三〇）に学生として明法生十人、明法得業生（学業成績優秀な明法生から選ばれる）二人の定員が規定されていることから判断すれば（職員令14条大学寮条集解所引「令釈」）、大学の中に「明法科」（教官と学生が対として組み合わされる組織を「科」とする）が分立するのは、天平二年以降であったと考えるのが穏当であろう。

それでは、それ以前においては、どの様な形で律令学が教授されていたのであろうか[(3)]。大学の学生が、法吏・官吏となる為には、大学において律令学を修得し、「貢挙」資格を得て（挙試＝卒業試験に合格し、大学寮から推薦を受ける）、その上で式部省において任官試験である「明法試」を受験し、それに合格する必要があった。養老令の考課令と選叙令には、既にその「貢挙」資格（選叙令29秀才進士条「明法取通達律令者」）と「明法試」の具体的な内容（考課令73明法条「凡明法。試律令十条。律七条。令三条。識達義理。問無疑滞者。為通。粗知綱例。未究指帰者。為不。全通為甲。通八以上。為乙。通七以下。為不第」）、および「明法試」及第者の叙位に関する規定（選叙令30秀才出身条「……明法甲第大初位上。乙第大初位下」）が設けられていたのであり、「明法科」の有無に関わりなく、大学において律令を学び、「明法試」を経て、出身する道が開かれていたことを知りうるのである。

養老職員令によると、官吏養成機関としての大学の構成は次のようであった。

博士一人。助教二人。学生四百人。音博士二人。書博士二人。算博士二人。算生三十人。

右の職員令には教官として博士一人、助教二人、音博士二人、書博士二人、算博士二人の合計九人が、学生としては、本科の学生四百人と「算科」の学生三十人が規定されている。[4] 即ち、本科の学生四百人の中に律令学を修得し、「明法試」を経て、出身する学生がいたのである。そしてその律令学を教授する教官は、大学博士と大学助教ということになろう[5]（大学助教は大宝官員令においては大学助博士と呼ばれていた）。[6]

本科の学生は、孝経と論語とが必修科目とされ、その上に礼記、春秋左氏伝、毛詩、周礼、儀礼、周易、尚書の七経の中から数経を選択して修得する必要があったが（学令5経周易尚書条）、「進士試」の為には文選・爾雅を、「明法試」の為には律・令を更に学ぶ必要があった（考課令72進士条・73明法条、テクストの中国音による素読は音博士に、書道は書博士に教授された）。つまり学生達は、経書から律令までを広く学んだ上で、「秀才試」、「明経試」、「進士試」、「明法試」の四種の国家試験のうちの一つを選択し受験し、出身せねばならなかったのである。[7] 早川氏は、こうした大学の教育制度から「律令学を専攻して出身する学生たるものは、狭い意味での法律専門家、単なる法吏・刑吏であってはならないという、律令制定者たちの基本的態度」が看取できると的確に指摘されたが、[8] それは裏をかえせば、法官・刑官のみならず、律令官人たるものは、国家の基本法である律令法を学び、理解しておかねばならないという為政者達の基本的態度の表れとも評価できよう。

八世紀初頭に、律令学の専修者が殆どいなかったことは、大宝律令の編纂者の経歴からも伺うことができる。『続日本紀』文武四年（七〇〇）六月庚午条には、大宝律令の編纂に携わった者として十九人の名が見えているが、[9] 早川氏が指摘される様に、このうち多少とも律令学に関連した記事を他の史料に見出せるのは、道首名と[10]鍛大角の[11]僅か二人のみであり、多くは一般官人ないし渡来人系官人（七名）であり、その学問的素養が知られる者も経学ないし文藻に関わる人物であった。[12] つまり国家の基本法たる大宝律令の撰定のときでさえ、その中心的な役割を担ったのは、宿儒と渡来人系官人であり、律令学のエキスパートの存在は知られていない。

大宝令の施行の際に「明法博士」の存在が知られるが、これとて法曹や大学教官であったわけではない。大宝律・大宝令の編纂は、ほぼ同時期に開始されたと思われるが、まず行政法典的な大宝令が完成し、次に刑法典としての性格の強い大宝律が完成する。おそらく律は、令と密接な関係にあった為に(律文の中には、令の規定を前提とするものが多数認められる)、令の完成をまってから、最終的な修正が加えられたものと推測される。(13) 大宝令が完成すると、(大宝律の完成をまたずに)すぐさま中央においては、親王・諸王・諸臣・百官人、僧などを対象に諸所で新令を講ぜしめ、国司をはじめとする地方官人に対しては、「明法博士」を六道に遣わして、これを講ぜしめた。

中央において講説を行ったことが知られているのは、鍛大隅、下毛野古麻呂、道首名等であるが、彼らは、新令の編纂メンバーでもあった。一方、その直後に新令の講説の為に「明法博士」として地方に下ったメンバーについてはまったく不明である。けれども中央の官人に新令を講じたのが、新令の編纂者自身であったことからすれば、国司等に新令を講説するために派遣された「明法博士」も、やはり同様に新令編纂者の中から選任されたと考えるのが穏当であろう。(14) 新令は、これからの地方政治の指針とすべき行政法であり、その内容を正確に講釈し、地方官人達に理解させることは律令国家体制を維持するためにも必要不可欠なことであったはずである。

このとき遣わされた「明法博士」は、新令編纂者の中から地方官に新令を講説するために特別に任命された臨時の官職であったと思われる。「法を明らめる博士」という称号も彼らに権威を持たせるためのものだったのではないだろうか。

上述の如く、大学教官職としての律学博士の設置は、神亀二年まで待たねばならなかったのであるが、これはその二年後に学生である明法生、明法得業生の定員が規定されていることからも明らかな様に、「明法科」を大学本科から分立させるための布石であった。

かくの如き「明法科」の分立は、ほぼ同時期の文章科の分立と、それにともなう大学本科の解体といった一連の大学の組織改編の中で理解せねばならないものである（これにより大学は明経科、文章科、明法科、算科、書科の五科となった）。早川氏は、文章・明法の二道がこのころ特に重んぜられたことが、大学の組織改編に繋がったとされ、本格的な教育のために、「文章科」と「明法科」の二科を本科から独立させたと指摘されておられる(15)。これは従うべき見解であるが、本稿の主題に添って考えれば、なぜ七二〇年代に入り「明法科」という一学科の創設を必要とする程、明法道（律令学）の需要が高まったのかということを問題とする必要がある。七〇〇年代初頭の律令（大宝）の施行期に明法道が興隆したわけではなく、それから二十年程経た段階で明法道の興隆が図られたその訳を明確にしておく必要があるのではないだろうか。

二　令師、明法曹司と明法博士との関係

神亀五年（七二八）、大学「明法科」において学生に律令学を教授する教官職として、律学（明法）博士が新たに置かれることとなる。これは前節で論じた如く、「明法科」の創設にともなうものであったから、律学（明法）博士の登場が、神亀五年まで遅れた直接の理由は、「明法科」という学科の創設が遅れたことにある。だが、明法博士の歴史的な役割を考えるのであれば、当該期になぜ明法道の興隆が図られたのかという点にまで、さらに踏み込んで考えてみる必要があろう。

大学寮内に「明法科」が新設されたまず第一の理由として考えられるのは、明法道を修得して出身しようという学生が増加したことが想定されよう。けれどもその「明法科」の学生の定員は、わずか十名（明法生八人・得業生二人）に過ぎず、ほぼ同時期に創設された「文章科」の定員二十人と比しても少ないものとなっている。従前から置かれて

いる「算科」の学生三十人と比すれば、三分の一に満たないということになる。このことから判断しても、明法道を修得しようとする学生が急増した為に「明法科」が創設されたという状況は考え難い。

しかし、その反面、学生の総数を教官（博士）の数で割り、教官一人あたりの担当学生数を単純に試算すれば、「文章科」が学生二十名につき教官一人、「算科」が学生十五名につき教官一人の割合なのに対して、「明法科」は、学生五名につき博士一人といった割合になり、「明法科」における学習指導が非常に行き届いたものであったことを思わしめる。大学組織の改編にともない、「明法科」が新設されたのも、その背景には、明法道を興隆させねばならないという社会的要請があったのではないだろうか。

律学博士が置かれた神亀五年は、大宝律令の「刊修」（＝修正）が行われていた時期にあたる（養老二年に大宝律令の全体的な「刊修」が命ぜられている）。当該期に法実務の中心的役割を担っていたのは、複数の令師達であった。令師の任命がいつ行われたのかは不明であるが、和銅四年（七一一）の史料に「令師大外記正七位上伊吉連子人」の名が見えているので（僧尼令14任僧綱条集解所引「令釈」）、少なくともそれ以前に任命されたことは確実であろう。令師として活動が知られるのは、伊吉連子人、鍛冶造大隅、越知直広江、塩屋連吉麻呂の四名に過ぎないが、彼らは、いずれも大宝律令の編纂もしくはその「刊修」（＝養老律令の撰定）に携わった実務官僚達であった。令師は、有権的解釈を行うと共に、法の欠缺を立法によって補っていったのである。そのことは諸司からの質問に答えた令師の解答や令師の法実務上の意見が、そのまま格（令の修正法）として立法されていることからも窺い知ることができるのである。(16)

ところで、これまでは先学により令師の前身と考えられてきたものに令官がある。この令官は、大宝律令の施行後まもなく、置かれた官である。けれども、この令官の構成員には、大宝律令編纂の副総裁藤原不比等（大納言）や式部卿葛野王といった上級官人を含んでおり、その後に置かれた令師とは、いささかその性格を異にする。おそらく国家の基本法として立法された新令（＝大宝令）を官人達に知らしめ、それを機能させるのが令官の役割であったと思われる。令官の活動として今に伝わる事例は、質疑に答えて、藤原不比等と葛野王との二名の名を以て令文の解釈の治定を行っている僅か二例に過ぎず、(17)その他の詳細は不明である。しかし、大宝令の編纂直後から中央で「親王諸王諸臣百官人等」の講説にあたった者達、あるいは臨時の官として「明法博士」に任ぜられ、地方で新令の講説にあたった者達の主たるもの（すなわち律令の編纂メンバーの主たる者）が、令官の構成員であったと考えてよいと思う。令官のメンバーに大宝律令編纂の副総裁や式部卿が名を連ねているのは、彼らが直接、解釈の治定にあたっていることを内外に示す意味があったのではないだろうか。

新法が実現されていくと、次の段階として、法の欠缺の問題が生じてくる。但し、これは新法普及後の問題であるので、この段階に至れば、もはや職務繁多な上級官人を表に立てて活動を行う必要もなく、法曹官人達が、法実務上の問題として処理すればよかったのである。(18)この処理に当たった法曹官人達こそが前述せる令師達であったと考えるのである。

養老二年（七一八）、藤原不比等、矢集虫麻呂、陽古真身、大和長岡、塩屋吉麻呂、百済人成、越智広江等に対し、大宝律令の全体的な「刊修」が命ぜられる。彼らは、大宝律令を編纂したときのメンバーとは異なり、そのほとんどが律令法学を修得した法実務家であった。このときに大宝律令の全体的な「刊修」が命ぜられたのは、大宝律令施行後に、律令本文の「用語の曖昧さ、不適切さ、文章上の矛盾、不備等」が発見され、その修正が望まれた結果であることは疑いない。(19)この律令「刊修」の機運が高まった背景には、律令施行後に、法の欠缺や条文間の矛盾等が問題となり、それを令師達が、解釈立法等により個別に解決し、それを先例として治定していくという地道な法実務の蓄積があったことを忘れてはならない。この頃、令の施行細則集の一つとして「八十一例」が撰定されるが、この法令集の大半は、令文の不備を解釈立法等により補ったもので、当該期の法家集団による令文の補足・修正の成果の一端が「八十一例」に結実したものと考えられる。(20)早川氏は、大宝令を修正する「八十一例」の一文が、そのまま新令（養老令）に取り入れられている事例を紹介されているが、[21] この様に明法家（おそらく令師）による令文の補足・修正がそのままの形で新令の条文となる場合もあったものと思われる。

神亀五年（七二八）にまず律学（明法）博士が置かれ、その後、天平二年（七三〇）に明法生ならびに明法得業生が置かれたのも、令師の如き明法家の活動が社会的に評価され、専門的な知識を有する法曹を恒常的に生み出すシステムが求められたからに他ならない。

ところで、神亀五年に誰が初代の律学博士（定員二名）に任ぜられたのであろうか。残念ながらそれを示す史料を得ない。だがやはり令師の中から選任された可能性が高いのではないだろうか。現在確認しうる律学（明法）博士の初見はおそらく塩屋連吉麻呂であろう。職員令13式部省条集解所引の「令釈」に「明法博士外従五位下塩屋連吉麻呂」とその名が見えている。彼は養老二年（七一八）の大宝律令の「刊修」にも携わり、「古記」（権威ある大宝令の注釈書）の撰者から「智慧判事」と評される程の敏腕な実務官僚であった（刑部省の中判事もしくは少判事の任にあったものと推測される）。養老五年（七二一）には、百官の内、学業に優れ、師範たるに堪えた者三十五名が表彰されているが、その際に塩屋連吉麻呂も「明法」の大家として賞賜されている。塩屋連吉麻呂は、令師としても活動しており、彼の場合も法実務家としての手腕が認められ、明法博士に選任されたものと考えられる（塩屋連吉麻呂は天平十一年正月に外従五位下に叙されているので、天平十一年以降の明法博士在任が確認できる）。また初期の明法博士としてその名が知られている者に百済人成（＝山田白金）がいる。彼が令師であったか否かは不明であるが、吉麻呂と同様、養老二年の大宝律令の「刊修」にも携わっており、「明法博士トシテ、律令ノ義、通ゼザル所ナシ、皆コトゴトク准的ニ資ス」[22]（『日本文徳実録』天安二年六月己酉条）と評される程の明法道の大家であったことは疑いない。百済人成は、主計助・河内介[23]を歴任しており、塩屋連吉麻呂と同じく、実務官僚としての一面も有していたのである。ここでは、初期の明法博士として在任が確認出来る二名のみを取り上げたに過ぎないが、明法博士には、法実務に長けた者の中から教官として相応しい者が選任されたと理解してもよいであろう。

次に、天平宝字二年（七五八）以降、その活動が窺える明法曹司について論じてみたい。[24] 大学寮の中に「明法科」が新設されてから三十年ばかりを経て、作られた組織が明法曹司であった。

まず、明法曹司についての従来の研究を簡約すると次の様になる。これまで先学は、養老律令の条文解釈の治定に当たったのが明法曹司であるという点では意見の一致をみていた。但し、明法曹司を明法博士を中心とする独立した特定の法家集団ないし法家組織と考えるか（早川庄八・前田禎彦）[25]、或いは、そうではなく太政官から法文解釈の治定を命ぜられた個々の官庁や明法博士が、答申を行う際に便宜的に用いた名称に過ぎなかったのか（水本浩典）[26]、という点では見解の相違がある。また、明法曹司を大宝律令施行後に活躍した令師に対応するものであるとする早川説に対して、水本氏は、太政官への答申の際に、明法曹司が「解」の形式をとっていることに注目され、「口宣や申状、問答体の回答の形で、令の細則の治定にあたった」令師とは性格を異にするという指摘をなされている。[27]

令官・令師が諮問に答えて、勘申を行う場合には、「令官藤原卿式部葛野王」や「令師大外記正七位下伊吉連子人」の如く、勘申者の個人名が明記されていたのに対し、明法曹司が勘申を行う場合には、非人格的に「明法曹司」という一機関名で勘申がなされており、この点からしても水本氏の指摘せる通り、確かに令師と明法曹司との性格を同一のものと論ずることには問題を残す。

しかし、そのことをもって水本氏が、明法曹司を特定の法家集団ないし組織を指し示すものではないというのは、いささか論理の飛躍がある様に思われる。[28] やはり明法曹司は、特定の法家集団からなる一機関と考えるのが穏当であろう。

さて、明法曹司が令師の後身と単純にいえないとすると、我々は、明法曹司がどの様な目的をもって設置された機関であったのかということを再検討する必要があるのではないだろうか。

明法曹司の活動が史料上で確認出来るのは、天平宝字二年から弘仁十三年までの約七〇年間の長期に及ぶのであるが、当該期は、大宝律令の「刊修」が終り（＝養老律令の施行）、次の段階として、各官司内で法の整備が進んだ時期であった。[29] 具体的には、「諸司例」を制定したり、或いは諸官司内に集積された「諸司例」を整理して法令集としたり、さらにそれを取捨選択しながら「諸司式」という法典の形に集成する方向に進んでいったと思われる。[30] その作業を組織的に進める機関として発足したのが明法曹司ではなかったか。

明法曹司の活動は、諸官司からの法律上の質疑に対する回答である「明法曹司解」（太政官への回答形式）や「明法曹司問答」（太政官以外の諸官司へ回答形式）によって知られるが、明法曹司から太政官への回答が「例」として施行され、そのままの形で『延暦交替式』に定立されていたり、[31] 或いは、同じく太政官への回答が太政官符によって立法化され、後にはそれが『弘仁格』として定立されている事例などを確認することが出来る。[32]

また、興味深い事例としては、大蔵省における季禄の支給方法をめぐる、式部省と兵部省との間でなされた弘仁六年（八一五）の相論を挙げることができる。[33] なぜならば、その相論の際に両官司は、互に明法曹司から得た異なる回答を自説の法的根拠として主張しているからである、[34] そして太政官は、その裁定を大判事物部敏久に委ね、敏久の回答をまって結論が出されている（敏久の回答は弘仁六年十一月四日付太政官符に掲載され、立法化されている。またこの敏久の回答は、『弘仁格』としても定立されている）。このとき裁定を下した物部敏久は、明法博士の職を退いたとはいえ、[35] いまだ大判事の任にあり、明法曹司の中心的な役割を担っていたことは間違いあるまい。おそらく明法曹司の首班として断を下したのであろう。これ以外の事例として、『続日本紀』天平宝字二年九月丁丑条には、太政官から明法博士に「論定」が命ぜられ（「論定」とあることに注意されたい）、その回答が明法曹司の名をもってなされている事例が管見に触れるが、これなどもやはり明法博士が明法曹司の中核的存在であったことを示すものであると私は理解している。

如上の様なことからも、明法曹司は、数人からなる法家集団ではなく、明法博士や大判事を中心とした組織的な立法機関であったと考えられる。明法曹司は令師の流れをくむ立法機関であったが、法の整備を組織的に行うことを目的に設置されたという点では、これまでにない明法機関ということができよう。

「明法科」が新設されてから三十年余りを経て、法曹の数も増え（延暦二十一年には、「明法科」の学生の定員も十名から二十名に倍増している）[36]、明法道も興隆し、法の整備に向けて、組織的な活動を行える様になっていたことが、明法曹司という独立した組織が設けられる背景として考えられる。『令集解』所載の著名な令の注釈書である「令釈」（「古記」とならび最も権威ある令の注釈書）、「跡記」（阿刀氏の令私記）、「穴記」（穴太氏の明法家説をまとめた令私記で、原穴記の成立は延暦年間であると考えられている）[37]等は、いずれも明法曹司が活躍した延暦年間に成ったといわれており、このことをもってしても当該期における明法道の発達を窺うことができる。しかも明法曹司の活動期は、以下で述べるが如く、法典が整備された時代でもあったのである。

延暦十年（七九一）に養老律令に更なる删定を加えた「删定律令」二十四条が施行されるが[38]、これなどは象徴的な出来事のように思われる。この「删定律令」は、瀧川政次郎氏が既に指摘されている如く、「養老律令の条文間における矛盾を除去し、不均衡を芟除し、字句の不適当なるものを取り換える為に編纂されたもの」であった[39]。また延暦十六年（七九七）には、その内容は今に伝わらないが、「删定律令」の類書である「删定令格」四十五条も施行されている[40]。この他、当該期に編纂された「諸司例」として、『新弾例』八十三条（延暦十一年）と、和気清麻呂（民部卿在任時か民部大輔在任時かは不明）によって編纂された『民部省例』二十巻等が、「諸司式」としては、勘解由使が国司の交替に関する法を集成した『延暦交替式』などの存在が知られている[41]。

延暦二十二年（八〇三）には、菅野真道によって『官曹事類』三十巻が編纂されている。これは『続日本紀』に収められなかった大宝元年から延暦十年までの種々の事例を部類別に整理編纂したものであった。その奥書によると、中央諸官司が公務を執行する際に、一々法曹へ問い質す必要のない様に著されたのが本書であるという（『本朝法家文書目録』）。またこの頃、大宝元年から延暦二十二年までの地方官の実務上の記録を整理編纂した『外官事類』も著されている。虎尾俊哉氏は、この『官曹事類』と『外官事類』の二書を「式」的な性格を有すると評価されたが、(42)右の『官曹事類』の奥書に見る如く、八世紀後半以降、法曹に問い質すなどして、徐々に各官司内で法が整備され、「諸司式」という形に集成されていったのであろう。

さらに、菅野真道を中心として「諸司式」の集大成である格式法典（後の『弘仁格式』）の編纂が、延暦二十二年頃に開始されるが、これも官司ごとの法整備を前提としなければ考えられないものである。

格式法典の編纂は、何らかの理由により一時中断するが、弘仁年間（嵯峨天皇治世）に、藤原冬継、藤原葛野麻呂、秋篠安人、藤原三守、橘常主、物部敏久を編纂委員として再開されている（このときには格式を編纂する専門機関として「造（格）式所」が設けられている）。弘仁十一年（八二〇）の『弘仁格式』の完成以後（格は同日に、式は天長七年に施行）、明法曹司の活動がまったく窺えなくなるのも、「諸司式」の整備編纂と明法曹司の活動が密接な関係にあったことを裏付けるものではないだろうか。残念ながら『弘仁格式』の編纂に明法曹司がどの様に関わったのかまったく不明である。しかし、明法曹司の使命が、諸官司の法を明らめ、それを整備することにあったとすれば、『弘仁格式』の完成以後、明法曹司の活動が停止することも合点がゆく。

それでは最後に、明法曹司と明法博士・大判事との関係について一言しておきたい。

菅原道真の漢詩・散文集である『菅家文草』の巻第九、奏状の項には「請参議之官定為職事」という道真の一文が収められている。この文中に参議を職事官と考えるべき根拠として、大同二年（八〇七）の明法博士讃岐広直による勘答、弘仁七年（八一六）の大判事物部敏久による勘答、弘仁十三年（八二二）の明法博士貞江継人による勘答等が列挙されているのである。ここで注目されるのは、菅原道真が、これらの勘答を指して「明法曹司勘申」と称していることであろう。明法博士・大判事が明法曹司の中核であったことを考えれば、彼らの勘答が、「明法曹司勘申」と称されたとしても何ら問題はないのであるが、ここで興味深いのは、彼らが明法曹司の一員としてではなく（すなわち「明法曹司解」「明法曹司問答」という形ではなく）、「明法博士讃岐広直」、「大判事物部敏久」の如く、職名と個人名とを明記して個々の責任のもと勘申を行っているということなのである。

九世紀に入ると、右の『菅家文草』に見る如く、明法博士、大判事が、官司や官人からの法律上の疑義に対して直接回答を与えるということが行われるようになる。(43) しかし、『菅家文草』所載の右の明法博士、大判事等による個人的な回答は、公務執行上の法的質疑に対し、法曹が公権的な回答を与えるという点で、明法曹司の活動となんら区別しえず、これらを明法曹司の首班としての公的活動であると評価してもよさそうである。そうであるからこそ、菅原道真は、明法博士や大判事の個人的な回答であるにもかかわらず、それらを明法曹司による回答とみなしたのであろう。けれども問題なのは、なぜ彼らが、明法曹司の名のもとに回答を行わなかったのかということである。右の明法博士や大判事による個々の回答が、明法曹司の活動が殆ど見られなくなる時期に行われているということから考えれば、明法活動を通じて自らの権威を高めていった明法博士や大判事が、衰えてきた明法曹司の機能を個々に引き継いでゆくプロセスであると理解することもできよう。(44)

明法曹司が活動を停止した後も、法律上の疑義は、各方面から当然生ずるのであり、その諮問に答えたのが、明法家を代表する明法博士や大判事であったのである。かれらは令師・令官の後身として、あるいは明法曹司の首班であった職責、経験のもと引き続き法実務に携わったのである。(45)

三　明法博士の官歴

前節で論じた如く、明法曹司の活動停止後、これに代わり、明法勘申を行ったのは明法博士や大判事であった。明法曹司の中核的存在であった明法博士や大判事が明法曹司の活動を引き継いだのである。実はこれと同じ様なことが断罪・量刑に関してもいえる。

我が国の司法の中枢機関は刑部省であったが、十世紀に入り、刑部省の断罪機能が衰えると、これに代わって明法博士を中心とする明法家が断罪・量刑を担当する様になる。それ以前の九世紀後半頃から、刑部省並びにその被官の囚獄司は、逮捕・拘禁・訊問・行刑といった司法実務を検非違使に委ね、刑部省は、すでに断罪・量刑のみを担当する司法機関に矮小化していたのだが、十世紀に入ると、その機能すらも失われるのである。

この様に、九世紀以降に明法博士が行った法実務は、解釈の治定にとどまらず、立法から量刑にまで及んでいる。これらは大学教官職である明法博士本来の職掌とはいえないが、明法曹司の活動を引き継ぎ、むしろそれを発展させたものと評価することが出来るのではないか。

もし、このことが首肯されるのであらば、九世紀以降、明法博士の活動はより多方面にわたるものとなったはずである。その明法博士の活動を知る為には、当時の明法博士がどの様な実務に従事していたのかということを明らかにするのが早道ではないだろうか。そこで本節では、明法博士に就任する律令官人が、どの様な官職を経て、明法博士に任ぜられるのが一般的なコースであったのか、また明法博士在任時に、彼らがどの様な官職を兼務したのかということを中心に考察し、明法博士の社会的な位置づけをしておきたい。

そこでまず明法博士経験者の主たる官歴を一覧表にして左に示そう。

表は、明法博士経験者に共通せる官歴を示したものであるが、この表からもわかる様に、九世紀末の凡春宗あたりまでの明法博士の官歴とそれ以降の明法博士の官歴とでは明らかに相違がある。その変化は天安二年（八五六）に検非違使衛門志のポストに明法道成業者が配される慣行が成立したことによるものと考えられるが、ここではまず表か

表　明法博士の官歴一覧（9世紀～12世紀）

	衛門少志	衛門大志	衛門少尉	衛門大尉	衛門権佐	少史	大史	少外記	大外記	主計頭・助	少・大判事	勘解由次官
山田白金										助		
物部敏久						●	●		●		大	
讃岐永直						●					大	●
讃岐永成						●						
御輔長道											大	●
伴良田宗						●	●				大	●
粟鱒麻呂											大	
穴人永継						●					大	
桜井田部貞相											大	
惟宗直宗						●					大	●
凡　春宗		●				●	●					
惟宗直本	●		●	●						頭		●
惟宗善経	●					●					大	
惟宗公方		●			●					助	大	●
桜井右弼			●									
善道維則						●	●	代*1				
美麻那実憲			●	●								
国　雅重								●	●			
美麻那直節											大	
令宗允亮					●							●
令宗允正					●							●
小野文義								●	●			
大江保資			●		●							
某利正(利業)												●
令宗道成					●							●
坂上定成	●		●									
菅原有真											◎*2	
惟宗国任	●											
中原範政	●		権*3									
中原資清	●											
三善信貞								●	●		大	

	衛門少志	衛門大志	衛門少尉	衛門大尉	衛門権佐	少史	大史	少外記	大外記	主計頭・助	少・大判事	勘解由次官
坂上明兼	●		●								大	
小野有隣								●	●		大	
中原季盛	●	●	●									
坂上兼成	●	●	●								大	
中原業倫	●										◎	
坂上兼俊											大	
中原章貞	●		●									
中原基広	●		●									
中原明基	●	●	●								◎	
大江広元				●				●				
中原章広	●	●	●								少	
中原章親	●		●								◎	

註）貞江継人や額田今足の様に、明法博士の在任が確認出来る者でも、その官歴が明らかにならない者は本表から削除した。

＊1、善道維則は外記代を務めている。

＊2、少判事・大判事の項の◎は、少判事と大判事を共に務めていることを示す。

＊3、衛門権少尉を意味する。

ら知ることができる各時代の特徴について簡単に触れておきたい。

九世紀後半までの特徴を考えるにあたっては、九世紀中頃の明法博士、讃岐永直、御輔長道、伴良田宗の経歴が参考となろう。この三名に関しては、その卒伝が六国史に掲載されているので、「明法科」卒業後の経歴をたどることが出来る。

イ、讃岐永直（『日本三代実録』貞観四年八月是月条）

①明法得業生→②但馬権博士[46]→〈奉仕及第〉→③明法博士→④右少史→⑤左少史→⑥勘解由判官→〈外従五位下〉→⑦大判事→⑧勘解由次官→〈賜姓朝臣〉→⑨出雲権介→⑩阿波権掾

ロ、御輔長道（『日本三代実録』貞観二年九月廿六癸丑条）

①明経生→②准明法得業生（別勅生）→〈奉仕及第〉→③明法博士→〈外従五位下〉

→④大判事→⑤勘解由次官→〈従五位下〉

ハ、伴良田宗（『日本文徳天皇実録』斉衡二年正月己酉条）

①明法生→明法得業生？→②太宰明法博士→③右少史→④右大史→⑤左大史→〈外従五位下〉→⑥勘解由次官→⑦大判事→⑧明法博士→〈従五位下〉→⑨備後介

イの讃岐永直は、その卒伝に「嘗テ大判事興原敏久、明法博士額田今足等、刑法難儀数十事ヲ抄出シ、大唐ニ遣ハシ問ハント欲ス、永直コレヲ聞キ、ミズカラ請ケテソノ義ヲ詳解ス、累年ノ凝滞、一時ニ氷釈ス、唐ニ遣ハスノ問、コレニヨリテ止ム」と記されるほどの、明法道の大家であった。よって、その永直の経歴をもって明法博士経験者の一般的な経歴とみなすことが妥当であるのか否かがまず問題となろうが、明法試に合格した後、まず大学教官職である明法博士となり、その後、明法博士を勤めながら、太政官弁官局の少史・大史、刑部省判事局の大判事、勘解由次官を兼務するという永直の経歴は、他の明法博士経験者の経歴と何ら異なる所のないものであった。

そこで、九世紀末までの明法博士経験者の官歴の特徴を挙げるとすれば、ほとんどの明法博士が、少史・大史を兼務していたということをまず第一の特徴として挙げねばならない。そして第二の特徴を挙げるとすれば、明法博士としての経験と実績を積んで大判事、勘解由次官となる、というコースが定着していたということであろう。

ところが、十世紀に入るとそれらの特徴に変化が生ずる。善道維則を最後に史を兼務する者がいなくなり、十二世紀以降、勘解由次官を兼務する者も姿を消す。そして史を兼務する明法博士がいなくなるのにともない、まず検非違使を兼務する明法博士が、次に外記を兼務する明法博士が登場する。明法博士が検非違使もしくは外記を兼務するということの新たな慣行は、十二世紀初めまで続くのであるが、この慣行も外記を兼務する者がいなくなることで終りをつげ、それ以降は、検非違使としての経験を積んで明法博士となるというコースに一本化される。

以上、右表から窺える所の大まかな特徴を記したので、次にその歴史的な意味づけをしておきたい。

まず、その前に明法博士の相当官位について触れておく必要があろう。明法博士の前身たる律学博士は正七位下相当官であったが、明法博士の場合は、正七位下をもって任官される者は殆どいなかった。時代により多少の違いはあるものの「正六位上」で明法博士となり、在任中に「従五位下」まで進むというのが標準的なコースであった。九世紀段階には、讃岐永直や御輔長道の如く、奉試及第の後、他の官職につかずに明法博士に任ぜられる場合もあった様であるが、十世紀以降においては、六・七位相当の諸司の判官・主典を経験してから明法博士となるというのが慣例であった。そのことは次掲の久安六年（一一五〇）十二月十七日付の惟宗成直申文からも窺い知ることができる。(47)

□□（造東）大寺主典正六位上行東市佑惟宗朝臣成道誠惶誠恐謹言。
　請殊蒙　天恩。因准先例。依譜代奉公幷学道労。被遷任明法博士闕状。
□（右）成直謹検案内。官位令云。法令製作文約旨広。先儒訓註案拠□□
□□者。依之明法道多被置人数矣。大判事明法博士道検非違使□□
□承臨時　宣旨。成献勘文之輩等也。所以犯科之決断□□
□論勘状不一同之時、広被問彼此之故也。方今近日所在道□□
□一人也。其一人尚兼博士。若彼両人一同申之時。是非□□
□於明法博士今一人者。別可被補任歟。然者成直学道□□
□心過庭之訓在耳。祖父明法博士国任。親父左衛門成□□
□累祖之藝教以奉公之節。縦雖為無頼之孤露何不□有□□
□風乎。自諸司二分三分拝除明法博士。近則惟宗允亮自東市佑□□
□（美）麻□（那）直節自中務録遷任。菅原有真自少判事遷拝等是也。□□

□例不遑羅縷。望請　天恩。因准先例。依譜第奉公幷学道労。被□

□明法博士者。将知稽古之貴矣。成直誠惶誠恐謹言。

久安六年十二月十七日造東大寺主典正六位上行東□(市)□(佑)惟□(宗)朝臣成□(直)

右文は、惟宗成直が明法博士への任官を求めて提出した自薦文である。久安六年に明法博士のポストに欠員が生じたのを受けて、正六位上を帯し、造東大寺主典と東市佑を兼務する惟宗成道（明法博士惟宗国任の孫）が、明法博士への任官をもとめて提出したのが、右の申文である。

成道は、右の申文の中で、諸司の二分（主典）・三分（判官）から明法博士へ遷任する道が開かれていることを、近年の例を挙げて力説している。その近年の例とは、惟宗允亮が東市佑から、美麻那直節が中務録から、そして菅原有真が少判事から、それぞれ明法博士へ遷任した事例を指し示すものである。しかし、近年の例として示されたうちの一番新しい任官例にしても既に八十年余り前の事例であることに注意せねばならない。成道が例示したのはいずれも令制官職の判官・主典にある者が、明法博士へ遷任した、十・十一世紀の事例であったのである。右の申文が提出された十二世紀中頃においては、宣旨職である検非違使衛門志をまず経験し、それから明法博士に任ぜられるというコースが一般化していたのであった。成道は、おそらくそのことを十分に承知しながらも、父祖の如く検非違使となることが叶わなかった為に、検非違使以外の官職を経て明法博士となった十・十一世紀の先例を詮索し、それを根拠に明法博士への任官を希望したものと思われる。

十・十一世紀の任官例として成道が示したのは、東市佑〔従七位下相当官〕、中務（大）録〔正七位上相当官〕、少判事〔従六位下相当官〕から明法博士へと進んだ例であったが、東市佑の経歴を有する明法博士としては他に三善信貞(48)が、中務録の経歴を有する者としては国雅重（中務少録）(49)が、少判事の経歴を有する者としては、中原業倫(50)・坂上明基(51)、中原章広(52)が管見に触れる。

なお右の者のうち、国雅重と三善信貞とは、外記の経歴をも、中原業倫は囚獄佑の経歴をも併せ有していた。史料が殆ど残っていない為に、詳しいことはわからないが、それでも、諸司の判官・主典等の経歴を有する明法博士としては他に、弾正少忠〔正六位上相当官〕であった惟宗直本[53]や中原季盛[54]、囚獄正〔正六位上相当官〕であった小野文義[55]、典膳〔従七位下相当官〕であった小野有隣[56]等を挙げることが出来る。

右の明法博士の前歴に、裁判実務にあたった刑部省判事局の少判事、刑部省被管で罪人の囚禁・刑の執行にあたった囚獄司の正・佑、官人の非違糾断にあたった弾正台の忠・疏等が認められるのは当然であるとしても、その前歴に東市佑や中務録、外記といった官職への任官が認められるのはどうしてであろうか。

東市司は、左京職におかれた東市を監督する官司であったが、具体的には「財貨交易、器物ノ真偽、度量ノ軽重、売買ノ估価、非違ヲ禁察スルコト」（職員令67東市司条）を掌るものであった。明法家が東市佑に任ぜられたのは、おそらく「非違禁察」（市中の非違違法を禁察すること）にあたることを期待されたものと思われる。

中務録に関して述べれば、中務省は、禁中の政務を取り扱い、天皇の秘書官的な役割を担った役所であった（職員令3中務省条）。その録に明法家が任ぜられたのは、当該官司が詔勅の宣下などを掌った為ではないかと考えられる。太政官の文書を管理し、先例を勘申する史や外記のポストに明法博士が配されることが多かったことからすれば、詔勅の文書を審署する中務省に明法家が配されたとしても不思議はない。

また外記に関しては、大外記が明法博士の兼任する官職の一つでもあったので、これについては後述することとしたい。

以上の様に、明法博士の前歴としては、司法警察に関わる官職への任官例が目につくのであるが、外記や中務録といった行政実務官僚に就任する例も間違いなくあったのである。史料が残存していない為、これ以上のことを明らかにしえないが、上記以外の官職を経て、明法博士へ就任した者も多数いたはずである。しかし、それらの場合でも、彼らが配されたのは、律令法に照らして、行政行為を監査することが求められる様なポストであったと推測されるのである。

以上、明法博士の前歴について論じてきたので、次に明法博士が兼任した官職について、その代表的なものを取り挙げ、その歴史的な意味を考察する。

A　大史・少史

平基親によって著わされた『官職秘鈔』には、明法博士が「六位史」を兼ねた例として、「惟宗善綱」（善経の誤りであろう）の例が一例のみ挙げられている。けれども右表を見れば明らかな様に、九世紀末までは、明法博士となった殆どの者が、少史を兼任したのであった。[57] 即ち、九世紀末までは、史のポストは、明法博士が兼務する官職の一つと考えられていたのである。ところが、十世紀の明法博士善道維則（九三〇年代に明法博士在任が確認しうる）[58]を最後に史を兼任する明法博士は姿を消す。[59] なぜ九三〇年代を最後に、史を兼任する明法博士がいなくなるのか不明であるが、或いは史の職掌の変化と関係するのかもしれない。

史は、太政官の行政統括機関の主典であり、弁官の下僚であった。[60] 史が属する弁官局の主たる任務が、八省その他諸司諸国からの上申を受理し、それを審査し、判断を加えることにあったことを思えば（職員令2太政官条）、訴訟文書を始めとして、[61] 太政官に繫属されたすべての上申文書を律令法に照らして、チェックすることが、史に求められたのではないかということを推測せしめる。[62] また、弁官による事務処理は、文書の処理にとどまらず、口頭による案件の処理も広く行われていたことが明らかにされている。[63]

明法博士が左右大少史の職を必ず兼務したということは、明法博士が、太政官の行政実務を指揮していたことを意味する様に思われる。

B　大判事

『官職秘鈔』の「大判事」の項に、「明法博士兼之」とある如く、明法博士が経験と実績を積み、任ぜられる官が刑部省判事局の大判事であった。九世紀後半までの明法博士の官歴を追うと、明法博士にまず任ぜられ、その後に大判事、勘解由次官へと進むのが一つのコースとなっていた様である。(64) しかし十一世紀中頃に勘解由次官へ進む明法博士が姿を消すのにともない（令宗道成を最後とする）、大判事が明法家の極官となる。北畠親房の『職源抄』の「明法ハ昔允亮・道成等当道ヲ以テ廷尉佐・勘解由次官等ニ任ズ、坂中ノ両家家ヲ立テヨリ以来、廷尉ノ法儒大判事ヲ以テ先途ト為ス」という記事も、時期に関する誤認はあるものの、この事実を指摘したものであろう。

大判事は、解部から進められる「鞫状」（罪状調書）を案覆したり、刑名を断定したり、諸々の争訟を判ずることを掌った（職員令30刑部省条）。また太政官に特別裁判所が開設される際には、刑部卿、刑部大輔、刑部少輔と共に判事も司法官として参加し、意見を開陳することが出来た（獄令40犯罪応入条）。少判事を経験してから明法博士となり、それから大判事へと進む者も多かった様に、裁判実務を掌る判事局には、多くの明法家が配されたのである。

十世紀以降、刑部省自体は形骸化するが、大判事のポストは、最高法務官の地位を示すものとして後世まで重んじられた。

C　勘解由次官

勘解由使は、延暦十六年（七九七）に設置される。その勘解由使の基本的な任務は、「八世紀の国司交替政策を整備・再編成することによって解由状の授受＝交替政務を円滑に処理しうる条件を整えることにあった」様である。(65) だが、期待された程の成果をなしえずに、大同元年（八〇六）閏六月に廃止されてしまう。勘解由使が新たに設置され、本格的な活動をみせるのは、天長元年（八二四）以降のことであった。

国司の交替政務を監察する為の「不与解由状」の制度は、大同二年（八〇七）に成立したといわれているが[66]、この「不与解由状」の制度とは、任期のある内外の官人が交替する際に、後司に前司の諸政の雑怠・欠失をチェックさせる制度であった。交替の際に、もし前司の過怠が認められれば、後司は、前司に「解由状」[67]を与えずに、「不与解由状」を作成したのである。「不与解由状」には、官物その他の無実・破損の項目が挙示され、それと共に前司・後司両者の主張が併記されたのである。その「不与解由状」は太政官へ提出され、最終的には弁官による裁定をうけることとなる。

かくの如き「不与解由状」の制度は、国司を主たる対象とするものであったが、弘仁六年（八一五）にこの「不与解由状」の制度が、京官にまで拡大されたことにより、これを処理し、裁定を下す専門の機関の必要性が叫ばれたのである。それにより再登場するのが、勘解由使であった。勘解由使の再置を求める参議弾正大弼従四位下橘朝臣常主の奏上には、次の如き興味深い事実が記されている（狩野文庫本『類聚三代格』天長九年《元》八月廿日付太政官符）。

件司。延暦年中置之。大同年中廃之。自今以後。交替之政。不被勘辨。頃者。弁官率法家勘之。勘定之事。淹留曹裏。有負之人。経年不塡。无犯之輩。无由直官。伏望。省刑部省丞録各一人。判事五人。置件司者。

右の常主の奏状から、大同元年に勘解由使が廃された後、交替の政務を「勘弁」する官がなくなったこと、近年になり弁官が「法家」を率いこれにあたったこと、しかし弁官の処理能力にも限界があった為に、専門機関としての勘解由使の再置が望まれたこと等が窺える[68]。刑部省の官人を削ってでも、勘解由使のメンバーを創出すべきであるという右の見解からも、勘解由使の性格が看取できよう。

右の奏状の内容で特に注目されるのは、勘解由使が再置されるまで、弁官主導のもと、「法家」の人々が交替の政務を処理していたということである。当該期において弁官局の少史、大史に、明法博士が配されていたことから考えれば、少史・大史こそが、「法家」の人々の中心的存在であったと思われるのである。

そして天長元年に勘解由使が再置されると、その構成員の中に明法家が配された。明法博士が勘解由次官を兼任する慣行がいつ頃から生じたのか正確な所はわからないが、天長元年以前から、明法博士が大史・少史として「不与解由状」の勘判にあたっていたのであるから、やはり勘解由使が再置された当初からの慣行であった可能性が高い。さて明法博士がまず史、大判事を兼任して、最後に勘解由次官を兼任することが多いのはなぜであろうか。おそらくそれは勘解由次官にそれなりの権威が求められた為であろう。(69) 勘解由使には、前司と後司との間でなされる官人間の相論に対して裁定を下すことが求められたのであり、たとい当事者が高位を帯する場合でも、毅然とした態度で公正な判断を下し、彼らを納得せしめねばならなかったのである。勘解由次官に大判事経験者が任ぜられることが一般的であったのも、そういった理由によるのではないだろうか。(70)

十一世紀半ば以降、勘解由次官を兼務する明法博士の存在が確認できなくなるが、これは勘解由使の活動自体が形骸化するのと軌を一にするものである。

D　大外記

『官職秘鈔』には「五位外記」を兼ねた明法博士の例として、物部敏久と小野文義の二人の名が挙げられている。しかし大外記兼明法博士は彼らのみではなく、管見の限りでも、国雅重、三善信貞、小野有隣の三名がこれに該当する。参考までに、彼らが明法博士に就任するまでの経歴を記すと以下の様になる。

物部敏久

太宰主典、左少史、左大史兼大内記、大外記を経て明法博士に任ぜられる。

国雅重

中務少録・朱雀院主典代から権少外記、少外記、大外記を経て、明法博士に任ぜられる。『外記補任』は、明法博士と大外記とを兼ねた最初の例であるとする。蔵人出納、権少外記、少外記へと進み、天元五年に大外記に任ぜられる国雅章も雅重の親族であろう。(71)

小野文義

道風流小野氏である。明法得業生から囚獄正を経て、権少外記、少外記、大外記へと進み、明法博士となる。父傳説も「明法科」出身で、少判事、権少外記、少外記、大外記を経験している。(72)

三善信貞

東市佑から権少外記、少外記、大外記を経て、明法博士に任ぜられる。

小野有隣

文義の子。典膳、権少外記、少外記、大外記を経て、明法博士に任ぜられる。

明法博士が大外記を兼ねる例は、九世紀前半の物部敏久の場合を除き、十世紀末から十二世紀前半に集中している。しかし、明法家が外記を務める例は、これにとどまらず、早い例としては、令師であった伊吉連子人が大外記を兼務していたし（僧尼令14条集解令釈所引「令師大外記正七位下伊吉連子人口宣」）、十世紀前半の明法博士善道維則も左少史在任中に外記代を経験している（『類聚符宣抄』第六、外記職掌）。

外記は、太政官の政務審議機関の主典であり、内記の作成した詔や太政官の奏文に誤りがないかどうかを吟味するのを始め、上卿の指揮下で臨時・恒例の朝儀・公事を奉行し、その記録をとり、求めに応じて先例を勘申するのを職掌とした（職員令2太政官条）。

延暦頃に公卿の内裏伺候が日常化し、内裏横の外記庁で太政官の政務（外記政）が執り行われる様になると、外記の重要性は一段と高まることとなる。外記政の内容は外記によって記録され（外記日記）、公事奉行の典拠として尊重された。在京諸司・諸国から太政官に上申されてきた案件を外記が受理する様になる法慣行も、おそらくこの頃に成立したものと思われる（『類聚符宣抄』第六、外記職掌）。

外記も史と同様、太政官の主典として太政官へ提出される公文書を処理、管理したが、外記には特に、太政官の政務を記録し、朝儀や公事の先例を勘申することが求められたのである。十世紀後半に至り、大外記の中に明法博士を兼務する者が登場する様になるのも、先例を勘申する外記の職掌が、何らかの形で明法勘申に役立ったからに相違ない。故実や先例（判例）に基づいて明法勘申を行う明法博士と外記との間に職掌上の共通点を見いだすことは容易であろう。

E　検非違使（衛門志、衛門尉、衛門権佐）

検非違使は、衛門府の官人が特に宣旨を蒙って補せられるものであるから、検非違使の本官は、衛門権佐、衛門尉、衛門志であった。検非違使は、除目によって補されるのではなく、天皇から直接宣旨をもって補される宣旨職であった。弘仁年中に検非違使は設置されるが、その当初の主たる職掌は、官人の非違糾弾（弾正台の職掌に準ずる）と京中における治安維持であった。検非違使の官制は、弘仁年中にまず衛門尉と府生が検非違使に配されたのを始めとして、天長元年には衛門権佐が、天安二年（八五八）には量刑を担当する衛門志が検非違使に配された。(73)これにより衛門府の佐・尉・志いずれの階層からも検非違使が選任される様になったのである。司法警察機関としての人的構成を整えた検非違使は、断罪・行刑の対象範囲を徐々に拡大させていくことになる。(74)そこで量刑を行うことを期待され検非違使衛門志に補せられたのが、明法道成業者であった。成業者の中には、後に明法博士となる者も多数含まれていたのであり、そのことは右表からも窺うことができよう。明法博士に任ぜられた検非違使衛門志は、明法博士在任中に検非違使衛門志から検非違使衛門尉へ昇進するというのが一つのコースとなっていたらしい。しかし更に検非違使衛門権佐へと進んだ明法博士は、管見の限り、惟宗公方、令宗（惟宗）允亮、大江保資、令宗道成の四人のみであり、[75]これは尉から佐への昇進が困難であったことを物語っている。

九世紀以降の明法博士は、検非違使の経歴を有する者と、外記の経歴を有する者とに二分されるが、十二世紀中頃以降、外記系統の明法博士が姿を消し、明法博士といえば、検非違使の経歴を有する者で占められる様になる。

以上、明法博士の社会的な地位を明らかにする為に、明法博士が在職中に兼務した主たるポストについて考察を加えた。大学「明法科」の教官である彼らが、一方ではどの様な実務に従事していたのかという点に着目したのである。

その結果、明法博士が大史、外記、大判事、勘解由次官、検非違使衛門尉といった枢要なポストを兼務していたことが明らかとなった。特に九世紀末までは、太政官の文書勘例を掌り、諸司諸国の庶務を取り扱った史、[76]最高法務官である大判事、官人の交替を監査する勘解由次官を順次兼務したのであり、明法博士の社会的な地位の高さが窺われよう。また、十世紀初めまでの明法博士の中に、山田白金（主計助）、[77]物部敏久（主税助）、[78]惟宗直本（主計頭）、[79]惟宗公方（主計助）[80]等の如く、主計寮・主税寮の頭・助を兼務する者がいたことも、明法博士の役割を考える上で軽視できない。[81]主計頭・主税頭は、国家財政の監査役であり、[82]そのポストまでも明法博士が兼務したとすれば、明法博士の監査の対象は、行政全般に及んだと考えられるからである。

ところが、十世紀に入ると、善道維則を最後に史を兼務する明法博士が姿を消す。その理由を明言することはできないが、九世紀後半から十世紀初頭にかけての弁官の職掌の変化と何かしら関連がある様にも思われる。大隅清鴨氏の研究によると、九世紀までの弁官は、太政官内の文書の流れを直接掌握し、監督することで、諸司・諸国を管隷していたのだが、十世紀以降は、その機能を衰退させ、太政官の事務局的な役割を担う存在に過ぎなくなるという。[83]もしこの大隅説が首肯されるのであらば、当該期に史を兼務する明法博士が忽然と姿を消すのも、弁官・史が「令制諸司の業務を掌握することを放棄したこと」[84]と何か関係がありそうである。

そして十世紀以降においては、検非違使衛門志の中から明法博士が選任される様になる。即ち、九世紀末に明法道成業者が検非違使左衛門志（すなわち道志）に補される慣行が成立してからは、まず検非違使衛門志を経験してから、明法博士に就任し、そして明法博士在任中に検非違使衛門尉へ進むというコースが一般化することとなる。

検非違使衛門尉も史に劣らぬ顕官であるので、明法博士の社会的地位云々を簡単に論ずることは出来ないが、十世紀以降、明法博士の司法官としての一面が特にクローズアップされてくることは間違いない。

十世紀以降の中央における裁判制度は、太政官の裁判システムと検非違使の裁判システムの二本立てとなる。通常の裁判は、検非違使が担当したが、五位以上を有する者が犯人であった場合や罪状が八虐に抵触するなど特別な場合には、太政官において裁判がなされた。検非違使裁判において断罪・量刑にあたったのは、検非違使衛門志、検非違使衛門尉である明法博士であったが、太政官裁判の場合も、宣旨によって量刑を命ぜられるのは、やはり明法博士をはじめとする明法家達であった。つまり太政官裁判においても、検非違使裁判においても実質的には明法博士が断罪・量刑を担当したのである。

かく明法博士に司法実務が集中する時期に、史を兼務する明法博士が姿を消すのであり、この点からも、司法実務に専念する明法博士の姿が浮き彫りとなろう。

十世紀末になると、今度は大外記を兼務する明法博士が登場する。外記も史と同じく太政官の主典であり、外記も史も共に太政官の文書勘例を掌ったことから、明法博士が、かつて史を兼ねた先例が尊重され、外記を兼務する新たな慣行が成立したとも評価できそうである。けれども外記兼明法博士の場合は、五位の大外記が特別に明法博士に任ぜられたのであり（明法博士が大外記に任ぜられたわけではない）、外記兼明法博士が登場する十世紀末から十二世紀初頭においても、殆どの明法博士は外記ではなく、検非違使を兼務したのである。従って、かつての明法博士が就任前後に史を経験したのとは次元を異にするといえる。

それではなぜ五位の大外記の中に明法博士に任ぜられる者がいたのであろうか。私は、これを明法博士に欠員が生じた時の特別な処置であったと考えている。通常は検非違使の中から明法博士が選任されたのであるが、検非違使の中に適任者がいない場合には、五位の大外記（勿論明法道成業者でなくてはならない）まで選考対象が広げられたのではないだろうか。大外記と明法博士は先例を勘申するという点では職掌を同じくするのであり、明法家（成業者）が大外記を務めている場合には、その大外記は、明法博士としても適格であったということができる。

但し、大外記が明法博士に任ぜられたのは、あくまでも臨時の処置というべきで、そのことは小野有隣が明法博士の地位を得る為に、検非違使衛門志（道志）に転進しようとしたことからも窺える。有隣の小野の家は、道風流で外記の家であった。この小野家は明法道を家学とするという点で、他の外記の家とは一線を画していた（有隣の祖父道義は明法博士に任ぜられていた）(85)。もし外記から明法博士へと進む道が確立されていたならば、有隣はなぜ道志に転進しようとしたのであろうか。

有隣は、始め外祖父菅原有真の養子となるが、これは道志となり、やがて明法博士へと進む為の布石であった(86)。ところが、検非違使となる道が閉ざされると、有隣は一転、小野家へ復帰し、父祖と同じく、権少外記、少外記、大外記を勤め(87)、機会を得て念願の明法博士となる(88)。かくの如く外記の家の出身である有隣が、敢えて検非違使となることを望んだのも、検非違使となることが明法博士となる早道であることを彼が諒解していたからに他ならない。

それでも十二世紀初めまでは、明法博士に任ぜられる大外記を確認できるのであるが、大治四年（一一二九）に小野有隣が明法博士となったのを最後に、外記系統の明法博士はまったく姿を消してしまう。これは十二世紀中頃以降、明経博士を世襲する中原・清原両氏が、大外記のポストを独占し始めたことに直接の原因がある(89)。つまり、大外記へと進む明法家がいなくなってしまった為に、外記系統の明法博士が途絶えたのである。

建久二年（一一九一）に、源頼朝の腹心である中原（大江）広元が、異例の人事として三人目の明法博士に任ぜられたとき（明法博士の定員は二名）、摂政九条兼実は、その日記『玉葉』（建久二年四月一日条）に次の様に感想を漏らしている。

此事如何。家已文筆之士也。所期大外記明経博士也。而今之所任驚天下之耳目。

九条兼実は、外記の家の者ならば、大外記・明経博士を望むべきであり、明法博士を望むべきはないと、この人事を批判している。中原広元は式部少輔大江維光の子であったが、幼少期に明経博士中原広季の養子となり、権少外記、少外記を歴任していた。兼実は外記の家の者が明法博士となることを異例のこととして右の如く特記している。兼実の右の見解は、外記から明法博士となる道が完全に閉ざされた時代のものであったのである。

十二世紀初頭に外記から明法博士となる道が閉ざされた後は、道志として経験を積んだ者だけが明法博士となる資格を得たのである。このことは承安四年の陣定における左大臣藤原経宗の次の主張からも窺うことができる（『玉葉』承安四年正月二十日）。

基広為検非違使。勤仕此道。若有先例者。被任何事之有。此道役先々無乍置道志被他人之例。仍無異議。可被任基広云々。

この陣定では、少判事中原明基[90]と検非違使右衛門志中原基広のどちらを明法博士に選任するかということが議された。その際に、参列した殆どの者は、重代の者であり[91]、成業の者でもある明基を適任者として推したのであるが、左大臣藤原経宗は、これに断固反対し、道志がおりながら、その他の者を明法博士に任じた例はないと断言したのである。結局の所、経宗の主張が認められ、道志である中原基広が明法博士に任ぜられる所となる。中原明基を推す九条兼実はその日記『玉葉』に、明法得業生の経験もない不学な基広を道志と呼ぶことはできないと記しているが、明法博士たる者は、道志から選任されるべきであるという経宗の主張に対しては何ら異を唱えていない[92]。

従来、先学により、道志として多年の年功を積むことが、明法博士の資格要件であると指摘されてきたが、道志で

あることが資格要件となるのは、厳密には、十二世紀以降のことであったといえよう。(93)

おわりに

以上、明法博士が、どの様な歴史的な役割を果たしてきたのかということについて考察を加えた。明法博士は本来大学教官職であったが、明法家の中でも法実務に長けた者がこの職に任ぜられたので、立法や解釈の治定といった明法活動もおのずから明法博士がその中心となった。そして明法道が興隆し、組織的な立法機関明法曹司が設置されると、明法博士はその首班として活躍する。このときの活躍が明法博士の名声を一層高めることになったのである。明法曹司が解体した後も、明法博士は、明法道のエキスパートとして、明法曹司の活動を引き継いでいったのである。明法博士に寄せられる期待が大きかったことは、明法博士がその在任中に、太政官の史、主税寮・主計寮の頭・助、刑部省判事局の大判事、勘解由次官等を兼務したことからも窺い知ることが出来る。すなわち司法実務のみならず、律令官人の行政行為を監査する主たるポストに明法博士は配されたのである。

九世紀には、諸官司諸官人からの要請に従い、明法博士が新しい法的基準を次々に創造していったが、これは、明法博士が諸官司の法や先例を熟知していればこそ可能なことであった。かつて明法曹司が機能している時代に諸官司の法の整備にあたった経験と実績、ならびに司法官・行政監査官としての実務経験が、この明法博士の立法作業に生かされていることはいうまでもないだろう。

ところが十世紀以降、明法博士の明法活動に徐々に変化が生ずることとなる。これは公家社会全般が故実・先例を重んずる様になった風潮と関係がある。この影響により明法勘申においても、故実・先例に基づくことが第一に求められ、法的安定性ばかりが重視されたのである。かつて律令法運用の担い手であった明法博士も、十世紀末頃には、新しい法的基準を積極的に創造することをやめ、形式的に先例を勘申する様な実務官僚に凋落していった。十世紀末以降、明法博士を選任するときに、もし道志に適任者がいなければ、五位の大外記が選任されることとなるのも、当該期における明法博士の役割を如実に物語るものではないだろうか。

かくの如き、明法博士の役割の変化に呼応する様に、明法博士は検非違使の実務を中心に行う様になる。これは官庁機構の再編が進み、特定の氏族が特定の官職に就任することが慣例となるのにともない[94]、明法博士が行政監査のポストを兼務できなくなっていった結果であろう。これにより明法博士を輩出する様な明法道の家の者達は、検非違使衛門志、検非違使衛門尉のポストにつくこととなったのである。

十世紀末から十二世紀初の間には、外記の家の者が大外記を経て、明法博士となることもあったが、大外記のポストを明経博士を世襲する中原・清原両氏が独占することにより、大外記から明法博士へというこの道も閉ざされてしまう。

十二世紀後半以降、所謂「官司請負制」の潮流は、明法道にも押し寄せ、坂上氏（範政の子息明兼を祖とする）と中原氏（範政の子息範光を祖とする）とが道志を勤めながら、明法博士のポストを独占した。

明法博士の世襲化が十二世紀後半までなされなかったのは、明法博士に適正能力や人格が問われた為であったと思われる[95]。やはり国家公法たる律令法の守護者が明法博士であるという認識が、公家達にもあったのであろう。しかし明法家達が先例主義に傾倒し明法道が衰えていくのに従い、明法家達の柔軟性も衰え[96]、十二世紀後半頃には、明法博士と雖も、先例のないことに関しては一切勘申を行えないという状態にまで零落する。ここまで明法道が衰頽すると、明法博士の資質は余り問題とされず、本人に家学が伝承されているか否かということが、明法博士の資格要件として重要な意味を持つことになる[97]。

注

（1）物部敏久については、利光三津夫氏の「明法家物部敏久についての一考察」（同氏『続律令制の研究』慶応通信、一九八八）を参照されたい。
（2）布施彌平治氏も『明法道の研究』（新生社、一九六六）第六章「明法道と官司」（一三一頁）の中で次の様に指摘されておられるが、その歴史的な意味については殆ど言及されていない。
明法家の任じられる官職はきわめて多いが、式部省大学寮に属する令外官である明法博士と、刑部省に属する大・中・少の各判事、大宰府に属する明法博士（これも令外官）と大・少の各判事に任ぜられるのは別として、検非違使・勘解由使・防鴨河使などの令外官その他、外記局の官人、省の輔、国司など、きわめて多数の官に任補・兼任する。
（3）天智朝以来の我が国の大学制度についての研究は、植木直一郎氏の「大宝令の大学制度を論ず」（『國學院雑誌』第十三巻第三・第四・第五号、一九〇七）が簡にして要を得ている。
（4）早川庄八氏は、「奈良時代前期の大学と律令学」（『日本古代官僚制の研究』岩波書店、一九八六）において、学令15書学生条より定員不定の書学生の存在、すなわち「書科」の存在を指摘されている。
（5）植木直一郎氏「大宝令の大学制度を論ず」第三章（前掲第十三巻第五号）を参照されたい。
（6）学令1博士助教条集解所引「古記」参照。
（7）しかも選叙令29秀才進士条によれば、「秀才試」受験者には「博学高才」なることが、「明経試」受験者には「学二経以上通ズル」ことが、「進士試」受験者には「明ラカニ時務ヲ閑ヒ、忸セテ文選爾雅ヲ読メル」ことが、「明法試」受験者には「律令ニ通達スル」ことが求められた。
（8）早川庄八氏「奈良時代前期の大学と律令学」（前掲書四一五頁）。たとえ律令学と雖も、その基本的原理は経書にあることを当時の為政者達が自覚していたからこそ、明法の道に進む者にも経学の素養を求めたのであろう。
（9）その十九人とは、刑部親王、藤原朝臣不比等、粟田朝臣真人、下毛野朝臣古麻呂、伊岐連博得、伊余部連馬養、薩弘恪、土部宿禰甥、坂合部宿禰唐、白猪史骨、黄文連備、田辺史百枝、道君首名、狭井宿禰尺麻呂、鍛造大角、額田部連林、田辺史首名、山口伊美伎大麻呂、調伊美伎老人である。

(10)『続日本紀』養老二年四月乙亥条に「少治律令、暁習吏職」とある。

(11)僧尼令14任僧綱条集解令釈と同21准格律条集解讃記所引の養老四年二月四日格に「大学明法博士」ないし、「明法博士」とみえる。

(12)早川庄八氏「奈良時代前期の大学と律令学」（前掲書四一七頁）。

(13)我が国の律の編纂に関しては、小林宏氏「日本律の成立に関する一考察」（『牧健二博士米寿記念日本法制史論集』思文閣、一九八〇）を参照されたい。

(14)大宝四年四月から六月にかけてまず中央で新令が講じられ、その二ヶ月後の八月に「明法博士」が地方へ派遣されていることからしても、編纂者以外の法吏の派遣は考え難い。

(15)早川庄八氏「奈良時代前期の大学と律令学」（前掲書四一六頁）。

(16)早川庄八氏「奈良時代前期の大学と律令学」（前掲書）。

(17)この二例は、水本浩典氏が「明法曹司の成立と律令の注釈」（『律令注釈書の系統的研究』塙書房、一九九一）の中で紹介されている

(18)早川庄八氏も「奈良時代前期の大学と律令学」（前掲書四二一頁）の中で同様の指摘を行っている。

(19)大宝律令と養老律令との関係については、小林宏氏「刑法草書と式目と律令と――前近代の法典編纂――」（『創文』No.381、一九九六）を参照されたい。

(20)八十一例については、虎尾俊哉氏『古代典籍文書論考』（吉川弘文館、一九八二）第一部Ⅰ「『例』の研究――八十一例・諸司例・弾例――」を参照されたい。

(21)早川庄八氏「奈良時代前期の大学と律令学」（前掲書）。

(22)『続日本紀』天平宝字五年十月壬子条。

(23)『続日本紀』天平宝字七年四月丁亥条。

(24)岸俊男氏は、平城宮の曹司として、太政官曹司・神祇官曹司・弁官曹司・式部曹司・明法曹司等が確認出来るとし、「曹司とは朝堂院の朝堂とは別に、その外に設けられた政庁で」あると説明されている（同氏『日本の古代宮都』岩波書店、一

九九三、一三二頁)。
(25) 早川庄八氏「奈良時代前期の大学と律令学」(前掲書)。前田禎彦氏「摂関期裁判制度の形成過程――刑部省・検非違使・法家――」(『日本史研究』339号、一九九〇)。
(26) 水本浩典氏「明法曹司の成立と律令の注釈」(前掲書)。
(27) 水本浩典氏「明法曹司の成立と律令の注釈」(前掲書四八五頁)。
(28) 水本氏は、『類聚三代格』所収の宝亀十一年十一月二日付の太政官符に引く所の「明法曹司解」が『続日本紀』宝亀十一年十一月二日条においては、「刑部省奏言」と記されていることから刑部省が明法勘申を行う際に、明法曹司を称した一例であるとされたり、あるいは、明法博士に勘申が命ぜられている事案に対して、明法曹司の名で答申がなされている『続日本紀』天平宝字二年九月八日条の事例をもって、明法博士が本来の権限外の明法勘申を行う為に明法曹司の名で答申した一例であると理解されておられる。けれども前者については、前田禎彦氏や長谷山彰氏が既に指摘されておられる様に、『続日本紀』の記事に省略や誤りがあるものと思われるし(前田禎彦氏「摂関期裁判制度の形成過程――刑部省・検非違使・法家――」〔前掲〕、利光三津夫氏・長谷山彰氏『新裁判の歴史』第二部第一章「摂関・院政期の太政官裁判」〔成文堂、一九九七〕)、後者に関して述べれば、明法曹司が明法博士を中心とした機関であったからこそ、明法博士に直接勘申が命ぜられることもあったと考えられるのではないだろうか。
(29) 天平宝字年間に法の整備が押し進められた一因としては、藤原仲麻呂がこれに積極的に関与したことが挙げられるであろう。藤原仲麻呂は、天平勝宝九歳に養老律令を施行したのみならず、これにともない説令所を設置し、天平宝字元年には、禁中において新令講書を開催させ、仲麻呂自身もこれに参加し、法解釈の治定を積極的に行ったのである(このときの講師は明法博士山田白金であった様である)。かくの如き仲麻呂の施策は、古令(大宝令)制定後に令官として自ら解釈の治定にあたった祖父不比等の先蹤に習ったものと評価出来ようが、これにより令文の不備や問題点が明らかとなり、これを補う為の立法が促されたのであろう。なお天平宝字元年の新令講書については、早川庄八氏の「新令私記・新令記・新令問答・新令釈――天平宝字元年新令講書についての覚えがき――」(同氏『日本古代の文書と典籍』吉川弘文館、一九九七)が詳しい。

(30) 当該期の法の整備・編纂の状況については虎尾俊哉氏『延喜式』（日本歴史叢書8）（吉川弘文館、一九六四）が詳しい。
(31) 『続日本紀』天平宝字二年九月丁丑条、『延暦交替式』所引「宝亀四年正月廿三日付明法曹司解」。
(32) 『類聚三代格』巻十四「宝亀十一年十一月二日付太政官符」、『同』巻十七「延暦二十三年九月廿三日付太政官符」。
(33) 『類聚三代格』巻六「弘仁六年十一月十四日付太政官符」。
(34) 兵部省はこの年（弘仁六年）の明法曹司問答を法的根拠に、式部省は大同二年（八〇七）の明法曹司問答を法的根拠としている。
(35) 『法曹類林』巻第百九十二「寺務執行十七」所載の弘仁二年閏十二月付の法家問答に「明法博士物部敏久」と署しているので、弘仁二年閏十二月までは物部敏久の明法博士在任が確認できる。
(36) 養老職員令14大学寮条集解。
(37) 中島宏子氏「令集解『穴記』成立年代をめぐって」（荊木美行氏編『令集解私記の研究』所収、汲古書院、一九九七）。
(38) 「删定律令」は、神護景雲三年に吉備真備・大和長岡等を中心に編纂されたが、内容上不備があったらしく、二十二年後の延暦十年に施行されている。
(39) 瀧川政次郎氏「删定律令及び令格」（復刻版『律令の研究』二五一頁、名著普及会、一九八八）。
(40) 編者は神王、橘入居らであるが、編纂の時期は不明。
(41) 当該期の法典編纂については、虎尾俊哉氏『延喜式』（日本歴史叢書8）（前掲）を参照されたい。
(42) 虎尾俊哉氏『延喜式』（日本歴史叢書8）（前掲）二八頁。
(43) 明法家個人の回答については、梅田康夫氏がその事例を網羅して説明されている（『金沢法学』33巻第1・2合併号所載「平安期の法家問答について」、一九九一）。
(44) 明法博士や大判事が個々に回答を行うことについては瀬賀正博氏も「法家問答の特質」（『國學院法政論叢』第二十輯、一九九九、一三三頁）の中で次の様に論じている。

（前略）主として公務執行上の問題につき明法家の回答を得るという慣行は、明法曹司の活動を明法家が受け継いだものであると見てよいように思われる。ただしその過程は、明法曹司の運営を実質的に担っていた、その明法家が、明法曹司という機構の枠を徐々に解消して、明法曹司という公権的機関による回答から、明法家たる責任における回答への移行過程であったということができよう。

けれどもその前提として、瀬賀氏が「(明法)博士は学生に律令を教授して、官吏を養成することのみをもってその任とするものではなく、博士としての資格において諸官庁の提出する疑義への回答を行うことが主要任務だったのではないか」(一一五頁)と解される点には疑問を残す。明法博士はやはり大学において学生達に律令学を教授することこそが、本来の任務であったはずである。

(45) 明法曹司による勘申活動が、我国の明法道に顕著な足跡を残したことを我々は忘れてはならない。そのことは、明法曹司の中心的な存在であった讃岐広直、物部敏久、貞江継人等の学説が、「讃記」(讃岐氏の明法家説)、「物記」(物部敏久)、「貞記」(貞江継人)といった令私記にまとめられ、権威あるものとして後世に伝えられていることからも確認することができるのである。

(46) 瀧川政次郎氏によれば、永直が明法得業生の身でありながら、但馬権博士に遙任されているのは、永直が俊才であった為であり、勉学の資を創出させる為の優遇処置であったという(同氏「従五位下守大判事兼行明法博士讃岐朝臣永直傳(一)」『國家學會雑誌』第四十巻、第三号)。

(47) 吉田早苗氏「京都大学付属図書館所蔵『兵範記』紙背文書にみられる申文」(『東京大学史料編纂所報』第14号、一九七九)所載。

(48) 『中右記』永長元年正月廿三日条。

(49) 『外記補任』寛和二年条。

(50) 『本朝世紀』康治元年正月廿三日条。

(51) 『玉葉』承安四年正月廿日条。

(52) 「兵範記紙背文書」仁安二年十二月十日付中原季貞(章広)申文。

(53) 『日本三代実録』元慶元年十二月廿五日条。

(54) 『中右記』大治五年正月廿八日条。

(55)『外記補任』寛弘四年条。

(56)永久二年正月十三日付菅原有隣申文(『朝野群載』第九「功労」)。

(57)九世紀中頃の明法博士伴良田宗の場合は、明法博士就任以前に少史・大史となっているが、彼の場合は、少史・大史を経験した後、従五位下相当の勘解由次官や正五位上相当の大判事となり、さらにその後、明法博士に就任するという非常に珍しい官歴を有するので、特殊な事例であったと考えてよい。

(58)「正倉院文書」承平六年十一月廿九日付太政官牒。

(59)検非違使衛門志が史となる例は、少なくとも鎌倉期までは確認されるが、検非違使衛門志が史と明法博士を兼ねる例は一例も確認することができない(『官司補任』の解説参照)。

(60)森田悌氏は、太政官組織を「参議、奏宣等の国政決定に関わる機能を本務とする」本局と「本局における決定を実施に移す行政機関との仲介機能をもつ機関」としての別局(＝弁官局)とに区別され、本局の職員構成を「大臣(長官)―大納言(次官)―少納言(判官)―外記(主典)―史生」と、別局の職員構成を「弁官(判官)―史(主典)―史生」と理解された(『日本古代律令法史の研究』Ⅱ第一章第二節「太政官制と政務手続き」、文献出版、一九八六)。

(61)具体的には、刑部省や諸国において「流罪以上若除免官当」の罪に相当すると判断され、太政官へ上申された事案を指す(養老獄令2群決条)。

(62)瀧川政次郎氏は、「太政官の左右大少史は、明法出身者の多く補せられる官であって宍人永継、讃岐永成、凡春宗、惟宗善経等は何れもこれに補せられている。是れ流罪以上若しくは除免官当の罪は、太政官の断ずる所なるを以て、左右大少史の中には、其の断案を起草する法律家が必要であったからである」と述べられている(同氏「従五位下守大判事兼行明法博士讃岐朝臣永直傳(一)」〔前掲誌四六頁〕)。しかし断案の作成という一事に明法家の役割を限定させてしまうことには疑問がある。

(63)大隅清鴨氏「弁官の変質と律令太政官制」(『史学雑誌』第100編第11号、一九九一)。

(64)大判事は正五位下相当官で勘解由次官は従五位下相当官であったが、殆どの場合、大判事から勘解由次官へと進んでいる。

(65)吉岡眞之氏「不与解由状と勘解由使」(『古代文献の基礎的研究』吉川弘文館、一九九四、二九九頁)、勘解由使についての基本的な理解は、この吉岡論文によった。

(66) 吉岡眞之氏「不与解由状と勘解由使」(前掲)。

(67) 『平安時代史辞典』(飯倉晴武氏執筆)(角川書店)は、「解由状」の項で「任期のある内外の官人が交替に際して、前司の任期中に過怠のなかったことを証し、また引き継ぎのために作成する文書」と説明を加える。

(68) 通説では、大同元年に勘解由使が廃止された後、しばらくは観察使が国司交替の政務に従事したといわれているが、橘常主の奏状にはそのことは記されていない。また弁官が「法家」を率い、交替の政務を「勘弁」した時期についても、大同四年以降のことであるというのが通説となっている(福井俊彦氏『交替式の研究』吉川弘文館、一九七八)。

(69) 少し時代が下ってからの慣行を示すと思われるが、『官職秘鈔』の「勘解由使(次官)」の項には「名家五位任之。依為顕官能撰其人。辨官兼任例。道明。相職。」とある。

(70) 瀧川政次郎氏は「従五位下守大判事兼行明法博士讃岐朝臣永直傳(一)」において以下の様に述べておられる(前掲誌四六頁)。

勘解由使は天長元年に復活せられた官司であつて、内外諸司の解由状と不与解由状との勘査を掌つてゐる。解由状と云ふのは、新旧司交替の際に、新任官より前任官に附与する責任解除状であり、不与解由状と云ふのは、新任者が前任者に解由状を附与し得ざる理由を上司に上申せる文書を云ふ。されば勘解由使は大同年間に於ける観察使と同じやうに弾正台以上の権威を有する官吏監督官である。是の故に勘解由長官は、参議若しくは納言以上の者をして之を兼ねしめ、次官以下は、明法出身者にして法律に明かなる者をして之を兼ねしめるのが、当時の例であつた。故に有能なる法律家は、一生の間に一度は大抵勘解由次官以下の官に任ぜられてゐる。讃岐千継、御輔長道、伴宗、川枯勝成、惟宗直宗、令宗允亮等、何れも其の例に漏れてゐない。

(71) 天暦十年に民部大録から大外記へ進んだ国公真も一族か。

(72) 天徳元年には、少判事の身として、明法得業生惟宗致明の試博士となっている(『類聚符宣抄』第九「明法得業試」)。

(73) 検非違使志の設置の意義については前田禎彦氏が「摂関期裁判制度の形成過程――刑部省・検非違使・法家――」(前掲)の中で論じておられる。

(74) 十世紀後半に至ると、犯人の身分が六位以下であれば、罪の軽重を問わずに、検非違使が専断することが出来るようになっていった（ただし犯人が特殊な身分を有する場合や罪状が八虐に抵触する様な場合は検非違使の管轄外であった）。なお検非違使の管轄については、義江彰夫氏「摂関院政朝廷の刑罰裁定体系――勅裁と使庁裁――」（永原慶二他『中世・近世の国家と社会』東京大学出版会、一九八六）を参照されたい。

(75) 『官職秘鈔』にも「明法博士」の項に「兼廷尉佐例。公方。允亮。保資。道成。」と記されている。

(76) 和田英松氏『官職要解』（講談社学術文庫）六六頁。

(77) 『続日本紀』天平宝字五年十月壬子条。

(78) 『外記補任』大同四年条。

(79) 『二中歴』諸司歴〈二寮頭〉。

(80) 承平三年七月十九日付主計助兼明法博士惟宗朝臣公方勘文（『政事要略』巻八十二）。

(81) 『官職秘鈔』には主計・主税の頭・助が、大外記大夫、史、諸道博士から任ぜられると記されている（『群書類従』第五輯、五八二頁）。

(82) 主計頭は、諸国から貢上された調・庸の品目数量を計帳により勘査し、予算を立てると共に、前年の歳出が適正であるか否かまで検査することを職掌とし、主税頭は、「税帳使によって上申せられる諸国の正税帳を勘査して、その正税を支出した費目並に数量が法の規定に合致するや否やを検し、不如法の支出によって闕損した正税の穀の塡納を国司に命ずる」ことを職掌とした（瀧川政次郎氏『譯註日本律令　九 令義解譯註篇一』東京堂出版、一九九一、三六五頁）。

(83) 大隅清鴨氏「弁官の変質と律令太政官制」（前掲）。なお大隅氏は、九世紀末から十世紀初めにかけて弁官の職掌に変化が生じた要因として、次の三つを挙げておられる（前掲誌三四頁）。①八省を始めとする令制諸司の機能低下。②令外官の機能拡大。③宮中諸所の成立に象徴される内裏を中心とした政治機構の再編。

(84) 大隅清鴨氏「弁官の変質と律令太政官制」（前掲誌三五頁）。

(85) 「小野系図」には、有隣の父文道も「明法博士」に任ぜられたことになっているが、他に徴証を得ない（『群書系図部集』第六所収）。

(86) 永久二年正月十三日付菅原有隣申文〔新訂増補国史大系『朝野群載』二四〇頁〕の中で有隣は、この間の事情を述べている。また有隣はこの申文の中で、菅原の本姓惟宗に改姓することも望んでいる。

(87) 『外記補任』には「依上日従権少外記転大外記例」として有隣の名が挙げられているが〔『続群書類従』第四輯上、三〇〇頁〕、永久四年正月廿三日付の連奏に「正六位上行少外記小野朝臣有隣」の署名を確認出来る〔吉田早苗校訂『大間成文抄』上巻、吉川弘文館、一九九三、二二〇頁〕。

(88) 『中右記』大治四年十月九日条。

(89) この過程については佐藤進一氏の『日本中世国家』〔岩波書店、一九八三〕第一章第二節「官司請負制」〈外記局の場合〉を参照されたい。

(90) 理由は定かでないが、明基は承安三年八月に坂上姓から中原姓に改姓している。

(91) 父兼成まで四代にわたり明法博士を勤めている。

(92) 桃裕行氏『上代学制の研究〔修訂版〕』〔思文閣出版、一九九四〕第三章二節「博士家家学の発生」〔三四〇頁〕を参照されたい。

(93) 十二世紀以降、修理宮城使・防鴨河使の主典・判官を兼務する明法博士が多数登場する。これはこれらの職が検非違使の兼務するポストであったからである、ちなみに修理宮城使を兼務したことが確認される明法博士には、中原範政〔主典〕、中原資清〔主典〕、坂上明兼〔主典〕、中原季盛〔主典〕、坂上兼成〔主典・判官〕、中原章貞〔判官〕、中原基広〔主典・判官〕がおり、防鴨河使を兼務したことが確認される明法博士には、坂上兼成〔主典〕、中原業倫〔主典〕がいる〔ただし一二世紀末を下限とした〕。

(94) 官司請負制については、佐藤進一氏の『日本の中世国家』〔前掲〕第一章第二節「官司請負制」を参照されたい。

(95) 保安五年正月十二日付中原範光〔範政の子息〕の申文の中で、範光は検非違使衛門志と明法博士の両官に関して、次の様にコメントしている〔新訂増補国史大系『朝野群載』巻第九〔功労〕、二四一頁〕。

件両官者。皆取博士高才之者。所補来也。高才之中。抽成業之者。成業之中抽譜第之者。相兼之輩。上古独希也。〔後略〕

(96) 明法家の解釈技法の衰頽から明法道の衰頽を論じたものに、小林宏氏「因准ノ文ヲ以ッテ折中ノ理ヲ案ズベシ――明法家の法解釈理論――」(『國學院法学』第二八号第四号、一九九一)がある。

(97) 坂上家が博士家の一つとなることが出来たのも坂上明兼が、家学を伝えるための法書である『法曹至要抄』を著し、それを子孫に伝えたことが大きかったのである。なお、『法曹至要抄』の性格については拙著『日本中世法書の研究』(汲古書院、二〇〇〇)第一章「『法曹至要抄』の基礎的研究」を参照されたい。

明法道における判例および学説法

瀬賀正博

はじめに

かつて中田薫氏は、王朝国家の法源として認められるものはあくまで律令格式を中心とする制定法およびこれを補充する判決例のみであると論じられた(1)。すなわち、もちろん裁判実務上あるいは行政上必然にある種の慣例が生じたことは否定していないものの、それらは事実として存在したに過ぎないものであって、決して法判断のための根拠ではあり得なかったというのである。律令制定時から時を経て、律令法の予定していなかった法律問題、たとえば債務専受、償人制、流質、従兄弟養子など人々の法的生活上に多くの慣習（法的慣行）が発生したが、これらを裁判する基準として法律家が求めたものはあくまで制定法であったと述べられているのである。また、明法家や公卿などの裁判権者が、かかる慣習に基づいて判断をおこなった場合においても、その判例には法源としての性質を与えるべきではないとされるのである。すなわち「判例が法の一部となり、民間の慣習が屢々判例によって法化されたとは云え、それは只民間の慣習が法的効果を生じ得る一の事実であると云うだけのことで、必ずしもそれ自身が已に法の概念中に摂取されたことを意味するものではない」（傍点は中田氏）。(2) さらに律令諸官司の行政上の慣例である「例」についても、その重要なものは例として律令の細則たる性質を付与されるものであって、事実上の制定法の扱いをうけていたことが、虎尾俊哉氏による研究によって明らかにされている。(3) いずれにしても、法律事務に携わる者において法源とされていたものは、制定法であるという理解がそこにはある。もっともこのような理解については長谷山彰氏によって再考の余地のあることが指摘されていて、平安時代におけるいくつかの法的慣行を詳細に検討した結果、それら不文の法的慣行にあっても、慣習法と呼び得る程度にまで発達し、ある程度の法源性を有していたものも存在するのではないかという見通しを付けられている。(4) たしかに、中国において長期に亙る改張をくり返しながら段階的に発達した律令法をわが古代国家が受容する際には様々な抵抗があったことは間違いなく、(5) 当初から律令の規定とは齟齬をきたす慣習が発生したことは容易に推測できる。また律令法が、現実社会の発達に対して即応することの不可能な制定法である以上、律令法の射程外の、すなわち律令法が予定していなかった法律問題の解決を図るためには必然的に律令本来の法意を越えた法判断がおこなわれることにもなったであろう。しかし、そのような一見、律令法の枠外にある法的慣習が、それ自体として法源性を持ち得たのかということについては、より慎重な検討がなされなければならないであろう。そのような、慣習法ともいうべき法の形態が、わが王朝国家の明法道において認められるものであったのか、その不文の慣習法に準拠した判断が明法家の間にあって許容されるものであったのか、これを検討することが本稿の目的である。

ところで、律令諸官司における実務慣行や司法上の法的慣行が慣習法と呼び得るまでに発達していたかという問題についてはすでに先学の論考が重畳しているし、検非違使庁の慣例たる庁例についての研究も夥しいものがあるので、それらについては諸氏の論考に譲ることとして、(6)本稿では、明法家のおこなった法判断がのちに発生した同種の事件の決裁にも援用されるものであるのか、すなわち或る法判断がのちの同種の事件についての法判断を拘束し得たのかにつき考察した上で、さらに学説が法源となり得るかについて、明法勘文中に「説者」として引用される学説を手がかりに考えてみたい。

一　明法家の法源観

行論の都合上、まずはじめに、明法家が法判断を行うところの根拠、すなわち法源について、彼らがどのような観念を持っていたのかについて、その概略に触れておかなければならない。現在、我々が明法家の法判断を窺知し得る史料は、平安時代に明法家によって作成された明法勘文を第一に挙げ得るが、その明法勘文の前段において、律令条文を始めとして、格式、有力学説等の法源を引用するという態度は、律令法の本来的な運用法に基づくものであるということができる。しばしば指摘されるように、律令法には律令的罪刑法定主義とも呼ぶべきものが採用されている。すなわち断獄律一六条には「凡断罪、皆須具引律令格式正文」とあり、また獄令四一条には「凡諸司断事、悉依律令正文」なる規定が存し、法適用者に対して、法適用にあたっては律令条文の正条に拠るべきことを義務付けていたのであって、理念的には、法適用者の恣意は全く排除されるべきものであった。法適用者はまず以て右の両条文に拘束されていたのである。しかして、断罪については、もし裁判官が量刑を誤てるときには、断獄律一九条によって処罰の対象とされる。

ところで、一方では法適用者の主観的判断を許容する場合のあることも、既に知られている通りである。すなわち賊盗律一三条の疏文中に「金科玉条無節制、亦須比附論刑」とあり、同律四五条の疏文中に「在律雖無正文、解者須尽犯状、消息軽重以類断之」と見えており、律令法規に欠缺のある場合には「比附」(近似的には今日の類推に相当する)して刑を論定することが認められていたし、名例律五〇条の「挙重明軽」「挙軽明重」の技術も「断罪而無正条」の場合に許される類推解釈である。

また雑律の「不応為罪」の規定も、律令的罪刑法定主義の不徹底さを示すものとして考えられている。雑律六二条に規定されている不応為罪は「凡不応得為而為之者、笞四十、謂律令無条、理不可為者、事理重者杖八十」とあり、律令に正条が無いとしても、「条理」に照らして「マサニ為スコトヲ得ベカラザル」行為は、これを罰するものであって、法適用者の主観的判断を認めている。すなわち「ソレ本条ニ見エズト雖モ事ノ理ヲ推シ尋ヌルニ不応為タルベシ」(7)として条理に基づく主観的判断が、そこでは行われることになる。

これらの条文は、しかし、法適用者の無制限の恣意の介入や主観的判断を許しているものではない。事実、律令法においては――特に律においては――厳格なる構成要件が指定されており、なおかつ絶対刑主義が採用されていることからも、法適用者の恣意はおろか、微細なる裁量の余地もないかに見えるのである(例えば闘訟律所定の闘殴殺傷の規定はその最たるものである)。故に律令法が比附という類推や条理裁判を認めているのは、法律が実社会生活の全般についてくまなく規定し尽くすを得ないということの立法者の表明であると見るべきであって、これを以て直ちに法適用者の恣意の介入を許容したものであると考えるのは誤りである。(8)

以上から見れば、明法家は、ほとんど全ての法律効果は、律令法典から自動的に演繹されるものと考えていたのではあるまいか。律の条文の配列を見れば明らかなように、前にある条文ほど、その規定内容が具体的であり、後に行くにしたがって一般性・抽象性を帯びてくることをも考え合わせれば、律令法典が志向していたのは具体的・個別的規定を優先させる態度であり、「法の解釈」による適用ではなく、客観的演繹による適用だったのではないかと考えられる。ここで「適用」というのは、ほぼ機械的な三段論法というに等しく、裁判官は律令法典という前提に、具体的事件をあてはめた結果導き出される法条を適用すればよかった。ここに法適用者は、実際問題として法適用作業を行うに際しては「律令格式ノ正文ヲ引」き、法律問題の裁定は「律令正文ニ依」らねばならないという、法適用の原則に強く拘束されていたと考えられるのである。

そこで問題となるのは、法の欠缺に際して法適用者はいかに対処すべきか、ということである。前述のように、裁判官は断獄律の「凡断罪、皆須具引律令格式正文」という規定に拘束されており、名例律の「挙重明軽」「挙軽明重」の技術も「律令格式正文」に根拠を持つ限りにおいて有効なものとなる。このことは法的鑑定者たる明法家の思考パターンにも強くはたらきかけているると考えられるからである。

それでは、実際に律令法典の予定せざる事案について判定を行おうというとき、彼等は何を根拠とすべきであろうか。ここで考え得るのは、第一に法源たるに足る慣例（慣習）、第二に先行する判決例から法規範を抽出したところのいわゆる判例法、そして第三に解釈による新たな法意の案出すなわち解釈立法（あるいは学説法）である。明法道において慣習法が存在し得たか否かについては中田薫氏をはじめとする否定説、長谷山彰氏による、平安時代の公卿統制の慣習を検討することによってその存在を肯定する説があり、(9) いま本稿ではひとまず措くことにする。

まず明法道において判例法が認められたものであるのかにつき、次節の前提的知識を示しておくことにする。

奈良時代以来、諸史料によれば、今日の刑事判決に相当するものを「断文」といい、民事に係るものを「判文」といった。これらの判や断は、公式令八三条の規定、すなわち

凡文案、詔勅奏案、及考案、補官解官案、祥瑞財物婚田良賤市估案、如此之類、常留、以外、年別検簡、三年一除之、具録事目為記、其須為年限者、量事留納、限満准除、

とあるものに従って当該官司にながく保管されるものであったと考えられるから、これらの決裁書類は将来の判決においても参照されるべきものであったと思われる。もっともこれらの先行判決例が後の裁判の際に援用、あるいは参

照されたという徴証は管見の限り見出すことができない。唐では「判集」や「法例」といった判例集ともいうべき書物が編纂されたが、[10]わが国ではこれに類似する編纂書があったかについては審かではない。『本朝書籍目録』には「政要」の部に『類聚判集』『断罪抄』なる書目が見え、また『通憲入道蔵書目録』の第九十九櫃には『明法部類要判集』なるものが登載されており、ことに『類聚判集』は百巻とあることからも、相当膨大な判決例が類従・保管されていたことは間違いないものの、これらの判例集が、単に記録として保存されたものであるのか、判例法の源泉として編纂されたものであるのか、その作成目的がはっきりしない。なお、平安中期以降、『政事要略』に代表されるような法制書が編まれなかったわけではないが、これらはあくまでも明法家自身が判断の参考に資する目的で作成したものであったろうから、必ずしも諸司のおこなった「判」「断」を類聚したものではない。また『冊府元亀』巻五九七の学校総序によれば、唐の律学博士は律令格式とともに法例を学生に教授するということになっているが、わが大学明法科において、かかる判例集の類が教授されたか否かは定かではない。

次に解釈立法の側面については、明法家は「折中」なる均衡観念に方向付けられた「因准」なる技術によってその根拠を案出するという、彼等独自の解釈方法を発見する。[11]因准とは、論証の根拠となるものに準拠することをいい、折中とは判断の均衡にして偏らないことをいう。すなわち、弁証のために最も説得力のある規範を発見し、それによって利益衡量するものであって、折中はエクイティ（衡平法）と同様の性格を持つものであろう。小林宏氏によって明らかにされた因准の技法、すなわち明法家による因准の議論の進め方を整理すれば次の三段階の過程をたどる。

（一）　提起された個別、具体的問題に即して、この問題を適正に解決する為の論拠を広く律令法体系の中から見つけ出すこと。

（二）　かくして見つけ出された法的論拠により、又は複数の法的諸論拠の組合せにより、当該個別、具体的問題を正しく解決する為の法的準拠を創り出すこと。

（三）　かくして創り出された法的基準の適否は、もっぱら「折中」の視点から、これを検査、確認すること。

この解釈方法によって、表向きは律令法に則りながらも、その内実においては法理を超越していったのである。しかし、この「因准ノ文ヲ以テ折中ノ理ヲ案ズベシ[12]」という法解釈技術も、それが効果を持つためには「因准」すべき典拠が、律令の正条と同等か、それ以上に権威のあるものであること、そして「因准」が論理的に行われていることを要する。そして明法家が挙示する法源の順番が、ほぼそのまま法判断の論理展開の順番であることも、「因准」の論理性に一定の安定感を与えている。

　このように、因准は実質的正義にかなった具体的妥当性を得るための論理的プロセスを重視する法的思考様式であり、折中という平衡感覚の上に実行される因准はまさに解釈立法という他はない。この手続によって創造された法規範はもはや個別、具体的事案を越えて、ある程度の普遍性を持つものとなるのであるから、因准という技法が順調に発達すれば、判例による法の生成すなわち今日いわゆる判例法の形成が行われることになるであろう。ただし、ここで問題なのは、そうした因准の手続によって定立された規範のみを法源として提示して法判断の論拠とすることは、律令格式の正文を引用すべしとした律令制度の原則に抵触するということである。かりに因准によって創り出された規範を法源として法判断を行う場合、その都度因准すべき律令条文の提示を必要とすることになるのである。

　かかる因准の技法は、明法家によって頻繁に用いられるようになり、様々な解釈立法が行われるようになると、法的安定性が損なわれてゆくことにもなった。それを抑制する工夫として「因准」すべき典拠を制限しようとする動きが出現したが、そのうち『政事要略』や『法曹類林』所載の明法博士中原明兼の法家問答にみえる、律令法典には因准できても格式には因准できないとする説は重視すべきである。すなわち、令の規定と式の規定において齟齬を来した場合、「是以廻準拠之法、求比附之文」めなければならないが、『弘仁格式』序に「律令是為従政之本、格式乃為守職之要」とあるによってみれば、「至于式文者、無可比附法之故也」というのである。すなわち律令は政道の根本であって、格式はそれを実現するための官吏の章程であるという考え方が、ここからは読みとれる。右引史料が院政期のものであることに時代的な配慮を払わねばならないが、ここには、律令法典からこそ、すべての規範が引き出せるのだという確信が存すると思われる。それでは、明法家が法源として認識していた規範は、やはり律令法を中心とした成文法群のみであったのだろうか。以下で判例（先例）と学説の、明法家の法判断に対する拘束性、すなわち法源性の存否について考えてみたい。

二　判例法の形成と先例拘束性

明法家の作成した勘文、ことに罪名勘文は、当該事件への法適用が具体的に行われたものであり、あたかも判決案の如く機能して、裁判官の判決に大なり小なり影響を与えるものであるから、このような勘文が積聚されていったとすれば、おのずから後代の法判断のための先例として拘束力を持つに至るのではないか、という見通しが立つ。

ここで想起されるのは、平安時代の明法家の著した法書の叙述形態が、平安前期と後期とでは異なるという事実であろう。平安前期にコンメンタール形式の法書が多数作成されたことは、『令集解』に累積された諸注釈書によっても推測することができる。しかし平安後期から『政事要略』や『法曹至要抄』のような判例集的形式の編纂形態へと変化したこと、および勘文集が作成されるようになったことなどは判例法が形成されていたことを示唆するであろう。そして或る明法勘文がその後の裁判に際して拘束力を持ち得たとするならば、勘文において展開された明法家の法的判断は、その時々の一回生起の問題解決を目指したのではなく、後に同種の事件が起こった場合にも常に参照され、同様の法的判断が行われる可能性を持つことになる。

明法家による法的判断の際に、先行勘文が引用される例として『兵範記』嘉応元年（一一六九）十二月十五日条に載せる大外記清原頼業勘文が引用する明法勘文を見てみよう。清原頼業勘文は皇族の死亡記事およびその際の服喪や仮についての先例を列挙したものであるが、この中、明法家の意見としては①延喜四年（九〇四）三月九日の惟宗直本勘文、②天慶九年（九四六）九月二十九日の惟宗公方勘文、③永久二年（一〇七〇、八月カ）の三善信貞勘文、④永久二年十月七日の院議定での明法家[13]の所申が引用されている。いささか煩雑ではあるが引用しよう。

① 延喜四年三月九日、主計頭惟宗朝臣直本、依太上法皇仰、勘申云、今月廿日可行供仏之事、而今御外戚舅卒去、法会之日可依音楽、御服之間可有忌哉、又御服之限可勘申者、儀制令云、皇帝二等以上親喪、皇帝不視事三日、三等親一日、喪葬令云、天皇為本服、二等以上親喪服錫紵、義解云、凡人君即位、服絶傍期、唯有心喪、故云本服、説者云、太上天皇与正帝無別、拠於此者、為二等親喪有服錫紵文、於三等以下親、唯称不視事一日、無有服色、舅者是三等也、然則除不視事一日之外、作音楽行雑事不見制法、

② 天慶九年九月十七日甲辰、伊勢斎王英子内親王薨、
貞信公記云、廿九日、院御使仲棟朝臣来、令明経博士良佐、明法博士公方勘申御服事、良佐勘申云、上皇御服与凡人可同、公方申云、与正帝可同、是説者所云也、卅日、令奏曰、先日所進三代実録所載、貞観十九年明経博士勘申旨、与公方勘申一同也、良佐所申未詳其旨、

③ 永久二年八月廿日壬戌、無品正子内親王薨、
廿二日記云、院御服有無事、後日明法博士信貞勘申云、太上天皇同正帝仁、延喜四年直本勘文可有以日易月、僧尼不著軽服之由、有世俗之説歟、法家問答傍親服無賜假之例、不可著服之由分明不見□、祐子内親王時、依匡房卿申状無御錫紵者、常令勤神事給、可被行御解除之由有議定、

④ 同年（永久二年）十月一日壬寅、中宮篤子内親王崩、
七日、摂政以下参院、被議定中宮御服事、今日上皇有御錫紵事、太上天皇与正帝無別之由、法家所申也、又見旧

勘文、仍服御三日錫紵也、

①の惟宗直本勘文には、上皇の服は天皇と異ならないという学説「説者」が引用されているが、この「太上天皇与正帝無別」なる学説はその後の②③④の諸勘文の中でも実効力を持ち続けている。これは単に「説者」なる学説が通説となっていたことを示しているばかりでなく、①惟宗直本勘文を先例として継承した結果であることは、③の明法博士信貞勘文に「延喜四年直本勘文」を引用（傍点部）していることや、④の記事に「太上天皇与正帝無別之由、法家所申也、又見旧勘文」（傍点部）とあって、「旧勘文」を参照していることによっても窺われるのである。この「旧勘文」が①の惟宗直本勘文や②の惟宗公方勘文、③の信貞勘文などを指していることは間違いないところであろう。こうしてみると、同一事件について、先行する明法勘文が存在する場合、まずそれを調査し、当該事件にも妥当するような先例があった場合には、それに準拠することが行われたとみてよいであろう[14]。

しかし、右に見たところを以て、すくなくとも明法家の関わる裁判において「判例法」が形成されていたと即断することができるであろうか。ここで「判例法」というとき、先行判例のなかに普遍的規範を見出すことによって、後の裁判においてもその規範に拘束されるような、その規範を意味するが[15]、はたして明法家はそのような規範の発見、およびそれによる法的安定性への志向に努めたのであろうか。前掲の『兵範記』所載の清原頼業勘文のような例は、たしかに先行する勘文を引用するという、一見すると先行勘文に拘束される如き体裁を示してはいるが、それは「太上天皇与正帝無別」なる命題が、過去の事件にも今回の事件にも当てはまるというくらいの偶然の結果ではなかったのか。この点の解明は、平安時代の法制史を法曹法史ととらえるに当たって重要な課題であり、緻密な検討が必要であろう。明法家の手になる法書においては、しばしば師の説が言及され、学説の継承が確実に行われていた状況が示唆されるのであるが、一方で明法家は、現実の状況に応じて個別に法の解釈を行っており、法の安定性が阻害されるという事態も出現しているという事実があるからである。ことに平安末期には、民事事件に相当する分野で、著しく法的安定性の損なわれる状況が見出されるのであり、同一事件について必ずしも同一の法判断がおこなわれているわけではない。平安末期から鎌倉時代に成った法書『法曹至要抄』や『明法条々勘録』が、明法博士家の家学の集成であることは、先学によって説かれ、すでに一般的な見解となっているようであるが、(16)それにも拘らず、この両法書の間には解釈のうえで対立する問題も少なからず存在したことは、当時の明法家の間で学説を統一する動きが見られなかったことを意味していると思われるし、学説や判例を統一する制度も存在していなかったことを示唆せしめるのである。(17)

もっとも『明法条々勘録』においては『律集解』『令集解』『政事要略』などの先行法書を引用しており、当該書著述の目的も、検非違使庁における庁例の統一にあったとされるが、このことは、その時点でいずれの庁例（法解釈、法慣行）が有効であるのかを取捨整理することを意味するものではあっても、一般的普遍的な法規範を発見し、体系づける営みであったといえるのであろうか。違法養子の問題など、平安後期以降、しばしば議論になる法律問題について、『明法条々勘録』が『法曹至要抄』の説を反駁するがごとき学説を展開していることは、学説や判例を統一して「学説法」「判例法」を形成しようという積極的な意思が明法家には無かったことを推測せしめる。同様に、財産相続の譲状について、それが複数作成された場合、前状・後状いずれにつくべきかという論議さえも、中世朝廷訴訟の場で多大な影響を持ったとされる『法曹至要抄』や『明法条々勘録』において行われているにも拘らず、『葉黄記』宝治元年（一二四七）正月二十二日条によれば同種の議論が院評定で行われている。このことは、先行の学説や判例が確固として後の裁判を拘束していたわけではなく、常に社会現実の動きに応じながら揺れ動いていたことを示しているのであろう。

また『玉葉』承安五年（一一七五）六月十三日条には右大臣九条兼実が明法博士中原基広を召して姙者の忌・除服の後の神事などのことについて諮問しているが、そのなかに養子の服についての問答が見えている。

一、本生所養服事
問云、於親者、本生、所養、共可著服歟、又傍親服可付何方哉、
申云、於四等已上親者、聴為養子、然者、本生、所養、共可著之、昭穆不相叶者、不此限、於傍親者、
一、向可依本生、不可付所養、是允亮説也、允正ハ、可付所養云々、是謬説也、
覆問云、戸令云、無子者、聴養四等已上親、於昭穆令者、即経本属除附、如此文者、何付本生乎、依経本属除
〔附〕謝也、又如服凡条者、為実父一年、為養父五月者、如此文者、何所養可重本生哉、允正允亮各勘文意如何、
申云、追可勘申、忽不諳其趣、

養子は本生と所養、すなわち実父と養父とのいずれの喪に服すべきか、また傍親の場合はいずれに服すべきかという質問に対して、中原基広の回答は「可依本生」とする惟宗允亮説、「可付所養」という惟宗允正説とを提示して、允正説は「謬説」なりとするものであった。ところが、九条兼実が重ねて允正・允亮両説の解説を求めると、基広は「忽不諳其趣」として、即座の返答を控えるのである。周知のように惟宗允亮・同允正は平安後期の碩学であって、彼らの学説・勘文は後代の明法家にとって大きな権威を有したであろうと推測されるが、それゆえ允亮・允正両学説が別れたときには、そのいずれにつくべきかが問題となったのであろう。かかる論議はたびたび繰り返され、たとえば『中右記』嘉保二年（一〇九五）五月六日条において、明法博士菅原有真、坂上範政、惟宗国任らが服喪についての勘申を行ったときも説が分かれており、また『拾芥抄』服仮雑例において引用されている『水工記』にも両学説が並行して提示されているが、その学説を示す場合には必ず惟宗允亮・允正の名を掲げるのである。

このようにして、明法道にあっては、判例法を形成しようという積極的な意志の存在は疑わしいという結論に到達せざるを得ないが、そもそも国家法としての律令法を基礎として判例法が発達すること自体、確かに困難なものと言い得よう。むしろ私法の領域が拡大発達するはずであった中世の明法道に判例法の発展を期待すべきであり、そこに

こそ律令が中世においてもなお生き続けていたという一指標を見出すことも可能となるのであろうが、残念ながら明法道の衰退を象徴する如く、中世史料に明証を見出すことができないのである。

如上の問題に関して、今一度、明法道の理念について触れておくことにしたい。明法道にとって、律と令とは国家基本法であって、決して改変されるべきではないという観念が存在していたようである。「未乖律令為例者也」(『法曹類林』所収、坂上明兼問答)という言葉も、法慣習たる例が有効であるのは律令の法意に適合する限りにおいてであるという信念を示しており、あくまで律令法を「百王不易之典、万代不削之書也」(同上)とする確信に基づくものであった。この確信は、変動する社会の現実に直面してもなお、明法家のなかに厳然と存在していたようである。

利光三津夫氏は、鎌倉時代初期、明法道において先例と律令との間に齟齬を来した場合、先例を斥けるという観念が存した事例として、寛元四年(一二四六)の文章得業生菅原在匡と同菅原公長との座次相論を採り上げられた(18)。すなわち『民経記』および『葉黄記』によれば、この相論をめぐって諸道勘文が徴されたのであり、この相論の争点として、在匡が従四位上菅原在章の嫡子であるにも拘わらず祖父従二位刑部卿菅原淳高の養子となり、挙奏の上、得業生の職を得たこと、および養父(祖父)の蔭を主張していることについて、適法か違法か、違法であれば名例律の規定に従って改正されるべきかということがあった。

律令の規定(戸令聴養条)に照らせば、これが違法養子であることは明白であるが、しかし縁組を改正すべきか否かについては、文章道においては古来よりその例が多いこともあって、即断すべきではないとする意見が多かった。

しかし、この件について、当時の明法博士中原章行、中原章久はその勘文において次のように論じている。

違法養子不可有養父蔭、又可有事例、依有両方、綷難被一決歟、但雖有以法捨例之義、可無以例破法之理歟、仍就章条、倩案旨趣、立嫡子収養事者、無其人之時也、於有其仁者不可立矣、不可収矣……、

右引史料中、「雖有以法捨例之義、可無以例破法之理歟」と見える「例」は、利光氏の考証のごとく、先例の意と捉

えてよかろうから、それゆえ、当代の明法家の観念では、先例と法すなわち律令とで判断の根拠に迷う場合には法を優先させ、先例には拘束されるべきではないという考え方が見て取れるのである。この明法博士の言の典拠については、利光氏の指摘するごとく、『唐会要』巻三十九、定格令に引く唐開元十四年（七二六）九月三日の勅に見える

開元十四年九月三日勅、如聞、用例破勅及令式、深非道理、自今以後、不得更然、

とあるものを考えてよいであろう。

ただし、かかる言からは、必ずしも先例の法源性を全否定する意識を読みとることはできない。この場合、とくに開元十四年勅に「深《はなは》ダ道理ニ非ズ」としてしりぞけられているのは例によって勅や令式を破ることであって、必ずしも例の法源性そのものを否定しているわけではない。法適用の優先順位を示したものと理解することが可能である。

わが国ではこの当時、違法養子は頻繁におこなわれ、かくいう明法博士家たる中原氏にあってもその例外ではなかった。それにも拘わらず、明法家はあくまで律令法の優位の観念に固執していたと考えなければならない。さらに進んで、律令法体系によっては解決し得ない問題の処理についても、律令法典の体系の枠の内にいて、しかも律令法の実質的変更を図ろうとしたのである。前節で論じたように「以因准之文可案折中之理」という法解釈技術は明法家の奥義であった。しかし、このような解釈も究極的には律令法に根拠を持つものであった。明法勘文の末尾には「理得本適中」「以叶法意」「於義無難」「理得適中」なる文言が多く見えている。これらは、自己の法解釈を正当化するために明法家が用いた慣用句であるが、(19)これは、自己の解釈が律令法典の解釈として「理を得る」「正義に叶う」という基準を満足させていることをアピールするものである。その意味で『裁判至要抄』の奥書は興味深い。

以前条々事抄出如右、抑法令者治国之権衡、馭民之轡策者也、君不可失之於上、臣不可違之於下、（坂上）明基才雖非陳寵、職既継呉雄、忝奉　院宣、粗勘憲章、悉載本文、無加新意、于時建永二年八月廿六日矣、

承知のように、『裁判至要抄』は明法博士坂上明基が後鳥羽院の命を受けて編述した法書であり、主として民事事件

に関する法律問題についての準拠律令条文を抜粋した後、明基自身の意見を案文というかたちで付すものである。明基の案文は、時として律令の法意を越えた法判断を行っており、甚だしい場合は、律令の立法趣旨をも無視する解釈が行われていることも先学によって指摘されている[20]。それにも拘わらず、右引の奥書によれば、『裁判至要抄』は、あくまでも律令を抜粋したものであって、明基自身の「新意」は加えていないというのである。このような態度は、坂上明基個人の思考パターンからのみ出たものではなく、おそらく明法家一般に通じるものであろう。かつての『令義解』編纂に与った者たちもそうであった。法曹の諸説から「正説」を選択し、筆削を振るったことについて、「令義解序」の中で「非是臣等之新情」と弁明することを忘れない。すなわち明法家自身は、たてまえとして、律令の法意を越えた解釈を行うことは、何としてでも避けなければならないと考えていたのではなかろうか。しかし、現実には、律令の本来の法意を越える、あるいは歪めるおそれは常に存在するのであって、その際には、明法家は自己の解釈を正当化するために、一々、「正義に叶っている」「新意は加えていない」ということをアピールしなければならなかったのである。

その故、前述のように、『政事要略』所載私記や『法曹類林』所載の中原明兼法家問答に見える「格式には比附・因准することができない」という主張は、一面で比附・因准の濫用を制限する試みとしてとらえ得るが、また他面では「律令法典のみによって、あらゆる法的解決を行い得る」という思考様式の表明とも考えられるのである。

このように見てくると、理念的には、明法道においては制定法たる律令法に拘束されていたというべきであり、律令の法理を越えた法判断を行うべきではなかった。さらに、実践についても、先行する学説や勘文はたしかに先例として重視されていたといい得るものの、はたしてそれは明法家が法的安定性を考慮してのことであったのかどうかについては、やや疑問の残るところである。貴族や寺社によって編まれた儀式書や故実書には多くの勘文が引用され、たとえば文保二年（一三一八）に成った伊勢神宮服忌令の注釈書である『文保記』には夥しい数の明法勘文が引用されているが、これらもはたして注釈の集大成である以上の意味を持つものであったのかは、慎重に判断されなければならないと思う。

三　明法学説の法源性

法源として認められるものは、律令本来の規定からすれば「律令正文」のみということになるが、令の公定註釈書たる『令義解』は、その註釈たる義解そのものにも法に準ずる効力が認められており、これが法的判断のための主たる根拠となる場合も多かった。また『令義解』以外にも、学説が法源として認識されていると思わざるを得ない場合も多い。そこで本節では、律令の規定によれば原則として法源性を持ち得なかった律令学説が、わが明法道にあっては法源として認識されていたかという事実を考えるために、「説者」なる表現で勘文に引用されている明法学説を検討してみよう。

平安時代から鎌倉時代にかけて作成された法書、たとえば『政事要略』や『法曹類林』『法曹至要抄』などに「説者云」として引用される律令学説を、不特定の学説の引用形態であると理解するか、それとも一書をなす律令註釈書とみなすのかが論じられたのは、もはやかなり以前のことである。したがって、いまさらこれを取り上げて論じることは、はたして意味のあることなのか、いささか躊躇なしとしないが、筆者は最近、この「説者」なるものは、一定の権威を持っている学説、すなわち明法家の間ではすでに定説となっており、その意味で学説法とも呼びうるものの引用形態ではないかとの印象を持ったのである。

従来の説においては、説者とは不特定の人の学説と問答を指すものと理解されており[21]、これが通説といってよいであろう。その主要な根拠としては二つのことが挙げられる。一は、「説者」という呼称は、文字通り「説く者」という意味の普通名詞と捉えるのが自然であるという印象、二は、史料上、説者として引用される説は、その多くが『令集解』所載の学説と同趣旨か、もしくは全く同文であることから、『令集解』からの孫引きであろうという推定、である。ただし、必ずしも『令集解』からの引用とは断定できないものもあるようである。そして、説者学説の権威ないし実効性は「ある書にいう」くらいの意味しか持たないものである。

この通説に対して、一九七七年斎川眞氏は「平安初期律令私記の一研究――いわゆる『説者云』をめぐって――」[22]において、説者がまとまった単独一書の律令註釈書であることを主張され、その成立年代・性格・明法家惟宗氏との関係などについても言及された。斎川氏の新説は、従来の律令註釈書研究の盲点を突くものではあったが、その斬新な結論のゆえに、すぐに氏説への批判が現れた。斎川氏がこの説を発表された翌年、清水潔氏は、説者を一書とみることの不当なことを論じられた[23]。さらに林紀昭氏の「後代の典籍にみえる『令集解』も斎川説を批判し、説者とは出典を明示する必要のない場合に用いられる引用法である、と主張された[24]。この間、斎川氏は『法制史研究』三〇で論文書評（一三八頁）の際に、また「律令注釈書研究の現状と問題点[25]」なる論考においても、再度自説を主張されている。

さて、結論的には、筆者も斎川氏の説には無理があるように思う。ただし明法勘文などに見える説者は、律令格式とならんで、明法家が法判断を行うための重要な根拠、すなわち法源となっていると考えざるを得ない場合が見受けられるので、単に「或る説」という以上に、明法道において法源たるに足る学説を引用する際の形態でもあろうというのが筆者の見通しである。

ここで行論の必要上、説者についての先学の研究を整理した上で、私見を述べることにしたい。まず斎川説の要点を示せば次のようになる。

諸法書に見られる説者の律令解釈は一貫して簡潔・的確・具体的・実際的・基本的な性格を有しているので、説者は一人の手になる法書であり、説者学説の内容の古さから、その成立年代は延暦十年（七九一）七月二十八日から同十二年三月の間と推測される。また『令集解』には直接に説者を引用することはないので、惟宗直本は『令集解』撰述に際しては説者を披見する機会を持たなかった。（ただし、惟宗直本自身は後述の延喜四年三月九日付の勘文で「説者云」という表現を使用しており、この点については斎川氏自身、後に訂正している。）

さて、このような斎川説に対しては次のような批判が成り立ち得る。まず、説者という名称を普通名詞としてとらえ、一法書を指すものではないと解しても諸史料に矛盾しないという点である。もっとも斎川氏のいうように『令集解』に引く「古記」も、その名辞からは「古い書（記録）」という一般名詞として把握し得るものではあるが、少なくとも『令集解』所載の古記に関する限り、そのような理解は、『令集解』における諸註釈引用の一般的な態度――すなわち引用書目名を「讃」「穴」のように明記する態度――と相容れないものである。したがって『令集解』所載の「古記」は讃記や穴記などとともに一書と見なして差し支えないのであり、惟宗直本が『令集解』の中で「説者云」という表現を用いないのは、なるべく出典を明らかにしようとする『令集解』の性格の問題であると考えられる。この点で、説者が『令集解』に直接引用されていない以上、『令集解』所収の「古記」と同列に論じることはできない。

そうであれば、「説者云」は明法家が一般に学説を引用するときの形態であると理解して差支えなかろうから、引用者の必要性や見識に応じて簡潔・的確・具体的・実際的・基本的な学説が取捨選択され、または学説の整理・要約もあり得る。明法勘文に引用された説者学説が、その後の同種の問題を取り扱った勘文においても継承されている事例が存在することからも、説者学説が継承されるうちに、内容が整理されていったものとも考えることができる。

以上のゆえに、説者が特定の明法家の手になる法書であると推測する必要はないのであり、却って斎川氏のように説者が延暦年間に成立したと推測してしまうと、たとえば『法曹至要抄』に見える『延喜式』や『新儀式』に関する説者や、『令義解』を引用する説者（新訂増補國史大系『政事要略』二二九頁）を理解することが不可能となる。

清水潔氏は、説者が一つの独立した註釈（法書）ではないことの根拠として『政事要略』所引の儀制令集解（国史大系本二〇七―八頁）を挙げておられる。この集解の中で「釈云」として挙げられている説を指して『政事要略』の著者惟宗允亮は「説者」と称しているので、この説者は、固有名詞ではなく普通名詞（この場合は指示代名詞的な用法）として使用されているのである。

この清水氏の指摘に対して斎川氏は反論を行っておられる。すなわち、清水氏の論説の根拠は、右の『政事要略』に見える事例のみであって、これを以てすべての説者にまで及ぼすことは不当である、というのである(26)。しかし清水氏は一例を示しただけであろう。明法家が説者を不特定の論説者を指す用語として用いているもののうち、筆者の目についた特徴的なものを掲げておく。まずは『拾芥抄』所載、延暦五年（廿五年の誤か）の物部敏久法家問答である。

官位正兼行守事、見式抄出之

（中略）

或人問、延暦五年二月廿三日、件問可式部省問、……今有省大輔従五位上和気朝臣、即是大学頭兼美作守造東大寺次官也、至弁正兼別行守、説者所論各有不同、仍顕二説、著於左件、……

右の式部省の質疑は、兼官の場合における正官・兼官の弁別や、相当官位について行・守の区別の仕方について尋ねたものである。式部省にいわせれば、この問題については「説者」は区々の説を述べていて一定していないので、いかに処理しようか迷っているわけである。この史料に見える説者は、明らかに不特定多数の論者を称しているものである。

また『令集解』宮繕令十二条には、「凡津橋道路、毎年起九月半、当界修理」という令文を註釈した朱説が、説者という表記を使用している。

朱云、津、謂広諸船津者、未明、当界修理、謂当郡也、凡此条、只為外国歟、若於京内道何、上条只称橋故、答、上条不云道者略文耳、額同、上条道亦放橋、可役京内人夫也、此条只為外国者、案説者志然也、

この史料のうち、「上条」とは、この条の直前の営繕令十一条を指している。営繕令十一条は京中の大橋および宮城門前橋の修理についての規定である。そこで上掲朱説のいわんとする趣旨は次の如くである。

上条（営繕令十一条）は京中の橋とのみ言っているが、そこには京中の道路も含まれるのであり（上条道も亦た橋に倣ふ）、この条（営繕令十二条）にいう「橋や道路を修理する」というのは京以外の諸国に対する規定である、という説があるが、その「説者の志」を案ずるに、その通りである（案説者志然也）。

このような理解が妥当であるとすれば、ここで使用されている説者とは、一般に先行学説のことを言い表す語であるということができる。

このように、斎川説には、異議を差しはさむ余地が多々あるのであって、必ずしもその論証は成功しているように思われない。かくして筆者が問題としたいのは、明法家が「説者云」という表現によって引用する学説自体の性質や実効性、さらに明法家の説者学説の取り扱い方である。

明法博士坂上明基の撰になるとされている『法曹至要抄』中（四九）「借用牛馬事」と、同じく坂上明基の撰述した『裁判至要抄』「馬牛借用事」はその内容がほぼ同じであるが、『法曹至要抄』の法源引用部分に「旧記」として引用されている学説を、『裁判至要抄』では「説者」として提示している。つまりこの場合、「旧記」と「説者」とは同じものであるから、説者なる表記は、旧説や古い註釈書の説を引用する際の形態であることを示していると見てよい。

このように、説者なる表現は、本来的には先行学説の引用形態であると考えられるが、ここで注意すべきなのは、その説者なる学説が、どのような意味において明法家によって引用されているのかということである。説者の解釈が『令集解』所引の説に対応している場合、ほとんど同一文であることが多く、一言半句も相違ないものすら少なくな

い。『法曹至要抄』中（一八）に見える「説者云、問、宅地一畝二畝、答、二也、宅及田園之地也」とあるものは、『令集解』所引の穴説とまったく同文である。それではこのとき『法曹至要抄』の撰者は何故「穴云」という引用方法を用いなかったのであろうかという疑問に突き当たるのである。先行学説を例示するだけであれば、なにも学説名（出典）を伏せる必要はないであろう。

ここで、明法家による法的判断の際に先行勘文が引用される例として『兵範記』嘉応元年（一一六九）十二月十五日条に載せる大外記清原頼業勘文が引用する明法勘文を見てみよう。この勘文については、明法道における判例法の形成に関して、すでに前節でも触れることがあった。清原頼業勘文は皇族の死亡記事およびその際の服喪や假についての先例を列挙したものであるが、いま一度確認しておきたいのは、そこに引用されている延喜四年（九〇四）三月九日の惟宗直本勘文である。

延喜四年三月九日、主計頭惟宗朝臣直本、依太上法皇仰、勘申云、今月廿日可行供仏之事、而今御外戚舅卒去、法会之日可依音楽、御服之間可有忌哉、又御服之限可勘申者、儀制令云、皇帝二等以上親喪、皇帝不視事三日、三等親一日、喪葬令云、天皇為本服、二等以上親喪服錫紵、義解云、凡人君即位、服絶傍期、唯有心喪、故云本服、説者云、太上天皇与正帝無別、拠於此者、為二等親喪有服錫紵文、於三等以下親、唯称不視事一日、無有服色、舅者是三等也、然則除不視事一日之外、作音楽行雑事不見制法、

この惟宗直本の勘文では、外戚の舅が死亡した際の上皇の喪についての判断が行われている。結論としては上皇は天皇に同じであるから儀制令に拠って政務を視ざること一日というものであった。ここで注目したいのは、掲げられた法源である。実はこの勘文における論点は、上皇の喪が律令法典中に見えないことにあるのだが、律令に基づいて判断を下さねばならない明法家にとっては、法に定めがない以上、法を解釈することによって結論を導かねばならない。しかし惟宗直本は、みずからの解釈ではなく、説者の「太上天皇与正帝無別」なる学説に基づいて結論を出している。

このとき説者の学説が、いわば法源として機能しているのである。このように説者が法源として認識される事例は『法曹至要抄』において顕著であり、しかも多くの場合、説者学説に基づいて結論が導かれており、説者なしでは結論を導き出すことができない。

ところで、右の説者学説「太上天皇与正帝無別」なる命題は、本来、皇族の服喪に関してのみ有効な見解であったと考えられるが、のちにはその法理のみが一人歩きをはじめ、服喪以外の場合についても援用されるようになった如くである。たとえば、群書類従に収められている『長寛勘文』の冒頭、明法博士中原業倫の勘文では、鳥羽上皇の院庁下文の効果についてこの説者学説を掲げている。応保三年（一一六三）十月、甲斐国守藤原忠重は、目代中原清弘と在庁官人三枝守政らに命じて、熊野権現社の社領である甲斐国八代荘に対して、その停廃を求めて乱行をはたらいた。これにつき、熊野所司は国守忠重以下の者を告訴し、その訴を受けた朝廷は、明法博士中原業倫に下命して、その罪状を勘申せしめた。これに応じて提出した業倫の勘文が、すなわち「長寛勘文」の冒頭に所載のものであるが、ここで中原業倫は、説者に拠り「太上天皇と正帝と別はない」として、八代荘の立荘を認めた鳥羽院庁下文を詔勅と同様に扱っているのである。この学説の文言のみが解釈対象の本文を離れて利用されるという可能性をここから窺うことができるのである。

さて、紙幅の都合上、網羅的な分析を行うことは不可能であるが、ここで、林紀昭氏の説者に対する理解について触れておく。林氏は、諸典籍にみえる説者について分析した結論として、あくまでも特定の一書という固定した典籍からの引用とは認め難く、当然『令集解』からの限定的な引用とも解すべきでもないのであり、「明法道では平安時代『説者』は公権的性格を帯びた義解を除く既存の先行註釈の意」であるとされた。(27) 筆者が注目したいのは、まさに林氏のいうところの「義解を除く既存の先行註釈」としての「説者云」の使われ方である。たしかに『政事要略』や『法曹類林』では、説者は義解との対比的な引用として用いられている箇所が多く見られる。それでは何故義解以外の学説を引用する際、その学説名を伏せた説者という名辞を使用する態度が生じたのであろうか。すなわちここで問題としたいのは、公定註釈として法源たる地位を認められている『令義解』に対比するかたちで提示される説者とは、義解に対してどのような関係に立つのか、ということである。やはり単なる一学説にすぎないのであろうか。

私見では明法家が「説者云」として学説を引用する場合には二通りの状況が考えられるのである。その一は「ある説に云う」といったように、学説名（出典）を明示する必要を引用者が感じなかった、あるいは学説名が知られない場合で、これが従来の説者についての理解であろう。そして二は法源として学説を引用する際、学説名を明示することはふさわしくないと考えた場合、とである。

長又高夫氏は、平安時代末期から鎌倉時代初期に成ったと考えられる『法曹至要抄』に引用されている説者について、次のように考えられている。(28) すなわち、『法曹至要抄』に法源として引用されている学説には、大宝令の註釈書である古記をはじめとして、養老令の註釈である令釈、穴記、讃記、朱記などが見られるが、最も多い引用は「説者」として引用されているものであって、その数は二十一例を数える。その内容については、律についての解釈学説と考え得るもの九例、令の解釈学説と見られるもの七例、当時の有力学説と考えられるもの五例となる。これらの事例について、その出典を探索してみると『律集解』『令集解』からの引用はもとより、他の法書や勘文・勘答類の中から法源に相応しい学説を取捨選択したものであろうと推定されている。

この分析結果はここまでの筆者の推測を裏付けてくれるであろう。『法曹至要抄』に見える「説者」の大半が『律集解』『令集解』に出典するものであるにもかかわらず、あえて学説名をあらわさずに「説者」としたところに、法源としての学説引用の態度が示唆されるのである。確かに令釈、穴記、讃記といった学説名が明示されることもあるが、これは当該書（学説）が明法家の判断に際しての種本になっているということを示す以上のものではなく、実際に朝廷に提出する明法勘文を作成する際には、それらの学説についても「説者云」という形態で明示するであろうと

考えられるのである。(29)

律令本来の定めるところでは、律令格式を以て法源とすることは命じていても、学説を法源とすることの可否については何も定めがない。したがって、律令学における法源はあくまで律令格式（含、詔勅官符）といった法令であり、学説を法源とすることは許されなかったと考えるべきであろう。しかし時代とともに法令のみに基づく法判断が困難となるにつれて、学説による法判断を行う必要に迫られるようになるであろう。その際、学説を学説として――すなわち讃記や穴記を「讃云」「穴云」のように――引用することを憚った、もしくは学説名を表示することは法源の提示にとってふさわしくないと判断した明法家たちの採用した学説引用法が「説者云」というものであったのではないかと考えるのである。今日に残された明法勘文中、学説を引用する場合には、ほぼ例外なく「説者云」という形態であることがそれを裏付けているように思う。

おわりに

以上、考察してきたところの要点を今一度確認しておくことにする。まず、一度作成された或る明法勘文が、後の法判断の根拠たるに足る性質を持ち得るのか、すなわち今日いわゆる判例法を形成することが可能であったのかという点については、先行する学説や勘文が確かに先例として重視されていたとはいい得るものの、はたして判例法と呼び得るまでに発達したものであったかどうかについては保留せざるを得ない。むしろ先行例を収集し、そのなかからその時々の法判断に必要な先例が取捨選択されていたと理解しなければならないふしがあるからである。そして明法道にあって、『令義解』編纂以降、学説を統一する装置がない状態では、複数の明法家の法判断や学説が法源にまで昇格することは困難なことではなかったろうか。その意味で、明法勘文中に「説者」として引用される学説などは、明法道にあっては比較的普遍化した学説であったと考えられ、勘申の際には繰り返し引用されて、法源としての地位を得たものと考えてよいであろう。また検非違使庁例などは、中世初期の段階では法源性を獲得するかにも見えるが、しかしある庁例が律令の法意に抵触していないかということを明法家が盛んに論議しているという事実も考え合わせれば、明法家の中では、やはり制定法のみが法源として相応しいという観念が強いのであり、学説や制定法以外の慣行に基づいて判断を下すことには慎重であったと考えられるのである。

註

（1）中田薫「古法雑感」『法制史論集』第四巻（岩波書店、一九六四年）。
（2）中田前掲論文二四頁。
（3）虎尾俊哉「例の研究――八十一例・諸司例・弾例――」『古代典籍文書論考』（吉川弘文館、一九八二年）。
（4）長谷山彰『律令外古代法の研究』（慶應通信、一九九〇年）。
（5）日本と中国の国情の違いを明らかに認めた上で、わが国の律令編纂官たちは、もとの中国律令の規定を変更するにあたって、細心の注意を払い自己の正当性の根拠を探したのである。その事情及び技法については小林宏『「因循」について――日本律制定の正当化に関する考察――』『國學院法學』第二八巻三号（一九九一年）で詳細な分析がなされている。
（6）実務慣行の法源化をめぐる問題については、さしあたり虎尾前掲論文、長谷山前掲論文、また検非違使庁例については古典的論文ながらほとんど唯一の専論である小川清太郎氏の「庁例の研究」『早稲田法学』十六（一九三七年）が有益である。
（7）『政事要略』所載、寛和三年二月十九日付惟宗允正勘文（國史大系本五九一頁）。
（8）中村茂夫「不応為考――『罪刑法定主義』の存否をも巡って――」『金沢法学』二六巻一号（一九八三年）。
（9）中田前掲論文、長谷山前掲書。
（10）判集および法例については瀧川政次郎「『令集解』に見える唐の法律書」『支那法制史研究』（有斐閣、一九三〇年）を参照されたい。また唐の判文・判例については、大野仁「唐代の判文」滋賀秀三編『中国法制史――基本資料の研究――』

（東京大学出版会、一九九三年）、『唐律疏議』に見える「例」字の用法の分析を通して考察された岡野誠氏の「唐律疏議における『例』字の用法（続）」『明治大学社会科学研究所紀要』三七―二（一九九九年）にも、唐代における判例法の位置付けが簡潔にまとめられている。中国における判文研究については汪世栄氏が精力的に取り組まれており、「中国古代判詞的価値与伝統」張晉藩編『中国法律的伝統与現代化』（中国民主法制出版社、一九九六年）、『中国古代判詞研究』（中国政法大学出版社、一九九七年二月）、『中国古代判例研究』（中国政法大学出版社、一九九七年五月）がある。

(11) 佐藤進一「公家法の特質とその背景」『中世政治社会思想』下（岩波書店、一九八一年）、小林宏「因准ノ文ヲ以ッテ折中ノ理ヲ案ズベシ――明法家の法解釈理論――」『國學院法學』第二八巻四号（一九九一年）、同「折中の法について」『國學院雑誌』第八六巻一一号（一九八五年）。

(12) 『法曹至要抄』下「僧尼遺物弟子可伝領事」。

(13) 永久二年に明法博士であったのは三善信貞と坂上明兼とである。

(14) ある事件が起こると類似の先例をしらべさせるという例は、公家の日記などによって徴することができるし、儀式書に明法勘文が引用される例も、判例に拘束される可能性のあることを示している。

(15) 判例法の理解については、さしあたり田中英夫『英米法研究1　法形成過程』（東京大学出版会、一九八七年）三―五二頁、田中成明『法理学講義』（有斐閣、一九九四年）六一―六四頁、一七二―七四頁参照。

(16) 『明法条々勘録』については利光三津夫「内閣文庫本『明法条々勘録』の研究」『律令制とその周辺』（慶應通信、一九六七年）、『中世政治社会思想』下（岩波書店、一九八一年）、『法曹至要抄』については長又高夫『日本中世法書の研究』（汲古書院、二〇〇〇年）参照。

(17) また、たとえば『明法条々勘録』が必ずしも父祖の学説を継承していないことは、先例の変更・更新と理解してよいのかという問題もある。

(18) 利光三津夫「公家法における法と例」『律令研究続貂』（慶應通信、一九九四年）。

(19) 小林（11）前掲論文「因准ノ文ヲ以ッテ折中ノ理ヲ案ズベシ――明法家の法解釈理論――」四四頁参照。

(20) 坂本太郎「法曹至要抄とその著者」『律令制度』（著作集第七巻）（岩波書店、一九八九年）、田中稔「裁判至要抄に見える悔返権について」『鎌倉幕府御家人制度の研究』（吉川弘文館、一九九一年）、棚橋光男「法書『法曹至要抄』」『中世成立期の法と国家』（塙書房、一九八三年）。近時公刊された長又高夫氏前掲書は『法曹至要抄』『裁判至要抄』に関する包括的な研究であり、これらの法書の著作目的も詳細に分析されているので、併せて参照されたい。

(21) 布施弥平治『明法道の研究』（新生社、一九六六年）一四八―九頁などを参照。

(22) 斎川眞「平安初期律令私記の一研究――いわゆる『説者云』をめぐって――」『法制史研究』二七（一九七七年）。

(23) 清水潔「『説者』は養老律令注釈書の一書とする説への疑問」皇學館大學史料編纂所報『史料』第四号（一九七八年）、「『説者』補考」『同』第七号（一九七八年）。

(24) 林紀昭「後代の典籍にみえる『令集解』」『日本政治社会史研究』中巻（塙書房、一九八四年）。

(25) 斎川「律令注釈書研究の現状と問題点」『早稲田法学』第六三巻第二号（一九八八年）。

(26) 斎川（25）前掲論文一二九頁以下。

(27) 林前掲論文二四〇頁。

(28) 長又前掲書二四頁以下。

(29) ちなみにいうと、文永四年八月廿二日の日付を持つ『明法条々勘録』は明法博士中原朝臣章澄の手になった、法家中原氏の家学を大成したものと考えられているが、当該書において引用されている説者は都合八例で、そのうち律に関するもの六例、令に関するもの二例である。

江戸幕府法における敲と入墨の刑罰

高塩　博

はじめに

周知のごとく、江戸幕府の「公事方御定書」上下巻は、八代将軍徳川吉宗の治政の最晩年にあたる寛保二年（一七四二）三月をもって成立をみた。下巻は主として犯罪とそれに対応する刑罰を定めるが、その施行と同時にたちまち修正増補が加えられ、法文の追加は宝暦四年（一七五四）に及んだ。従って寛保二年当時は百箇条に満たなかったが、宝暦四年に至り、今日「棠蔭秘鑑」を通じてみる法文が備わった。(1)

刑罰の種類とその執行方法は、「御定書」の最終条文、すなわち第百三条御仕置仕形之事にその規定が存し、百姓町人などの庶民階層に適用する刑罰として、六種類の死刑（鋸挽・磔・火刑・獄門・死罪・下手人）、八種類の追放刑（遠島・重追放・中追放・軽追放・江戸十里四方追放・江戸払・所払・門前払）、およびそれ以外の六種類の刑罰（敲・入墨・戸〆・手鎖・押込・過料）を規定している。

これら二十種の刑罰のうち、過料は享保三年（一七一八）、入墨ならびに敲は享保五年に各々初めて適用され、これが先例となって「御定書」の中に成文化された。つまり、「御定書」に定める過料・入墨・敲は、吉宗が幕府将軍に就任して間もなくの時期に創出された刑罰なのである。本稿はこのうち敲と入墨とを採り上げ、これらが中国法とりわけ明律に示唆を得て創出された刑罰であることを考察する。すなわち、将軍吉宗の推進した享保年間における明律研究が「御定書」の編纂作業に生かされたことを主張するものである。

一　敲の執行方法

「御定書」の御仕置仕形之事に定める敲の規定は、左のようなものである（『棠蔭秘鑑』一三三頁）。

享保五年
一敲　数五十敲　重キハ百敲

牢屋門前にて科人之肩背尻を掛ケ、背骨を除、絶入不仕様検使役人遣、牢屋同心ニ為敲候事、

但、町人ニ候得は其家主名主、在方ハ名主組頭呼寄、敲候を見せ候て引渡遣、無宿ものハ牢屋門前にて払遣、

敲には五十敲と百敲の二等級が存する。単に「敲」と称する場合は五十敲を、「重敲」と称する場合は百敲を意味する。執行場所は牢屋門前である。牢屋とは、江戸においては小伝馬町牢屋敷のことである。そこでの敲の執行の模様は、『刑罪大秘録』ならびに『刑罪詳説』に詳しい。左に『刑罪大秘録』の記事と『刑罪詳説』所載の真景図とを

掲出する。『刑罪大秘録』に記す敲の執行手続は、左の通りである。(2)

敲御仕置之事

一牢屋敷表門前ぇ莚三枚敷、門扉開き、地覆内に牢屋見廻与力・囚獄石出帯刀・検使立合、御徒目付・御小人目付等立并居、地覆外ニ右之方鎰役不残、左の方打役不残、次ニ当番之本道医師一人、下男部屋頭等一同立居、詰番非人小屋頭手下召連出居り、囚人は往還を後ろ、門前莚敷之方を前ニいたし、腰縄にて下男縄を取、囚人後ろ通リハ牢屋附辻番人捧突固之、三奉行掛リハ牢屋同心二人固附添居、加役掛リハ右組同心附添居、

一当番鎰役出牢証文に引合、銘々名前・肩書・歳附・入日等囚人ぇ相尋ル、加役囚人は検使之与力門外ぇ出、科之次第申渡す、三奉行掛々にて申渡為済、牢屋敷ぇ引来ニ付、掛リ奉行・名前并申渡之軽重是又証文ニ引合、鎰役改之、直ニ囚人一人ツ、莚之上ニ下男連来、腂にいたし、著物を莚之上ぇ敷、其上ぇはらばいにいたし、往来之方ぇ顔を向ケ、下男手足を押へ、打役箒尻ニて打之、打役之内一人側に立居、数を取、略図左ニ写ス、

一百敲は五十打、医師気付を為呑、下男部屋頭水を為呑、打役代り合打之、打方は背骨を除け、不絶入様打之、御仕置相済、宿ぇ引渡候ものは宿并町役人ぇも見せ置、溜頭之ものハ溜之者直ニ本縄に掛る、人足寄場ぇ遣し候ものは縄取附添、掛々より出候ニ付、相渡、在牢之者ハ其儘牢内ぇ引入る、

『刑罪大秘録』は、右の記事に続いて「敲御仕置略図」「敲之図」を載せる。今、理解を助けるために「敲之図」を次頁に転載する。

「敲御仕置略図」は、小伝馬町牢屋敷の表門前における敲刑執行の全体図であり、執行にかかわる人物の配置を文字で示す。そこで、敲刑執行の情景を絵図で描いた「敲刑小伝馬町旧牢屋門前ノ真景」を掲げよう（一四一頁）。この絵図は、佐久間長敬著『刑罪詳説（本刑編）』（『徳川政刑史料』前編第三冊、明治二十六年、南北出版協会。本書は昭和五年、『刑罪珍書集Ⅰ——江戸の政刑一斑——』〔近代犯罪科学全集13〕武俠社刊に再録）に所載のものである。佐久間長敬（天保九

敲之図（『刑罪大秘録』『法規分類大全』治罪門(2)より）

年（一八三八）～大正十二年（一九二三）は、幕末に江戸の南町奉行所与力であった人物である(3)から、次頁の真景図は幕末の実景を写した図であろう。敲刑の執行に関与する人々とその配置は、『刑罪大秘録』とほとんど同じである(4)。それ故、敲の執行法は文化年間の頃と幕末の頃とで大差がなかったと考えられる。

以上に掲げた史料によれば、敲という刑罰につき、次の五つの特徴を指摘することができる。特徴の第一は、執行の場所が小伝馬町牢屋敷の門前であるということである。門前の道は一般の人々の行交う往来であるから、敲は公開処刑であったと言える。

特徴の第二は、受刑者を裸としたことである。前掲の『刑罪大秘録』に「著物を莚之上ぇ敷、其上ぇはらばいにいたし、往来之方ぇ顔を向ケ、……箒尻ニて打之」と記されているように、受刑者は箒尻にて殴打される間中、往来の方に顔を向けることを強制された。

「敲刑小伝馬町旧牢屋門前ノ真景」（『刑罪詳説』『徳川政刑史料』前編第三冊より）

特徴の第三は、身元引受人を出頭させてその執行を見学させたことである。身元引受人は、「御定書」によると、受刑者が町人の場合は家主・名主、百姓の場合は名主・組頭と見えており、『刑罪大秘録』には「宿并町役人ゑも見せ置」とあるから、自宅の者にも見物させたようである。

特徴の第四は、執行の担い手に関する事である。刑罰の執行には通常、非人が少なからぬ役割を果たすが、敲の場合、『刑罪大秘録』には「詰番非人小屋頭手下召連出居り」と記されていて、何らの役割も与えられていない。真景図には「手伝ノ非人」という註記はあるが、四人の非人は跪いて執行の様子を見守っているばかりである。執行の担い手は、牢屋同心と下男である。即ち、刀を差した武士が打役であり、牢屋敷召抱えの下男が押え役なのである。(5)

特徴の第五は、軽微な犯罪に適用する刑罰にしては、その執行法がきわめて仰々しく儀式ばっているということである。牢屋表門の屋根の下には、牢屋敷の最高責任者である石出帯刀、町奉行所から派遣される検使与力、牢屋見廻与力、それに徒目付、小人目付が整揃いする。真景図によると、石出帯刀、検使与力、見廻与力は裃着用である。門の左右には鍵役、交替用員の打役、当番医師等が立ち並んで、執行を見守った。

右に指摘した五つの特徴は、御仕置仕形之事の敲の規定と相違する点が見られないので、「御定書」成立の寛保二年の時点においてすべて具備していたと考えられる。

二　入墨の形状——文字を入墨すること——

「御定書」の御仕置仕形之事に定める入墨の規定は、左のようである(「棠蔭秘鑑」一三三頁)。

享保五年極
一入墨　　於牢屋敷腕に廻し、幅三分宛二筋

但、入墨之跡愈候て出牢、

江戸における入墨の刑は小伝馬町牢屋敷の中で執行されたのである。『刑罪大秘録』の記す入墨刑の執行手続は、次のようである（四九七頁）。

入墨御仕置之事

一囚人、掛り呼出、入墨申渡、致帰牢候得は、腰縄にて下男縄取、牢屋同心一人附添、牢屋見廻り詰所前砂利上ェ莚を敷、其上ェ居る、椽側ェ薄縁敷、当番之鎰役著座、出牢証文ニ引合、名前・肩書・歳附・入日・掛り・入墨申渡之儀等相改、非人手伝、左之肌を為脱、下地腕彫物之有無相改、墨ニて筋二行引廻し、針ニて彫之、非人指ニて墨ヲ附、針跡ェぬり、両手ニて摺込、手桶ェ腕をわたし、水ニて墨を洗ひとくとぬくひ、針行届さる所は針ニ墨を附、尚又彫入、前之如く洗ひぬくひ、牢屋見廻・石出帯刀見分之上、筆ニて墨を濃く二筋引、且紙ニて巻しこき紙にて結ふ、入墨かわき中出入三日溜頂、乾き候様子掛りェ呼出、見分之上出溜、三奉行は同仕方、加役方は手続少し違ひあり、

敲刑にくらべ、入墨刑の執行法はいたって簡素である。執行の場所は、『刑罪大秘録』所載の「入墨場所略図」によるに、牢屋役所の穿鑿所前の縁側と役人長屋後口との間の庭である。つまり非公開の執行である。牢屋下男が受刑者の腰縄をとり、入墨を施す役は非人の担当である。役所の内側から囚獄石出帯刀ならびに牢屋見廻与力、検使与力が見守り、入墨が完全に施されたことを見廻与力と石出帯刀が見届けて、執行が終了する。その入墨は、左腕の肘の下の箇所に幅三分の線を二筋引廻すのである。

すでに知られているように、幕府の入墨は、江戸・大坂・京都・駿府・伏見・長崎など各奉行所ごとに入墨の形状がそれぞれに異なっている。入墨を施す部位と入墨の形状に差異を設けることで、その入墨者がどこの奉行所の前科者であるかが一目瞭然となる仕組みであった。[6]『刑罪大秘録』は、「諸国入墨之図」の項に、各奉行所・人足寄場・郡代等の幕府入墨十九種を図示している（五〇〇〜五〇五頁）。同様に、『徳川禁令考』もまた幕府関連の入墨図二十一、

諸藩の入墨図十五を掲載する（後集第四、二九四〜三〇三頁）。

諸藩でも入墨を採用した藩が少なくない。諸藩の入墨は、幕府各奉行所や他藩のものと区別がつくように、施す部位と形が工夫されている。腕に施すばかりでなく、額や頬など顔面に施すことも稀ではない。諸藩の入墨図は右の『徳川禁令考』の他には、「盗賊方概《あらまし》」に多数掲載されている。本書の著者は、大坂の西町奉行所同心の嘉来佐五右衛門なる人物である。彼は町奉行所の盗賊方に配属されたため、その部所の職務に関する備忘録を作成したのである。天保二年（一八三一）のことである。(7)

「盗賊方概」の「諸国入墨之部」を見るに、文字の入墨が幾種もあるのに注目させられる。漢字の入墨には「犬」（広島藩）、「悪」（和歌山藩）、「追放」（尼ヶ崎藩、和歌山藩）が存する。そのうち広島藩の入墨は前記『徳川禁令考』にも図示されている。それによると、額の中央に「犬」字を入れるのであり、初犯では文字の第一画の「一」、再犯で第二画の「ノ」を加え、三犯に至って「犬」字が完成するのである。

津和野藩の場合は片仮名である。右上腕部に「ツワノ」と三文字を入れるのだが、広島藩の「犬」字と同様に三回にわたって施す。初犯は「ツ」、再犯で「ワ」、三犯で「ノ」を二の腕の上から順に入れるのである。平仮名の入墨もまた存する。それは熊本藩の「ぬ」字である。熊本藩は宝暦五年（一七五五）四月に「御刑法草書」（一冊、本文五八条、附録一条）を施行し、これを大幅に増補改訂した「刑法草書」（三冊、八編九五条目一四二条）を宝暦十一年（一七六一）十一月から施行に移した。熊本藩の入墨は宝暦五年に採用された刑罰であり、熊本藩では、入墨のことを刺墨と称す。「ぬ」字刺墨は、藩有の財物を盗んだ犯罪人に科す附加刑であり、その右手に墨を刺すのである。(8)

漢字の入墨のうち、採用年の判明するのは和歌山藩の「追放」である。大坂町奉行所は文化八年（一八一一）、全国の諸藩に対して各藩適用の入墨あるいは焼印の形状を照会した。(9)これに対する和歌山藩の回答が、筆者の手元の史料に存する。この史料は、和歌山藩松坂領の町方史料の断片なのであるが、入墨に関する記事は首尾完結している。左にその全文を掲げる。末尾の「十一月」は、元治元年（一八六四）十一月のことと思われる。

文化八未年

大坂町奉行所ゟ諸国仕置者へ入墨・焼印之雛形、此度諸国へ統承合候付、御領分御仕置ハ入墨・焼印亀絵図ニ認メ差出候様、御屋鋪奉行ゟ申来候付、御領分在町御仕置者入墨雛形、享保七寅年相極り有之候を以、左之通被差出、尤勢州三領共入墨仕形和歌山同様之事候付、若与力ゟ問合御儀も有之候ハ、其通及答候様、其節大坂御屋敷奉行中迄御遣有之事、

紀伊殿領分

紀州和歌山仕置

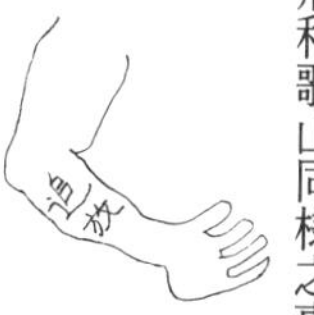

右は二ノ腕肱際記、文字差渡大概七八部程宛、筆ノ太サ壱歩程ニて、両腕之時は左之腕へも同様、他国非人ニ限り追放と草文字ニ記之申候、

但、両とも入墨計ニて焼印は無御座候、町方在方共同断、手計ニて足面等ゑは記し不申候、

右之通御座候、以上、

未六月　紀伊殿吟味方印

下ヶ紙
本文墨仕形、猶此節牢番頭共為知承見候処、本文通取計、腫物疵等有之者ハ、肱より腕首迄之間へ入候由候、尤片腕入墨之者立帰り両腕入墨ニ相成候もの候は、已前入レ有之片腕ニも再墨を入レ来候旨申出申候、

右之通入墨雛形大坂町奉行所へ差出候付、勢州三領御仕置之儀も、享保七寅年極り之趣ヲ以取計為之哉、右已来若相違之品も有之候ハ、可申越旨、其節為念御城中へ被遣候処、下ヶ紙答ニ三領御代官町役所共、相違之品無之、同役中被相違有之事、

一此表刑人入墨計振之儀、享保之度極之趣を以、在方町方若山表同様、二ノ腕肱際ゑ入墨取計来候処、在方掛リ之

筋は、文政三辰年ゟ何故相直リ候哉、肱より上之方へ入墨取計候由、右ニ付何等取扱も相見へ不申候付、若山表へも問合候処、右ハ文化八未年、御領分御仕置者入墨取計振リ、大坂町奉行所ゟ被問合候節、享保之度極之趣を以、別帳書抜之通被及答、其節此表ニも打合ニ相成、三領共入墨仕形若山同様之旨、大坂御屋敷奉行中へ被申遣有之由、旁此表三領在方之儀も以前之通相改、別帳書抜之通相心得可申事、

十一月　（傍点高塩、以下同じ）

右の記事中、和歌山藩が同藩大坂屋敷奉行に提出した回答は、「紀伊殿領分／紀州和歌山仕置」として文化八年六月付をもって吟味方役所から差出した書面である。その前後の記事によると、和歌山藩は「追放」という文字の入墨を享保七年（一七二二）に採用したことが判明する。その文字は、右腕の肱のすぐ下の位置に入れたのである。ところが、文政三年（一八二〇）以降、肱の上に入れることに変更したと最後の記事は伝えている。前記「盗賊方概」は天保二年（一八三一）の成立なので、「追放」の文字が上腕部に描かれている。[10]

ところで、幕府においても文字の入墨を採用した遠国奉行所が存する。前記『徳川禁令考』（後集第四、三〇〇～三〇三頁）によると、佐渡奉行所は宝暦十年（一七六五）六月、片仮名の「サ」字の入墨を採用し、浦賀奉行所は文政七年（一八二四）に片仮名の「ウ」をもとに「宀」という形の入墨を定めた。いずれも左二の腕に施す。[11]

幕府が享保五年（一七二〇）に入墨刑を採用し、これが「御定書」に定められると、幕府直轄の遠国奉行所、郡代をはじめ、諸藩においても採用する処が多く出て来た。その入墨は、幕府各奉行所、諸藩がそれぞれ独自の形を工夫するとともに、施す部位に差異を設けている。江戸時代の入墨に見られるこの特徴は、その入墨者がどこの奉行所、どこの藩の前科者であるかを判別するために生じた特徴なのである。[12]もう一つの特徴は、文字の入墨が存したということである。本節では、いくつかの藩と幕府遠国奉行所の文字入墨を紹介した。[13]

三　敲と入墨の特徴とその淵源

周知のように、敲という刑罰は主として軽微な盗犯に適用する。たとえば、「御定書」の第五十六条盗人御仕置之事に、

享保五年極
一軽キ盗いたし候もの　敲
従前々之例
一一旦敲ニ成候上、軽盗いたし候もの　入墨
同
一途中ニて小盗いたし候もの　敲
同
一橋之高欄又ハ武士屋敷之鉄物外シ候もの　重敲
同
一湯屋ぇ参、衣類着替候もの　敲

と定めている類である（『棠蔭秘鑑』九九頁）。「途中ニて小盗いたし候もの」という規定は、鼻紙袋を盗んだ享保二十年（一七三五）の事例に基づく立法であり、「湯屋ぇ参、衣類着替候もの」は銭湯で自分のものより上等の衣類に着替えて逃げ帰った事例などに基づく立法である（『徳川禁令考』後集第三、一九二・一九三頁）。従って、五十敲は少額の金品の盗罪に適用する刑罰ということになる。橋の高欄や武士屋敷の鉄物など、やや金目の品を盗んだ場合が百敲である。盗みの金額がこれよりも高額になると、入墨之上敲、十両以上に達すると死罪である。この場合は、「御定書」同条の左の規定が適用されるのである（『棠蔭秘鑑』九九頁）。

金子ハ拾両より以上、雑物ハ
代金ニ積、拾両位より以上ハ、　死罪

享保五年
寛保元年極
一手元ニ有之品を与風盗取候類　金子ハ拾両より以下、雑物ハ代金ニ積、拾両位より以下ハ、入墨敲

以上を要するに、「御定書」に定める窃盗罪は、盗んだ金品の多寡に従って、敲、重敲、入墨之上敲、死罪というように刑罰が段階的に重くなるのである。

再犯について言えば、軽微な盗犯により敲あるいは重敲に処された者が再び軽微な盗みを犯した場合、「一旦敲ニ成候上、軽盗いたし候もの　入墨」の規定が適用されて、入墨に処される。この入墨者がもう一度盗みの罪を犯すと、死罪が待ちうけているのである。しかしながら、三犯死罪の規定は第五十六条盗人御仕置之事には存しない。盗犯の三犯に対しては、第八十五条牢抜・手鎖外シ・御構之地ぇ立帰候もの御仕置之事の左の規定を適用するのである（「棠蔭秘鑑」一二三頁）。

享保六年極
延享二年極
一入墨ニ成候以後、又候盗いたし候もの　死罪
　但、外之悪事いたし候ハヽ、重敲

敲という刑罰の第一の特徴は、主として軽微な窃盗犯罪に適用する刑罰であったということである。(14) 第二の特徴は、盗みの金額が増えるに従って敲、重敲、入墨之上敲、死罪というように、段階的に刑が重くなるということである。第三の特徴は、敲に始まる窃盗犯罪独特の累犯処罰の体系が存することである。(15) それは、前述したように初犯の敲、再犯の入墨、三犯の死罪という体系である。

次に、入墨という刑罰についてながめてみよう。前掲の「御定書」第五十六条には、軽微な盗犯の再犯に対して入墨を科す規定が存したが、「御定書」を通覧するに、入墨の刑罰を単独に科す規定は、右が唯一である。入墨は「入

墨之上敲」「入墨之上重敲」という、いわゆる二重仕置として定められている。たとえば、十両以上の盗みは死罪という人口に膾炙した規定は前掲した通りであるが、そこには十両未満の盗みに対する刑罰として「入墨敲」という二重仕置が定められている。また、「御定書」第五十六条の贓物故買に関する規定は、

寛保元年極
一陰物買　入墨之上敲
　但、年来此事ニかゝり居候ものハ、死罪
従前々之例
一盗物と乍存、又買いたし候もの　入墨之上敲

というものである（「棠蔭秘鑑」一〇〇頁）。同条にはまた、人家に潜入して盗みを働く罪を処罰する規定が存し、その但書は「昼夜ニ不限、戸明有之所、又ハ家内ニ人無之故、手元ニ有之軽キ品を盗取候類、入墨之上重敲」というものである。このように、「御定書」に定める入墨は、その大部分が「入墨之上敲」「入墨之上重敲」という二重仕置であり、且つ盗みに関する犯罪に適用する刑罰として存在している[16]。

以上を要するに、敲と入墨の二つの刑罰は、主として盗みの犯罪に適用する刑罰として、「御定書」がこれらを採用したと言えよう。

ところで、平松義郎氏は、敲と入墨の刑罰で構成され、主として盗犯に対する刑罰の体系を特別刑罰体系と位置づけておられる。すなわち、「御定書」に定める刑罰にはゆるやかながらも二つの体系が立てられており、その一つは「通例之御仕置」と呼ぶ普通刑罰体系であり、いま一つは「盗賊御仕置段取」と呼ぶ特別刑罰体系である。前者はとくに科せられるべき犯罪が特定していないという点で基本的な刑罰であり、後者は主として盗犯に対する刑罰である点で特殊であり、累犯処罰の体系として独自の意義を有するといわれる[17]。

平松氏の右の指摘は正鵠を射ているように思う。そこで次に、盗犯に適用する刑罰として敲と入墨が採用され、それらが「御定書」の刑罰体系の中に特別な位置を占めるに至った、その理由を探ってみよう。結論から先に述べるな

らば、それは中国明代の刑法典すなわち「明律例」に淵源を求めることができる。以下、このことを検証する。

まず、「明律例」（明律の本文とともに追加法の条例を併せ収載するので「明律例」と称するのであるが、以下「明律」と略称する）の刑律・賊盗編の窃盗条を掲げよう。(18)

凡窃盗已行而不レ得レ財、笞五十、免レ刺、（中略）初犯並於二右小臂膊上一、刺二窃盗二字一、再犯刺二左小臂膊一、三犯者絞、以二曾経一レ刺レ字為レ坐、（中略）

一貫以下杖六十

一貫之上至二一十貫一杖七十

二十貫杖八十

（中略）

一百二十貫罪止二杖一百流三千里一

なお、「明律」の逐条和訳の書である『大明律例訳義』により、右の法文の訳文を掲げておく。(19)

凡窃盗すでに盗むべき処へ入て、物をとらんとする所、家主などに見付られて、逃走て物をとらざれバ、笞五十。刺字《イレスミ》をば免《ユル》す。（中略）初犯ハ、いづれも右の小臂膊《コヒヂ》の上に窃盗の二字を刺《イレスミ》し、再犯ハ左の小臂《コヒヂ》の上に刺し、三犯に至れバ絞罪に行ふなり。尤両臂の上に刺字あるを以て三犯となす。（中略）

一貫より以下、杖六十。贓物を計りて、一貫より以下は、多少によらず杖六十の罪に行ふ。

一貫より十貫に至れバ、杖七十。以下十貫ごとに、一等を加ふ。

二十貫、杖八十。

（中略）

百二十貫、罪杖一百流三千里に止る。

「明律」の窃盗罪は、盗みを実行したが何らの財物も盗み得なかった場合の刑罰は笞五十、この場合は入墨を科さない。一貫以下の財物を得た場合の刑罰は杖六十、すなわち少額でもとにかく財物を盗み得たならば杖六十を科し、しかも入墨を併科する。贓物の金額が増えるに従って刑罰が順次重くなり、最も重いのが杖一百流三千里である。この間、都合十三等級の刑罰が存し、いずれも入墨を併科する。

ここで注目すべき第一は、窃盗犯罪には「刺字」と称する入墨を併科することである。窃盗犯には文字通り「窃盗」の二字を入墨する。第二は、「刺字」という入墨刑が杖刑、徒刑、流刑という正刑に併科する附加刑として存在することである。第三は、窃盗の三犯は死刑という累犯処罰の原則が存するということである。

「明律」は昼間のひったくりの犯罪すなわち白昼搶奪に対して「創奪」の二字を入墨し、政府すなわち役所の金銭を盗む罪に「盗官銭」、同じく食糧を盗む罪に「盗官糧」、同じく財物を盗む罪に「盗官物」のそれぞれ三文字を入墨する。つまり、「明律」は様々な形態の盗犯に対して文字の入墨を併科するのである（もっとも「強盗」の入墨は存しない。それは、強盗罪が贓物の多寡や首犯・従犯の別を問わず死刑に処されるからである）。それ故に「刺字」と称するのである。これらの「刺字」は独立の刑罰としては存在しない。いずれの場合でも杖刑、徒刑、流刑という正刑に併科する附加刑の地位が与えられている。

刺字の規格は、「明律」の刑律・賊盗・監守自盗倉庫銭糧条に、

於二右小臂膊上一刺二盗官銭糧物三字一毎レ字各方一寸五分、毎レ画各濶一分五厘、上不レ過レ肘、下不レ過レ腕、餘条准レ此、

と定められている（『律例対照定本明律国字解』三七一頁）。これに対する高瀬喜朴の訳解は、

右の腕《ウデ》の肘《ヒヂ》より下《シモ》、腕《ウデクビ》より上の処に、銭をぬすめば、盗《ム》二官銭《ヲ》一の三字を刺《イレスミ》し、米なれバ盗《ム》二官糧《ヲ》一とし、諸道具なれバ盗《ム》二官物《ヲ》一と、刺字する事也。字の大さ、一寸五分四方。画のひろさ、一分五リン。上ハ肘より上へのぼせず。下ハ腕（ウデクビ）ぎりにするなり。

というものである（『高瀬喜朴著大明律例訳義』四二〇頁）。

さて、「明律」窃盗条における法の構造と「御定書」の窃盗犯に対する科刑の方法とを比べると、類似する点の多いことに気付くであろう。類似点の第一は、もっとも軽微な窃盗犯罪に対して笞打ちの刑罰を適用することである。「明律」が杖六十、「御定書」が敲（五十敲）である。類似する第二は、盗んだ金額が多くなるにつれて刑罰が段階的に重くなるということである。「明律」では盗んだ金額が十貫増えるごとに一等級ずつ重くなる。杖六十に始まって杖一百流三千里に至る。この間の刑罰は前述した通り十三等級である。「御定書」の場合は、「明律」に比べてきわめて大雑把に、敲、重敲、入墨之上敲、死罪という段階をとる。「明律」ではいくら贓額が増えても死刑に至らないのに「御定書」は十両で死刑となる。この点は大きな違いである。

類似する第三は、窃盗三犯は死刑という累犯処罰の体系が存することである。三犯死刑を適用するにあたっては、「明律」では両腕に刺字が存すること、「御定書」では再犯の折の入墨の存することが三犯の前提条件であった。類似する第四は、入墨という刑罰が窃盗犯罪に対する附加刑として存在することである。「御定書」の編者が附加刑という概念を明確にもっていたか否かの議論は姑く措くとして、入墨が盗みに関する犯罪に適用する刑罰として、原則的に二重仕置として存在するのは、「明律」の刺字に由来すると考えるのが穏当であろう。[20]

以上にみた類似点をもって推察するに、「御定書」に採用された敲と入墨は、主として盗みに関する犯罪に適用する刑罰として、「明律」の笞打ち刑（笞刑・杖刑）および入墨（刺字）に示唆を得て創出された刑罰であったと言えよう。

周知のように、「明律」の笞刑は十、二十、三十、四十、五十、杖刑は六十、七十、八十、九十、百の各五等級であり、刑具は杖の方がやや大きい。「御定書」は「明律」の笞杖刑に基づき、笞刑五等級から敲（五十敲）を、杖刑五等級から重敲（百敲）を案出し、刑具には差異を設けなかった。又、「明律」の刺字は画数の多い文字の入墨であるが、幕府はこれをきわめて単純な形に記号化したのである。その記号に少しずつ差異を設けることで、どこの奉行所の入墨であるかを識別できるように工夫したのである。同時に、墨を入れる作業の簡便化をはかった訳である。従って、幕府各奉行所の入墨図をながめてみても、それが「明律」の刺字に淵源をもつ刑罰であることはとうてい連想できない（ただ、佐渡奉行所の「サ」字入墨、浦賀奉行所の「ウ」字を図案化した入墨は、刺字の片鱗が表出したものと言えよう）。

諸藩の入墨に文字の入墨がしばしば見られるのも、幕府の入墨が「明律」の刺字に由来する刑罰であるということと無関係ではなかろう。とりわけ、熊本藩の「ぬ」字刺墨は、刺字に基づいたことが明瞭である。入墨を刺墨と称することと自体が刺字に基づく。前述したように、「ぬ」字刺墨は藩有の金品を盗む罪に適用する附加刑である。すなわち、「ぬ」字刺墨は、「明律」の「盗官銭」「盗官糧」「盗官物」の「盗」字を平仮名に改めたものである。

「ぬ」字刺墨は宝暦五年（一七五五）の採用であるが、和歌山藩の「追放」入墨は享保七年（一七二二）の採用ということで注目に値する。幕府の入墨刑採用が享保五年二月であり、それから程なくして和歌山藩が漢字入墨を採用したのである。後述するように、和歌山藩は第二代藩主光貞とその子で第五代藩主頼方（後の吉宗）時代に明律研究を行なっている。それ故、和歌山藩の漢字入墨が「明律」の刺字に示唆を得たものであったことは想像に難くない。[21]

四　敲の刑罰思想と徳川吉宗

次に、幕府における敲の執行法と中国における笞刑の刑罰思想との関連について考えてみよう。中国律においては音通をもって刑罰思想を表現することがある。唐代の律は笞杖徒流死という五刑の刑罰体系をもち、そのうち笞刑の刑罰思想が「唐律疏」の名例律笞刑条の疏文に、左のように記されている。[22]

笞者撃也、而律学者云、笞訓為耻、言人有小愆、法須懲誡、故加捶撻以耻之、

笞トハ撃ナリ。而シテ律学者ハ云フ、笞ハ訓ジテ恥ト為スト。言フココロ、人ニ小愆アリ、法須ク懲誡スベシ。

故ニ捶撻ヲ加ヘテ以テコレヲ恥カシム。

すなわち、唐律の笞刑には恥しめによる懲戒という意味が存するのである。恥辱による懲戒という刑罰思想は、「明律」の註釈書にも継承されている。たとえば、嘉靖二十九年（一五五〇）刊の「大明律例附解」の笞刑の箇所には、右の「唐律疏」の疏文に相当する文が註釈として掲記されている。同書は明の世宗が刑部尚書の顧応祥以下の官人に命じて編纂させたもので、官撰註釈書とも言うべきものである（六冊、国立公文書館内閣文庫蔵）。彭応弼編の「鼎鐫大明律例法司増補刑書拠会」という明律註釈書もまた右の疏文を引用し（十冊、内閣文庫蔵）、姚思仁著の「大明律附例註解」は、「笞者撃也、又訓為耻」という文のみを記す（十冊、内閣文庫蔵）。

時代が下って乾隆四十五年（一七九二）刊の清律註釈書『大津律例彙纂』は、笞刑の註釈として「笞者撃也、又訓為耻、用小竹板」という小註を載せている。[23]「笞は恥也」の刑罰思想が清律にも受け継がれているのである。

わが国においても、高瀬喜朴は『大明律例訳義』巻之一名例の笞刑の箇所に、左のような註釈を加えている（前掲書五七頁）。

笞は、恥也。人を恥かしめ、こらすために設たる者なり。（中略）犯人《トガニン》の臀を撻て恥辱をかゝせ、こるゝやうにす。女は単《ヒトヘ》のものをきせて、その上よりうつ。但姦婦《カンフ》《フギシタルヲンナ》はきせず。罪の軽重によりて撻《ウツ》数かはれり。

前述したように、幕府の江戸における敲は公開処刑である。小伝馬町牢屋敷の表門前が執行場所であり、そこは往来に面している。受刑者は裸で四つん這いにさせられ、箒尻と呼ぶ笞《むち》で殴打され、苦痛にゆがむ顔は往来の方を向くことを強いられている。その視線の先には、身元引受人の家主・名主をはじめ、家族や見物人がその様子を注視しているのである。この光景は、まさしく恥しめによる懲戒である。敲と言う刑罰は、笞刑の「笞は恥也」という刑罰思想を具現化したものなのである。

高瀬喜朴は、明律の杖刑について次のような註釈を加えている（『高瀬喜朴著大明律例訳義』五七頁）。

杖は笞より大にして、撻て痛むやうにして、こらすためにせり。（中略）撻やう笞とおなじ。

敲には五十敲と百敲の二等級があり、五十敲は明律の笞刑に、百敲は明律の杖刑にそれぞれ比定して創出された刑罰であると考えられるから、敲という刑罰には「恥しめによる懲戒」と「痛みによる懲戒」という二つの意味が込められていたと思う。

これも前述したことであるが、敲の執行には囚獄石出帯刀、牢屋見廻与力、検使町与力、徒目付、小人目付が立会う。佐久間長敬著『刑罪詳説』は幕末頃の実際を描写したものと思われるが、その記すところによると、この五人の身支度は石出帯刀、検使与力は継上下、帯刀、牢屋見廻与力は白衣、羽織、帯刀、徒目付と小人目付は白衣、羽織、帯刀という公式の服装である。打役は牢屋同心がつとめ、その出立は白衣、羽織、帯刀、傍らには気付薬を携えた本道医がやはり白衣、羽織、帯刀の姿で控えている。敲は軽微な盗犯に適用する刑罰である。それにしては、この執行法は仰々しい。[24] また、非人は敲の執行には特段の役割を担わない。これは異例のことである。[25] 敲の執行法はかくも大袈裟であり、かつ儀式ばっているのである。

敲刑のこのような執行法を考案し、これを実施に移した人物は、ほかならぬ時の将軍徳川吉宗である。『徳川禁令考』は、敲刑の成立に関する左の記事を掲載する（後集第四、二六六〜二六七頁）。

享保五子年
敲御仕置仕形之伺書被仰渡候書付

科人を敲候儀、肩尻ぇ懸ケ、背骨を除き、絶入不仕様五十程敲可申候、但、足腰なと痛候て、漸々宿ぇ帰候程ニ可仕候、右御仕置之場所ハ、牢屋門前ニて牢屋同心ニたゝかせ可申候、其節ハ為検使与力同心差出可申候、

以上、

子四月　中山出雲守
大岡越前守

右之通ニ敲候御仕置相済候間、昨日御渡候ハ不相用、向後此書面之通可相心得旨、子四月十一日御渡被成候、先達て書上候書面共ハ不用、此書付之趣向後可相用事、
一子四月廿一日有馬兵庫頭申聞候ハ、敲御仕置之節ハ、其もの之家主并名主呼出、敲候を見せ可申候、宿ぇ相返候節ハ、右之もの共ぇ可渡遣候、此仕置ニ付てハ、永々右之通可相心得旨申渡候事、
一子十月廿六日加納遠江守申聞候ハ、此御仕置之事被仰渡候ハ、自今重キハ百敲、軽キハ五十ニ相極置可申旨申聞候事、

幕府が敲刑をはじめて執行したのは、享保五年（一七二〇）四月十二日のことである。(26) その前日、敲刑の執行法について北町奉行中山出雲守(時春)、南町奉行大岡越前守(忠相)が連名で通達したのが右の記事である。「御定書」の敲の規定は、この通達が骨子となって成文化された。右の記事によれば、町奉行通達の十日後の同月二十一日、身元引受人を出頭させて執行の様子を見学させること、その事を恒久的な手続きとなすべしという指令が、有馬兵庫頭(氏倫)を通じて伝達された。さらに半年後の十月二十六日になって、敲刑を百敲と五十敲の二等級とせよという指令が、加納遠江守(久通)を通じて伝達された。

有馬氏倫と加納久通は、吉宗が将軍に就任した際に和歌山藩から連れて来た股肱の臣であり、この当時、彼らは御側衆兼御用取次の任にあって将軍吉宗の意向を伝達する役割を担っていた。それ故、この二人を通じて出された右の指令は、将軍吉宗の指令なのである。つまり、吉宗は敲の執行法の子細についても自ら考えて指示を出していたということであり、この点は「御定書」を考察する上に充分留意すべきであろう。

吉宗は、享保四年八月頃には笞打ち刑の採用をすでに思い描いていたようである。同年同月二十五日、吉宗は明律研究の先輩である前田綱紀に向って刑罰に関する質問を発した。それは、金沢藩の刑罰につき、「鞭」「いれ墨」「過銭」「耳鼻なとを削」く刑の有無を問うたのである。吉宗は、金沢藩では笞打ち刑を実施していないという綱紀の返

答に接すると、「唯今鞭を被用候ては如何可有之候哉」と笞打ち刑の実施を進言する。これに対して綱紀は、次のように答えた。それは、笞打ち刑の実施について先年検討したが、適切な打数を決めがたいので実施困難との結論を得たというものである。この返答に接すると、吉宗は自分の意見を、「耳鼻等の刑法は不仁成事に候、大明律にも見へ申通、鞭なとに替申儀は尤の事」と表明した。(27) 前田綱紀との間に交わされた問答を見ると、吉宗はこの時、明律に基礎を置く笞打ち刑の実施を念頭に置いていたのである。

五　敲刑の意義

敲という刑罰は、現代人の眼からみれば、人権蹂躙も甚しい残虐なものと映る。しかしながら、死刑や追放刑が主要な時代にあっては、今日とは違った意味をもつものであった。徳川吉宗や幕府首脳は、刑罰の効果として敲刑に次のようなことを期待したのではなかろうか。

第一は、再犯の防止である。すなわち、恥辱による精神的苦痛と殴打による肉体的苦痛とを味あわせることにより、受刑者に二度と罪を犯すまいという悔悟の念をおこさせることを期待したのである。「犯罪の王様」といわれる盗犯に適用する刑罰として敲を採用したことも、再犯防止の効果をねらったためと思われる。

第二は、受刑者のすみやかな社会復帰を目指したことである。敲は、判決の当日に刑を執行する。受刑者は町奉行所において判決を申渡されると、そのまま小伝馬町牢屋敷に連行され、即日に執行されるのである。身柄は、執行後ただちに身元引受人に引渡される。(28) 箒尻による打ち方は、前節の記事に「足腰なと痛候て、漸々宿ぇ帰候程」に加減せよと指示されている。受刑者の痛手は自力でようやく自宅に戻れる程度なのであるから、数日ぐらいの静養によって生業に復帰することが可能であったと推察できる。

従来の「急度叱」あるいは「手鎖」「戸〆」「押込」などに比べて、懲戒の効果は敲の方がはるかに大きい。一家の働き手が戸〆や押込に処されたのでは、生活が立ちゆかない。このように、謹慎を内容とする拘束刑には懲戒の効果が薄く、生業の妨げが大きいという短所が存するが、敲はこれらを克服する刑罰であった。これが敲の第三の効果である。

また、軽微な盗犯で追放刑に処されるならば、家族の困窮はさらに深刻である。追放刑は、犯罪人を生活の本拠地から遠ざけることであり、その結果は追放地の治安を悪化させ、且つ盗みや立帰りなどの再犯予備軍を増やすことに外ならない。従来であれば追放刑に処すべき場合でも、これに替えて敲を適用するならば、追放刑の矛盾と弊害を緩和することができる。これが敲の第四の効果である。

いずれにしても、敲という刑罰は、犯罪者本人の懲戒を目的とする特別予防主義の考え方に立脚した刑罰であったと言えよう。

今一つ重要な点は、改善主義の端緒が敲刑に看取されることである。刑の執行に家主・名主あるいは名主・組頭といった人々を身元引受人として出頭させたことに注目しなければならない。前述したように、身元引受人の出頭は吉宗の指示による。受刑者の身柄を引渡す際には、帰宅後の就業の世話や保護観察等のことが、身元引受人に申渡されたに違いない。もしそうであるとすれば、再犯の防止という消極的効果のみならず、受刑者の心根をたて直して社会復帰を果たさせるという改善主義の意図が、敲刑に存したのではなかろうか。

和歌山藩の明律註釈書である『大明律例諺解』を見ると、笞刑に対する註釈として、

笞ハ恥也、官民小ナル愆アルトキハ法ヲ以テ懲シ戒シムベシ、故ニ箠ヲ以テ撻キ恥シメテ其行事ヲ改メシムル也、苦痛セシメンガ為メニスルニ非ズ、（巻一名例）

という記述を見出すことができる（東京大学法学部研究室蔵）。右の記事に「箠ヲ以テ撻キ恥シメテ其行事ヲ改メシム

ル也」とあるように、『大明律例諺解』は改善を目的とする刑罰と笞刑を位置づけているのである。

『大明律例諺解』は、江戸時代最初の明律註釈書と見られている。吉宗の父で和歌山藩第二代藩主の光貞が、元禄七年（一六九四）、儒臣榊原篁洲に命じて著述させたものである。宝永二年（一七〇五）、吉宗は兄達の相次ぐ死去により二十一歳の若さで第五代藩主に就く。藩主時代、吉宗はこの註釈書をより完成度の高いものとすることに熱意をもやし、その改訂を正徳三年（一七一三）と同五年の二度にわたって榊原霞洲（篁洲の長子）、鳥井春沢、高瀬喜朴らの家臣に命じている。こうして完成したのが和歌山藩『大明律例諺解』三十一巻三十一冊である。(29)

後述するように、吉宗は幼年の頃より明律研究に熱心であったと伝えられており、右に見たような『大明律例諺解』に対する熱意からすれば、そこに示された笞刑の趣旨については、充分に承知していたと思われる。(30)身元引受人出頭の措置は、吉宗が敲という刑罰に受刑者改善の趣旨を盛り込もうと意図したからこそ考え出されたのではなかろうか。

前述したように、吉宗は前田綱紀との問答において、「耳鼻等の刑法は不仁成事に候、大明律にも見へ申通、鞭なとに替申儀は尤の事」と述べている。(31)吉宗のこの発言は、中国において漢の文帝が肉刑を廃して笞刑を創めた故事に示唆を得たものではなかろうか。この故事は、『大明律例訳義』の「律大意」に左のように記されている（前掲書八〜九頁）。

漢文帝十三年、令を下して曰、（中略）今の法には、黥《ケイ》いれずみ。劓《ビ》はなをきる。斬趾《ザンシ》あしをきる。の三等の肉刑あれども、民の罪を犯す者たへず。其咎はいづれにあるぞと云に、全く罪を犯す者の仕わざにあらず、朕徳薄くして、下を教る事の明かになきゆへなり。朕甚愧敷《ハツカシク》思ふ事なり。（中略）今人過《アヤマチ》あり。教をろく〳〵に施さずして、其上にそのまゝ刑罰を加ふ。其人《ソノヒト》心の中に後悔して、向後《キヤウカウ》行跡をあらため、善人にならんと思ふとても、すでに鼻をそがれ、趾《アシ》を斬《キラ》れ、黥《イレズミ》せられて以後には、すべきやうなし。此段、誠に不便《フビン》なる事なり。刑罰ハ幾等《イクラ》もあるべきに、人の五体をたち、肌膚《キフ》《ハダヘ》に刻《キザン》で一生なをる事のならず、取かへしのならぬ事をするといへるハ、誠痛敷《マコトニイタマシク》、不徳の致す処なり。民の父母などは、かくあるまじき筈の事なるほどに肉刑をバ除くべし。大学衍義補

右の記事は、黥・劓・斬趾という肉刑の不可なる事を縷々述べているが、その中に、「其人《ソノヒト》心の中に後悔して、向後行跡をあらため、善人にならんと思ふとても云々」とある点は注目すべきであろう。吉宗が前掲の発言をするにあたっては、この点についても脳裏をよぎっていた可能性がある。そうだとすれば、吉宗は新たに採用する笞打ち刑の中に、犯罪人を反省させて善人に移らせるという意義を込めていたことになる。

なお、佐久間長敬も肉刑の廃止と敲の採用を一対の事柄と解し、「本刑は有徳公（八代将軍吉宗）の時、耳切、鼻そきの刑を不可なりとし、之に代ふへき仕方を三奉行に命して評議せしめ、敲の刑を創む」と伝えている（『刑罪詳説』一六頁）。

敲は改善を期待する軽微な刑罰であるという捉え方は、その後、幕府首脳の間にも定着したようである。このことは、安永六年（一七七七）の評定所評議の文言に「一旦盗いたし候ても、心底改候得は通例之人ニ相成」と見え（「御仕置例類集」古類集二一六六号）、寛政二年（一七九〇）の評議の文言に「入墨・敲は、道理も不弁卑賤之もの、一旦之悪事を懲候刑」（同上一四九八号）と見えることから、垣間見られるのである。(32)

さて、公開処刑に着目するならば、敲は犯罪の一般予防を目的とする刑罰でもあった。鈴ヶ森や小塚原で執行する磔や火罪もまた公開処刑である。こちらは死刑であり、処刑がきわめて残虐であって見物人の心を震憾させるに充分である。それ故、一般予防の効果は絶大と考えられた。敲の方は刑の執行にそれ程の残虐さは伴わない。そこで吉宗は、一般予防の効果を大ならしめるための装置として、処刑の場面を仰々しく儀式ばったものとしたのではなかろうか。いずれにしても、敲という刑罰は、犯罪の特別予防と一般予防との両面の考え方を併せ持っているのである。

寛政六年（一七九四）三月、幕府は博奕犯に対する刑罰を重くし、「御定書」第五十五条中の規定を次のように改正

した（「棠蔭秘鑑」貞七十一、『徳川禁令考』別巻二一九頁）。

博奕打候もの　重敲（過料）
軽キ掛之宝引、よみかるた打候もの　敲（三十日手鎖）
　但、五拾文以上之かけ銭ニ候ハ、、重敲（過料）
同宿いたし候もの　敲（過料三貫文）
廻り筒ニて博奕打候もの　重敲（過料）

括弧内が改正前の刑罰である。この改正法は、同年六月に諸大名に触れられ（『御触書天保集成』六四六六号）、同時に幕府の遠国奉行・代官にも通達された（『徳川禁令考』後集第三、一六〇～一六一頁）。代官はこれによって上記の博奕犯に対する敲刑の自分仕置権が認められたことになる。この改正は、当時臨時的措置としてなされたが、実際は幕府崩壊まで続けられた[33]。この改正によって敲刑適用の犯罪が拡大されたのであり、その結果、幕府刑罰に占める敲刑の比重は格段に重くなったと私は考えている。

大坂町奉行所に関しては、天明年間の五年分（一七八二～八六）と文化年間の三年分（一八〇五～〇七）の行刑統計が残されている[34]。この統計によると、天明年間の敲の執行数の年平均は五九、文化年間のそれは五二四であり、後者の執行数が九倍近くに膨れ上っている。この急激な変化は犯罪の増加（在牢者が倍増している）と、寛政六年の博奕刑改正が主要な原因であると推察される。

江戸の町奉行所に関しては小伝馬町牢屋敷の記録が残されており、それによって文久二年（一八六二）から慶応元年（一八六五）にかけての刑罰執行数が判明している（慶応元年は五月から十二月までの九箇月分〔含閏月〕）[35]。それによると、敲と重敲を併せた執行数は、四年九箇月で二〇四九。この数は全体の四割二分にあたり、これに入墨敲、入墨重敲という二重仕置を加えると、全体の七割六分にも達する[36]。

敲刑は本来、軽微な盗犯に適用する特別な刑罰であったが、時代の推移とともに幕府のもっとも一般的な刑罰へと転換したのである。諸藩においても、敲、笞刑、杖罪、鞭刑など名称は様々だが、幕府の敲に倣って笞打ち刑を採用した場合が多い。敲の刑罰を考案した徳川吉宗の意図を、諸藩がどの程度に継承し、実地に移したかを検証することは今後の課題である。(37)

六　徳川吉宗の明律研究と「公事方御定書」

以上の考察により、「御定書」に定める敲と入墨は、主として盗犯に適用する犯罪であって、これらの刑罰が「明律」の笞杖刑と刺字とに示唆を得て案出されたものであったことが諒解されよう。敲は、「笞は恥也」という刑罰思想を具現化した刑罰であり、将軍吉宗自らがその執行方法を指示して制定したのである。吉宗が敲や入墨の刑罰を考案するについては、「明律」に対する深い知識が物を言っていると思われる。

吉宗の明律好きについて、『徳川実紀』が、

明律などをも、常に好てよませ給へり。和歌、詩賦のごときはあへて好ませ給はず。法律の書は紀伊家にましく〵けるほどより好ませ給ひ、御位につき給ひて後も、ますく〵御覧ありしが、荻生惣七郎観、深見久大夫有隣、成島道筑信遍、高瀬喜朴某等に命ぜられて、考へたてまつりし事も少からず。

と伝えていることは、よく知られている。(38) 成島道筑は右の記事に登場するが、吉宗は彼を頻繁に呼出して「明律」を講義させたらしい。『徳川実紀』はこのことを、

成島道筑信遍は其はじめ奥坊主にてありけるが、いかなるつてにや、文学にこゝろざしあつきよし聞召れ、常に御休息所のすのこに召れ、礼記・明律などを講ぜしめらるゝこと日ごとにして、盛暑酷寒といへども、さらに怠

りなく聞せ給ひければ、礼記は半年のほどによみをはれり。

と記している。[39]従って、吉宗の明律好きは一時的な物好きにあらずして、かなり年季が入っているのである。さらに、『兼山秘策』に収載する青地礼幹の書簡（享保七年八月二十六日付）は、吉宗の明律好きについて、

御弱年より常に大明律御数寄被成、朝暮御覧被成候、

と伝えており、[40]この記事を信用するならば、吉宗は和歌山藩主就任前の「弱年」の頃より「明律」に親しんでいたことになる。

金沢藩主前田綱紀の書き遺した「大明律諸書私考」には、榊原篁洲が「大明律考証之時分歴覧仕候」書目つまり『大明律例諺解』を撰述する際に参考とした書目を載せている。この書目は三十三部の漢籍を著録するが、そのうち明律註釈書と見るべきは、「律条疏議」「大明律附例」「読律瑣言」「大明律読法」「律解弁疑」「大明律集解」「大明律管見」「大明律会覧」「大明律会解」「祥刑氷鑑」「大明律正宗」「刑書拠会」「大明律註解」の十三部である（もっとも、「大明律会解」「刑書拠会」は「大明律刑書拠会」という同一書の可能性がある）。[41]和歌山藩主時代の吉宗は、これら多彩な明律註釈書を繙くことが可能であったのである。

吉宗が将軍に就任してまもなくの享保元年六月二十五日、新井白石は幕府の紅葉山文庫から借出していた明清律および明清律註釈書あわせて十二部を返却している。そしてこれら明清律ならびにその註釈書は、将軍吉宗の手元に届けられたのである。[42]

吉宗は家臣や幕臣に対しても明律研究を命じている。すでに述べたように、和歌山藩主時代には榊原篁洲の『大明律例諺解』を二度にわたり修訂させた。将軍就任後も和歌山藩儒医高瀬喜朴に命じて『大明律例訳義』を著述させている。享保五年成立の本書は「明律」の逐条和訳の書であるが、どのような訳文であるかは、すでに何回も引用したので諒解できたことと思う。

さらには、幕府儒官の荻生観に命じ、「明律」の原文を校訂し、訓点を施させた。荻生観は、明律研究会を組織しているが、おそらくこの仕事を達成することが研究会の重要な目的であったと考えられる。会員には兄徂來をはじめ、その弟子服部南郭、安藤東野、三浦竹溪、その他に黒田直邦、松平乗邑、本多忠統ら幕府高官が名を連ねている。その成果として結実したのが、『官准刊行明律』と題して上梓した訓点本の明律である。享保八年、京と江戸の書肆から九冊本として相次いで刊行された。兄徂來にも語釈を中心とする明律註釈書『明律国字解』が存するが、本書はこの研究会の副次的著作物であったと思われる[43]。

敲および入墨の採用は、以上に見られたような明律研究に裏付けられたものである。この事実は、幕府が「公事方御定書」を編纂するにあたって、「明律」をどのように受容したかを考察する上にきわめて重要である。

ここで、「公事方御定書」と「明律」との関係をめぐる研究史を略述しておこう。「御定書」の編纂に「明律」が大きな役割を果したことを主張する論文が存する。それは小出義雄氏の「御定書百箇条編纂の事情について」(『史潮』四年三号、昭和九年)である。同論文は、次のように記す(一三三頁)。

> 吉宗が明律の立法精神を以つて御定書百箇条を編纂せる事は明であり、従つて同法典は其編纂の趣旨に於て重大なる明律の影響を受けて居るといふ事が出来る。

「明律」の役割をこのように重く看ているのだが、小出論文には「御定書」中のどの規定、あるいはどの刑罰が「明律」に示唆を得たものなのか、という具体的な指摘がなされていない。小出論文はその後、「御定書」と「明律」との関係を議論する上で採り上げられたことはない。

次に、江戸時代の幕藩法と「明律」との関係を考察した先駆的業績として、小早川欣吾氏の「明律令の我近世法に及ぼせる影響」(『東亜人文学報』四巻二号、昭和二十年)を挙げることができる。小早川論文は、幕府法の過料、敲の刑罰と「明律」との関係に検討を加え、「吉宗が広く律令学、殊に明律に対して熱心なる研究心を有せし事実より、或

ひは何等かの示唆を明律より得て、過料刑、敲刑を採用したものではないであらうか」との見通しをもち（三七頁）、さらに、

吉宗の律令学の研鑽、又明律に対する研究心は、彼の地位見識治績を思ふ時に其の儘、単なる趣味的な学問として終わつたものではないであらうと思ふ。（中略）過料刑、敲刑等の採用に到る過程には明律に於ける彼の智識が一の重要な示唆となつたものであらうと思ふ。

と記す（三八頁）。まことに肯綮にあたる指摘である。しかしながら、最終的にはこの指摘とは違って、左のような結論に達するのである（三八頁）。

幕府法に対する明律の影響を『公事方定書』に見ゆる二三の刑罰を対象として仮に観察して見たものである。併し乍ら明律の明確なる反映を幕府法上の刑罰より看取する事が不可能であった

要するに、「御定書」の過料刑、敲刑において「明律」がどのように作用したのか、それを具体的な形では見抜くことが出来なかったのである。

その後、石井良助氏は『刑罰の歴史（日本）』（『法律学大系 法学理論篇』一三四b、昭和二十七年、日本評論社）を著し、その中に、敲は「律の笞杖の復活であるが、しかし、それが吉宗によって復活されたについては、明律の影響が考えられないわけではない」、「入墨は古く行われたが、吉宗によって、一般化されたもので、主として盗犯に用いられる。おそらくは、明律の刺字の影響があるのであろう」という簡潔な指摘が見られる（九一頁）。石井氏は、敲と入墨には「明律」からの影響が存するであろうという予測をもっていたのである。石井氏はその後、『江戸の刑罰』（中公新書31、昭和三十九年）を著し、敲と入墨の刑につき、右と同様の指摘をしておられる（六二・六五頁）。

平松義郎氏の『近世刑事訴訟法の研究』（昭和三十五年、創文社）は、幕府の刑事手続を体系的に考察した名著であり、本稿も多大な学恩を被っている。しかしながら、幕府法と「明律」の関係について、同書には何らの言及も見ら

れない。

このような研究史の流れの中にあって、「御定書」と「明律」との関係を明確に否定する見解が登場する。その第一は、布施弥平治氏の『百箇条調書』第一巻（昭和四十一年、大原新生社）である。同書序文中に布施氏は、

唐律や明律の研究は幾分行なわれたといっても、幕府の刑法にはなんら影響を及ぼさなかったといっても過言ではない。

という見解を表明しておられる。次いで、奥野彦六氏はその著『徳川幕府と中国法』（昭和五十四年、創文社）の中で、

明律の長所を御定書編纂の上に齎すことは、吉宗の置かれた地位とその賢明において、決して不可能のことではなかったように思われる。しかし結論は、明律と御定書の編纂とは、実際上無縁であると断言できる。（中略）所詮、吉宗の明律に対する関心も、机上の空論に終わっているようである。

と記している（七七頁）。この見解は、江戸幕府と中国法との関係を考察した著書の中で導き出された結論であるだけに、その発言には重みがある。「御定書」と「明律」との関係については、小早川氏や布施、奥野両氏の見解が支持されて来たと見てよい。

ところが、「御定書」の諸規定中には、「明律」に示唆を得て成文化されたものが少なからず存することを具体的に論証した論文があらわれた。小林宏氏の「徳川幕府法に及ぼせる中国法の影響――吉宗の明律受容をめぐって――」（『國學院大學日本文化研究所紀要』六四輯、平成元年）がそれである。小林論文は、『名家叢書』中の「喜朴考」を検討することによって、「御定書」の⑴過料刑、⑵幼年者の刑事責任、⑶乱心による殺人と酒狂によるそれとの責任の区別、⑷盗犯に関する累犯の処罰、⑸軽犯罪者による重犯罪者申告の際の免責、⑹旧悪減刑に関する規定は、吉宗が「明律」を素材として成文化したものであることを考証した。「喜朴考」は、吉宗の質疑とそれに対する高瀬喜朴の応答の記録であり、享保五年の成立と考えられる。質疑の件数は三十二をかぞえ、その多くは明律をめぐるものである。

小林論文は、「喜朴考」の次の記事を紹介している（七七頁）。すなわち、高瀬喜朴はその応答の中で、

御尋ト暗ニ相合ス、律ヲ学ブコト年久シフシテ見終《ツヒ》ニ此ニ至ラズ、固《マコト》ニ悲ムベシ、

という感想を書き遺している。これは吉宗の見解と明律註釈書の「律例箋釈」の説が一致していることを高く評価し、自分の不明を恥じているのである。

「御定書」と「明律」との関係について、これまでは「明律の明確なる反映」を看取することができなかったのだが、小林論文がこれを実証した意義は大きく、「公事方御定書」研究に新視点を拓いたものと言えよう。さらに、その「明律の明確なる反映」は、実に将軍徳川吉宗の「明律」に対する造詣が源泉となっていること銘記すべきであろう。[44]

むすび

「明律」が「御定書」の編纂に重要な役割を演じたことは、以上に見たように紛れもない事実である。この事実は、「御定書」運用に関わる幕府実務家の間に認識され、時代とともに伝承されていったようである。

前掲の小出論文は、今日その所在不明の「江坂孫三郎私記」という史料を活用する。小出論文はこの史料に基づいて、

江坂弥（孫）三郎はこの盛事（「御定書」編纂のこと—高塩注）を以て洪武七年刑部尚書劉惟謙等が、大（太）宗に奉れる進大明律表中の「掲西廡之壁観（親）御翰墨為之裁定」とあるよりも厚き御儀であると激賞して居る。

と記す（前掲誌一二九頁）。江坂孫三郎（正恭《まさやす》、享保五年（一七二〇）〜天明四年（一七八四））は、宝暦七年（一七五七）十一月に評定所留役、同十三年四月に評定所留役勘定組頭に進み、明和四年（一七六七）七月には「科条類典」編纂の

功労によって黄金二枚を賜った。その後、安永六年（一七七七）十一月に勘定吟味役に昇進し、同十二月には評定所組頭を兼ねるに至る。(45) 江坂は裁判事務を管掌する中枢部を歩み、「科条類典」の編纂にも携ったのだから、「御定書」編纂の諸事情について相当の知識をもっていたに違いない。その江坂が「御定書」の編纂制定を明の洪武七年（一三七四）の「大明律」奏上に準えているのである。

次に金沢安貞《かなざわやすさだ》の見解を紹介しよう。金沢安貞（享保十二年（一七二七）～寛政八年（一七九六））は、明和七年（一七七〇）七月に評定所留役助から同留役勘定に昇進し、安永三年（一七七四）七月、勘定組頭に列した。寛政三年（一七九一）三月、一橋家の家臣となり目付、勘定奉行、郡奉行、用人を歴任した。(46) 彼には「明典略解」（七巻七冊）という著書が存する（天明七年（一七八七）五月自序、筑波大学附属図書館蔵）。本書は、「大明会典」二二七巻の中から民政の要締となるべき事項を抽出してこれに註釈を施し、加えて自分の意見を述べたものである。金沢はこの意見中、徳川吉宗の治政時代に中国法をいかに受容したかに言及することがある。今、二三を左に掲げよう。

徳廟政典ヲ制シタマヒシトキ、明制ニ監ミタマヒテ善ナルハコレヲ取リ、弊アルハコレヲ省キ、以テ万世ノ大典ヲ興シタマヘリ、　（凡例）

徳廟唐虞三代ノ墨刑ニ依タマヒテ黥《イレスミ》刑ヲ施シ、和律明律ヲ監ミタマヒ、杖笞ニ依テ敲刑ヲ施シ、罰鈔罰贖ニ依テ過料ヲ施シ、苛ヲ除キ善ヲ取テ一種ノ刑典ヲ制シタマヒ云々、　（巻之三農桑）

徳廟明典ニ監ミタマヒテ、躬ラ刑典ヲ制シタマヒ、奉行ノ外コレヲ窺フコトヲ許シタマハス、故ニ刑権上ニ在テ下ナル者、其刑ノ当スル所ヲ量リ知ル事アタハス、民ノ悪ヲ避ケ善ニ移ル事ハ、自ラ号令アリテコレヲ教諭セシメラレタリ、　（巻之六読法）

評定所留役勘定は、裁判事務を担当する職であるから、「御定書」の内容については精通していた筈である。その金沢安貞は、「御定書」の制定に「明制」「明典」を参考としたことや、「明律」の刑罰を基として敲、過料を制定したことを指摘する。

江戸の南町奉行所与力として明治維新を迎えた佐久間長敬は、明治二十六年（一八九三）公刊の『刑罪詳説』の中で次のように述べている（同書一頁）。

寛永中大猷公（三代将軍家光）の時始て評定所を設け、奉行を置きこれに課して訟獄を掌しむ、蓋し徳川氏刑法発達の端諸なり、爾後儒士を延き古律を明め、又明律を参酌し、以て時の宜に随ふ、寛保中に至て大成を告け始めて一代の典刑を奠む、

佐久間長敬は、徳川吉宗治政下の「明律」参酌が学問上にとどまらず、実際の用に供されたと認識しているのである。以上、少ない事例であるが、「御定書」編纂に「明律」が少なからぬ役割を果たしたという認識が、幕府の法曹的事務を担当する実務家の間に存することを紹介したのである。(47) このことは、法制史家三浦周行氏をして、「吉宗は又法制の編纂上、支那法制の研究にも著手せり。世には吉宗が其御定書百箇条に於て明律より得るところ多きをいふ」と言わしめている。(48)

ところがである。敲刑にしろ入墨刑にしろ、「御定書」の中に「明律」の痕跡を一見しただけでは見出すことが出来ない。これは、「御定書」編纂にあたり、「明律」の内容をじゅうぶんに咀嚼し、それを土台として幕府法の新な創造を行なったための現象である。勝海舟は、明律研究と「御定書」編纂との関係を評して、「学理と実際と始めて応用するを見る」と述べる。(49) まさに至言である。昭和の学者はその応用を見破ることができずに、「明律の明確なる反映を幕府法上の刑罰より看取する事が不可能であった」との結論に達した。徳川吉宗の「明律」に対する造詣とその応用は、昭和の研究者より一枚も二枚も上回っていたのである。

注

（1）藪利和「『公事方御定書下巻』の原テキストについて」（大竹秀男・服藤弘司編『幕藩国家の法と支配』昭和五十九年、有斐閣）、平松義郎「『徳川禁令考』・『公事方御定書』小考」(二)(三)（『創文』一八七〜八号、昭和五十四年）。以下、「公事方御定書」下巻を単に「御定書」と略称し、その法文は「棠蔭秘鑑」亨（司法省蔵版・法制史学会編『徳川禁令考』別巻、昭和五十三年第三刷、創文社）より引用する。

（2）『刑罪大秘録』（内閣記録局編『法規分類大全』五七巻治罪門(2)所収、四九四頁、明治二十四年〈昭和五十五年原書房覆刻〉）。

『刑罪大秘録』は、江戸の北町奉行所与力蜂屋新五郎の編述になる。蜂屋新五郎は親子二代にわたって小伝馬町牢屋敷の牢屋見廻り役を勤め、その経験にもとづき、刑罰の沿革と執行手続とを文章と絵図をもって記した。文化十一年（一八一四）四月の成立である。本稿に引用する『刑罪大秘録』は、国立公文書館内閣文庫所蔵本であり、天保十一年（一八四〇）四月、寺社奉行稲葉正守が幕府評定所に備えつけさせた伝本である。「徳隣厳秘録」の標題を有する。

（3）佐久間長敬の伝は、藤田弘道『新津綱領・改定律例編纂史』三二三〜三二九頁（平成十三年、慶應義塾大学出版会）に詳しい。

（4）『刑罪大秘録』には「敲御仕置略図」が掲載されており、ここには敲刑執行に関わる人々の配置が文字で記されている。この「略図」と『刑罪詳説』の真景図との差異は、囚獄石出帯刀と検使与力の整列する位置が左右逆になっているという点のみである。

（5）小伝馬町牢屋敷の下男は、牢屋内における戒護補助、火気取締、炊事、運搬、その他の雑務に従事するために、一両二分、一人扶持にて雇われた。定員ははじめ三十人で、安永四年（一七七五）に百姓牢が出来ると、三十八人となった（辻敬助『日本近世行刑史稿』上六〇頁、昭和十八年、刑務協会）。

（6）石井良助『江戸の刑罰』六三頁（中公新書31、昭和三十九年）。

（7）大阪市史編纂所編『大坂町奉行所与力・同心勤方記録』（渡辺忠司氏解題、『大阪市史史料』四三輯一九〜二五頁、平成七年、大阪市史料調査会発行）。

(8) 熊本藩は入墨のことを、宝暦五年施行の「御刑法草書」では「入墨」と称し、同十一年施行の「刑法草書」では「刺墨」と称す。宝暦五年「御刑法草書」の第三条、第五条には「右の臂の膊上に、ぬの字を入墨すべき事」とあって、右の上腕部に入墨を施すように定めてある（小林宏・高塩博編『熊本藩法制史料集』一四七・一四八頁、平成八年、創文社）。「御刑法草書」の施行細則とも言うべき「御刑法方定式」は、刺墨について「短キ剣さきハ額、長キハ右之手の首、ぬハ官庫にかゝって不届ものニ相用せ候事」、「申渡之書付ニ入墨と有之時ハ右之手の首、額ニ入墨之時ハ額と調申筈ニ候、ぬの字ハ手ニ相用せ候事」と定める（『熊本藩法制史料集』九六七頁）。従って、ぬの字刺墨は長き剣先と同じ右手の、上腕部に施すものと解す。

なお、亀井南冥の「肥後物語」はぬの字入墨は額に施す旨を記すが（『熊本藩法制史料集』一一九八頁）、熊本藩の公式記録である「御刑法方定式」を是とすべきであろう。

(9) 入墨焼印についての大坂町奉行所の照会が、文化八年（一八一一）に徳山藩に対してもなされたことが、「入墨焼印御仕置之儀ニ付、大坂町御奉行所ゟ書出方御達ニ付、其御取調へ一件記」という史料（山口県立文書館蔵）によって判明する。この史料によると、毛利徳山藩の入墨は右二の腕の肩に近いところに「ヵ」という形を施すのであり、広島藩、津和野藩と同様、三度にわたって施した場合にこの形状となる。この史料には「入墨形意味」として、

ノ　初度如上

カ　弐度目ハ初度之ノニ丁ヲ相加如上

ヵ　三度目ハ二度之力ニ一ヲ相加如上

右は徳山古名野上之地名ニ因り相調候、尤ヵ之形ハ身字之略形ニ相用、且刄之意形も有之、此上御法相犯ニおいては其者之命ニ相拘候義、相含メ旁を以、右之通及評議候事、

という記事が存する。この史料は安竹貴彦氏の御教示による。記して謝意を表すものである。

(10) なお、和歌山藩の「悪」字入墨は、『徳川禁令考』（後集第四、三〇一頁）所引の「諸国入墨之図」および『古事類苑』（法律部二、四五二頁）所引の「張紙留」の入墨図においては、肱の直下に描かれている。しかし、「盗賊方概」では肱のすぐ上に描かれている。

（11）浦賀奉行所が入墨を採用した経緯について、高橋恭一著『浦賀奉行』（昭和五十一年、學藝書林）に言及がある（三八頁）。

（12）『徳川禁令考』（後集第四、二九九～三〇三頁）所引の「諸国入墨之図」は、「評定所張紙」を掲記したものである。幕府評定所は、入墨の多様な形状を識別するための図面を役所内に張出していたのであろう。

文化八年（一八一一）、大坂町奉行所が入墨、焼印の形状を諸藩に照会したのも、その頃には数多くの藩が入墨や焼印を採用していたから、全国から多数の人々が流入する大都市大坂の町奉行所としては、入墨者、焼印者の前科の地を判別するため、入墨・焼印図の一覧表を作成する必要にせまられたのであろう。

天保二年（一八三一）、大坂西町奉行所の同心嘉来佐五右衛門は、盗賊方に配属されたため、その部所の職掌についての備忘録「盗賊方概」を作成した。ここに「諸国入墨之部」を設けて多数の入墨図を掲載したのも、右と同じ理由による。

（13）水戸藩は「水」字の焼印を採用し、これを額に押した（奥村徳義「松濤棹筆」『名古屋叢書』第三巻口絵、昭和三十六年、名古屋市教育委員会編刊）。天保十二年（一八四一）刊の『武家秘冊青標紙』後編にも入墨図十八が掲載されており、丹波の入墨として額左側に「犬」字の文字入墨が図示されている。また、安藝広島の入墨として、左二の腕に数字の「八」の文字入墨が見られる。

（14）敲刑が盗犯以外の犯罪に適用されるのは、第五十五条三笠附博奕打取退無尽御仕置之事の「悪簺拵候もの　入墨之上重敲」という規定（「棠蔭秘鑑」九五頁）が唯一である。

（15）この特徴は、平松義郎『近世刑事訴訟法の研究』（昭和三十五年、創文社）がすでに指摘するところである（同書九一二～九一九頁）。

（16）「御定書」第百三条の二重仕置之項に入墨の二重仕置として「入墨之上追放」「入墨之上所払」「入墨之上敲」の三種類を定める。しかしながら、「入墨之上所払」という刑罰は「御定書」の規定中に見られず、また「入墨之上追放」を定める規定は、第六十四条巧事かたり事重キねだり事いたし候もの御仕置之事に「売人買人を拵、似セもの商候もの　入墨之上中追放」とあるのが唯一である（「棠蔭秘鑑」一〇五頁）。

その他に、「入墨之上遠国非人手下」という二重仕置が、離別の妻に疵を負わせた者に科す刑罰として、第七十一条人殺并疵附等御仕置之事に定められている（「棠蔭秘鑑」一一二頁）。

（17）平松義郎『近世刑事訴訟法の研究』九一二〜九一四頁。なお平松氏は、文化三年（一八〇六）に至り、入墨重敲—入墨敲—入墨—重敲—敲という段階をもつ盗犯処罰の体系が確立したことを指摘される（同書九一四頁）。

（18）「明律」の条文は、内田智雄・日原利国校訂『律例対照定本明律国字解』（昭和四十一年、創文社）収載の『官准刊行明律』に依る。刑律・賊盗・窃盗条は同書三七七頁。

『官准刊行明律』は、将軍徳川吉宗の意を体して、幕府儒官荻生観（号北渓）が「明律例」の法文に校訂・訓点を施した書である。享保八年（一七二三）に京都と江戸の書肆より刊行され（九冊）、その後明治初年まで刊行が続けられ、全国に流布した。この仕事には兄徂來らの協力があった（高塩博「江戸時代享保期の明律研究とその影響」池田温・劉俊文編『日中文化交流史叢書』第二巻法律制度所収〔平成九年、大修館書店〕参照）。

（19）『大明律例訳義』もまた将軍吉宗の命による著述である。和歌山藩儒医高瀬喜朴（号学山）によって享保五年（一七二〇）十二月に著わされた（十四巻十四冊）。『大明律例訳義』の引用は、小林宏・高塩博編『高瀬喜朴著大明律例訳義』（平成元年、創文社）による。刑律・賊盗・窃盗条は同書四二八〜四三〇頁。

（20）「御定書」の窃盗犯の三犯が死刑に至るという累犯処罰の体系が「明律」に由来することは、小林宏氏がすでに指摘しておられる（「徳川幕府法に及ぼせる中国法の影響——吉宗の明律受容をめぐって——」『國學院大學日本文化研究所紀要』六四輯八八〜八九頁、平成元年）。

（21）もっとも、文字入墨が享保以前にまったく存在しなかったという訳ではない。江戸幕府の刑罰として制度化されたものではなかったが、『古事類苑』（法律部二、四五〇頁）には「悪」字入墨と「河内」字入墨の事例が掲記されているので紹介しよう。

「悪」字入墨は「御仕置裁許帳」の判例中に見えるもので、寛文六年（一六六六）の事例である。すなわち、無宿弥右衛門は中間の身元保障人に立ちながら、その中間が出奔すると自分も出奔した罪により、「悪」字を額に入墨し、江戸二十里四方追放に処されたのである。「河内」入墨は「憲教類典」に見えるもので、天和二年（一六八二）、小山田弥一郎なる者が右かいなに入墨された事例である。この者はすでに額入墨を施されていたが、前髪を立てて入墨を見えにくくしたため、更めて腕に入墨を施したようである。「河内」が犯罪地を指すか、犯罪人の出身地を指すか、あるいは別な意味をもつのか未詳である。これらの文字入墨もまた、「明律」の刺字に示唆を得たものなのか、後考を俟つ。

(22) 唐律疏の疏文は、小林宏・高塩博「律集解と唐律疏議」(國學院大學日本文化研究所編『日本律復原の研究』一〇二頁、昭和五十九年、国書刊行会)による。書下し文は、滋賀秀三『訳註日本律令』五 唐律疏議訳註篇一、二三頁(律令研究会編、昭和五十四年、東京堂出版)による。

(23) 律令研究会編『熊本藩訓訳本清律例彙纂』㈠一八三頁(昭和五十六年、汲古書院)。光緒二十六年(一九〇〇)刊の『大清律例増修統纂集成』にも笞刑の上註として、「笞者恥也、薄懲示辱所以発其恥心也、其刑軽、故数止于五」という註釈が見られる(巻四名例律上)。

(24) 火罪、磔もまた公開処刑であり、鈴ヶ森や小塚原などで執行される。この時は検使与力一人が立会うにすぎない(矢崎藤五郎『刑罪大秘録』前掲書五二六頁)。

(25) たとえば、磔においては受刑者を鑓で突く役目は「下働非人」が担当し、火罪においては「囚人取扱候下働非人六人」が出動する(『刑罪大秘録』五二二〜五二三頁)。

(26) 『刑罪大秘録』四九七頁。

(27) 近藤磐雄編『松雲公御夜話』三五〜三七頁(加越能叢書第一輯之五、明治三十八年、東京温故会)。

(28) 佐久間長敬『刑罪詳説』一一・一五頁。

(29) 高塩博「和歌山藩『大明律例諺解』の成立」(『日本律の基礎的研究』昭和六十二年、汲古書院)。

(30) 享保五年(一七二〇)、吉宗は刑法に関して三二項目にわたる質問を高瀬喜朴に発するが、そのうち贖銅に関しては、『大明律例諺解』を引用しての質問である(「喜朴考」名家叢書第三六冊)。吉宗はまた、『大明律例諺解』が未詳とした明律の用語を荻生観(北溪)に問うこともあった(「荻生考」名家叢書第六四冊)。和歌山藩の儒者達の未解決を蘐園学派に問うたのである。これらのことから考えるに、吉宗は『大明律例諺解』を精読していたというべきであろう。

なお、「名家叢書」は青木昆陽、荷田在満、成島道筑、深見有隣ら享保時代の和漢学者十四人が将軍吉宗に奉った報告書集で、各学者の自筆本七十八冊が国立公文書館内閣文庫に所蔵される。本書はその影印が『関西大学東西学術研究所資料集刊十二』として関西大学出版部より刊行されている(三冊、大庭脩氏解題、昭和五十六〜七年)。

(31) 漢の文帝の肉刑廃止については、『大明律例諺解』の正徳五年の二度目の改訂作業において、「漢ノ文帝ニ至テハ既ニ肉刑ヲ除キ、更ニ復タ遞ヒニ減シテ徒流笞杖トナス」という註釈が名例律五刑条の末尾に附加された。

(32) 平松義郎「徳川幕府刑法における窃盗罪――判例による近世刑法史の研究――」㈡（『国家学会雑誌』六五巻一一・一二号九四頁）参照。

(33) 平松義郎『近世刑事訴訟法の研究』七七〜七八、四六九〜四七三頁。石井良助「江戸幕府代官の権限」『日本刑事法史』三四八〜三四九頁（昭和六十一年、創文社）等。

(34) 天明年間の行刑統計は、「松平石見守殿御初入ニ付差出御覚書」（『大坂町奉行管内要覧』大阪市史史料一五輯五七〜六六頁、昭和六十年）、文化年間の行刑統計は、『大坂町奉行所旧記』上（大阪市史史料四一輯一一九〜一二四頁、平成六年）に基づく集計である。

(35) 平松義郎『近世刑事訴訟法の研究』一〇五七〜一〇六四頁。

(36) 文久二年（一八六二）に例をとると、この一年間に執行した敲の数は、九五〇を数える（敲二五五、重敲二二六、入墨敲一一五、入墨重敲三五四）。佐久間長敬が「一日に数十人を打つことあり」と伝えるのも宜なるかなである（『刑罪詳説』一五頁）。

(37) 会津藩は寛政二年（一七九〇）、「刑則」という刑罰法規集を制定して、この中に笞刑、杖刑（各五等級）を採用した。この笞杖刑は『大明律例訳義』を通じて、「笞は恥也」「撻て痛むやうにして、こらすためにせり」という刑罰思想を継承したものであり、生業の妨げを緩和し、再犯防止の効果を期待する刑罰であった。もちろん、恥辱という精神的苦痛、殴打による肉体的苦痛を与えることによる本人懲戒の特別予防の意味をもち、同時に公開処刑による一般予防の考え方を併せもつ刑罰であった。これらにつき、高塩博「会津藩における『大明律例訳義』の参酌」（池田温編『日中律令制の諸相』所収、平成十四年、東方書店）参照。

その他の諸藩の笞打ち刑を扱った論考に、斉藤洋一「小諸藩における「敲」刑の始源と被差別民」（『学習院大学史料館紀要』六号、平成三年）、高塩博「熊本藩刑法の一斑――笞刑について――」（『國學院大學日本文化研究所紀要』七二輯、平成五年）がある。斉藤論文によると、小諸藩は文政七年（一八二四）十一月二十九日にはじめて敲を執行した。この時、無宿二人に対して敲の上領分外追放を執行したのであるが、小諸藩は追放刑の者に対して再び追放刑を科す場合、併科すべき刑罰として五十敲と百敲の二等級の敲を採用したのである。打ち役ならびに押え役は穢多が担当し、数取りは町同心がつとめた。従って、小諸藩の敲は、徳川吉宗の意図したところと刑罰の意味に大きな差異が存する。

一方、熊本藩の笞刑は、宝暦五年（一七五五）施行の「御刑法草書」によって初めて採用され、それは十から百までの十等級である。この笞刑は、長六下河原で公開で執行されるのだが、「明律之通ニ杖鞭之法」を実施し、「至テ軽キ罪ニテ一通リ叱リテハ以後ノ懲シメニナラヌユヘ、箠ニテウチ恥辱ヲ示スヤウニ致」す刑罰であると認識されていた（「隈本政事録」「肥後物語」、前掲『熊本藩法制史料集』一一九三、一一九八頁）。

(38)「有徳院殿御実紀附録」巻十（新訂増補国史大系四六巻二三五、二四三頁）。

(39)「有徳院殿御実紀附録」巻十一（前掲書二五七頁）。

(40)『兼山秘策』第六冊（瀧本誠一編『改訂日本経済叢書』二巻五四七頁、大正十二年、大鐙閣）。

(41)大庭脩『江戸時代における中国文化受容の研究』二一七頁（昭和五十九年、同朋舎出版）参照。

(42)幕府書物方日記の同日条を見ると、新井白石の返却の記事に続いて、「右之外此度上り切之積リニ成候書物」として、「御兵法之御書物　一箱」以下十三部が列挙されている（『幕府書物方日記』二、四四頁、昭和四十年、東京大学出版部）。「上り切」りの書物とは、将軍吉宗の座右に置く書のことであろう。

(43)大庭脩『江戸時代における中国文化受容の研究』、高塩博『日本律の基礎的研究』、同「江戸時代享保期の明律研究とその影響」（前掲書所収）。

(44)なお、大庭脩氏はその著『徳川吉宗と康熙帝――鎖国下での日中交流――』（平成十一年、大修館書店）の中で、江戸時代における中国法受容に関して次のように述べておられる（二二一頁）。

明清律や、大清会典が伝来しても、刑罰の精神や、適用の思想においては受け入れるところがあっても、すっかりその方向へ転換することはあり得ず、参考にするだけである。一、二の藩が明律にならって藩法を変えても、それは結局知的な受容に止まっている。

右の論述は含蓄に富んでいる。「すっかりその方向へ転換することはあり得ず」とする点は賛意を表することが出来るとしても、それに続いて「参考にするだけ」とか「知的な受容に止まっている」とする点は再考を要すると私は考える。

(45)『寛政重修諸家譜』新訂版第二十、三八三頁（昭和四十一年、続群書類従完成会）。

(46) 同右二〇六頁。

(47) 会津藩公事奉行有賀孫太夫もまた、幕府が厳罰を緩和するのに「明律」を参酌したと認識している。これは、吉宗治政と同時代のことである。すなわち、延享元年（一七四四）二月、有賀は会津藩当局に提出した刑法改革意見書の中で、次のように述べているのである。

　公儀ニおいても当　公方様（徳川吉宗―高塩注）御治世以来、御刑法猶更御弛メ被成、死刑は至て少々之様ニ承候、畢竟御仁愛之思召ニ候故、明律等迄寛御吟味之上可成程は御宥有之様致風聞候、

会津藩は家門という家柄のせいか、吉宗の刑事政策に「明律」の参酌のあったことを、早い時期に承知していたのである（高塩博「会津藩『刑則』の制定をめぐって」『國學院大學日本文化研究所紀要』七一輯一五四頁、平成五年参照）。

(48) 三浦周行「法制史総論」（『法制史の研究』二一頁、大正八年、岩波書店）。

もっとも、三浦論文は引用文に続いて「そは誇張に失するも、明律を学びしは事実にして云々」と述べて、「御定書」に及ぼした「明律」の役割を低く見ている。三浦氏は、「法制史概論」（『続法制史の研究』一二八頁、大正十四年、岩波書店）の中においては明律の影響を否定的に捉えて、「吉宗は従来の刑事処分に於ける縁坐を制限し、過料刑を多く適用し、又入墨の刑を設けて、従来軽微の盗犯も斬に処し来ったのを改めて入墨に処した。或は是等の改正は明律の影響であるといふけれども、必ずしも然うではなく、過料の如きも、これより以前既に行ひ来ったことである。これ人文の発達と共に戦国の遺法を改むべき要を認めたからであらう。」と述べられる。

(49) 勝海舟の言は、『追賛一話』（明治二十三年、著者蔵版）の中において大岡忠相に向けた追賛に述べられたものである。その前後の文を掲げておく（同書第二丁、読点高塩）。

　八代将軍に至りて更に刑法箇条なるものを布けり、此法たるや高瀬喜朴に命して明律釈(訳)義を作らしめ、当時の儒者荻生徂徠に訳せしめ、更に大岡等の如き能臣をして討論取捨せしめ、遂に刑法百箇条を成し、是に於てか学理と実際と始めて応用するを見る。後世徒に其弊を見て其の真を察せす、旧物を破壊して却て前代の美習善俗をも破壊するを猶予せさ

るか如き、是豈所謂僧を悪んで袈裟に及ふものに非すや、

幕末に甦る律令
——枝吉神陽伝——

島　善高

一　はじめに

慶応四年閏四月七日、佐賀藩の軍艦奉行島義勇は、所用で江戸から京都に出掛ける途中、横浜裁判所に於いて藩主鍋島直大及び横浜裁判所総督東久世通禧に面会した。島は当日の様子を次のように書き記している(1)。

早朝に御本陣に罷上り愚存御側目付張玄一及御小姓頭山口一郎へ相話候処、忽ち御前出被　仰付申上候処、至極御思召に叶と之御沙汰なり、昼頃旅宿三浦屋江急に御使来り裁判所江罷出候様、則参上候得者、殿様と東久世殿と御同席にて本島藤太夫推参、江戸並愚存等緩々ト御聞被遊候、難有次第に付　殿様江令義解二部献上、時勢柄的用之上御取調子尚又被成度奉存候也、

鍋島直大は当時、横浜裁判所の副総督で、東久世とともに江戸開市のことを兼ねることになっていたから、(2)江戸市中の状況などを島に尋ねたのである。

ところでこの日記で注目すべきは「殿様江令義解二部献上、時勢柄的用之上御取調子尚又被成度奉存候也」なる一文であって、島が鍋島直大に「令義解」を二部献上し、今後は「令義解」の知識が必要になることを知らせている点である。王政復古の時代のこととて、島は古代律令制が制度改革の指針となることを見越していたのであろう。

周知のように、新政府は慶応三年十二月九日、王政復古の大号令を発し、慶応四年正月十七日に総裁・議定・参与の三職を置いていたが、四月になると政治体制を一変すべく協議をしていた。すなわち『木戸孝允日記』の明治元年四月十六日条によれば、(3)前佐賀藩主鍋島直正、前宇和島藩主伊達宗紀、関東監察使三条実美、前々大納言中山忠能、高知藩士後藤象二郎、福井藩士三岡八郎（由利公正）、佐賀藩士副島二郎種臣、高知藩士福岡藤次、熊本藩士横井平四郎それに木戸孝允らが会して「制度一変之議を決」している。『岩倉公実記』(4)や『大久保利通日記』閏四月十六日条(5)にも同様の記事があり、これが閏四月二十一日に公布せられた政体書に繋がるのであるが、その政体書の起草には島の従弟である副島二郎種臣が深く関わっていた。副島自身「私が聊か意見を述べて起稿したことがある」と回顧している。(6)

この後、明治二年七月八日にも官制改革が行なわれ、律令に倣って神祇、太政の二官及び民部、大蔵、兵部、刑部、宮内、外務の六省を置くこととなった。これにも副島が深く関与した。副島は「此秘密起案に与つた人が誰であつた乎今私は確と記憶せぬが私一人で作ったのではない。一両人係り合うた人がある」(7)と述べ、大隈も副島の活躍振りを

「伯は一躍して、今日の言葉でいへば内閣の一椅子を占め、主として法制の事に任じた。明治初年の官制は極めて自由主義的のものであるが、多く伯の立案に成った。伯は当年急進主義者であった。後その反動として多少大宝令の面影を存せる官制に改められたが、これも伯の立案したものである。当時に発せられた詔勅の如きも多く伯が命を奉じて起草したものである」と証言している。(8)

他方、明治政府は明治三年十月に全国一律の刑法典である新律綱領を制定したが、これは日本古代の律や明清の律などを参考にして作成されたもので、これにもまた副島が関与していた。副島は「其新律綱領草案の成りたる日は丁度台風の日であった、起草委員たる司法省の諸官人が太政官に伺に来られて即日該新律綱領審査委員長の任務を私に命ぜられたから、其翌日より毎日私自宅に於て該新律綱領審査会を開き、各一個条毎に其司法省の主任官人と討論をして、或は之を刪り或は之を修正したることも沢山あった、(中略)然れども維新の革政は其様な毀誉を顧みず勇往直進して国運を一新することを謀るのみにして、即ち趙の武霊帝胡服の謀も亦此際最も之を学ぶべきであると云ふので、コード・ナポレオン即ち仏国那翁法典の原書を求めたるに、之を横浜から中野健明と云ふ者が持って来て私に呉れた、私は直ちにその事を政府に上申して箕作麟祥氏に該ナポレオンコードの翻訳を命じた、此一事は明治二年の事であった、而して半ケ年程経て後其翻訳悉皆成功したるを以て、私は同本成稿を太政官に進呈したる処が、其頃の参議即ち私と同列なる江藤新平が其翻訳原稿を懇切に所望して、三条岩倉諸公に請ひ、此事丈けは自分にさせて呉れと言って、司法省の組立ての為めに、此の訳書を終に貰ひ受け、之を持って行かれた、是れ此事が日本に於て西洋法律を参酌採用するの始まりであった」と回顧している。(9)

さてこのようにして作り上げられた太政官制は内閣制度が導入される明治十八年まで存続し、他方新律綱領はフランス刑法をモデルにした刑法が制定される明治十五年まで効力をもっており、明治初期法制はいわば古代律令制が復活したかの観があった。そしてその律令制の復活に副島が寄与していたことは注意しなければならない。

全体、副島に限らず、江藤新平、大木喬任、大隈重信らの佐賀藩出身者は、幕末維新期に法制面で活躍をしたのであるが、彼等が廟堂で活躍できたのは、佐賀在藩時代に副島の兄である枝吉神陽から法制面での薫陶を受けたからであった。青年時代に神陽の門を潜った大隈が「南北騒動で我輩が弘道館を退学させられた時に、枝吉神陽の処へ往った。令や書紀や、古事記を学んだ」とか、[10]「神陽先生は（中略）主として歴史を講じ、兼て国学を修め、殊に本邦法制の如きその最も力を注ぎし所なり」とか証言している通りである。[11]その結果、佐賀出身で後に東京控訴院検事長を勤めた高木秀臣が「司法省ハ丸デ佐賀デ受持ツテ居タノダ、最初江藤新平ガ遣ツテ其カラ大木ト云フノデ、頭ガ佐賀ダカラナ、自然ニ其ノ下流ニモ佐賀ガ多クアツタ、江藤ハ明治五年頃辞職ヲ致シテ其代ハリニ大木サンガ来タノダガ、江藤ハ基礎ヲ拵ヘタ位ノ処デ、其カラ段々大キク拡張シタノハ皆ナ大木ノ力デアル」と語っているように、[12]佐賀出身者が司法省で活躍をすることになったのである。副島にナポレオン法典を持ってきた中野健明も佐賀出身で、年少の頃、副島や大隈と共に長崎に遊学し、維新後に大学中助教、大寮長、外務少丞を経て司法省判事となり、明治四年、佐々木高行司法大輔に随行して欧米に差遣された人物である。[13]

従って、佐賀藩士に甚大な影響を及ぼした枝吉神陽が一体どのような人物であったのか、彼の法律学は一体どの程度のものであったのかは、是非とも究明しておかなければならないテーマである。しかるに従来、神陽を研究した文献は皆無に近く、比較的纏まったものは平田俊春氏の「枝吉神陽」が唯一と言っても過言ではない状況であった。[14]そこで筆者は求めに応じて先に「枝吉神陽の学問について」なる一文を草したけれども、[15]なお史料収集が中途半端、考察もまた未熟であったので、本稿で改めて神陽の事績を追跡することにした。これ副題に「枝吉神陽伝」と付した所以である。

因みに枝吉神陽には幾つかの著作があった。しかし神陽の門弟がこれを出版すべく、枝吉家が辞するのも聴かず無理に借り出して京都に持って行き、町家の下宿に置いていたところ、禁門の変の兵火で焼失してしまったという。[16]その後、後人が新たに詩文を採輯し、明治三十三年九月、平戸藩儒楠本碩水[17]の序を付して『神陽先生遺稿』（上下）が作られた。この遺稿原本は恐らく副島家に所蔵されていると思われるが、本稿では、昭和十八年十二月十五日に大木俊九郎がこれを筆写し、現在佐賀県立図書館郷土資料室に架蔵されているものを使用することとした。

二　神陽の家庭環境

神陽は文政五年（一八二二）五月二十四日、父種彬（始め種舜。忠左衛門、栄、小字駒一郎、忠七郎。号は南濠）と母喜勢の長男として佐賀城南堀端で生まれた。名は経種（始め種彬。木工助、平左衛門、小字駒一郎）、神陽と号し、字を世徳、室号を焦冥巣と称した。神陽には姉が一人、弟三人、妹一人がいたが、姉は既に文政四年八月に亡くなっており、弟の種厚も早く歿したので、種臣（文政十一年九月生）、利種（天保三年十一月生）、万寿（天保八年三月生）の弟妹らと育った。[18]

また「木原家系図略[19]」によると、神陽の母喜勢は木原満雅（宜審）の娘であるが、兄弟姉妹として、兄の英興（その子には義隆・隆忠・しづ・隆武）、田中半蔵好古に嫁した姉、中島和兵衛定良に嫁した姉（その子には中島彦太郎・福地常章・中島彦助）、島市郎右衛門有師に嫁した妹「つね」（その子には島義勇・重松基吉・副島義高）、そして福地寿兵衛常紀の養子となった弟常宜がいた。神陽兄弟はこれら伯叔父母、従兄弟姉妹たちとも親しく交わり、英興の娘しづが後に神陽の妻となった。

神陽の「先考南濠先生行述[20]」によれば、枝吉家の先祖は履仲天皇朝に日本にやってきた漢の孝霊皇帝曾孫阿智王に由来し、朝廷三蔵の一つである大蔵を管理する職についたので大蔵を姓として賜ったという。そして阿智王から十三世の大宰少弐春実が藤原純友討伐に功績があったため筑紫に遷り住むようになり、その流れが佐嘉郡枝吉に住み着いて枝吉を号するようになったという。

そして枝吉家は先祖代々槍術師範を業として鍋島藩に仕え、足軽組頭に任じられていた(21)。神陽の父南濠も文化九年二月、宝蔵院流槍術の目録を拝領したが(22)、「吉村先生及小柳先生と云ふ朋友等が父に忠告して、貴様は文字を知らぬでは不可じゃと云ふた、そこで、父は自ら後悔して十九歳から始めて学問をして、殊とに励精して(23)」、文政八年二月には藩校弘道館の教諭になった(24)。

神陽の語るところによれば、南濠は謹慎寡黙、言は訥々としていたが、その行動は明決で、造次顚沛の時といえども惰容を見せることはなく、平生から槍法で気を養い、「今也、洋夷猖獗、東吏拱手無策、是丈夫可致命之秋也、若是則武芸安廃」と言っていた。しかも家庭では常に楠、名和、児島、菊池、新田等の忠孝節義を話し、慷慨色に現れたという(25)。

佐賀には由来勤王思想の系譜があった。寛文三年（一六六三）、二代藩主鍋島光茂の時、深江信渓が桜井駅での楠父子訣別の甲冑像を彫刻し、これを藩主の賛同の下、佐嘉郡北原村の永明寺に安置したことがあり(26)、明和・安永の頃には服部南郭に学んだ長尾矢治馬元弼（遁翁）が大弘公（七代藩主重茂）の侍講となって活躍し、また安永・天明の頃には山県大弐の明和事件に関与した横尾紫洋がいた(27)。『鍋島直正公伝(28)』には長尾遁翁について「彼嘗て徂徠文集に国家に対する称謂の失体多きを見て、詩を賦して曰く、日下平安周鎬京、是昔大盗借神兵、先生休説東西帝、魯仲連存踏海情と。乃ち幕府の起りを大盗借神兵と痛斥し、魯仲連を引いて自信の高義を声明し、以て勤王論の唱始をなし、以て枝吉氏の君臣論を喚起せり。元弼後に遁翁と号し、泰国公に逮事し、安永三年六十一歳にて終る。其子元幹は東郭と号し、博覧多識にして経世の才あり、泰国公に任用せられたり」と記している。「徂徠文集に国家に対する称謂の失体多き」というのは、徂徠が「自らは日本人なるを東夷と称し、江戸の将軍を東帝と称して幕府に媚びた(29)」こと、また『徂徠集』の中で京都を西都（西京）、江戸を東都と書いている箇所が畳見するのを指しているのであろう(30)。

司馬遷の『史記』巻四十四魏世家、昭王八年（前二八八年）の条に「秦昭王為西帝、斉湣王為東帝、月余皆復称王、帰帝」とあって[31]、周の皇帝を差し置いて一時期、秦と斉がそれぞれ東西の皇帝を僭称していた。月余にして再び王と称するようになったが、斉の力が弱まると、秦の昭王が再度、皇帝となるべく画策し始めた。『史記』巻八十三魯仲連鄒陽列伝によれば、その時、斉の魯仲連は「彼の秦は、礼義を棄てて首功を上ぶの国なり。其の士を権使し、其の民を虜使す。彼即し肆然として帝と為り、過りて政を天に為さば、則ち連は東海を踏みて死する有らんのみ。吾、之が民と為るに忍びざるなり」と言って、秦が帝と称することに反対したという[32]。長尾元弼にすれば、日本の都は平安すなわち京都一つであり、江戸を東都と称するのは以ての外であって、大泥棒の所業に他ならない。もし徳川幕府が天皇に代わって皇帝と称することがあれば、魯仲連と同様、東海を踏んで死ぬほうがましだというのである。勤王家遁翁の面目躍如たるところである。

この遁翁の思想が神陽の父南濠に連なっているというのである。『鍋島直正公伝』では別の箇所にも「枝吉種彰は南濠と号し、（中略）其持説としては一家の卓見を有し、日本には天子の外に君無し、君臣とは唯天子と国民との関係をいふべきのみ、然るを其他の主従関係にも猶君と称へ臣と呼ぶは、大義を誤る甚だしきものなりとて、之を弾斥すること最も烈し。是れ、長尾東郭が徂徠の東西帝説を論責したるを、一層推拡したるものにして、此論旨を貫徹すれば、幕府が諸藩に君臣の礼を執らしむる非を破毀するに止まらず、諸藩士が藩主を君と唱へ、自らを臣と称することをも、否認すべき結論を生ずるなり。枝吉氏は斯かる主張を以て、一箇の学風を開きたりき」と記述しており[33]、南濠は遁翁・東郭の影響を受けて、日本一君論を展開していた。

他方、母喜勢もまた賢婦人であったらしく、神陽は「先妣藤原氏行述」の中で「口に未だ曾って利を曰はざるなり、常に曰く、利を求むるは小人の事なり、義を求むるは士大夫の事なり、吾、婦人と雖も大体を存せざるべからざるなり、（中略）先妣と二姉一妹は、侃々乎として烈丈夫の風あり、人以て家風と為す」と描いている[34]。

神陽はこのような両親のもとで育った。副島種臣が「夫れ幕府の強に当るや、天下皆其の威を畏る。而るに先生は常に之を蕩覆せんことを思ひ、以らく天下は皆　神武の天下、而して　瓊皇の緒業せる所、故に臣として主を強逼するは、宜しく征伐の典に在るべしとす。夫れ幕府は豈に一征夷大将軍の任に在らざるか。一征夷大将軍にして以て天下を有つと為し、其れ海外万国に臨むや、則ち常に自から大君と称す。其の僭、悪むべし。且つ此の時孰れか僭せざるや。将軍の僕隷にして藩侯と称するなり。其の輿台にして士大夫と称す。名を乱すこと殊に甚だし。夫れ名正しからざれば則ち言順ず。言順はざれば則ち事成らず。天下の事を成す要は、其れ名を正すに在るかと。此れ神陽先生の悲憤慷慨する所以なり」と記しているように[35]、神陽は父の影響で徹底した日本一君主義者として成長した。

神陽の幼年時代及び弘道館時代については史料が乏しく詳らかではないが、副島は「神陽先生は容貌魁梧、方面大口、音は洪鐘の如く出で、屛障之が為に振はんと欲す。眼は偉にして長く烱光人を射、隆準・長耳・脚健、日に行くこと二十里。曾って高履を納《は》き、富士山を登降して疲れず。（中略）先生、生れて端凝、幼にして能く言ひ、七歳にして書を学ぶ。性強記、成人に至る比、既に宏辞と称せらる。二十一二にして儼然たる夫子なり」と記し、また「枝吉平左衛門が十八九の頃であつたか、学校で一番俊秀であつたと云ふもので、今の佐野伯即ち佐野栄寿左衛門と並び称せられた人である。之れと同年なりし乎、若しくは一つ違ひかである。両人共に佐賀第一の俊秀と云はれたるもので、選ばれて蘭学を命ぜられたことがある。然るに其時に佐野伯は欣然として請けられたけれども、私の兄即枝吉平左衛門は此命を辞せられた」とも語っており[36]、神陽の俊秀であったことが知られる。右の蘭学云々については『鍋島直正公伝』にも記事があって、藩主が神陽の宏才達識にして非常の器なるを洞察し、蘭学を兼修させようと人をして勧誘せしめたところ、神陽は「拙者は夷狄の書は読まず」と言ってこれを拒否したという[37]。藩主の命すらも拒否したというのであるから、神陽の一徹ぶりが察せられる。

神陽は弘道館時代、田中虎六郎康道、加々良源吾重好、中牟田倉之助定武、島団右衛門忠武を友人としていた[38]。田中は紫洋（もしくは紫坡）と号し、豪宕不羈、縄墨に拘わらず、西洋の理化学に意を用い[39]、加々良は『資治通鑑』研究で有名であった伊勢藤堂藩に遊学し[40]、中牟田もまた藤堂藩の斎藤拙堂の門に入って通鑑を学んだが、後に蘭学を学んで海軍に力を致した[41]。島は冒頭に触れた神陽の従弟島義勇である。

以上のほか、弘道館時代の神陽を窺う史料として、『神陽先生遺稿』に数編の詩文が残されているけれども、ここには天保十二年（一八四一）正月、神陽二十一歳の時の「新釁迎春」を掲げておこう。

鬱々松林南、堂宇奐且輪、観古図書府、講礼杏花壇、美哉泱々乎、国風日維新、
維時歳辛丑、星暦報献春、詰旦整衣帯、危坐臨闌干、天地融雲物、陽精輝令辰、
春風自東至、靄然入中園、皎々半窓梅、猗々一砌筠、嚶々鳴鳥庚、潑々躍金鱗、
盛哉陽和徳、布物一何均、私欣文運昌、正同陽和申、

藩校弘道館は前年の天保十一年六月に新築されていた[42]。

三　昌平坂学問所時代前期

神陽は天保十五年四月十一日、三箇年の江戸遊学を命じられ、五月八日に木原氏に納幣をした上で、五月二十七日江戸に向かった。江戸藩邸に到着したのは七月一日で、九月十日に各藩の俊秀が寄宿する昌平坂学問所書生寮に入寮した[43]。

昌平坂学問所には、幕臣で寄宿しながら勉強する者、寄宿せずに通いながら勉強する者、そして非幕臣で書生寮に寄宿して勉強する者の三種類の学習者がいた。その内の書生寮（定員四十四名）の書生たちは、特定の儒者を選び、その許可を得て入寮することになっており、神陽は古賀侗庵についた。書生は、儒者の役宅で開催される毎月の講会

に出席する外、詩文会や出役の講会それに各種の勉強会に出席したが、基本的には書生同士で切磋琢磨することになっていた。在寮年限は一年で、延長は可能であった。「書生寮学規」には、外出日数や門限、在寮中の禁酒禁煙などが細かに定められており、学術人物共に秀でた者から選ばれる舎長が書生の行動を取り締まることになっていた。(44)

神陽入寮当時、書生寮にどのような人物がいたのか正確にはわからないけれども、幸いに弘化三年（一八四六）当時の在寮者とそれ以降の入退寮者の領主名・紹介儒者・入退寮年・名前・入寮時年齢を記録した『書生寮姓名簿』(45)が残されており、それによれば弘化三年当時在籍していた書生は、文政十三年入寮の日野良之助（西条藩、古賀門、弘化四年退）以下三十名であった。

神陽の入寮当初の行動は必ずしも明らかではなく、弘化元年の重陽に古賀侗庵、牟田口藤衛門（天錫）に付き添って桜田藩邸に行ったこと、弘化二年の重陽には昌平寮の友人たちと飛鳥山に会したことが判明しているくらいである。(46)ところで弘化三年正月十五日、江戸の大火によって書生寮が類焼したため、神陽は江戸藩邸内の明善堂に寓することとなったが、その後、同僚と共に三月九日から六月十五日まで鎌倉、水戸、房総、奥羽、越後などへ旅行を試みた。(47)次の「発江戸」(48)の詩はこの時の作である。

関西有男児、堂々八尺軀、自言漢高後、英気頗凛乎、講武無所就、学文亦徒如、仗剣干豪傑、落魄三歳余、豈無雄飛想、会不與時須、長風吹衣袂、忽顧東北隅、乃與二三子、翩々出郊郭、郊郭何闊達、四術挟雲衢、維時春三月、煙華燦宏敷、美哉彼妹子、嬌矣遊冶徒、連袂而摩轂、繁華耀大都、誰知耿介士、懐瑾酬懸弧、

神陽が何時どのような経路を辿ったのか定かではないが、遺されている詩文から可能な限り推測してみると、旅行に先立って奥州に行った経験のある「幹斎瑛」（即ち佐賀藩儒の吉村祐平）を官舎に訪ね、安達原の鬼塚・多賀城碑・塩釜・松島・金華山等々の話を聞いた。(49)

神陽は先ず鎌倉に赴き、源右大将墓、大江広元墓、静女舞榭、親王鋪、扇谷、高時自尽処、管領屋敷などを見物し、(50)

七里ガ浜では源氏の奮闘を偲んで七言の古詩を詠み、(51)江ノ島を眺めて金沢、浦賀へと行った。(52)

次いで房総半島へ渡り、今も冤魂が散らないという平国香墓(53)を見、霞ヶ浦(54)を過り、土浦藩の藩校郁文館の客となった。(55)当時、郁文館には藤森弘庵がおり、そこで詩文の応酬をしている。(56)その後、雄大な筑波山を見ては新田と足利の順逆を思い(57)、水戸を訪ねては建武の中興を偲んでいる。(58)水戸からは恐らく太平洋岸を北上して勿来関を通り、(59)磐城平に出て赤井の薬師堂へ参詣したものと思われる。(60)ただし神陽には「那須野」の詩があるので、(61)水戸から那須野を通り、白河まで歩を進めた可能性も否定できない。

その後、神陽は相馬で「野馬行」の詩を詠み、(62)仙台では「東平王墓」(63)や「王昭君墓」(64)を見物し、かつて江戸で一緒だった斎藤子徳（馨、竹堂）を訪ねて酒を酌み交わし、(65)また「蝦夷海陸路程全図」を作った仙台藩士小野寺謙（鳳谷）にも会っている。(66)別れに際して小野寺が送った詩に「送神陽何遠二君」とあるので、神陽は今回の東遊を「何遠」と共にしていることが判るが、この「何遠」とは後に出てくる「安藤伯恕」（宇和島藩士安藤勝太郎）のことであろう。

仙台を後にした神陽は多賀城、(67)塩釜、(68)松島(69)を通って、石巻へと向かった。石巻では広大な港を見て驚き、(70)金華山に遊び、(71)また仁徳天皇の時代に蝦夷征伐を行なって戦死した上毛野田道将軍の墓を訪ね、(72)更に湊の東にある多福院の後醍醐天皇碑の下を彷徨し、去ることが出来なかった。神陽は後年、「薦吉野先帝辞」を草しているが、その辞に「弘化三歳次丙午夏四月、大蔵経種東游陸奥」(73)と書き記しているので、石巻を訪れたのは四月のことであった。

石巻から涌谷へ行き、鈴木平甫及び鈴木が仕官している伊達安芸と詩文を作り、(74)一関の五串の滝を見、(75)衣川の中尊寺まで行った。中尊寺では康平の古戦（前九年の役）を想起して心を傷め、また「源廷尉祠廟」の詩も作った。(76)

中尊寺を見た後、経路は不明だが山越えをして庄内の鶴岡へ行き、(77)そこから最上川を溯って上山《かみのやま》へ行った。上山では金子謙と会い、「何遠」と共に数日滞留、遍歴してきた所を語り合った。(78)金子は与三郎と称し、嘗て神陽らと一緒に昌平黌に学んでいたが、弘化三年に帰国して藩校明新館の助講師をしていた。(79)「滞留数日」というから、「有耶無耶関[80]」まで出掛けたのはこの時であろうか。

神陽が庄内各地を歩いたのは五月であって、「羽州曲[81]」という詩に「五月雪峰寒厭地」という表現が用いられている。また米沢の浅間彰の詩に「丙午後五月松濤斎遇枝吉安藤二君[82]」とあるから、神陽が米沢を訪ねたのは弘化三年の閏五月のことであった。浅間彰（有常）は嘗て昌平黌で古賀門に六年在籍し、帰藩後は藩校興譲館に勤めていた[83]。米沢では曾根鳳[84]や坂千松[85]にも会った。

米沢から会津に歩を進めた神陽は、そこの客舎で偶々「浦賀警」を聞いた[86]。「浦賀の警」とは弘化三年閏五月二十七日、アメリカの東インド艦隊司令官ビッドルが浦賀に来航して通商を求めたことを指すのであろう。そうとすれば神陽が会津から越後に入ったのは六月初旬ということになろう[87]。

越後では関屋に宿り[88]、北越では上杉・武田の戦いを想起し[89]、越後三条の芸妓に見とれた[90]。そして小千谷で安藤伯恕と別れ[91]、表妙義の金洞山に遊んで[92]、六月十五日、江戸に戻った。

以上、三ヶ月余の長旅であったが、遺された神陽の詩文の大半は国史に関するもの、それも戦史に関するものが多く、単なる物見遊山ではなかった。神陽の関心が那辺にあったかを窺うことができよう。

旅行から戻った神陽は、小川町にあった古賀侗庵の久敬舎に同僚たちと寓し、共に詩文に励んだ。そのことは会津の長坂勝敏の文に「今春鬱攸之災、黌亦為烏有、世徳書剣飄然而東経歴関八州、自奥入羽、転而越登名山、渉大川而帰、又同寓久敬舎[93]」とあることによって知られるが、神陽も「久敬舎発題」によって六月二十五日に「秋至[94]」、「霖雨[95]」、七月七日に「洪水歎[96]」を詠んでいる。

神陽は弘化三年九月八日、遊学期間を終えて陸路、佐賀へ向かった。その二日前の九月六日に芸藩の金済民（安芸の藩儒、金子霜山、徳之助）が送った送別詩に「枝吉詞兄将帰西肥来告別云資性苦船取路山陽、故小占及之[97]」とあるから[98]、神陽は船が苦手で山陽道を利用したらしい。ただし佐賀に到着したのは十月二十九日であるから、その間、各地を巡り見聞を広めながら帰ったのであろう。「将帰遅吉岡廉夫中山義年不到着」と題する詩に[99]「聞説越中多楽事、大姫勧酒少姫絃、自非仙客流連去、秋半何由未開旋」とあるから、秋半ばには友人たちと越中にいたらしく、「越中旅懐」[100]や「舟橋（富山）」[101]の作も残している。そして倶利伽羅峠を越えるに際しては源平の合戦を偲び、[102]丹波に歩を進めて「天橋」[103]、「大枝山」[104]、「由良戸」[105]などを詠んだ。その後、平家滅亡の悲哀を詠った「小枝篴引」に「歳之十月余過須磨之梵宮観」とあるので、十月過ぎには須磨寺に立ち寄ったことが分かる。

さて佐賀に戻った神陽は十一月十一日、先に納幣を済ませていた木原しづとの婚儀を行ない、十五日朝には父の南濠が請われて「婚媾を拝」[106]した。普通、婚礼の三日目に露見（ところあらわし）と言って婚礼の披露をするが、[107]この記事はそれとは違って、実際に朝方、新婚夫婦の蒲団を剝いで交合の事実を確かめたことを記しているのではあるまいか。何となれば、父南濠は江戸藩邸勤務を命ぜられ、この翌日の十一月十六日に佐賀を出発することになっており、無事子孫が宿ることを願っていたであろうからである。

南濠は十二月十一日に江戸藩邸に到着し、藩邸内の明善堂で講義をすることになったけれども、十二月二十一日、神陽が再び江戸遊学を命じられたとの知らせを受けた。[108]帰郷して一ヶ月余、しかも結婚したばかりの神陽に、再び江戸遊学の命が下されるとは、一寸酷な気もするが、何か特別の理由でもあったのだろうか。

ただし神陽が実際に佐賀を発ったのは翌弘化四年三月二十六日であって、[109]その時の旅出切手の申請書類及び旅出切手が残されている。[110]それによれば江戸詰の枝吉忠左衛門に代わり、叔父の福地寿兵衛（母喜勢の実弟）が岡部杢之助宛てに願書を書き、それが鍋島播磨に提出されている。

佐賀藩では番方組織を着到と称し、家臣を御側四組、先手二組、警固六組、留守居三組の全十五組にわけ、各組の責任者として大組頭を置いていた。枝吉家は警固組中の岡部杢之助組に属していた。佐賀藩では領内の者の旅出を掌るのは年行司の仕事であり、[111]家老の鍋島播磨は年行司の最高責任者たる御頭人であった。神陽の旅立ちに先立って、吉岡惟清、草場韡、草場覲、木原幹、波多弘業らが詩を贈った。[112]

因みに副島種臣は、「（神陽が）天保・弘化の際」に「藩主に建言をして和学寮を皇学寮と改められ、而かも其規模・組織を革新して盛に之を興し始めた、而かも此皇学寮の振興せる結果は後年佐賀人士の精神に向て強大なる潜勢力を与へた」と回顧しているが、[113] この皇学寮改称が江戸遊学より前であったのか、それとも後であったのか、残念ながら定かではない。

四　昌平坂学問所時代後期

神陽は弘化四年三月二十六日に佐賀を発ち、五月五日には江戸に到着、十三日に再建なった昌平坂学問所書生寮に戻ったが、[114] 既に正月二十九日、師事していた古賀侗庵は死去し、[115] 御役宅儒者は子の茶渓（謹一郎）に代わっていた。[116]

神陽は嘉永二年三月に退寮するまでの間、故旧のみならず数多くの新しい書生たちと交わったが、副島種臣によれば、神陽は国学研究の方面では矢野茂太郎（弘化四年入寮、号は玄道）と一番懇意にしていたという。[117]『神陽先生遺稿』には他の書生たちと贈答した詩文も多数収録されており、更には備前藩の赤石正経[118]の如く昌平黌ではなく古賀侗庵の塾で親しくなった人物もいるから、神陽の交際の幅が相当に広かったことが知られる。

ところで神陽は再入寮した年の十一月四日、一旦佐賀に帰った。妻のしづが常《とき》という名の女児を出産したからである。[119] これより先の七月七日、母喜勢は神陽に手紙を出し、[120]「お志つ」の「ちゃくたい祝」を連絡していた。弘化三年十二月改正の「書生寮学規」[121]によると、帰省の期間は三十日と限られ、この日限を過ぎれば一旦、退寮をしなければならない定めであり、同年十二月十三日に、詩経会の会主となっていた神陽が門限に遅れて謹慎を命じられた記録が残っているから、神陽は十二月初旬には江戸に戻って来たようである。[122]

翌弘化五年（嘉永元年）正月二十七日、神陽は書生寮の舎長を命じられた。[123]「書生寮学規」には「舎長は年数のみを以て申付候儀に無之、新入寮の者にても学術人物を以申付候」とあるから、[124]神陽の学問及び人となりが衆群を抜いていた証左である。書生寮は南北二寮があり、八畳間には三人、六畳間には二人が入ることになっていたが、舎長には北寮第一室の六畳間が与えられ、しかも五人扶持が支給され、舎長を補助する舎長助（助勤）も二人いた。[125]恐らくこの頃のものであろう、母喜勢が南濠・神陽父子に宛てた手紙が残っており、そこには「平左衛門殿御側の渡り金四両、寿兵衛心配にて受取申候。その御方にて御受け取りなされ候由申し候えば、しち受けなと致し候様申され候に付き、三両ばかりかと受け申し候。残り壱両は小遣いに致しまいらせ候。左様おぼしめし下さるべく候。御手つかえと存じ候えども、から暮しは出来申さず候故、左様おぼしめし下さるべく候。さいながら五人御扶持御いたゞきなされ候よし、それにて御くり合せ下さるべく候」とある。[126]神陽の経済状況を窺うことが出来る興味深い史料であるが、文中の「五人御扶持」というのが舎長手当てを指していることは言うまでもあるまい。

この後、二月十三日、神陽は井内左馬允と共に佐賀藩邸内の明善堂文武事を仮に管せしめられているが、これは三月二十一日に任を終えて佐賀に帰る南濠の代役として命じられたものと思われる。神陽は品川駅まで父南濠を見送った。[127]

さて神陽は嘉永元年七月、知人二人を携えて富士山に登り、霊石を持ち帰った。同僚の重野成斎の「富山石歌送枝吉世徳」[128]、吉川堅の「芙蓉石歌為枝吉正徳」[129]、赤石正経の「送枝吉正徳登嶽賦」[130]、藤野海南の「富山石記」[131]は、その壮挙を讃えたものである。特に藤野の「富山石記」には「富山之険、人皆匍匐而上、乃若正徳、帯大刀履木屐、凌五千仭之上、而若歩丘陵」と書いており、神陽の豪傑ぶりを伝えている。副島種臣が「神陽先生神道碑銘」で「曾納高履、登富士山不疲」と書いたのは、この一文に拠ったものであろう。

神陽は嘉永二年三月十一日、書生寮舎長を永橋章助（桑名藩、天保十五年入寮）と交替して佐賀に帰ることとなった。[132]

帰郷に際しては頼復、玉置元、金済民、赤石正経、筒井徴、長実言、楠鉉、長坂勝敏、野矢遜、安藤知忠、藤野海南、宮内克崇、赤井敬、菅野潔、槐庵逸、素坂谷、広瀬光、高橋功、児島義和、駿陽処士允文、安俊子徳、安藤知忠、東升、片山達等々の友人たちが別れを惜しんで詩文を贈った。[133]

神陽が佐賀に着いたのは七月十八日であるから、[134]その間、四ヶ月前後は例によって旅行に当てたものと推測されるけれども、京都の医者で南禅寺境内に順正書院を開いていた新宮涼亭（一七八七〜一八五五）[135]が「枝吉神陽留余家一月」と書いているから、[136]恐らく神陽は佐賀への帰途、一ヶ月ほど京都に滞在したものと思われる。京都で神陽がいったい何をしていたのか定かではないが、華頂山頭の名月を愛で、四条橋の付近を歩いて「鳧川納涼」[137]を作り、大村藩の渋江九郎兵衛に洛東の僑居で逢い、[138]金子永年が尾張藩に帰るのを見送ったのは、[139]この時のことであろう。

その後、神陽は大坂へ行き、西田子玄を訪ね、[140]「浪華城外歩月」[141]を詠み、また仁徳天皇陵にも登った。[142]そして四国に渡って六月二十六日、昌平黌で同僚であった西条の矢野晉[143]を訪ね、次いで同じく同僚の大洲の矢野玄道を訪ねた。帰りには矢野玄道が松山まで同行してくれ、[144]神陽は松山城を見、道後温泉にも入った。[145]

五　神陽の学問

さて、神陽は昌平坂学問所時代に一体どのような学問をしていたのであろうか。前々節に触れたように古賀侗庵の久敬舎で詩作に励み、書生寮でも諸友が会して共通の題のもと詩文を作り合ったが、[146]藤森弘庵には特に親しく教えを受けたようで、『神陽先生遺稿』の中には藤森の評語が付された詩文が数多く残されている。次の「古風社発会示同志」[147]と題する一文にも藤森の「治極則生乱、是必然之勢、有志於世道者、宜警惕」なる評語が付されている。

藤森は前に述べたように土浦藩に仕えていたが、致仕して弘化四年に江戸に出、下谷で塾を開いていた。[148]

中宗昔竜興礼学動天鈞、盛哉寧楽朝製作何彬々、淡公闡其道備生揚其塵、軼唐而凌漢終古莫与倫、漸至延天際菅江皆麟振、賡和豈不美美極或損淳、保平失駕馭養寿多風塵、大柄帰武弁王道蕩不明、噫嘻室町氏淫虐欺人神、不有織与豊冠冕幾乎泯、慶元得小康文風蒙九垠、伊物起草莽四方載其声、紹述追大雅遂非游夏倫、亹無豪傑才経緯何以新、近聞　聖天子憲章思古人、列藩仰休風洪化庶可伸、私期揚側劣况乃奎運辰、仰雲視翔翼俯淵察躍鱗、願与二三子柔翰頌至仁、

右の「古風社」が何時頃作られたものか定かではないが、藤森の添削を受けているところから見て、神陽が昌平黌に在寮していた頃のものであることは間違いない。神陽は「竹野本嵩詩巻跋」(149)で「昔者余在江戸昌平学与備前人赤石正経切劘于古芸文之事」と書いているので、赤石正経もそのメンバーであったのだろう。

この「古風社発会示同志」の一文は文体も古風で、内容も歴史知識がないと皆目見当がつかない。最初の「中宗」とは恐らく中大兄皇子（天智天皇）、「淡公」は養老律令の編纂に関与した藤原不比等、「備生」は吉備真備、「延天際」とは延喜・天暦の時代、「菅江」は菅原道真と大江匡房、「保平」は保元・平治の乱、「養寿」は源平の合戦が行なわれた養和・寿永年間、「慶元」は江戸幕府が興った慶長・元和のことである。律令が制定され国家の制度が良く整っていた奈良時代を最高の時代とし、その時代に倣おうというものである。

また神陽は不朽社なる結社にも属し、次の一文を作っている。

書本朝文粋後不朽社会席上

寧楽以上無以尚焉、次焉者其天長天暦之際乎、此集所載、上自　天子、下至緇流、無慮数十家、抑何彬々乎其盛也、乃就其体而論、其制作者之勝劣略可識也、賦居諸体之半、蓋当時之所尚、然其上者不能上、魏晉亦唯著眼不高、沾々相泡沫耳、兎裘較為諸公吐気、中書故自超也、詩菅贈大相国藤参議為錚錚、然従懐風藻観之、二家雖俊平亦未免傖父面目、非功力若異也俗累之也、詔冊都菅諸公無不可者、但比之　嵯峨　村山天章燦蔚、固非凡人之

所企及也、偶有不能無失体者、閑語浮詞雑之於糸綸、鄭壮之中耳、是当時之風習、書啓表則菅及釈空海高焉、銘誄賛則都良香江千里優焉、序世人称清原相公之令義解為第一、紀淑望之古今集藤原行長之延喜式次之、以余観之、古今集実為第一、而令義解則与延喜式次之耳、然皆是希世之妙品、非後世文士所能髣髴也、封事唯善相公菅三品、二異見明快雄偉並称于千古、就二家論之、三品稍可譲、相公該切一著也、嚮使二卿之言施于有政歟、則延喜天暦之治謂之隆於寧楽亦無不可、惜哉 二帝之不能用也、蓋古者道在 朝廷、以故公卿大夫莫不善文、後世則道在下、以故庶人或善文、而公卿大夫不能及也、俗儒昧于古、以為文運之興慶長元和以降耳、動則曰今之人今之人詈古人、以為無知、抑何惑之甚也、嗚呼焉得善相公若其人者、置之 朝廷之上、郁々然以化斉民、此等之口亦何足間執乎、

この「書本朝文粋後不朽社会席上(150)」では、賦は中書王（兼明親王）の菟裘賦、詩は菅贈大相国（菅原道真）、藤参議（不明）、詔・冊は都（都良香）と菅（菅原文時）の諸公、書・啓・表は菅（文時）及び釈空海、銘・誄・賛は都良香、大江千里、序は紀淑望の古今集、清原相公（清原夏野）の令義解、藤原行長の延喜式、封事は善相公（三善清行）と菅三品（菅原文時）などと具体例を挙げる。人名と作品名の比定に誤りもあり、また『懐風藻』と比べると菅原大相国などの詩文も「未だ傖父《いなかもの》の面目を免かれず」と述べるなど、問題もないわけではないが、要は奈良朝を第一とし、平安時代の天長天暦の際、特に延喜天暦の治の時代がそれに次ぐこと、そして文運優れた時代には立派な政治が行なわれたことを主張し、「文運の興るは慶長元和以降のみと為し、動もすれば今の人、今の人と古人を詈る」俗儒を批判しているのである。「嗚呼焉得善相公若其人者、置之 朝廷之上、郁々然以化斉民」云々の口吻から察すれば、神陽は自らを三善清行に擬していたものと思われる。

小諸の加藤景高が神陽を

夫世徳之学問文章、蓋所謂世之希観者、世徳之英邁雄豪、蓋亦眼空一郷一州者、而平生論議盛大広博、亦非尋常儒生之論也、以余忖之宜如自任、以天下之大事、自許以古之英雄、然而徒以至小之物自比、則其志蓋不可測定也、

噫世徳終不変此志而其才学随大、其自視随一、則進而為賢、又進而為聖、蓋亦不難也、

と評しているのも宜なる哉、久留米の広瀬光（時次郎）が[151]

戊申夏五月、予負笈游于江都、相遇肥之枝吉世徳于昌平黌、世徳為人魁岸奇偉、才高識明、学博而精、最熟朝典、而其志在於格民安民、大非世之拘々章句文字間者比也、（中略）以世徳之才与学乗時与勢、則先王之治可立而待焉、乃天下諸侯来而取法者益多、

と言い、上田藩の瀧沢規道が[152]

余嘗聞、肥公厲精為治而文治武備倶興、士勤芸業、上下一心、実列国之模範也、戊申八月、余遊于昌平校、得識其藩士枝吉世徳、世徳容貌魁偉、才気超邁、而慷慨激烈、出於天性、其学沈研経義、最留意於朝典、議論往々出人意表、恒以明道学立名教為己任、其志固不在文字章句之末也、

と語っているのも、これを肯なわざるを得まい。[153]

而して広瀬や瀧沢が神陽は「最も朝典に熟す」「最も朝典に留意す」と言っているように、神陽は「朝典」すなわち朝廷の制度儀式に造詣が深かった。朝廷の制度儀式は主として律令格式に規定されている事柄であって、「朝典」に熟しているということは律令格式に精通していたと言い換えてもよかろう。

それでは神陽はどのようにして律令格式に関する知識を身に着けたかということになるが、これを推測する手がかりとなるのが弘化三年に書生寮に入った会津藩の秋月悌次郎（名は胤永《たねひさ》、号は韋軒）の「学業」と題する自歴であり、またこれを換骨奪胎した笠間益三の「秋月先生略伝」である。[154]これらには各藩の俊秀たちが昌平黌で切磋琢磨していた様子が描かれているが、注目すべきは秋月が「幕士粟原孫之丞ニ就キ寮友ト共ニ令義解、職原抄等ヲ講習ス、又国史ノ疑義ヲ問フテ益アリ」と記している点である。「粟原孫之丞」とは屋代弘賢の指導の下、『古今要覧』の編輯に参加し、数多くの考証物を残した粟原信充（一七九四〜一八七二）のことである。粟原自身が弘化二年仲冬に「家之北昌

平橋也。西紅梅坂也。占地不盈一畝。為小圃。為盆地。老屋数椽。又築土倉二棟。雖無長物。唯貯書万巻。皮置其中。独座其中。校読以取楽。倦則耰於圃。植以花草。労則坐於池畔。池水清冽。游儵洋々。亦可以楽也。夜則与児輩。発経史疑義。及歴代之沿革」と語っているように、[155] 昌平坂学問所とは目と鼻の先の駿河台下紅梅坂（現千代田区神田淡路町二丁目の幽霊坂の一角）に住し、夜には児輩と経史や歴代の沿革を勉強していた。[156] 秋月は枝吉神陽・吉本懋・菅野潔・片山達・小笠原勝修・南摩綱紀・三浦五助・重野安繹・原市之進・中村敬輔らの名を掲げているから、神陽もまた栗原に学んだ「寮友」の一人であったと見做してよかろう。

ただし、広瀬や瀧沢が「其の志は格君安民に在り」「道学を明らめ名教を立つるを己の任となし、其の志は固くして文字章句の末に在らず」と指摘しているように、神陽の学問は単なる物知りの学問ではなくて、飽くまでも天下経綸のための学問であった。後に副島種臣から神陽の人となりを聞いた城泉太郎（長岡藩出身の英学者で自由民権家）も痛く神陽に傾倒し、「佐賀人に言はすると、神陽先生は啻に佐賀第一の大学者、大人物であるのみならず、九州第一の豪傑で、薩摩の西郷などよりは遙かに卓絶したる大人物だといふのである。（中略）先生は学問が目的ではない。其志は天下経綸にあったのだ。（中略）先生の眼中には、朱子もなければ王陽明もなく、唯経を以て経を説かんのみと常に云ふてゐたさうだ。世間或は先生の経義深奥、史学宏渉にして詩文の華麗優秀なるを讃嘆するものあれど、これ所謂片手間の副産物のみ。先生の志は即ち日本本位で大義名分を正すにあるのだ」と書き残している。[157] 神陽と同僚であった重野成斎が「世の中に一見して畏るべき者は無い、枝吉のみは其の言動に接する者は直に圧迫され、深く交る程畏敬の念を増す」と述べているように、[158] 神陽は学徳兼備の経世家に成長していた。

さて神陽は、昌平坂学問所のカリキュラム改革にも影響を与えた。安政二年から万延元年まで書生寮に在籍した長森敬斐（伝次郎、後に弘道館の指南）が「神陽杢之助氏ハ永ク江戸ノ聖堂ニ在学セラレ、聖堂ニテ六国史・令義解等ヲ講スルニ至リシハ実ニ先生ノ首唱デ有ツタト聞ク」と伝え、[159] 副島種臣も「昌平校に於ても書生が皇国の古典国書を見る者の多くなる様になしたは此人の効力で有ったちうことは当時の昌平校に居つた他藩の人々から後に至りて私等が聞いて居る」と言っている。(160)

実際、昌平坂学問所では、嘉永四年から学制改革に着手し、嘉永六年五月二十九日には林大学頭が「学政御改正御更張之儀に付申上」の中で従来の経史研究では真実日用の工夫や御奉公向きには不十分で、今日の制度故実の取調べには行届かないから、飽くまでも実用を主とした修行をさせたいと言っている。(161) ちょうどその頃、浦賀にペリーが軍艦四隻を率いて来航し、七月一日、幕府はアメリカの国書を諸大名に示して善後策を諮問した。水戸前藩主徳川斉昭は同年八月、十三箇条から成る「海防愚存」を建議したが、その九項目に「文武学校云々」の一項目を置いて「文武学校所々へ御建、海防を兼候御仕法有之度事」と述べた。(162) 斉昭の意見書は八月十日、阿部伊勢守から、海防掛の役人へ下附され、勘定吟味役格であった江川太郎左衛門が勘定奉行同吟味役等とともに連署して幕府に提出し、(163) その意見書の中で昌平坂学問所に言及し、学問所の学問が実用的でなく、大した人物も育っていないことを指摘、また軍学砲術の書の翻訳を仰せ付けらるべきことを論じている。

おそらくこのような意見を反映したものであろう、安政二年二月の「学問所稽古筋之儀に付申上置」に於いて、律令格式や徳川幕府の事蹟などを学ぶ「皇朝史学」、刑法・銭穀・地理等を研究する「刑政学」、各国の強弱風俗治乱の事跡を取り調べる「外国事実」などのカリキュラムを組むこととし、同年三月、林大学頭はその旨を「南楼手伝出役」及び「寄宿頭取」へ伝えている。(164)

こうして翌安政三年正月の「丹波守え進達　学政御更張之儀に付申上」に

一本朝史科　右者六国史三鏡日本史之類より御家御事蹟記録之書冊等を熟究為仕、治乱之次第者勿論、故実之考証等取調候儀に御座候

一刑政科　〇律　右者唐律・明律・清律・本朝之律令格式幷鎌倉以来之故実をも相兼為取調、古今疑獄之類難問

差出評議書取等為仕候儀に御座候
○外国　右者瀛環志略・海国図志之類、其外各国之政態に関係致し候書類取調候儀に御座候
○詩文　右者初学所え稽古罷出候者より登科以上之者迄文字之差働或は書取物等修業之為めに稽古為仕候儀に御座候

とあるように、「本朝史科」と「刑政科」の両学科が設置されることとなったのである。(165)

昌平坂学問所は明治元年六月に昌平大学と称し、十二月には大学と改称、明治三年二月に至って大中小学の制、大学分科等を定めたが、ここでも実用を重んじる昌平坂学問所の教育方針は受け継がれ、佐賀藩出身の大学生満岡勇之助が起案し全生徒に配布されたという「学体」には「道の体たるや物として在らざるなく時として存せざるなし、其理は則ち綱常、其事は則ち政刑、学校は斯道を講じ実用を天下国家に施す所以のものなり」と書かれていた。大学での必読書も定められ、「法科必読書」は「令、残律、儀式、延喜式、江家次第、三代格、法曹至要抄、周礼、儀礼、唐六典、唐律、明律、文献通考、衍義補」であった。そして律令学に造詣の深い人物として大丞の楠田英世（十左衛門、佐賀藩）、大博士の水本成美（保太郎、鹿児島藩）、中博士の矢野玄道（茂太郎、大洲藩）、玉松真弘（操、京都）、少博士の岡松辰（甕谷、熊本藩）、木村正辞（庄之助、下総処士）、中助教の横山由清（保三、東京処士）、小中村清矩（将曹、和歌山藩）、井上頼圀（鉄直、処士）、少助教の村田保（虎之助、行政官支配）、鶴田皓（弥太郎、佐賀藩）、黒川真頼（上毛処士）らがいた。(166)

神陽は既に嘉永二年には佐賀に戻っているから、昌平坂学問所のカリキュラム改革に直接関与はしていないけれども、神陽の影響を受け、神陽退寮後も学問所に残った書生そして儒者たちが神陽の志を引き継いで、昌平坂学問所で六国史・令義解などの「朝典」を読むようにしたものと思われる。何となれば嘉永四年入寮の佐賀藩の重松基右衛門（嘉永五年退）、相良平作（退年不明）、岩村右近（嘉永七年退）はいずれも神陽の門下であり、嘉永六年から安政二年ま

で在寮した前山清一郎は神陽の親友であり、前山と同じ期間在寮した木原義四郎は神陽の従弟であり、安政二年入寮の実松郁一郎（退年不明）、同じく安政二年入寮し舎長助を勤めた長森伝次郎（万延元年退）、安政三年入寮の犬塚与七郎（退年不明）、安政四年入寮の池田文八郎（退年不明）、万延元年入寮の坂部晋三郎（万延二年退）、中野方蔵（退年不明）、吉村謙助（退年不明）、文久元年入寮の山口権六（文久三年退）、木原万五郎（後に多比良文治左衛門、退年不明）、文久三年入寮で舎長助にもなった久米丈一郎（邦武、元治元年退）等々もまた神陽の一門であったからである。[167]

これ以外にも例えば先にも名を挙げた重野安繹は嘉永元年から嘉永七年まで書生寮に在籍して神陽と親交を結んだが、史学に秀でで後に東京帝国大学教授となった人物であり、嘉永五年に入寮して安政五年に舎長になった水本保太郎は、右に触れたように昌平大学の大博士を勤めたけれども、重野の墓碑銘によれば、重野の推薦で一時鹿児島藩にも仕えた人物で、歴史及び法律に詳しく、明治初年の刑法典である新律綱領の編纂に寄与した。[168] 更に昌平大学大丞の楠田英世（十左衛門）は神陽の門弟であり、中博士矢野玄道（茂太郎）が神陽と親しかったことも既に述べた通りである。このように見てみると、長森が「聖堂ニテ六国史・令義解等ヲ講スルニ至リシハ実ニ先生ノ首唱デ有ッタ」と言い、副島が「昌平校に於ても書生が皇国の古典国書を見る者の多くなる様になしたは此人の効力で有った」と述べていることは、これを信頼してもよかろう。

六　弘道館史学派

嘉永二年七月十八日に帰郷した神陽は、八月一日に国学指南となり、[169] 江戸における学問の成果を地元佐賀で最大限に活用することとなった。長森敬斐は「帰藩ノ後佐賀ノ学風ヲ一変セシハ全ク先生ノ力デアル」と言い、[170]『鍋島直正公伝』にも「神陽の宏博は既に述べたるが如く、以て家学の勤王論を主張したれば、気概ある青年書生は尽くこれに競向したりき」とあり、[171] 大隈重信も「当時佐賀藩ノ学派ハ二様ニ分レテ居タ、一ハ経学ヲ講究シテ其傍詩文ヲ作ル草場佩川ヤ武富圯南ノ派ト、一ハ国学ヲ主トシテ日本ノ律例ナトヲ研究スル枝吉副島等ノ史学派デアル、ソコデ経学ヤ詩文ヲ遣ル派ハ学校模型ニ合フタ方デアルカラ随テ佐賀一般ノ気受ガ宜敷、其故此派ノ書生ハ藩校ヲ卒業スル上ハ藩ノ官吏ニ登用セラル、事ト成ツテ居タ、之レニ反シテ史学派ハ服従ノ義務ヲノミ教訓スル朱子学派トハ違ヒ、其規模ニ広大ニシ其ノ志気ヲ雄渾ニスル処カラ必要上、日本ノ制度ヤ大宝令、古事記、日本紀、大日本史、職原抄、其他支那ノ歴史ヲ調ベルノデ有ルカラ、随分、無遠慮ニ議論ナドヤル、随テ学校ニハ受ケノ悪ク普通俗人ニ嫌ハレル方デ有ツタ、大木公モ此ノ史学派ニ属シテ枝吉ノ薫陶ヲ受ケタ人デアル」と語っている。[172]

神陽が弘道館に持ち込んだ新しい学風とは、律令格式や国史を学び、しかも単なる学問としての学問ではなく、飽くまでも実用を重んじる、実践的な学風であった。江藤新平の従兄弟である福岡義弁もまた「江藤デモ大木サンデモ副島デモ皆ナ枝吉信《マヽ》陽先生ノ指揮ニヨツテアノ通リノ人物ニ成ツタノデアル、漢学者ト云フト兎角ニ経学トカ詩文章トカニノミ力ヲ入レルノデアル、枝吉ノ流儀ハ皆ナ実用ヲ主トシテヤラレタノデ死物デハナイ」と証言している。[173]ただし神陽は国学ばかりではなく漢詩文にも熱心であって、弘道館の詩会が廃止された際には「示諸生賦」[174]を作り、群議を排して詩会の旧典を再興すべく努力している。

嘉永三年二月、仙台の国分平蔵が佐賀を訪れた際に、草場珮川、古賀元載、武富圯南らの諸老が鳶魚斎[175]に宴席を設け、神陽も亦来座した。偶々同座した平戸藩儒の楠本碩水はその折に神陽の風采を見て「実雞群中之鶴也、寛政年間肥後有富田大鵬者、至性忠孝、常以回復王室自任、蓋在仲縄君平之間、而神陽則才学器識足以経綸天下」と感じたという。神陽を仲縄高山彦九郎と君平蒲生秀実の間に活躍した勤王家富田大鵬に匹敵する人物と見倣し、その才学器識は天下を経綸するに足るものと激賞している。[176]

この直後の六月十日、神陽は刑法司に関与することになった。[177] 翌嘉永五年四月、国学者で律令にも造詣の深かった萩の近藤芳樹が佐賀を訪れ、四月十九日から五月一日まで佐賀に滞在、五月二日に久留米に向かうまでの間、薬種商野中元右衛門の別宅や藩校弘道館の教授武富文之助（圯南）宅に泊まって、源氏物語の講義をしたり、弘道館を訪ねたり、佐賀の文人たちと交流したりしたが、その中に枝吉神陽もいた。恐らくこの時のものであろう、神陽は「贈近藤芳樹」の詩を詠んでいる(178)。

それはそれとして、近藤の日記『西遊慢録下(179)』（写本）の四月二十四日条には「枝吉平左衛門ハ五十国余遊歴セシ人ナリ、六年ノ間他国ニアリ、四年マヘニ帰国セリ、今ハ藩中ノ律ノ事ヲ改ムル事ヲ命セラレタリ」という注目すべき一文がある。これ神陽が佐賀藩の刑法改正に従事していることを伝えているものであるが、この頃、佐賀藩では刑法改正を模索していた。『直正公譜』の嘉永三年三月十二日条に

刑法之儀、重事柄ニテ其時々取調候而者御裁許筋相滞候儀有之候ニ付、先年一通取調相成候刑法調書、尚又増補兼而夫々相整候半而不叶ニ付、取調候方可有御座、請役所ゟ達上聞候末、盗賊方案文方其外右取調被仰付、(180)

とあるように、神陽が刑法司に関与する直前、藩行政の最高機関である請役所(181)が盗賊方や案文方などに「刑法の取調」を命じていた。佐賀藩では天明三年に徒罪の制度を導入し、寛政九年には笞罪の法も定め、徒罪・笞罪・所払・郡払などの刑罰があった(182)が、どのような犯罪に如何なる刑罰を科すのか、明確な規定は存在しなかった。神陽が果たしてどのような仕事をしたのか、残念ながら不明であるけれども、神陽が刑法改正の実務にも関与していたことは記憶に留めておいてよかろう。

七　義祭同盟

嘉永三年六月十日、刑法司に「干予」せしめられた神陽は、同月十九日に国学教諭に補されたが、八月二十二日に

は什物方に叙され、九月四日には国学教諭を兼帯している。(183)この矢継ぎ早の異動は、神陽の勤王論が弘道館の老輩と相容れなかったために、藩主直正が行なったことであった。神陽が任じられた什物方は藩の史官に相当するもので、「秘書、重器を掌り、領内の地理要害を詳悉する職」である。神陽は同僚の相良宗左衛門と共に山川を跋渉し、領内の古籍古文書を捜索して大いに藩史を研究したが、その調査の過程で、嘗て佐嘉郡北原村の永明寺に深江信渓が安置していた楠公父子像が今は西河内村の梅林庵にあることを知って、信渓の裔孫深江種祿を祭主として同志と共にこれを祭ることとした。これが嘉永三年から始まった義祭同盟であって、毎年、楠正成の命日である五月二十五日に行ない、名簿を記して深江種祿の手元に残すことにした。(184)

現在竜造寺八幡宮に所蔵されている「楠公義祭同盟連名帳」は後年の写しと思われるが、それによれば第一回目の参加者は次の三十八名であった。

枝吉神陽、相良平作、森川武五郎、重松基右衛門、横尾小次郎、枝吉次郎、島団右衛門、木原儀四郎、小山大之允、空閑絮四郎、島内敬一郎、光村吉之進、多伊良三左衛門、大庭玄之進、楠田知才、深川門作、中島和三郎、山領駒三郎、大木幡六、坂本文悦、野口文之助、実松郁一郎、井上作左衛門、相良善次、石尾左源太、竹野作之進、池田文八、本島喜八郎、大石十郎助、犬塚与七郎、高取佐五郎、岩村右近、田中喜十郎、森川大九郎、石隈小太郎、佐野又四郎、片岡新九郎、深江俊助

これ以降、嘉永四年には四十三名、嘉永五年には三十二名、嘉永六年には三十六名というように、毎年三十乃至四十数名の参加者があり、嘉永五年には江藤新平(胤蔵もしくは胤風)の名が、安政二年には大隈重信(八太郎)の名が、そして安政五年には久米邦武(丈一郎)の名がそれぞれ見えている。神陽は安政五年に次の「祭楠神文」(185)を書いているが、神陽がどのような考えで義祭同盟を結成したのかを窺うことが出来る。二神とは楠公父子のことである。

高天肇事、大統爰源、監豊葦原、降格　天孫、　天孫日嗣、孔神体元、迨外万国、莫不祗尊、中葉屯艱、陪臣擾

国、六合常闇、八州鬼蜮、神器離闕、皇輿反側、坤覆乾承、無是敢克、天篤 元后、生此楠神、赫々烈々、以奠 九宸、千窟如掌、東人兟々、保此千窟、以遏東人、遠邇望風、義師雲起、新田足利、摂踵接履、拉賊若朽、鎌倉爰燬、鯨鯢就戮、万有致底、復我 元后、庶政方隆、如何禍日、降禍無窮、姦宄滔天、佳猷不通、命殞寇賊、遺児図終、維此武衛、克纘考志、梓弓不反、誓与賊斃、伐強以弱、撃衆以少、甲弊刀折、首離不撓、百年天定、賊党亦亡、神器得所、大道光亨、茫々葦原、終古幾人、孰無忠孝、少若二神、我思二神、慕義無極、是忠与孝、庶以為則、酌有黒白、鰭有広狭、積如丘山、禋祀以告、安政五年五月二十五日、大蔵経種再拝撰文

義祭同盟には当初、藩の重役連中も加盟して意気盛んなものがあった。大隈重信は「我義祭同盟の上に就て考ふるに、吏員の多分はこの書生団体より抜擢せられし者なるを以て、始めの程は、能く活潑奮進の気力を保ち、一方に藩政を改革し一方に士気を鼓舞し、大義名分の説を講じ、楠公の所為に倣うて、皇室に忠義を致さんことを説き」云々と言っている。[186]

ところで、嘉永六年六月にペリーが浦賀に来航し、同年七月に露国のプチャーチンが長崎に来航すると、神陽も外交問題に強い関心を抱き、次の「擬諭俄羅斯王詔[187]」を書いた。

明神御宇日本天皇詔俄羅斯国王、古我 大祖天照皇大神徧照臨八極、勅 天孫天津彦火瓊々杵尊、承大統以治豊葦原中国、勅少彦命以造外万国、乃定華夷之性、別尊卑之等、正内外之分、迨于朕世万有余年、靡或違失、嚮光格天皇文化元年、汝国女王遣使臻于長崎、送陸奥国漂民四口、幷上表請市易、前征夷大将軍右大臣源朝臣遠慮深謀、以汝情疑不可測乎、奏不允所請、命汝使人不可復航于内地、汝果鴟梟其徳、震驚我東北、今茲嘉永六年、汝使者復臻、請劃蝦夷境域、書辞無礼、群牧百司胥議曰、北方之蕃俄羅斯、既違少名彦所擾、背 光格天皇所詔、兇逆無道、宜正其刑、而示威于天下、朕悲汝君臣昏迷無知、遽陥顕戮、是以不敢随群臣之所議、諭汝悛其慝、汝其敬聴、夫八隅之国、八隅之海、固莫非我 天祖之所眷、則汝俄羅斯亦莫非我 天祖之育民也、逖国于海表、

以雄于戎狄、戎狄之地無芸禾稷、則漁狩汝之近方、自為活在、朕固不之問、汝属島在亜細亜者、実密邇于中国、汝宜恭敬比事之不暇、而今汝徼倖于辺吏之不虞、不念乃祖先之所自、拠有靺鞨、朶頤粛慎、恃不腆之弊甲、慣無望之小利、豕視羊貪、敢欲分蝦夷之壌、定境界、夫蝦夷者国之北門、朝之外府、四洲之民莫不知焉、而汝妄認以為間可競、何哉、天無二日、地無二皇、汝蛍光蠅声、不知所以畏懼、朕恐俄羅斯之禍自此而起焉、自古奪人財者、人亦奪其財、利人国者、人亦利其国、汝若不速悛其貪悪之心、則汝之属国陪臣、必有如汝者、将窺汝之壌、矧於汝之抗角比牙若亜墨仏蘭支那暎咭乎、唯朕重民、不欲役耳、苟役之則我中国、有若関白太政大臣藤原朝臣脩文徳於内、有若征夷大将軍右近衛大将内大臣源朝臣布武備於外、有若左近衛少将肥前守藤原朝臣、有若左近衛少将美濃守源朝臣、世鎮辺要、貔貅十万、又有若二百六十大名、尽列境土、以藩屏于中国、誠能戮醜虜、斥攘残穢、尚朝風夕風、払御霧、焼鎌敏鎌、刈繁木耳、汝其敬聴悛汝慝、汝其不敬聴悛汝慝、則天兵如雲、帯其利剣、建其鋭矛、興其雄誥、一挙而梟汝之使者、再挙而深入汝之国、三挙而汝之都伯的児涬瓦為墟、汝其勿悔、朕不再誥、

鉄兜学人越熙が[188]「筆力雄鷙、足破鄂羅兇胆、而典雅鏗鏘、如読古誓、我世徳平直丈夫児也」と評しているように、堂々たる誓誥である。「擬諭俄羅斯王詔」の擬とは擬えるの意で、神陽はこの他にも「擬平薩州叙別」「擬松浦佐世姫望夫」「擬前中書王望亀山」等々の擬文を作っているけれども[189]、いずれも文体が古風で、恰も奈良時代の文章を読むが如くである。

神陽はこの当時、若い藩士を集めて「古の文を学び、古の道を行じる」研究会を開催していた。嘉永七年八月二十八日、若くして亡くなった門人竹野本暠の為に

祭竹野本暠文

維嘉永七年歳在甲寅秋八月二十八日甲子、枝吉経種以清酌庶羞之奠、敬致祭於竹野本暠之霊、曰、嗚呼本暠子、生常聴於吾、死猶能聞我言乎、昔者子之童稚、我曰、嶄然頭角有異於群子弟、我在東六年、帰則子已頒而弁、与

二三子同在国学、乃既已名籍籍於諸生之間、謂当今之世可資、而学古之文、行古之道者、独有枝吉経種耳、乃与二三子同日夜臻于我、憤励切劘、有所聞焉、未曾不行也、有所行焉、未曾不示也、講習討論、必不有不於此也、遊息動作、必不有不於此也、才日益進、而未曾退也、学日益積、而未曾怠也、余曰助余興斯道者之子也、子亦以自任焉、誰謂其遽棄余而没也、嗚乎哀哉、余嘗告子曰、人之宿一世欻忽如朝露耳、苟非文行顕於後世、何能得為大丈夫乎、子深以為然、而今子死乎、嗚乎哀哉、余観古之人、其能伝于今世而不朽者、不唯其才異于衆而已也、必能保其寿、而使天下後世称道其名也、設令仮子以年歟、乃自能伝于後世、而不朽無疑耳、而今子死、年僅二十有二歳、文雖脩、行雖高、至于比之古人猶未可也、則千載之下、皎然者汚而隆、然者欠世亦豈有知子名乎、余必知子不瞑目於地下矣、嗚乎哀哉、雖然子之志則二三子之志也、二三子之志則余之志也、与余与二三子而幸永此世歟、則相共成子之志、必使後世之人曰某々之於為人可謂成矣、然其前有竹野本高者、実與某々同事、雖不幸早世、其才実有優焉、乃子雖没可少安於地下也、嗚乎語有尽而意無極、嗚乎哀哉、尚饗、

経種重告于本高之霊曰与経種同祭子者長尾新九郎清毗也、小出千之助光彰也、相良六郎助定寧也、池田文八利明也、永淵宗一郎褒興也、子之従弟坂井辰之允興宣也、石丸虎五郎安行也、長森伝次郎敬斐也、子之弟池尻勘六義興也、江藤又蔵胤風也、早田栄橘久儔也、是皆子之所以日夜相親比而講此道之友也、以念子之不可忍也、皆来会子之所矣、嗚乎子知之耶、将不知之耶、何子之寂然而無語、嗚乎哀哉、

なる祭文を認め、[190]その中で竹野たちが「当今之世可資、而学古之文、行古之道者、独有枝吉経種耳」と謂って神陽の下に集まり、講習討論をしていたことが記されている。そして竹野本高の他に、長尾新九郎清毘、小出千之助光彰、相良六郎助定寧、池田文八利明、永淵宗一郎褒興、坂井辰之允興宣、石丸虎五郎安行、長森伝次郎敬斐、池尻勘六義興、江藤又蔵胤風、早田栄橘久儔たちが加わっていた。神陽は壮年の頃に重松基右衛門等と共に宅廻りで職原抄などの輪読会を開いていたと伝えられているが、[191]それがこの研究会と同じものか、またこの研究会が全く私的に行なわれ

ていたのか、それとも弘道館や義祭同盟と何らかの関係があったのかは今後の研究課題であるけれども、彼等の大多数は義祭同盟にも加わっていた。[192] なお江藤又蔵胤風とは江藤新平のことであって、江藤もまた古の文を学び、古の道を行なおうとしており、神陽の薫陶を受けた。嘉永安政の頃に『葉隠聞書校補』編纂に従事していた神陽は、執政鍋島安房茂真から『常朝書置』『同打解咄』を借り、これを写して秘蔵していたが、安政七年にはそれを江藤新平に写させたという。[193]

さて、義祭同盟は、神陽ら改革派と保守派との間に次第に軋轢を生じるようになった。とりわけペリーが来航した嘉永六年以降、天下の形勢が一変し、義祭同盟の改革派が国事に奔走するようになると、両者間の溝は徐々に深まっていった。勤王運動は封建制度に触れ、藩の制度に不利益を来たすものと考えられたからである。このような事態となって、神陽も義祭同盟に顔を出しづらくなったのであろうか、楠公社所蔵の「楠公義祭同盟連名帳」にも、神陽の名は安政二年（一八五五）までしか記されていない。大隈はこの間の事情を「義祭同盟は依然として存在せしには相違なきも、只だ告朔の餼羊と為りて其形を存するに過ぎざりし。楠公の大義を表彰し、互に之に倣うて皇室の為めに、国家の為めに尽さんとするの精神は、僅に一部の人士間に止りて、已に此義祭同盟なる全体の上には属せざりしなり。其同盟者は、定まりたる集会日には、猶何れも一所に集れり。書生は云ふ迄もなく、吏員も来り、門閥家も集れりと雖も、最早是等の人々は同臭味の団体を以て称すべからず。其心は二様に分裂して、将さに軋轢をも生ぜんとするの傾向を呈せり。是を以て、其集会は只一片の儀式に止りて何の効用をも為さゞりし。既に自他の間に暗に障壁を設けたり、其胸襟を披きて国事を談ずるが如きは到底其中に為し得べきに非らず。是に於て、同盟中の一派は別に集会を為すの必要を感じたれば、佐賀に於ける幽邃の一寺院を以て其集会所に充て、以て同志等が国家の大勢に関し、藩政並に教育の方針等に関し、自由に其意見を吐露するの所と為せり。蓋余の尊信する先輩の多くは、此派の人なりし故に、余も亦た之れに従って終始其集会に列するを怠らざりき」と説明している。[194]「幽邃の一寺院」とは、城北三溝にある黄檗宗大興寺（佐賀商業高校西側）のことである。

『鍋島直正公伝』によれば、神陽・種臣兄弟は日本一君説を拡充して、将軍が大君の名を以て外国と条約を結ぶことは失体であって、内政外交共に天皇の親裁でなければならないと痛論した。よって兄弟謀議の結果、種臣が、遊学期限中であるのを利用し、安政五年六月、再び種臣を上京せしめ、朝廷が将軍の継嗣を彼是言うのは無用の詮議であり、早く将軍宣下を廃して、政権を収めらるべしという意見を大原重徳に提出したのであった。大原は、種臣の論理の至当なるには承服したけれども、「幕府を廃して皇政に復せしむるは、事体極めて重大にして、我等の当るべきところにあらず、されば青蓮院宮の英邁剛毅にして、主上の御信任浅からざるを幸ひ、彼宮に謁見して上申を請ふべし」と言って青蓮院宮（朝彦親王）を紹介した。そこで数日後、種臣は宮に会って所説を委しく話した。安政五年の日米修好通商条約締結を契機に、尊王攘夷運動が勃興するが、この時点で倒幕論まで展開したのは、『鍋島直正公伝』が「倒幕論は是が嚆矢なるべし」と言っている通り、佐賀の神陽・種臣兄弟が初めであった。

しかし事は思い通りに展開せず、種臣は佐賀に戻った。『鍋島直正公伝』は続けて「然るに聴て所司代は藩士浪人の捕縛を始めたりしを以て、種臣は去つて佐嘉に帰り、城北三溝の黄檗宗大光寺を会場となして、兄神陽を始め、義祭同盟の空閑、木原、楠田、大木、江藤、中野（方蔵）、大隈等の諸人と時々集会し、時事の討論をなして互に意見を交換したり。よって目附等は種臣の行動を奇怪として之を弾劾したれど、公は、目今時勢の変動ある以上、青年書生の学問研究の上よりさる事あるは、已むを得ざることなり、されば法を犯さぬ限りは咎むるなく放棄すべく、唯独断の挙動をなして身を誤らざるやうに戒むべしといはれたり」と記している[195]。ここに「大光寺」とあるのが大興寺の誤りであることは言うまでもあるまい。神陽以下、義祭同盟の改革グループが大興寺において継続的に会合を持っていたことが知られる。

種臣が上京した安政五年といえば、所謂安政の大獄が始まった年であり、翌年には橋本左内・頼三樹三郎・吉田松陰らが死罪に処された。そして安政七年三月三日、水戸浪士らが大老井伊直弼を暗殺する桜田門外の変が起こった。
神陽は松陰とは旧知であって、嘉永三年十二月二十四日、松陰が弘道館を訪れた際に武富文之助と一緒に会っている。(196)
松陰はよほど神陽の印象が深かったのであろう、野山獄に在った安政二年七月二十二日、西遊の途に出ようとする来原良蔵に「肥前にて枝吉平左衛門必ず御尋ね成さるべく候。僕も一面識のみにて悉しくは存じ申さず候へども、奇男子と存じ奉り候」と書き、「奇男子」神陽には是非とも会うように勧めているのである。(197)

その松陰を死に至らしめた井伊直弼が、桜田門外で暗殺せられた。多くの志士たちは水戸浪士らの義挙に喝采し、神陽も亦、早速「擬水戸浪人獄議」という文章を著わして、水戸浪士らの行動を支持した。(198)

右得武蔵国三月三日解偁、常陸国水戸藩浪人某々等十七人、薩摩国鹿児島藩浪人某一人、合十八人、致死右中将掃部頭藤原直弼朝臣於本国江戸城下内、某々登時自刺、某々逃亡不知所往、某々自抵侍従中務大輔藤原安宅朝臣、捧状待命、因禁其身、以請讞者、夫直弼朝臣、身浴　朝恩、而不念効涓埃之報、欺大将軍源公幼弱、恣奪其家事、以蔑如　朝憲、耶蘇教者国家之所厳禁也、而彼朝臣私奉之、米利堅、英吉利、俄羅斯、仏蘭西、四蕃之請開港互市、以情謟不可測、廷議不可所請、而彼朝臣、剛愎詐偽、無論王臣公卿大夫士庶人、苟有異己者、便以計陷之罪為醜虜、成就其黠謀、形雖奉真、心潜向謟、使彼朝臣、生至于今、天討必加焉、而某等忠義奮発、不労一官兵得誅除之、考之於律条、無罪而有功、賊盗律曰謀叛者絞、捕亡律曰、捕罪人而罪人持仗拒捕者、其捕者格殺之、及走逐者殺者、皆勿論、此某等所以無罪也、闘訟律曰、知而不挙劾者死罪徒一年、夫不挙劾而有罪、則挙劾者為有功、挙劾者為有功、則誅除之者、何独得為無功、此某等所以有功也、宜速下知彼国、死者給埋葬、逃亡者下恩赦、在禁者解其禁、以身帰於本主中納言源慶篤卿、復祿仕者、国宜承知、依議行之、年月日

神陽は、井伊直弼が朝憲を蔑ろにした罪人であると断じる一方で、賊盗律、捕亡律、闘訟律の条文を駆使しながら、水戸浪人らの行動が無罪であることを法律的に論じている。

律令の中の刑法総則とも言うべき名例律によると、「国に背いて偽に従はんと謀る」行為は謀叛であった。[199] 故に、国禁たる耶蘇教を奉じる国々と誼を通ぜんとした井伊直弼は、神陽からすれば、当然に謀叛人である。この謀叛人は賊盗律によって絞首刑と定められており、[200] また捕亡律によれば、逮捕時に抵抗する罪人を殺したとしても罪には問われなかった。[201] 更には闘訟律で罪人告発の義務が国民に科されており、死罪となるべき者を告発しなかった場合には、却って一年間の徒刑（強制労働）が科されることになっていたのである。[202] 従って、謀叛人井伊直弼を殺した水戸浪人らの行為は、無罪であるどころか、非常な功績であるということになる。

当時、水戸浪士らの行動を心情的に庇う者は多くあったであろうが、然るべき論拠を明確に持ち出して、その無罪を堂々と主張したものは、管見の及ぶ限り、神陽以外にはいない。しかもこの当時、律の条文をここまで自在に引用しているとは実に驚くべきことであって、正に神陽の皇朝主義の面目躍如たるところである。勿論、この「擬水戸浪人獄議」の現実的な効果は殆ど期し難いけれども、しかし神陽の皇朝主義からすれば、天皇を頂点とする律令制こそが本来のあるべき法秩序であり、将軍はその秩序の中の一官たるに過ぎない。律令中の一官に過ぎない将軍が天皇の大権を侵し、律令制を蔑ろにして幕府政治を行なっているのである。神陽が律令の研究を行ない、また門弟たちにもこれを勧めたのは、故なしとしない。

更に神陽の学殖及び思想を知る上で欠くべからざる史料は、万延元年秋八月執筆の「船考序」である。[203]

不摂関之政荒、而蕃国之朝貢熄焉、而主船之司失其職矣、主船之司失其職、而凡古之巨艦大舶所以来従海外者、不可得而詳其制矣。夫素尊之所謂浮宝者、其意故在巨艦大舶、而不在尋常小船也耳、否則大海曠遠、何以能達財国、而致其眼炎之金銀彩色哉、是鳥磐天磐之所以肇于上代、而稚桜豊明之際、其制益精矣、至于承和、模造新羅船、蓋又加其大矣、夫以古人規模之宏如此、苟可開物成務者、何有所不為、是以皇略之所加、無遠不戻、而後世寥寥、可勝慨嘆哉。則若豊国公征韓、事功不遂、志則可偉矣、而今将家則事事反其道、乃併尋常商船而小其制、以為船小則外通之路絶、而便于鎖国、守国者固莫鎖国若也、不知古之善守国者、不以守為守、以攻為守也、夫鎖国也者、如有万全之形、而無進取之勢、欲自守而来外侮、是我中将公之所以惓惓于造船之議也。益田元景奉命著船考、述古之外、附以己之見、言今日海城之必不可不従事焉、蓋取之承和造新羅船之意也。元景嘗謂余曰、公之志雖切乎、奈幕議之不相容何、而今也住吉之神叶謀于我公、西胡之所謂鉄艦火船者、我肥得有之、是実元景之此挙、為降福之地也。但憾天下論者、多昧于国体、局輓近之所見聞、猶以鎖国為是、余願元景刻此書、行之于薄海之内、使天下之人、知皇略之不可不以復古、国之不可以鎖、船制之不可不以変、主船之司雖失其職、四方来取範于我肥、鉄艦火船攻守両資、則設令不得遽復蕃国之朝貢、尚無外侮之以損我天皇之国矣、是衰世之志也。元景起藁成、己知其由、一言之嘱在所不辞、乃書此以為序、万延元年秋八月之吉、大蔵経種書、

佐賀藩は福岡藩と隔年交代で長崎警備を担当していた関係で、古来海外の情勢には敏感であって、鍋島直正（左近衛中将）も大砲鋳造や軍艦の整備に熱心であり、海外貿易にもまた関心を抱いていた。[204] 直正は「鎖国自守の基礎を去つて、よろしく海外に雄飛発展すべし」との意旨を藩内に知らせるため、近侍の増田忠八郎元景に命じて「船考」を編集せしめ、その稿本を草場佩川、福田東洛、枝吉神陽に見せて序文を求めた。増田は神陽とは昵懇で、義祭同盟にも参加した人物であった。[205] 神陽は増田の壮挙を称えると同時に、天下の論者が国体に昧く、鎖国を以て是としているのを慨嘆、古代の承和年間に新羅の船舶を模造したことを挙げ、鎖国の陋習を破り、「攻むるを以て守りと為す」べきことを説いている。神陽には進取の精神があったことを知らなければならない。

　このような神陽の許には佐賀の青年有志者が集まったばかりでなく、他藩からも来訪者があった。大隈が「神陽先生は啻に当時佐賀藩に於ける第一の学者たりしのみならず、其の名は遠く江戸及び列藩にも聞えて神陽先生の名一時に喧伝せり[206]」と言っている通りであって、安政六年秋日には会津の秋月胤永が訪れ、[207] 文久元年十月の初めには、筑前の平野国臣が佐賀にやってきた。『平野国臣伝及遺稿』には「枝吉杢助を訪ひ、与に王事を談じ、時勢を論じて説頗

る合ふ所あり。更に副島次郎、江藤新平、大木民平の徒と応酬して、留滞日を累ねて去り、転じて筑後に三たび真木泉州の幽居を叩き、天下の事、今や已に洪手傍観すべからざるを説き、共に時局に処するの策を講ず」とあり、[208]『鍋島直正公伝』にはこの時のことを「去冬薩摩の兵を率ゐて上京を敢行せんと決意せる比に当り、筑前の平野次郎は、奔走長州の松下塾党を語らふとゝもに、佐嘉に来りて枝吉木工助に密会したりしに、枝吉は初めより、政権朝廷に復せずんば国家は興らずとの持論なりしを以て、こは明白の理にて固り我公の本意たり、故に苟も之が遂行に於ては、決して異議あるべからず、我必ず之を奉じて勤王すべしと確答し、更に社中の大木民平、江藤新平、古賀逸平等にも懐抱を抛って論断警醒する所多かりければ、平野は大に喜んで去り、他に進説するに方りては、肥前に三平ありと称揚したりといふ」と記述している。[209]平野の同志である薩摩の柴山愛次郎、橋口壮助が有馬新七に宛てて「吾々出府之上は、肥前藩枝善杢助へ引合、長州同様、京師出兵之策を施す含に御坐候。杢助随分頼有之者と被察候」と書いており、[210]神陽への期待が高まっていたことが知られる。

この後、神陽は江戸に向かい、十二月二十五日に弟種臣に次の内容の手紙を出している。[211]

一当表近来の形勢、先々平穏、夷人之徘徊等も余り無之、縦令有之候も別而無事之由、経種抔は未一度も見当不申事。

一（中略）毛利殿は東も西も人次第之人之由に御座候、水戸老君は下朝、今時頼も敷大名衆は見当不申様に存候、何とそ尾州老君、越前老君、一橋老君を再勤被致候様致度、若し唯々相さし候得者、日本の病気癒に相趣に難到事に御座候、久世大和殿も只今では香しき事も無之様相見え候、惣て此度和宮様御降嫁の御事、京童子抔は関東の我意にて人質同然と相心得申し取計之由申罵り候得共、全く大違に而、天下之処置に無策、責而はと上は朝廷へ取入、下は天下之人に申分にて公武合体と歟申一策に仕て決而無外様相見申し候、東吏の技倆は知れ申し候事、

神陽が江戸に行ったのは藩主直正に扈従してのものであったと考えられるが、直正は九月二十六日に佐賀を出発し、

十月二十八日に江戸に着いているから、[212]平野国臣と会ったのが十月初めであったことが事実であるならば、直正出発後に出掛けたことになる。

それはそれとして神陽の手紙によっても知られるように、夷人問題や和宮降嫁問題などで世情は騒然となっていた。青年書生たちも政論に好奇心を抱くようになり、昌平黌に在籍していた佐賀藩の中野方蔵、坂部晉三郎、岡本徳次郎、吉村謙助、山口権六なども時事を談論することを喜んでいた。中でも神陽門下で皇権回復に熱心であった中野方蔵は、勤皇家の大橋訥庵や多賀谷勇と交流を持っていた。そのような時、文久二年正月十五日、老中安藤信正が水戸浪士らに襲撃される坂下門外の変が起こった。中野は嫌疑が及ぶのを避けて昌平黌を退き、千駄ヶ谷の藩邸に寓居していたが、大橋等の陰謀が露見して、二月四日、遂に捕縛せられたのであった。[213]中野は昌平黌在学中に江藤新平及び大木喬任に宛てた書翰の中で「幕権を挫かずんば、皇権、古に復らず、皇権振はずんば、国権立たず、国権立たずんば国民は累卵の危地に陥るべし、方今の時務は、先づ将軍をして大政を京師に返上せしめ、天下の人心を一致して、大に制度を改め、門閥を破り、盛んに人才を抜擢するに在り。実に千載の一遇にして、上には明天子在まし、下には忠臣義士あり、今や幕威は地に墜ち、諸藩は因循す。此の時に当り、一雄藩、起て大義名分を唱へ、京師を守護し奉りて勅命を発し、幕府をして大権を返上せしめ、以て百万石の大諸侯と為し、其の譜代の諸侯は、各臣に列せしめ、諸藩は本領故の如くにして、然して後、大に諸侯を会して、神州の国是を定むべし」と論じているように、[214]神陽の薫陶を受けた王政復古論者であった。神陽は二月十三日、佐賀にいる従弟の島義勇及び木原隆忠に手紙を出して、

当月四日晩、中野方蔵千駄ヶ谷邸中ニ寓居近隣の浴屋に行き申され候ところ、幕吏数十人仕懸け赤はだかにて就縛、八丁堀の獄に繋がれ候。尤も浴屋に行き申され候みぎり、近隣に付き長だら一本にて参られ候由、隣近とは申しながら、誠に不覚の至り、畢竟、武道に頼り申さるゝかと、無念の次第に存ずる事に候。咎の儀は、安藤殿を誅し申さんと仕り候連坐の由、その聞こえこれ有り、実否未だ詳かならず、御裁許は重くして遠島にも及び候か。（中略）

経種などは外交を断ち、閉戸仕り候えども、やゝもすれば嫌疑に触れ候等、時々これ有り、しかしながら御発駕も来る三月五日よりの御つもりにて、最早、近々に相成り、決して免れは仕る儀に御座候条、御安心成さるべく存じ奉り候、

と中野捕縛の状況を克明に報じると共に、身辺にも嫌疑が及んでいることを書き記している。[215] これより先、二月二日、神陽の妻しづが神陽に手紙を出している。しづは中野方蔵捕縛のことは知らなかったとしても、坂下門外の事変は耳にしていたであろう、「御用心被遊べくと御頼もふしあげまいらせ候」と夫の身を案じている。

直正が佐賀に戻ったのは四月六日であるから、[216] 神陽もそのころ帰佐したと思われるが、この前後の動向は明らかではない。神陽の門弟江藤新平は親友中野方蔵の獄死を知り、矢も楯もたまらず、六月二十七日、藩庁に長文の書を奉って京都に上った。[217] その書中に「諸事至誠より流出、此心を以て　皇室の基を相定、国是を相立候はゞ、所謂処分得宜と可申事にて、当世の先務にて可有御座、（中略）右鎖国の儀は、幕府初代の建議にて　皇代盛事の典型にては無之、奈良の朝以前は　皇徳の四夷に不及を社《こそ》被労宸慮候御事の由、因て唐国三韓等の諸邦も奉仰化皇徳程に候得は、鎖国と申は皇国の御国体にて無之事、粲然明白仕居候」云々とあり、神陽や中野の考えと軌を一にしている。

かくて神陽の皇朝主義は次第に実現に近づきつつあったが、時あたかもコレラが蔓延して神陽夫妻も罹病、妻しづは八月十二日に行年三十四歳で死去し、看病をしていた神陽も二日後の十四日に行年四十一歳で息を引き取り、神陽夫妻は菩提寺である木原村阿弥陀寺に葬られた。[218] 神陽の最期について副島種臣は「先生将歿之夕、悠然拝　天子之所曰、草莽之臣、某事畢矣」と書いているけれども、[219] 佐賀の郷土史家栗原荒野氏は、神陽の妹や親族から聞いて調べたという相良宗蔵の書翰を基に、「夫人の罹病は文久二年八月十二日で即日死去、先生自ら看護し、葬式の事などまで指図してゐられたが、十三日には既に感染の模様があり、同夜出棺の頃は相当病勢も募ってゐる様子であったから、側から頻りに臥床を勧めやっと床につかれたのであった。この時三歳であった嫡子竜若を招いて懐に抱き太郎と改名

させて諸岡氏に嫁した令妹に抱かせ『この子若し成長叶はず養子するやうなことがあつたら、我が家は代々男子嫡流の相続であるからよく〳〵吟味して養子をせよ、同祖江上以来男統の家は沢野氏などである。』と細かに遺言し、また親友相良宗蔵に対し『先考（三年前逝去）の石碑を建てゝゐないことが心残りである、碑文も六百字ばかりは胸中に草案してゐるからせめて此の文章だけなりと残したい、会葬の親戚共が帰つたらその草案を言ふから貴公に執筆を頼む。』といはれたが、帰りは夜半に及んでこの時既に病勢は進み、痙攣が強く元気も衰へて遂に口授筆記を果すことができなかつたとのことである。それからやゝ痙攣がをさまつた頃、太平記巻二十五の『宮方の怨霊六本杉に会する事』の一条を機嫌よく笑つて話されたりしてゐたが、夜も明け方になるといよ〳〵革まり、まだ日の出前に上下を枕辺に置かせ、看護の親族に扶け起こされて、御城の方を拝し、次いで祖霊の神棚の方に向かつて再拝し、従容として永眠されたのであつた」と書いておられる(220)。

八　おわりに――神陽の学統

神陽は自らの皇朝主義の実現を待たずに逝去したが、その志は弟種臣や門弟たちによって確実に受け継がれた。大木喬任日記(221)の元治元年（一八六四）正月十五日、三月十五日、四月十五日、六月十五日、九月十五日、十月十五日の各条には「大興寺集会」の記事があり、鍋島河内、木原義四郎、副島次郎、大木喬任、楠田知才、伊東源蔵、小代清八、古賀一平、多伊良文治、吉村謙助ら義祭同盟関係者が原則として毎月十五日、会の幹事を決めて大興寺に集会していたことが記録されている。

文久二年に上洛した江藤新平は、その後、永蟄居を命ぜられたが、慶応三年に赦免されて東征大総督軍監、鎮将府判事、佐賀藩権大参事、制度取調御用掛などを歴任し、明治三、四年頃には官制改革に従事した。その折の草案の一

つに

夫二官八省等の制は元唐制に本つき、之を斟酌増損せしものなり。然ども唐制の官署は前代の弊を受け、此時代已に重複虚設の患あり。三公虚設にして政台閣に帰し、六部の外、又九寺の重複あり。今六省の卿或は三職と抗立し、太政官或は六省と離背し、府藩県民部二署に管せす弾正刑部、其職を同す。是皆虚設重複の弊にして官署の数定まると雖も、其事務混淆して明かならざる所以なり。今の制に依て諸官所有の権を分け其界限を定めんとす。必ず能はざる所あり。諸官権力の界限明かならず。付受の貫一ならざれば争立抵抗の患已むなし。故に三職の下、左右弁を設け、以て諸寮司を分管し、諸寮司府藩県に施すときは承授の序清く号令一に帰し、綱挙り目張る。脈絡貫通、天下の事指掌の如く煩に似て却て簡なるべし。蓋し漢土の制、六部は皆尚書にして、尚書は三省の主たり。明は大学士之を分職し、即宰相なり。今参議にて六省卿を兼たるものなり。西洋の省各事務宰相あり。是六省の卿なり。事皆其一手々々に決し別に参議の如きものあることなし。今参議の外、別に六省卿あり。而して六省専職は皆寮司にあるときは、是卿は虚役なり、重複なり、考正せずんばあるべからず。但参議より六部を分兼するは善なるに似たり。而して相争ふて和せざるの弊を生ず。故に其宜しきを斟酌して凡六省の事皆寮司に専委し、而して太政官之れを統べ、弁官之を考査斟明して、決を三職に取るを以て、今日の良政とすべし。試に三職以下の官省を擬定し、其職掌権力相統轄するの概略を挙ること左の如し。

云々と書かれている。[222] 江藤の律令制についての知識が並々ならぬものであったことが知られるけれども、古代律令制に溯って議論するという発想が神陽の教育に由来することは言うまでもなかろう。

他方、神陽の薫陶を受けて精神行為養成の第一歩を踏み出した大隈は、安政三年に蘭学寮に入り、文久元年には蘭学寮の教官に任ぜられていたが、次第に英学に転じ、慶応二年頃には副島種臣とともに英学伝習生となって長崎に赴いた。そして慶応三年、藩政府に進言して長崎諫早屋敷（長崎市浦五島町）に「蕃学稽古所」（慶応四年八月に致遠館と改称）を設置した。[223] その後、慶応三年十二月、王政復古の大号令が降り、翌年一月、兵庫において各国公使にその旨が伝達されたのであるが、肝腎の長崎にはその御沙汰が脱落し、しかも長崎奉行は汽船に乗って逃亡してしまった。ここにおいて副島は急遽上京し、長崎鎮台を定めて外交方面を安定せらるべき旨を建言し、大隈は書生の暴動を鎮め、薩摩の松方正義、土佐の佐佐木高行などの諸藩士らとともに、奉行所が投げ出して行った残務、外国人に対する処置などを取り扱った。大隈は主として外国人との折衝の任に当たったほか、切支丹宗徒問題などにも取組んだ。慶応四年六月二日発行の『横浜新報もしほ草』は「ながさき港は、商法まことによくととのひて土商、客商ともによろこびあへり。参謀大熊（隈）氏は鍋島の人なり、博識英才にて、時勢をさつし急務をあげ、邪正を糺し、仁慈をほどこせり」と大隈を称えている。大隈には紛争処理能力が備わっていた証拠である。この紛争処理能力が認められ、慶応四年三月、大隈は長崎鎮撫総督から推薦を受けて徴士となり、そして参与職外国事務局判事に任ぜられて上京することになった。

大隈はまた慶応四年閏四月三日、大坂東本願寺別院において切支丹宗徒の即時釈放を求めたイギリス公使パークスと論争し、パークスの要求は『万国公法』に禁ぜられた内政干渉であると突っぱねた。この耶蘇教問題ではもっぱら大隈が外国人に対応し、この時の見事な折衝振りが認められて、大隈は廟堂に地歩を占めるに至り、同年中に外国官判事そして外国官副知事に抜擢されたのである。[224] 大隈の交渉能力、紛争処理能力の程を窺うことが出来よう。大隈のこのような交渉能力がどこから出てきたのかというと、筆者は枝吉神陽の教育にそれを求めることができると考えている。大隈が「神陽先生大きに喜んで親切に教へて呉れた。御蔭で我輩は古典の知識を振舞はして、大に儒教を排斥し、『漢学は孔子の垂れ糞だ。其様なものを読んで如何するか』といってやつたんだ」と語っているように、[225] 大隈は議論の仕方、説得の仕方を神陽から学んだのであるが、これこそ法的思考に他ならない。大隈は神陽を通じて知らず識らずに法的思考方法を身につけていたのである。大隈は、義祭同盟に参加したことは「余が世に出て志を立つるの端緒[226]」とまで言っているが、大隈のみならず、副島、大木、江藤ら佐賀出身者が薩摩、長州の連中と伍して廟堂で地歩を占めることが出来たのは、全く神陽の薫陶の賜物であった。

注

（1）島義勇『戊辰日記』（佐賀県立図書館郷土資料室所蔵写本）。なお『佐賀市史』第三巻（昭和五十三年、佐賀市史編さん委員会、二二五頁以下）参照。

（2）維新史料編纂事務局『維新史料綱要』第八巻（昭和十三年、目黒書店、四一六頁）。

（3）昭和七年、妻木忠太編、木戸侯爵家蔵版、七頁。

（4）中巻（昭和四十三年、原書房、四三三頁）。

（5）上巻（昭和二年、侯爵大久保家蔵版、四五七頁）。

（6）「副島伯経歴偶談」（『東邦協会会報』第四三号、明治三十一年二月）。

（7）同右「副島伯経歴偶談」。

（8）丸山幹治『副島種臣伯』（昭和十一年、大日社、一〇三頁）。

（9）「副島伯経歴偶談」（『東邦協会会報』第四四号、明治三十一年三月）。

（10）『早稲田清話』（大正十一年、冬夏社、四五三頁）。大隈老侯遺著『東西文明之調和』（大正十一年十二月、早稲田大学出版部）に附された牧野謙次郎の「後序」には「先生《（神陽）》先ヅ課スルニ古事記令義解ノ謄写ト暗記トヲ以テス。公《（大隈）》天資ノ強記ナル亦善ク之ヲ記シ、其ノ大節ノ如キハ、老ニ至ルモ屢々予輩ノ為ニ之ヲ誦読セシコトアリ」と書かれている。

（11）丸山幹治『副島種臣伯』四九頁。

（12）「高木秀臣談話」（国立国会図書館憲政資料室所蔵「大木喬任文書（書類）」六九「談話筆記他四冊」）。高木については肥前史談会『先覚者小伝』（昭和四年～六年、平成五年、洋学堂書店から『佐賀県歴史人名辞典』として再刊）参照。

（13）福岡博編『佐賀幕末・明治500人』（平成七年、佐賀新聞社）。

（14）『中央公論』昭和十八年九月号。

(15)『葉隠研究』第四十五号（平成十三年十一月）。
(16)「副島伯経歴偶談」（『東邦協会会報』第四一号、明治三十年十二月）。
(17)楠本碩水については市川本太郎『日本儒教史』（四）（平成六年、汲古書院、二四七頁以下）参照。
(18)衆議院議員坂井隆憲氏提供の『枝吉忠左衛門系図』や副島種臣「神陽先生神道碑銘」（『蒼海全集』巻六、大正六年、六九葉以下）による。坂井氏の先々妣は神陽の娘「常（トキ）」の孫に当たる。
(19)坂井隆治『ふるさとの味』（金華堂、昭和三十七年）。
(20)『神陽先生遺稿』下巻五三葉以下。
(21)「副島伯経歴偶談」（『東邦協会会報』第四一号、明治三十年十二月）。
(22)前掲『枝吉忠左衛門系図』。
(23)「副島伯経歴偶談」（『東邦協会会報』第四一号、明治三十年十二月）。なお神陽の「先考南濠先生行述」には「吉村幹斎、小柳宝里二先生者、故先君子之友也、半途而操志或不能堅、先君子激告数四、二先生大感悟、遂為一時之耆宿、二先生於此歿、世徳先君子」とある。
(24)前掲『枝吉忠左衛門系図』。
(25)前掲「先考南濠先生行述」、「神陽先生神道碑銘」。
(26)『鍋島直正公伝』（久米邦武編述、中野礼四郎校補、侯爵鍋島家編纂所、大正九年、第三編四二七頁）、『佐賀県史』中巻（昭和四十三年、佐賀県史編さん委員会、三四六頁）。
(27)横尾紫洋については副島広之編著『勤王の先駆者横尾紫洋』（平成十三年、善本社）参照。なお『大隈侯八十五年史』（大隈侯八十五年史編纂会、大正十五年、六〇頁）にも「安永天明の頃、佐賀人中には、横尾文助と云ふ者がゐて京都東山に家塾を開き、勤王論を鼓吹した。が彼は幕府に迫害されて藩に逐ひ返され、自殺せしめられた。それについては佐賀藩士も頗る之を憤つた。殊に佐賀には葉隠主義の武士道精神が一藩を風靡し、鍋島を主とし、徳川を従とする風であつて、徂徠学の東西二帝を唱ふるを非とし、枝吉南濠は日本一君の説を主張した」云々と書かれている。
(28)第一編四三頁。

(29)『久米博士九十年回顧録』(昭和九年、早稲田大学出版部、二四頁)。
(30)近世儒家文集集成3『徂徠集　徂徠集拾遺』(昭和六十年、ぺりかん社)。たとえば四四、五八、七八、八九、一一一、一一三頁参照。
(31)『和刻本正史　史記』(二)(昭和四十七年、汲古書院、五九七頁)。
(32)読みは新釈漢文大系『史記』(九)(平成五年、明治書院、二九六頁)による。
(33)第一編、三〇五頁。ここの箇所では徂徠の東西帝説を批判したのは遁翁の息子の東郭となっている。いずれが是か定かではない。
(34)前掲『神陽先生遺稿』下巻五七葉以下。
(35)前掲「神陽先生神道碑銘」。
(36)前掲『副島伯経歴偶談』(『東邦協会会報』第四三号、明治三十一年二月)。
(37)第四編五三〇頁。
(38)『神陽先生遺稿』上巻一九葉。
(39)『鍋島直正公伝』第三編二五八頁、第四編一六三頁。
(40)『鍋島直正公伝』第三編二六〇頁。
(41)中村孝也『中牟田倉之助伝』(大正八年)。
(42)『南濠先生遺稿』巻九「日記」(佐賀県立図書館郷土資料室所蔵)。
(43)『南濠先生遺稿』巻九「日記」。
(44)高橋勝弘『昌平遺響』(刊行年未詳、明治四十五年の自序あり)、鈴木三八男『「昌平黌」物語――幕末の書生寮とその寮生――』(昭和四十八年、斯文会)。
(45)関口邦弘『「書生寮姓名簿」・「登門録」翻刻ならびに索引』(一九九九年、平成十年度文部省科学研究費補助金「近世における教育交流に関する基礎的研究」第三次報告書)による。
(46)『神陽先生遺稿』上巻六三葉。なお牟田口天錫は藩主直正の信任厚く、この頃、江戸藩邸にいる姫君の御附頭であった

（『鍋島直正公伝』第三編九八頁）。
(47)『南濠先生遺稿』巻九「日記」。
(48)『神陽先生遺稿』上巻一三葉以下。
(49)『神陽先生遺稿』下巻七二葉。
(50)『神陽先生遺稿』上巻一四葉以下。
(51)『神陽先生遺稿』上巻二六葉。
(52)『神陽先生遺稿』上巻七四、七五葉。
(53)『神陽先生遺稿』上巻七五葉。
(54)『神陽先生遺稿』上巻七五葉。
(55)『神陽先生遺稿』上巻一二葉。
(56) 望月茂著『藤森天山』（昭和十一年十月、藤森天山先生顕彰会、二四一頁）及び『神陽先生遺稿』上巻一二葉参照。
(57)『神陽先生遺稿』上巻二六葉。
(58)『神陽先生遺稿』上巻七五葉。
(59)『神陽先生遺稿』上巻五二葉。
(60)『神陽先生遺稿』上巻七五葉。
(61)『神陽先生遺稿』上巻四六葉。
(62)『神陽先生遺稿』上巻二七葉。
(63)『神陽先生遺稿』上巻七六葉。
(64)『神陽先生遺稿』上巻七六葉。
(65)『神陽先生遺稿』上巻六一葉。
(66)『神陽先生遺稿』下巻九八葉。
(67)『神陽先生遺稿』上巻六六葉。

(68)『神陽先生遺稿』上巻二四葉。
(69)『神陽先生遺稿』上巻七六葉。
(70)『神陽先生遺稿』上巻七六葉。
(71)『神陽先生遺稿』上巻八六葉。
(72)『神陽先生遺稿』上巻六二葉。
(73)『神陽先生遺稿』上巻二葉。
(74)『神陽先生遺稿』上巻七七葉。
(75)『神陽先生遺稿』上巻七六葉。
(76)『神陽先生遺稿』上巻六二葉。
(77)『神陽先生遺稿』上巻四五葉。
(78)『神陽先生遺稿』下巻九九葉。
(79) 吉川弘文館『明治維新人名辞典』（昭和五十六年）による。
(80)『神陽先生遺稿』上巻四六葉。
(81)『神陽先生遺稿』上巻八六葉。
(82)『神陽先生遺稿』下巻九八葉。
(83)『米沢市史』第三巻（平成五年、米沢市史編さん委員会、七〇四頁）。
(84)『神陽先生遺稿』下巻九九葉。曾根鳳、名は俊臣、通称敬一郎、字は元端、号は魯庵。『米沢人国記』（昭和五十八年、米沢市史編集資料第十号、一九一頁以下）に小伝がある。
(85)『神陽先生遺稿』上巻六二葉。『米沢市史』第三巻七六三頁に坂積翠の記事があり、そこに「積翠は号で、実名千松、諱は正直。天明三年（一七八三）与板組坂正隅の長男として生まれた。文化六年十七歳のとき友于堂の上座生となり、つづいて興譲館定詰勤学、同兼助読、典籍と進んだ。天保元年（一八三〇）家督し、翌二年に同館都議へ昇進、同三年江戸へ登って古賀侗庵に学んだ。翌四年帰国して興譲館提学に推され、安政四年（一八五七）まで勤めた」とある。従って『神陽先生遺稿』下巻九九葉に「呈枝吉安藤二君　坂貞松拝」とあるのは、千松の誤りであろう。
(86)『神陽先生遺稿』上巻七八葉。
(87)「奥入越道中」詩『神陽先生遺稿』上巻八六葉。
(88)『神陽先生遺稿』上巻八六葉。
(89)『神陽先生遺稿』上巻三四葉。
(90)『神陽先生遺稿』上巻八二葉。
(91)『神陽先生遺稿』上巻七七葉。
(92)『神陽先生遺稿』上巻二二葉。
(93)『神陽先生遺稿』下巻八八葉。
(94)『神陽先生遺稿』上巻四七葉。
(95)『神陽先生遺稿』上巻四一葉。
(96)『神陽先生遺稿』上巻七〇葉。
(97)『神陽先生遺稿』下巻七四葉。
(98)『南濠先生遺稿』巻九「日記」。
(99)『神陽先生遺稿』上巻七八葉。
(100)『神陽先生遺稿』上巻四九葉。
(101)『神陽先生遺稿』上巻八二葉。
(102)『神陽先生遺稿』上巻三六葉「栗殻山」。
(103)『神陽先生遺稿』上巻六六葉。
(104)『神陽先生遺稿』上巻四九葉。
(105)『神陽先生遺稿』上巻八二葉。
(106)『南濠先生遺稿』巻九「日記」「十五日朝拝婚媾如請」。

(107)　たとえば『貞丈雑記』巻一「祝儀の部」（昭和六十年、平凡社、七〇頁）参照。
(108)　『南濠先生遺稿』巻九「日記」「二十一日遷居庠舎北楼下、得家書聞経種奉再遊江都之命」。
(109)　『南濠先生遺稿』巻九「日記」。
(110)　佐賀県立博物館所蔵「前田家資料」8344 H-70-1。
(111)　「年行司勤方書付」（鳥栖市史編纂委員会『鳥栖市史資料編』第三集、昭和四十六年、鳥栖市役所、一五九頁）「領中之者不依上下、旅出之事幷旅人領内え参候時之義、其外条目之通、一々念を入可相改事」。
(112)　『神陽先生遺稿』下巻一〇八葉以下。
(113)　「副島伯経歴偶談」（『東邦協会会報』第四一号）。
(114)　『南濠先生遺稿』巻九「日記」。
(115)　『南濠先生遺稿』巻九「日記」。
(116)　前掲「昌平坂学問所書生寮『弘化丁未以後舎長日記抜抄』の翻刻」。
(117)　「副島伯経歴偶談」（『東邦協会会報』第四一号）。
(118)　「思赤石正経」（『神陽先生遺稿』上巻七葉）、「悼赤石興民文幷序」（同書下巻六二葉）、「送枝吉世徳登嶽賦」（同書下巻七八葉）、「聞世徳臥病悵然作此」（同書下巻七一葉）、「将遊御中留別大蔵君世徳」（同書下巻一〇七葉）など参照。
(119)　『南濠先生遺稿』巻九「日記」弘化四年十二月条「前月四日子帰木原氏産女命常読与時通」。
(120)　「前田家資料」佐賀県立博物館所蔵。なお母喜勢は同年九月二十二日及び十一月七日にも手紙を出し、父子の身を案じると同時に、病気がちの子供を抱えている不安を率直に語っている。
(121)　前掲『昌平遺響』四頁。
(122)　関山邦宏「昌平坂学問所書生寮『弘化丁未以後舎長日記抜抄』の翻刻」（和洋女子大学文化資料館紀要『国府台』第十号、平成十二年）。
(123)　同右「昌平坂学問所書生寮『弘化丁未以後舎長日記抜抄』の翻刻」。『南濠先生遺稿』巻九「日記」では正月二十六日条に「経種為舎長」とあるが、正式には二十七日からであろう。

(124) 前掲『昌平遺響』。
(125) 前掲、鈴木三八男『「昌平黌」物語』六頁以下。
(126) 前掲、坂井隆治『ふるさとの味』二三〇頁以下。
(127) 『南濠先生遺稿』巻九「日記」。
(128) 『神陽先生遺稿』下巻七三葉。
(129) 『神陽先生遺稿』下巻七七葉。
(130) 『神陽先生遺稿』下巻七八葉。
(131) 『神陽先生遺稿』下巻七八葉以下。
(132) 前掲「昌平坂学問所書生寮『弘化丁未以後舎長日記抜抄』の翻刻」。
(133) 『神陽先生遺稿』下巻七一葉以下の「附録」参照。
(134) 『南濠先生遺稿』巻九「日記」。
(135) 京都府医師会医学史編纂室編『京都の医学史』本編（昭和五十五年、思文閣、七三〇頁）。
(136) 『神陽先生遺稿』下巻七四葉。
(137) 『神陽先生遺稿』上巻八三葉。
(138) 『神陽先生遺稿』上巻三七葉。
(139) 『神陽先生遺稿』上巻八二葉。
(140) 『神陽先生遺稿』上巻五〇葉。
(141) 『神陽先生遺稿』上巻八三葉。
(142) 『神陽先生遺稿』上巻八葉。
(143) 『神陽先生遺稿』下巻一〇五葉。
(144) 『神陽先生遺稿』下巻七五葉。
(145) 『神陽先生遺稿』上巻五〇葉。

(146) たとえば、弘化四年十月には「弔古戦場」の共通題で昌平黌の諸友が会を開いている（『神陽先生遺稿』上巻二八葉）。
(147) 『神陽先生遺稿』上巻一九葉。
(148) 前掲『藤森天山』。
(149) 『神陽先生遺稿』下巻三七葉。
(150) 『神陽先生遺稿』下巻二九葉以下。
(151) 『神陽先生遺稿』下巻八二葉以下。
(152) 『神陽先生遺稿』下巻九七葉。
(153) 『神陽先生遺稿』下巻九七葉。
(154) 五高同窓会『秋月先生記念』昭和十年。
(155) 『柳庵雑筆』序文（『日本随筆大成』第三期第二巻、昭和五十一年、吉川弘文館、三六五頁）。
(156) 栗原の略伝及び著作については伊能秀明「幕末の古代法制研究に関する一考察――栗原信充『令講義』について――」（『法制史料研究一』一九九四年、巖南堂、九一頁以下）参照。
(157) 山下重一・小林宏編『城泉太郎著作集』（長岡市史双書三七、平成十年、八〇頁以下）。
(158) 『久米博士九十年回顧録』上巻（昭和九年、早稲田大学出版部、二〇八頁）。
(159) 国立国会図書館憲政資料室所蔵「大木喬任文書（書類）」六九「談話筆記他四冊」。
(160) 「副島伯経歴偶談」（『東邦協会会報』第四十一号）。
(161) 『日本教育史資料』第七（明治二十五年、文部大臣官房報告課、九九頁以下）。
(162) 『水戸藩史料上編巻二』（大正四年、吉川弘文館、六七頁以下）。
(163) 『大日本古文書　幕末外国関係文書之二』（明治四十三年、東京大学史料編纂所、一四頁以下）。
(164) 『日本教育史資料』第七、一〇五頁以下。
(165) 『日本教育史資料』第七、一〇一頁以下。
(166) 以上、明治の昌平大学に関する記述は凡て前掲『昌平遺響』による。

(167) 前掲の関口邦弘『「書生寮姓名簿」・「登門録」翻刻ならびに索引』及び次々節参照。
(168) 『成斎先生遺稿』（大正十五年六月、松雲堂書店）巻七「参事院議官水本君墓碑銘」。
(169) 『南濠先生遺稿』巻九「日記」。
(170) 国立国会図書館憲政資料室所蔵「大木喬任文書（書類）」六九「談話筆記他四冊」。
(171) 第四編五八一頁以下。
(172) 国立国会図書館憲政資料室所蔵「大木喬任文書（書類）」六九「談話筆記他四冊」。
(173) 同右。
(174) 『神陽先生遺稿』上巻四葉。
(175) 武富氏が私的に建てた城北の大宝村聖堂の講堂。ここで度々詩会が催された。『鍋島直正公伝』第一編四〇頁及び第二編一一五頁参照。
(176) 『神陽先生遺稿』上巻一葉「神陽遺稿序」。国分平蔵が訪ねてきた時、神陽は「仙台国分平蔵見訪」及び「仙台国分平蔵過訪」を詠んでいる（『神陽先生遺稿』上巻五〇葉、八四葉）。
(177) 『南濠先生遺稿』巻九「日記」。
(178) 『神陽先生遺稿』上巻二三葉。
(179) 山口県文書館所蔵。なお近藤については影山純夫「国学者近藤芳樹の交友――国学者、儒者を中心に」（『日本文化論年報』第四号、二〇〇一年三月）参照。
(180) 佐賀県立図書館郷土資料室所蔵。
(181) 『佐賀市史』第二巻（昭和五十二年、佐賀市史編さん会、三三頁）。請役家老には多久・武雄鍋島・諫早・須古鍋島の四家から交代で任じられることになっていた。
(182) 前掲『直正公譜』嘉永元年六月十二日条。
(183) 『南濠先生遺稿』巻九「日記」。
(184) 『鍋島直正公伝』第三編四二六頁以下。『鍋島直正公伝』は義祭同盟の期日を五月二十四日とするが、竜造寺八幡宮所蔵の

「楠公義祭同盟連盟帳」では五月二十五日になっている。また『鍋島直正公伝』の叙述では神陽が什物方に任ぜられたのは義祭同盟開始より前であるが、『南濠先生遺稿』巻九「日記」では義祭同盟開始以後の八月に什物方に任ぜられたことになっている。いずれが是か、後考を待つ。

(185) 『神陽先生遺稿』下巻六五葉。

(186) 『大隈伯昔日譚』（大正三年、新潮社、二一頁以下）。

(187) 『神陽先生遺稿』下巻一葉。

(188) 播磨の儒者河野鉄兜。

(189) 『神陽先生遺稿』上巻一五葉以下。

(190) 『神陽先生遺稿』下巻六三葉以下。

(191) 栗原荒野「枝吉神陽先生と葉隠」（『佐賀史談』第十六巻第三号、昭和十七年八月）。

(192) 前掲「楠公義祭同盟連名帳」参照。長尾新九郎は義祭同盟連名帳に名が見えないが、『鍋島直正公伝』第三編四二八頁には「枝吉、相良等之を知りて、大に喜び、安玄の裔孫平兵衛種祿を祭主となし、島団右衛門、空閑次郎八、枝吉次郎、木原儀四郎、楠田知才、長尾新九郎等同志の士十余人と共に五月二十四日梅林庵に就いて之を祭り」云々とあるから、参加していたことは疑いない。

(193) 前掲「枝吉神陽先生と葉隠」。

(194) 前掲『大隈伯爵昔日譚』二六頁以下。

(195) 『鍋島直正公伝』第四編五三〇頁以下。

(196) 「西遊日記」（『吉田松陰全集』第十巻、昭和十四年、岩波書店、九七頁）。

(197) 前掲『吉田松陰全集』第八巻、四三六頁。

(198) 『神陽先生遺稿』下巻四葉以下。

(199) 第六条八虐、三日謀叛に「謂謀背圀従偽、謂有人謀背本朝、将投蕃国、或欲翻城従偽、或欲以地外奔」とある（律令研究会編『訳註日本律令』二、昭和五十年、東京堂出版、四四頁）。

(200) 第四条、凡謀叛者絞（謂欲背本朝、将投蕃国、始謀未行、事発者、首処絞、従者遠流）（『訳註日本律令』三、五〇一頁）。
(201) 第二条、捕罪人、而罪人持仗拒捍、其捕者挌殺之、及走逐而殺、若迫窘而自殺者、皆勿論（『訳註日本律令』三、八〇〇頁）。
(202) 第六条「凡監臨主司、知所部有犯法、不挙劾者、減罪人罪三等（注略）即同伍保内、在家有犯、知而不糺者、死罪徒一年、流罪杖一百、徒罪杖七十」（『訳註日本律令』三、六八〇頁以下）。本来ならば闘訟律第三十九条の「知謀反及大逆者、密告随近官司、不告絞、知謀大逆謀叛不告者、（近）流」を引くべきであろうが、神陽の時代には闘訟律は亡逸して伝わらず、復元作業も不十分であって、神陽に非はない。
(203) 『鍋島直正公伝』第四編六二六頁以下。
(204) 杉谷昭『鍋島閑叟』（平成四年、中公新書）参照。
(205) 「楠公義祭同盟連名帳」には名が見えないが、『鍋島直正公伝』第四編一五〇頁に「かくて（安政元年）五月二十五日の義祭に及び、竜造寺八幡宮の側なる本地堂を祓除して祠堂となし、こゝに其像を安置して楠社と称し、安房自ら盟主となりて、宗室の鍋島大和、嫡子伊豆と共に同盟に加はりしが、公の近侍千住大之助、増田忠八郎、学校教職武富文之助等も亦加はり、旧同盟員なる枝吉兄弟、相良、空閑等二十余人もその多くは参集したり。是日始めて加盟したる少年は大隈八太郎（今の侯爵重信）、久米丈一郎（邦武）なりき」とある。
(206) 丸山幹治『副島種臣伯』四九頁。
(207) 『神陽先生遺稿』下巻七五葉。同書上巻八五葉。
(208) 『平野国臣伝記及遺稿』（復刻版）（昭和五十五年、象山社、八九頁）。
(209) 『鍋島直正公伝』第五編一二三頁。
(210) 的野半介『江藤南白』上巻（大正三年、南白顕彰会刊、一五三頁）。
(211) 丸山幹治『副島種臣伯』六一頁以下。
(212) 『鍋島直正公伝』年表索引総目録。
(213) 『鍋島直正公伝』第五編一〇九頁以下。

(214)　的野半介『江藤南白』上巻一四三頁以下。
(215)　坂井隆治『ふるさとの味』二三八頁以下。中野は結局、獄中で死亡した。毒殺されたとも言う（『鍋島直正公伝』第五編一一三頁）。
(216)　『鍋島直正公伝』年表索引総目録。
(217)　的野半介『江藤南白』上巻一五五頁以下。
(218)　前掲「枝吉忠左衛門系図」。後、明治四年に累代祖先とも本庄村の高伝寺に改葬された。
(219)　前掲「神陽先生神道碑銘」。
(220)　前掲「枝吉神陽先生と葉隠」。
(221)　国立国会図書館憲政資料室所蔵「大木喬任文書（書類）」六九「談話筆記他四冊」。
(222)　的野半介『江藤南白』上巻四六二頁以下。
(223)　岩松要輔「佐賀藩の洋学――致遠館を巡って――」（『國學院法学』第三十九巻第三号、平成十四年一月）。
(224)　以上、大隈の経歴については前掲『大隈侯八十五年史』や『早稲田大学百年史』第一巻（昭和五十三年、早稲田大学出版部）を参照せられたい。
(225)　前掲『早稲田清話』四五三頁。
(226)　前掲『大隈伯昔日譚』一九頁。

明治四年・丸亀県土肥大作襲撃事件に関する一考察

中山光勝

一　はしがき

明治四（一八七一）年七月十日夜、当時の丸亀県（同年四月十日、丸亀藩を廃し、新置された）[1]丸亀において、家禄削減をめぐる問題から、同県士族中村彌吉郎等数十人が、元丸亀藩権大参事で、視察のため同地に出張中の民部省出仕土肥大作を、その止宿先に襲撃し、双方に多数の死傷者を出すという事件が発生した。いわゆる「五十人組事件」である。

この事件については、香川県地方の郷土史関係を中心に、簡単にではあるが、その概要を伝える文献も多く、例えば、福家惣衛『讃岐人物伝』（大正三年）[2]、黒正巌「明治初年における侍階級の騒擾」（昭和六年）[3]、梶原猪之松『讃岐人名辞書』（昭和十一年）[4]、香川県教育委員会編『新修香川県史』（昭和二十八年）[5]、丸亀市史刊行頒布会編『丸亀市史』（昭和二十八年）[6]、福家惣衛『香川近代史』（昭和三十四年）[7]、毎日新聞社高松支局編『明治百年――香川県の歩み――』（昭和四十三年）[8]、新修丸亀市史編集委員会編『新修丸亀市史』（昭和四十六年）[9]、市原輝士・山本　大『香川県の歴史』県史シリーズ37（昭和四十六年）[10]、香川地方史研究会編『讃岐の歴史』（昭和五十年）[11]、洞爺村編『洞爺村史』（昭和五十一年）[12]、四国新聞社編『讃岐人物風景』〈8〉（昭和五十七年）[13]、直井武久『丸亀の歴史散歩』（昭和五十七年）[14]、香川県編『香川県史』第五巻　通史編　近代Ⅰ（昭和六十二年）[15]、丸亀市史編さん委員会編『新編丸亀市史』2　近世編（平成六年）[16]、丸亀市史編さん委員会編『新編丸亀市史』3近代現代編（平成八年）[17]などがある。また、この事件に関する資料として、国立公文書館蔵『愛媛県史料』第三十九に収録されている「丸亀県史・刑事」[18]、「丸亀県史・時変」[19]、「丸亀県史・騒擾時変原文」[20]、および「丸亀県史・処刑原文」[21]、国立公文書館蔵『太政類典』第一編・第八十七巻・保民・警察三に収録されている「丸亀県下元丸亀藩士暴動ニ付倉敷県ヨリ捕亡手ヲ出張セシム」[22]ならびに国立公文書館蔵『公文録』辛未自正月至七月倉敷県伺廿四に収録されている「丸亀県下動揺之儀届」[23]および『公文録』辛未自七月至八月司法省伺二十に収録されている「旧丸亀県少参事石川宗一変死届」[24]などがあり、さらに、この事件に関する資料を翻刻、紹介したものに香川県編『香川県史』第十一巻・資料編　近代　現代史料Ⅰ（昭和六十一年）[25]などがある。しかし、上掲文献のこの事件に関する記述の内容は、きわめて簡単なものであり、わずかに明治四年七月十日夜十一時頃、土肥大作が、旧丸亀藩士に襲撃され、双方に多数の死傷者がでたことおよび襲撃犯の各人がそれぞれ処罰されたことなどが指摘されているにすぎず、詳しい事情は不明であり、とくに関係者に対する刑事処分については、不正確な記述がみられる[26]など判然とせず、したがって、これらの文献によってこの事件の全貌が明らかになったとはいいがたい状況にある。ここに、これまでの研究に利用された資料のほかに、法務省法務図書館蔵『諸県口書』明治四年・三十六・賊盗・第五百二十四号に収録されている「丸亀県伺同県士族村井八十三郎外数十名多衆ヲ聚メ訟ヲ構ヘ官ニ抗シタル等ノ件」[27]などを利用し、この事件に関する若干の新事実を指摘せんとするゆえんである。[28]

二　事件の概要とその裁判

明治二（一八六九）年六月に実施されたいわゆる版籍奉還にともない、丸亀藩においても、家禄の削減などの藩政改革が実施され、旧武士階級は給禄削減により生活に困窮するようになり、さらに、同四年四月には、藩が廃止され県が新置されることとなり、彼らの不安は一層つのっていったようである。[29]このような状況下において、同二年十月十四日、丸亀藩権大参事に就任以来、藩政改革推進の中心となり、同四年四月二十三日、民部省出仕に任じられた土肥大作（實光）[30]が、置県直後の丸亀に帰省したところ、彼らは自分達の生活困窮の原因は、土肥の推進した藩政改革にあると誤解し、[31]ついに「（明治四年六月――中山註）廿日頃ヨリ土肥大作宅江数度罷出金穀歎願筋申立追々多人数ニテ相迫リ尚又石川少参事宅ヘモ右同様大勢及願訴候得共徒党ケ間敷義ハ兼テ被仰出モ有之知事始官員ノ者共彼是相尽加論解候得共更ニ承伏不仕」[32]というがごとき状況にまでたちいたった。この間の事情について、土肥大作襲撃の原因となった困窮士族救助歎願運動の推進者の一人であった村井八十三郎は、次のごとく供述している。[33]

今（明治四年――中山註）五月廿二日日(ママ)頃元軍防局ニおゐて此度御改革御趣意書拝見被仰付を以罷出候処先達而中村彌吉郎中村實森辨蔵等モ罷出居弥(ママ)吉郎発言ニ者斯ク度々節減被仰付候而者難立行御弛メ願出候而者如何哉之段噺も有之自分ニおゐても近来窮迫旁以暗合之事ト存其後伴節太郎方江立越右意味を以歎願書差出含ニ有之段噺合致候得共当否之答方モ無之物別レニ相成其後愚考仕候ニハ前条願立且節減等之義森弁(ママ)蔵之考慮も承リ度同人者平常人望も有之者之義ニ付彼是及内談度被存候得共其節病気ニ有之故永井友之丞を以弁(ママ)蔵ヲ自宅江相招といへとも立越呉不申追々病気も快ク相成ニ付同六月十九日同人方江罷越前段之委細相談候処御弛メ米御差下ニ相成候様願出候儀中村實周旋を以此節弐拾人斗同志も出来居候段承より宿志之儀ニ付同意致翌廿日途中ニおゐて藤村九十九

ニ出会候処此度御救助願出候趣右加入之義相談ニ預リ一ト通リ承知致帰宅無間茂實儀立越弁蔵（ママ）ヨリ承リ候ハヽ御救助願出之儀同志之趣頃日三野㲉儀歎願書草案所持致居候ヲ以今日差出申度貴様宅最寄ニも有之故宿致呉候様相談ニ付承知致夕方ニ至リ弁蔵（ママ）實（ママ）弥吉郎其他数輩罷越候処都而歎願書も出来居不申紙筆貸シ呉候様申出何角談合候得共多人数之事故不相縮ヨリ一ト先土肥大作江依頼致シ可申段相決シ石垣文治郎執筆ニ而永々之御借増米此度一時ニ御差下ニ相成候様相認ルヲ以私儀衆ニ先立大作方江立越候処佐々秀治郎方江罷越居候様子ニ付直様同人宅江立越大作江及面会右紙面を以周旋ニ預リ度段申入候処自分義当県官員ニ無之如何之訳ニ候哉右者県庁江被願出候義可然哉ト被答候ニ付私より当御官員ニ無之義ハ未タ承知不仕日々御出庁有之且ハ前年ヨリ之御懇意旁以御縋申度御借増米永々相続キ居候上御趣意トハ乍申此度猶又節減被仰付一同之難渋尤ト被存候哉ト申入候処大作答ニ成程御難渋ハ御尤と被申候ニ付尤と被思召候得者何分ニ茂御頼申度と申入候処答ニ永々之御借増米迚茂一時御差下抔と申儀者出来申間敷或者二三年分ニ而も宜候哉と被申候ニ付私ヨリ左様ニ御座候多分之義ニ付一時御差下とハ不被申如何様成とも御都合次第ニ而可然事ニ御座候同人被申候ニ者成否ハ兎もアレ大作江御頼之義ニ候得者一ト周旋致シ見可申と被答候ニ付相頼置一同退散同廿二日同志之者とも自宅江相会候中中村弥吉郎（ママ）平井錦二郎等大作方江立越過日之件如何御周旋も被下候哉一同八十三郎宅江集会居候間御答承リ度と申入候由之処右様之義ニ候ハヽ此方より可及返答との事ニ而罷帰リ候中大作ヨリ右両人江紙面を以知事様御手許江両三輩罷出候様之報知有之津坂昇平中村實森弁蔵（ママ）等御住居江罷出候処知事様直ニ御逢も被為在段被申聞由ニ而私茂立越候様申来を以罷出四人相揃拝謁仕候処此度願立之義委細家令とも江申付有之候ニ付可承合旨被仰聞御家令加藤修造ヨリ右願出之儀表立県庁江差出候而者知事様ニおゐて甚汗顔之至ニ被思召依而者家禄之中ヨリ御救助被仰付行足リ不申時者御手道具迄御払之上御救助被仰付候様被申聞ヨリ右様立至リ候而者恐入次第尚相退キ示談可仕与申置退散一同私宅江相会居候儀ニ付右之段相談シ候処根元右様成行候様大作江相頼候義ニ者無之彼是齟齬仕候故今一応同人方江立越

可相尋様決議仕昇平弁蔵（ママ）實私倶々罷越候処小河周平太村井凡夫等先達而立越種々談判ニ付一席ニ相加リ私より此程御依頼申置候都合如何之御周旋ニ候哉今日知事様江罷出候様御返辞ニ付罷出候処御直御逢も被為在此度願立之義家令共ヨリ可承様御意有之加藤修造ヨリ彼是諭解有之極難渋ニ候得者御手道具ニ而も御払之上御世話可被下との御事右様之御儀ニ而者頂戴不被仕如何之御都合ニ候哉と相尋候処右者県庁より之御差下ハ甚六ツケ敷候故御家令江及内談候処何と歟評議も有之様子ニ付前件御掛合ニおよひ候只今之御噺ニ而者御気之毒ニ付一応石川少参事江相談之上周旋致シ見可申と被答候得共前条行違之義も有之兎哉角談判中昇平ヨリ私江申候ニ者御周旋被下との儀ニ付引取候而者如何哉と申故一同罷帰リ同廿四日大作より紙面を以此程御内談之義乍不及猶又周旋致シ候処当盆前ニ者些少タリとも御所置御座候処江漸ク相運候ニ付石川少参事江も一応被申入出願ニおよひ候様申来ヲ以同志江も申通シ且前条御下金県庁ヨリ者六ツケ敷様被申聞居只今ニ至リ相運候筋ハ如何哉と昇平倶々示談又々大作方江罷越此程県庁より御差下金六ツケ敷様被申聞此度相調候義者如何哉ト相尋候処同人答ニ県庁ヨリ御下金六ツケ敷候得共御家禄より御救助ハ頂戴不仕との御事故此度節減禄米拝借伺出有之右ヲ引当盆前ニ差下候儀ニ候尤伺中之義ニ付御一同江御噺者無用と被申聞ヨリ承服帰宅之上同夜浅見勇馬三野轂私倶々石川氏江罷越兼而歎願之件々依頼シ積年之御借増米一時御下ケ歟如何之御評議振りや承度同志之者も相扣居候間御答ニ預リ度と申入候処右者大作より如何相答有之歟者不存候得共別ニ県庁ヨリ可下渡金穀モ無之此度節減高之内相弛メ候外手段も無之是以当時伺中之義ニ付知事様思召次第と被申尚茂兎哉角相尋候得共決答無之不得止引取一同江及演舌候処彌吉郎其他之者共大ニ不服之体ニ而私共石川氏江之引合口手緩キ様申立是非とも当夜中決答可承帰抔と荒々敷申合同家江多人数立越候ニ付万一暴言等相発シ候而者不相済義ト存込松原郁彦藤村九十九小川五郎八等年高之者為念立越貰ひ候処格別之儀無之様子ニ而罷帰リ続而彌吉郎等モ罷帰リ明日中ニ決答有之筈承リ申候

また、村井と同じく困窮士族救助歎願運動を推進した中村　實は、次のごとく供述している(34)。

当（明治四年――中山註）六月最初之頃中村弥《（ママ）》吉郎私宅ェ立越積年御借増米モ相続キ且此度減禄被仰付候義ニ付少々タリ共御下金被仰付候様歎願申出候而者如何ニ有之候哉之段相談ニ預リ私義ニ於テモ兼テ相含居候義ニ付早速同意之段相答置其後村井八十三郎伴節太郎方ェ立越前件願出之遂一相談シ候赴《（ママ）》ニテ妻鹿豊治ヲ以私方迄右之段申越尚又八十三郎モ同断私宅ェ罷越弥《（ママ）》吉郎ト談判仕候通之相談ニ預リ是又同様相答ェ置其後杉山盤治郎方ェ罷越シ三野轂ェ前件之遂一申入同人之意見ヲモ伺呉レ候様相頼候処同人義モ同意ニ有之段申越シ其後新堀ニ於テ高木小作ニ出逢候ニ付是又同様相談シ置キ夫ヨリ轂方ェモ立越候処伊藤傳藤村九十九両人罷越談判中ニテ私ヨリモ尚又前条之委細談合仕置其後外用モ有之石垣文治郎方ェ立越前件弥《（ママ）》吉郎八十三郎等ト談合仕候義ヲ以申通候得共同人義ハ尚考合可致段相答同意仕候哉否之義ハ返答ニ不及シテ双方相分レ同廿日村井八十三郎方ニ於テ一同集会致候ニ付参席仕候筈ニテ森弁《（ママ）》蔵ト同行罷越候処石垣文治郎平井錦二郎等既ニ先キ立チテ参席致居追々多人数相集リ色々評議仕候中一先土肥大作方ェ罷出内向相頼可申段一決仕同夜大作方ェ立越候処佐々秀治郎方ェ立越候留守ニテ即様秀治郎方ェ迄罷出面会ヲ遂ケ八十三郎ヨリ彼是及談判候処積年御借増米ト申候テモ莫大之義ニテ一時御下渡ニ相成候様申出候テモ仲々六ケ敷可有之尤大作ヲ見込ミ御頼出之儀ニ候得ハ二三ケ年分丈ケニテモ成否ハ兎モ角周旋致見呉レ候段被申候ニ付一同ヨリモ厚ク相頼ミ置帰足仕候同廿一日松原郁彦方ェ立越候処同人義ハ留守ニテ家族之者ェ右大作方ェ頼出候始末相談シ置罷帰申候其外杉本国《（ママ）》治郎三田三郎津坂昇平伊藤覺之丞關清西川嘉平次竹本康郎百々乙次郎中川渉西川源太郎長谷川祐一郎高木益治郎村山達八等或ハ途中ニ於テ行逢或者私宅ニ罷越前件願立有之人数之中ェ相加呉レ度段達々頼出候ヨリ右為会議八十三郎方ェ一同相集リ居候故同人方ェ罷出可申段相答申候同廿二日八十三郎方ェ相集リ大作方ヨリ返答モ可有之事ト相待居候得共何等ノ報知モ無之候ニ付八十三郎錦二郎右為催促大作方ェ罷越候処後刻迄ニ返答ニ及ビ《（ママ）》可申段承リ帰足仕追而両三輩知事様御住居ェ罷出候様紙面ヲ以懸合越シ候ニ付私幷ニ津坂昇平森弁《（ママ）》蔵御住居ェ迄罷出候処知事様御逢被仰付候赴《（ママ）》ニ付三人ニテ拝謁仕候

テハ不都合之至ト奉存候而八十三郎ヲ呼寄四人連坐ヲ以拝顔仕知事様幷ニ御家令中之御演舌ヲ承リ帰席仕候処先夜大作ェ相頼候義トハ大ニ相違仕候故尚又同人方ェ罷出八十三郎ヨリ談判ニ及候処石川少参事ェモ示談之上最一応周旋可致段返答有之帰足仕候同廿三日八十三郎宅ェ一同相揃終日会議仕候而他出不仕同廿四日八十三郎方ェ集合仕居候処大作ヨリ石川少参事方ェ罷出承リ合候様懸合越候ニ付村井八十三郎三野觳浅見勇馬等参越仕帰足之上右三人申候ニハ石川少参事ニ於テモ此度之事件ハ重大之義ニテ知事様ェ相伺候上ナラデ（ママ）ハ独断ニ難決兎角明朝成否返答ニ可及様被申聞候赴（ママ）ヲ以委細宜敷相頼置候段中村弥（ママ）吉郎大ニ憤激仕右三人之談判口手緩キ様申立是非共決答可承段頻ニ申募リ候ヨリ私義モ同意仕清水八郎村井凡夫林唯七平井錦二郎村井平吉高木益治郎杉本国治郎（ママ）杉山盤治郎妻鹿豊治三田三郎伊藤覚（ママ）之丞津坂直松等共々同夜四ツ半頃石川少参事ェ重子テ罷越シ弥（ママ）吉郎ヨリ荒々敷成否承リ度段相迫候得共知事様ェ相伺不申テハ決シテ返答ニ難被及段被申切候ヨリ弥（ママ）吉郎弥増高声ニテ種々弁論仕候場合松原郁彦外輪ェ私義ヲ呼出シ石川少参事ニ於テモ周旋致シ呉レ候様被申候義ニ付何分一同ヲ催促致シ当夜ハ帰足仕候様被申聞右之段ヲ以相進メ帰足仕候

さらに、前二者と同じく困窮士族救助歎願運動を推進した森　辨蔵も、次のごとく供述している。(35)

当（明治四年――中山註）六月最初之頃同人（中村彌吉郎――中山註）私宅江立越此度御改革ヲ以藩名ヲ廃止シ新ニ県立ニ被仰付右ニ付俸祿モ節減被仰付且又追々ハ村落ェ分賦被仰付候御布告も有之候得者多分帰農等も被仰付候義ニ可有之依而者指当饑寒之患も無之候得共積年御借増米も有之候得者右一時御指下被仰付候様願出候而者如何可有之哉之段預相談私モ最初より相含居候義ニテ即様同意之段申答荏苒罷在中村井八十三郎私宅江罷越前段屢々談合仕其後弥（ママ）吉郎同行ヲ以八十三郎方江罷越私共ハ両人ニ而も願出候含之段相談候処八十三郎モ同断之趣右ニ付中村實方へ立越猶前段之次第談判仕候処既ニ弥（ママ）吉郎より承知致居候趣ヲ以三野觳等も申通有之趣併シ人々之申口ニより符節も齟齬仕候義ニ付尚又私義も觳方へ立寄委細遂一相談致置同廿日八十三郎宅江一同集会之上評議仕候

様相決實与同行ニテ同人方迄立越候処追々林唯七三野瞉平井錦二郎藤村九十九伊藤傳三好藤弥《ママ》太石垣文治郎等罷越其余段々多人数ニ相成候ハ、姓名忘却仕候然ニ此度藩名ヲ廃止シ県立ニ被仰付候ニモ大参事等与相謀建言申出候様有之候上者土肥大作ハ其節権大参事ヲ以上京仕居候事故只今ハ朝廷出仕之人ニテ当県官員ニ者無之候得共県庁江も日々出頭被致居候義ニ付一ト先大作方江立越委細相尋可申積ニ而同夜土肥江立越候処佐々秀治郎方江他出之留主ニテ其レ故秀治郎宅へ罷出面接之上八十三郎より彼是談判申入候処明後廿二日返答致候様相答候ニ付一同委細相頼置退散之途中弥《ママ》吉郎より明後廿二日頃ニ者再ヒ集会可致段示談ニ預リ候様相覚申候ニ付同日八十三郎方へ集会仕居候中大作より紙面ヲ以知事様御手許江両三人罷出候様之報知有之私幷ニ昇平實三人御住居江罷出候処知事様直ニ御逢被仰付候段被申聞候ニ付實之周旋ヲ以八十三郎ヲ呼寄セ四人相揃拝顔仕候処願出之義委細家令共江申付有之候ニ付可承合旨被申聞御家令加藤修造より右願出之義表立県庁江為差出候而者知事様ニおゐても甚汗顔之至ニ被思召依而者御家禄之中より御救助被仰付行足不申候時ハ御手道具迄御払之上御救助被仰付候様被申聞其より八十三郎方へ再罷越委細相談致候処全以御家禄幷ニ御手道具等売払候テ迄御救助被仰付度段相願候之義ニ者無之彼是喰違候故今一応大作方江立越可相尋様一決仕罷越候処小河周平太村井凡夫等両人既ニ先立テ罷越居候ト相見種々談判致居候場合ニテ彼是八十三郎より相尋候処右御借増米ハ知事様御家之御借上ニ相成居候義ニ付御家禄之中ニテ御下金ニ相成候様取斗置候得共御家禄より御償ニ相成候而者迷惑是非県庁より御下金ニ相成候様ニとの義ニ候得者一応石川少参事江も示談之上周旋可致段相答候ニ付一同引取申候其よ里足痛仕廿三日廿四日と両日者出席得仕不申

上掲三名の供述からもうかがえるごとく、あくまで県庁による救済をもとめてやまない旧藩士の要求に手を焼いた丸亀県は、このまま放置すれば、「疎暴ノ挙動ニ可及哉」と憂慮し、「大少属申談一時権宜之取計ヲ以」って当面の事態の収拾をはかることとし、救助歎願をもとめている各人に対し、次のごとく禄高に応じた一時金を「別紙金高之通

……合金弐千六百拾両……右給禄ニ応シ割配差下」げることとした。(36)

一金七拾両宛

平井　鉄（ママ）二郎
村井　八十三郎
村井　凡夫
林　唯七
中村　弥（ママ）吉郎
本庄　元太
津坂　昇平
三野　彀
高木　豊四郎
小川（ママ）　周平太
浅見　勇馬
松井　一太郎
小川　五郎八

一金五拾両宛

佐（ママ）田　竹三郎
齊（ママ）田　浪三
三田　三郎
伊藤　傳

藤村　九十九
中村　實
森　辨蔵
内山　新一郎
津田　東太
清水　八郎
百々　乙次郎
村井　平吉
伴　節太郎
杉山　盤（ママ）次郎
赤羽　栄（ママ）
中川　渉
高木　益（ママ）次郎
加治　直八
松原　郁彦
三好　藤（ママ）弥太
村山　達八
竹本　康郎

津坂直松　杉本国（ママ）次郎　伊藤健（ママ）次郎　入江武　岡田格（ママ）次郎　高木純三（ママ）　西川源太郎　関（ママ）清

妻鹿豊次（ママ）　高林亥（ママ）年男　松浦恒（ママ）次郎　金子環三　長谷川祐一郎　向枝（ママ）荒五郎　石垣文治郎　西川嘉平治

一金三拾両宛

しかし、その後にいたり、「右ハ全不都合ノ次第ニ付致取計候石川少参事謹慎申付尚五拾壱名ノ者共（一時金を給付された平井鉄（ママ）二郎より西川嘉平治にいたる五十一名のことであろう――中山註）於自宅相慎可罷在旨申達置遂糾弾可申」というがごとき状況にたちいたった。(37)

この間の事情について、村井八十三郎は、次のごとく供述している。(38)

（明治四年六月――中山註）廿五日林唯七宅江相会候処石川氏より彌吉郎私江紙面ヲ以昨夜被申出之事件周旋可致ニ付表立県庁江出願ニ及候様被申越より兼而之草案を以昇平倶々大作方江持参右ニ而宜哉と内談ニおよひ候処連名者不都合且貧窮之不同も有之候得者文意認替各名ニ而差出可然旨被申聞ヨリ自分考を以各名書之義申談候得共一同不服ニ付石垣文治郎清書致シ連名歎願書を以同夜及深更同人ヨリ県庁江差出同廿六日土岐群蔵ヨリ被呼立罷越候処知事様御内命之趣を以当盆前ニ者御含之筋も被為在候段被申聞ヨリ御含と申候而も善悪有之如何之筋ニ候哉と相尋候処悪敷事ニ者有之間敷与被申聞ヨリ罷帰リ右之段實勇馬弁（ママ）蔵彌吉郎等噺合貴様方モ為念同人方歟或者大

塚一格宅江立越承リ置呉度段申通同廿七日唯七方江相会シ御下金ニ相成壱人前ニ五拾壱両ト拾匁宛割賦仕罷在同七月十日私宅ニおゐて相謹可罷在様御達も有之候

また、中村　實は、次のごとく供述している。(39)

（明治四年六月――中山註）廿五日林唯七方ヱ集会仕八十三郎等大作方ヱ罷越帰足之上銘々区別書ヲ以歎願指出候様申候得共折角是迄一同共々取扱来候義ニ付今更相分レ候モ至極残念之義ニテ矢張連名ヲ以指出可申段一決仕同夜石垣文治郎等県庁ヱ指出候同廿七日御下金ニ相成候赴（ママ）ニ候得共私義ハ病気ニ有之得出会不仕同夜三田三郎ヨリ配分金五拾壱両ト拾匁持参致シ呉レ受取申候処同七月十日私宅ニ於相謹罷在候様之御達書拝見仕

さらに、森　辨蔵は、次のごとく供述している。(40)

（明治四年六月――中山註）廿五日八十三郎方江立越居候中石川少参事より表立紙面指出候様申越候ニ付八十三郎實私三人石川江罷越是又八十三郎より遂談判置帰足之上一同林唯七方ニおゐて文治郎執筆ニテ連名歎願書相認メ同夜県庁江差出同廿七日昨廿六日土岐群蔵知事様御内命有之由ヲ以三四人罷越候様八十三郎迄申越候ニ付同人等罷越彼是申聞候趣ヲ以尚又私共も罷越候之様申候ニ付私幷ニ弥（ママ）吉郎瞉等与大塚一格方江立越御内命之趣相伺候処既ニ此度願出員数之通御下ケ金ニ難被及聊之御義ニ候得共追而御含之筋も有之義ニ付些少ナレトモ一同承服仕候様御演舌有之ニ付御含ト申候而も善悪相含候義ニ付如何御坐候之段相尋候之処決而悪敷義者有之間敷御含之義ニテ断然明白ナル義ハ難伺旨被申聞帰足仕候処御下金ニ相成居候ニ付五拾壱両与拾匁宛分賦仕罷在候

このように「御下金」は下付されたものの、七月十日、「其無礼ヲ咎メ」られ、「悉ク謹慎ニ所」された村井八十三郎以下の旧藩士達は、この処分を不服として、改めて土岐群蔵等にことの真相をただしたが、明確な返答をえられず、そこで土肥大作にたずねることとした。(41)

この間の事情について、村井八十三郎は、次のごとく供述している。(42)

七月十日私宅ニおゐて相謹可罷在様御達も有之候得共存当無之儀ニ付夕方隣家昇平方江示談として立越候処同人江も同断御達有之相謹居可然段被申聞ヨリ罷帰リ居候処彌吉郎罷越何ソ御達振無之哉自分ニハ云々今日之御達振リ此侭御請難出来既ニ先達而土岐群蔵ヨリ当盆前ニ者御含之筋被為在段承リ其砌御含と申而も自然善悪有之ヨリ押方ニおよひ候処悪敷事ニ者有之間敷と被申聞居候処前条之次第ニ付旁以同人方江立越相尋候而者如何哉と相談ニ預リ暗合之儀ニ候得共聊意底違之義モ有之ヨリ其場程能申答置再ヒ昇平方江立越道筋ニ而周平太ニ行逢倶々罷越候処彌吉郎義先達而昇平方江立越前同断之様子何分御達之筋疑惑仕ヲ以群蔵方江立越可承合と一決仕私儀者病人有之一ト先帰宅之上取後レ同人方江立越候処多人数罷越居群蔵不快之様子ニ候得共押而面会御達之始終相尋候得共同人義者非役ニ而都而不存趣前条御含之義ハ御内命を以及演舌ニ付委細不相心得此儀者自分壱人ニ而も無之大塚一格も同様相蒙リ居候故同人方江罷出可申跡より参上可致段被申聞大河内寛蔵方江も立寄リ夫ヨリ大塚氏江罷越居候中群蔵寛蔵等も立越呉候得共何レ茂御達之筋不存趣一格ヨリ者多人数被立越候而者迷惑之段被申聞ヨリ不得止一同引取下馬所ニおゐて土肥氏江罷出相尋候ハヽ前段周旋も致シ呉居候義ニ付旁以相分リ可申哉と談合直様立越

さらに、中村　實は、次のごとく供述している。[43]

七月十日私宅ニ於相謹罷在候様之御達書拝見仕其節析柄平井錦二郎私宅ヱ罷越居候場合ニテ同人ヱモ相示シ先達御下金ニ相成候節モ御家令中ヨリ御内命之赴（ママ）モ被申聞候義モ有之候得ハ如何之訳ヲ以斯ク被仰付候哉疑惑仕候段相談シ合イ錦二郎モ帰宿仕追而夜分ニ至リ八十三郎方ニ於テ集会有之由申来リ候ヲ以テ罷出候ニ付同行可仕様錦二郎平吉等私宅ヱ立越候故即刻同行ヲ以罷越ス道ニテ土岐郡（ママ）蔵方ヱ立越候赴（ママ）承リ同人方ヱ罷出御達書相示シ如何之訳ヲ以斯ク被仰付候哉相尋候得共郡（ママ）蔵義モ総而存知不仕由ニテ大塚一格方ヱ罷出可申追而参席可致段被申聞同家ヲ立出大河内寛蔵方ヱモ立寄リ大塚ヱ迄罷出候処一格モ在宿追々右郡（ママ）蔵寛蔵小野二郎等モ参会仕八十三郎ヨリ

彼是談判ニ及ビ(ママ)候得共相分リ不申一同引取下馬所ニ於テ大作方ェ罷出相尋可申段決議仕即様立越申候

さて、ことの真相をただすべく、「十日夜十一時頃土肥大作居宅へ……罷出」た村井八十三郎をはじめとする「五十壱人ノ者」ではあったが、土肥との面会をめぐって取次に出た土肥の門弟との間に押問答となり、ついに「取次ノ者応接中抜刀暴入挙動ニ立至リ不得止及刃傷候」という事態にまで発展してしまった(44)。いわゆる五十人組事件の発生である。事件の様子について、結果的には、襲撃側の一人として処断された村井八十三郎は、次のごとく供述している(45)。

私儀者聊取後レ同所（土肥大作居宅――中山註）門前江立越候処三好藤弥太(ママ)等衆ニ先立取次所ニおゐて声高ニ談論ニ相及候より如何哉と相気遣居候折柄玄関より抜剣ニ而切出即死手負等も有之私儀も淩キ兼混雑中鞘走リ致聊疵仕候狼狽中藤弥太(ママ)ヨリ抜掛候而相発シ候哉篤与見留メ付不申候得共同人儀者動モスレハ抜剣致候義も有之趣且同志之者ヲ及切害抔発言致候義も有之平常之行状を以相考候得者多分藤弥太(ママ)ヨリ相発シ可申哉余ニ存当リ無之根元謹中之義ニ付穏密ニ可申出筈之処右等荒々敷申募リ候ヨリ前件之次第此節同人ヲ相恨ム而已ニ御座候

また、村井と同じく襲撃側の一人として処断された中村　實は、次のごとく供述している(46)。

（土肥大作居宅に――中山註）立越申候処三好藤弥太(ママ)等衆ニ先チ取次所ニ於テ声高ク争論ニ相及ビ(ママ)居候中何歟響音仕候ト即刻玄関ヨリ抜剣ニテ切出私義モ淩ギ(ママ)兼深手ヲ相負狼狽中藤弥太(ママ)ヨリ先方ニ先シ抜懸ケ候而相発候哉篤ト見留相付キ不申候得共根元謹中之義穏密ニ可申入筈ヲ右等荒々敷申出候位之義ニ付多分藤弥太(ママ)抜剣仕候ヨリ相発可申歟ト存申候

さらに、前二者より先に土肥宅に到着していた三田三郎は、次のごとく供述している(47)。

私幷ニ杉山盤治郎等衆ニ先立取次所迄罷出盤治郎より当夜大作江面会致度儀有之一同罷越候間右之段取次呉候様出淵固治郎江申入候処同人ヨリ当夜大作義者少々不勝ニ有之若外より相尋来候人有之候時者公用ナレハ県庁江罷

出貫イ私用ナレハ相断可申段兼而被相頼居候ニ付公用ニ候歟私用ニ候歟之段被相尋候得共盤治郎返答ニ厄ミ候模様見受候ニ付私相進ミ私用ヲ以罷越候段相答居候場合江三好藤弥太(ママ)遙ニ後より追来余程之姿勢ニ而高声ヲ以何歟談シ懸ケ候ニ付私儀者同人江相譲リ置其場ヲ遙後江相退キ居候処病気之由を以面会相断候故歟双方頻ニ相争イ頗ル喧敷申募リ居候中何歟響音仕候ト即様玄関より抜剣ニテ切出私義も抜合慥壱人ニハ手疵ヲ為相負候手答ヘ仕候然ルニ私義も右之手江少々疵ヲ相受候故受払門外迄逃出申候尤同夜之事件藤弥太(ママ)先方ニ先シ抜剣仕候歟否之義ハ相退居候故篤与見留メ不申候得共私共応接中ヲも不憚横合ヨリ奪取荒々敷応対仕終ニ者暴言等相発シ候位之義ニ付多分同人抜懸候より相発シ候儀ニ茂可有之歟与被存申候

これに対し、当夜、「土肥大作方ニ寄留書生」[48]として滞在し、事件に遭遇した出淵固治郎は、次のごとく供述している。[49]

私義尓(ママ)来文学為研窮土肥大作方江寄宿仕罷在中当七月十日大作県庁より退席之後少々不快之由ニ而臥蓐致候ニ付若シ外方より尋来候もの有之候節ハ公私之用向相尋候上公用な連ハ県庁江出張致シ貰私用ナレハ当夜ハ必ス接見相断呉候様被相頼承諾仕同夜玄関ニ於テ読書罷在候処第十一字之頃ニ而も御坐候哉門扉ヲ叩キ接見ヲ乞候者有之候ニ付私義即様立出門戸ヲ開キ候処門外迄多人数罷越居候中杉山盤治郎三田三郎等ヨリ当夜大作江接見致度義有之一同罷越候ニ付右之段申通呉度段申出候得共兼而大作ヨリ被相頼居候義ニ付公私之義相尋候処私用之趣申唱候ニ付大作義当夜少々不勝明朝罷越致呉候様申答居候処江遙ニ後ヨリ三好藤弥太(ママ)頗ル憤激之勢ニ而罷出余程之高声ヲ以荒々敷是非共当夜中大作義ニ面接ヲ遂度候間右之段取次候之様再三迫出候ニ付病気之義ヲ以種々相断候得共一向承知不仕候ニ付斯ク迄相断候ヲ無御聴入是非与御申被成候ハ如何之義ニて候哉何ハ兎モアレ当夜ハ病気之義ニて孰レヨリ来ル共決而取次候義難相調旨断然申切候之処色々暴言ヲ相発シ斯ク迄取次致呉不申候時ハ押シテ罷処江迄も罷通可申ト大ニ怒気ヲ相発シ既ニ上庄セント欲スルノ姿勢有之ニ付其ハ何共御無理暴言ト申事ニ而仮令

破リテ御通被成候共御通申義ハ難相調段押合中同人私義ヲ目掛ケ抜剣切付候ニ付不得已私義も抜合候之処初太刀慥ニ藤弥太(ママ)之肩先江切込候様相覚へ申候其中右太刀音ヲ聞付候より玄関ニ居合候三橋傳四郎佐治与一郎田中鍛百々英夫等も抜剣切出候場合門際ニ相揃候多人数之者共大門ヲ開キ逃去リ申候尤混乱中何某ヲ疵付候哉夜分之義ニて猶更見留相立不申其中一同引取候跡江中村弥吉郎(ママ)深手ニ而相倒レ居候ヲ見受申候余人ハ尽引取候故何某共カ深手ニ候哉ト存知不仕候得共門内脱血夥敷有之候得者疵人共多々可有之歟ト存候

また、同じく土肥宅に滞在していた書生の三橋傳四郎は、次のごとく供述している。[50]

私義幼少之頃ヨリ文学研窮之為メ土肥大作方へ罷越同人之示教ヲ相請来候ニ付当年茂同人帰国之後ハ同断寄宿罷在中当七月十日夜四ツ半時頃於玄関ニ読書之折柄多人数押込来其中……玄関迄罷越取次相頼候ニ付出淵固治郎出合応接中三好藤弥太(ママ)等暴言申募リ居候処藤弥太(ママ)固治郎ヲ目掛ケ抜付候ニ付同人ヲ可相助決シ候得共既ニ多人数玄関へ押込来模様見受候ヨリ私義も不得已佐治与一郎百々英夫田中鍛等ト抜剣大玄関ヨリ駈出候場合大作も同断出合倶々切込申候尤剣撃中数太刀慥ニ切込ハ手覚へも有之私義も数ケ処手疵ヲ受候得共夜分之義ニて何某ヲ切留メ候哉篤与見留メ相立不申其中右手之一ト疵ハ三田三郎ヨリ被切付私ヨリも藤弥太(ママ)江吃度一太刀ハ切込候様相覚へ申候右混乱中大門ヲ開キ一同引取申候

さらに、同じく土肥宅に滞在していた書生の守武政一郎は、次のごとく供述している。[51]

私儀……土肥大作……より文学之示授ニ預居候而尓来(ママ)……始終同家江立越居候折柄同七月十日茂……早朝より立越居候処同夜外輪向何ト無ク騒々敷趣略承知仕候ニ付何事ニ候哉与外出仕探リ見候処先達而歎願仕候五拾壱人之面々下馬処江屯集仕居候趣承リ早速同処江出掛候処既ニ大勢を以大作方江罷越候模様ニ付即様門前迄馳セ帰候処多人数門内より抜剣之侭ニテ押出候場合ニ而私儀茂頗ル驚愕仕内向キ少人数之義ニ候得者大作初同塾之者共不残斬殺被致候義与存込不取敢声懸ケ候処大勢私儀ヲ目掛切付来候様相覚候ニ付私より茂抜剣切込申候尤右狼狽中殊

ニ夜分之義ニテ何某ヲ疵付候哉見留相付キ不申候得共憶ニ切込候手覚仕申候其内一同散乱仕候間直様門内迄駈ケ込候処先ツ手負ハ御座候得共大作初無事之由承リ安心仕候私儀茂少々手疵相受居候義を相覚候位ニテ其場之始終相覚不申候得共弥吉郎（ママ）深手ニ相倒レ居且脱血等夥敷御座候得者多分疵人数々可有之歟ト被存申候

これらの供述をもとに当夜の模様を再現すると、おおむね次のごとくであろう。

七月十日夜、謹慎処分の理由を問い質すため、土肥大作の居宅を訪問すべく決議した村井八十三郎をはじめとする旧藩士の一行は、三田三郎、杉山盤治郎を先頭に村井平吉、小河周平太、杉本國治郎、松浦恒治郎、村山達八、西川源太郎、高林亥歳男、石垣文治郎および三好藤彌太そしておそらくは中村彌吉郎などが一団となり、夜十一時（四ッ半時）頃、土肥の居宅に到着、はじめ杉山が、ついで三田が、土肥との面会を、取次に出た土肥家の書生出淵固治郎と交渉するも、土肥の病気を理由に拒絶され、そこで業を煮やした三好が一団の後方より前面にとび出し、三田をおしのけ、強引に交渉をひきとり、土肥との面会を出淵に強要中のところへ、すこしおくれて村井八十三郎、中村　實、津坂昇平、高木益治郎、平井錦二郎、津坂直松、妻鹿豊治、伊藤覺之丞、浅見勇馬、清水八郎、本庄元太、西川嘉平治、金子環三、高木小作、長谷川祐一郎、沼田竹三郎、關　清、竹本康郎および臼杵荒五郎などがつづいて到着、その直後に、興奮した三好が、抜刀し、出淵に切りつけたことをきっかけに、襲撃側、防禦側双方入り乱れての混戦となり、多数の死傷者を出すこととなった。(52) この事件は、世に「五十人組事件」とも称され、参加者も五十一人であったとされるが、(53) これらの供述によるかぎり、実際に事件の現場に臨んだ者は、村井八十三郎、中村　實、中村彌吉郎、三好藤彌太、杉山盤治郎、三田三郎、村井平吉、小河周平太、杉本國治郎、松浦恒治郎、村山達八、西川源太郎、高林亥歳男、石垣文治郎、津坂昇平、高木益治郎、平井錦二郎、津坂直松、妻鹿豊治、伊藤覺之丞、浅見勇馬、清水八郎、本庄元太、西川嘉平治、金子環三、高木小作、長谷川祐一郎、沼田竹三郎、關　清、竹本康郎および臼杵荒五郎の三十一名であり、このうち、抜刀して、土肥側との闘争行為に参加した者は、村井（八）、中村（實）、中村（彌）、三好、杉山、三田、村井（平）、小河、杉本、松浦、村山、西川（源）、高林、石垣および津坂（昇）の十五名であり、他の高木（益）、平井、津坂（直）、妻鹿、伊藤（覺）、浅見、清水、本庄、西川（嘉）、金子、高木（小）、長谷川、沼田、闞、竹本および臼杵の十六名は抜刀すらせずにその場を去ったようである。

事態の意外の進展に驚愕した浅見、津坂（昇）および清水などは、当日暮に外出先の福山から帰宅したため、一行と行動をともにすることなく自宅にいた林　唯七をたずね、紙筆を借用し、ことの顛末を県庁に届け出たようである。[54]

事件は、森　辨蔵、林　唯七、村井凡夫および三野　轂などのごとく当夜他出していたため現場に臨まなかった者、[55]藤村九十九、松原郁彦、加治直八、小川五郎太、伊藤　傳、齊田浪三および津田東太などのごとく土岐群蔵より「夜中一同謹中ヲモ不憚処々徘徊致候事共不都合之至此上大作方石川少参事之内ヘ罷越候而ハ重々不安義ニ付何卒私共より鎮定仕候様」説得されたことに応じ、一行を捜索していた者、[56]さらに、百々乙次郎、中川　渉、内山新一郎、岡田格治郎、松井一太郎、入江　武および赤羽　榮などのごとく「七月十日……夜右御達振リ之儀ニ付同志之者共土岐群蔵方江立越候ニ付罷出候様申来候ヘ共前件謹中之儀ニ付相断罷出不申」る者[57]などがいたこともあってか、これ以上には発展せずに終息したようである。

さて、事件の処理は迅速におこなわれた模様で、七月十一日朝には、丸亀県少参事の石川宗一が、丸亀に隣接する倉敷県の多度津出張所へ、容疑者の逮捕および警備のためと思われるが、捕亡の応援を要請したとおぼしく、倉敷県は、弁官宛に、次のごとく届け出ている。[58]

当月十一日朝丸亀県少参事石川宗一度県多度津出張所へ火急罷越昨十日夜半元丸亀藩士五十名民部省同県出仕土井《ママ》大作処ヘ罷越談判中抜刀及暴動被傷者数人有之候故右混雑ニ付捕亡手差出呉候様示談有之候ニ付不取敢当県貫属卒ノ者二十五人為捕亡差出候処十三日略及鎮定候由ニ付引取申候右同県動揺ノ事件委曲難相分候得共唯一時ノ挙動ニモ無之情実曲折可有之哉ニ風聞仕候同県ヨリ委曲御届可申上厳密御捜索御処置振モ可有之候得共向後ノ動

状如何可有之哉多度津出張所トハ合壁ニテ深致懸念且捕亡手差出申候儀ニ付此段御届申上置候以上

辛未七月　　倉敷県

弁官御中

翌十二日、丸亀県は、事件の顚末について、弁官宛に、次のごとく届け出ている。(59)

当県貫属士族之者共先月廿日頃ヨリ土肥大作宅江数度罷出金穀歎願筋申立追々多人数ニテ相迫リ尚又石川少参事宅ヘモ右同様大勢及願訴候得共徒党ケ間敷義ハ兼テ被仰出モ有之知事始官員ノ者共彼是相尽加論解候得共更ニ承伏不仕別紙連署願書之通強テ申立動モスレハ疎暴ノ挙動ニ可及哉ト大少属申談一時権宜之取計ヲ以別紙金高之通下渡候得共右ハ全不都合ノ次第ニ付致取計候石川少参事謹慎申付尚五拾壱名ノ者共於自宅相慎可罷在旨申達置遂糾弾可申之所豈図哉去ル十日夜十一時頃土肥大作居宅ヘ右五十壱人(ママ)ノ者罷出取次ノ者応接中抜刀暴入挙動ニ立至リ不得止及刃傷候所即日手負等別紙之通リニ御座候然ルニ余党散乱追々致捕縛候得共別紙五十一名(ママ)之内森辨蔵村井凡夫両人ハ下金相渡候後浪花並ニ伊予之内ヱ立越居候ニ付夫々捕縛次第糾弾ヲ遂可申上候得共先不取敢右之段御届申上候以上

辛未七月十二日　　丸亀県

弁官御中

（中　略）

別紙

（中　略）

死傷人名

極浅手　　土肥　大作

深手
無疵
同
同
深手
浅手
以上
別紙歎願差出候五拾壱名之内
即死
同
極浅手
浅手
即死
深手
同
同
同
浅手

土肥大作方ニ寄留書生
士族
三橋　傳四郎
出淵　固(ママ)次郎
佐治　與(ママ)一郎
百々　英夫
田中　鍛
守武　政一郎
中村　弥(ママ)吉郎
三好　藤弥(ママ)太
村井八十三郎
小河　周平太
杉山　盤(ママ)次郎
中村　實
村井　平吉
松浦　恒(ママ)次郎
杉本　国(ママ)次郎
石垣　文(ママ)次郎

同　　　村山　達八
同　　　高林　亥年《（ママ）》男
同　　　西川　源太郎
右之通御座候以上
民部省

さらに、この丸亀県届には、

書面別紙之三橋傳四郎外五人ノ者ヘ於其県相応ノ御手当被下方可取計候事

なる「御附紙」が附されているが、[60] これは、襲撃され、止むを得ず応戦した三橋、出淵、佐治、百々、田中および守武の五名に丸亀県より応分の手当を下付するようにとの民部省の指示であろう。十三日には、事態もほぼ鎮静し、応援のため派遣されていた倉敷県「貫属卒ノ者二十五人」も撤退するに至った。[61]

ところで、事件後逃走した容疑者も順次逮捕され、取り調べもなされたことと思われるが、この間の経緯については資料を欠き詳細は不明である。[62] それはともあれ、九月五日には、取り調べをうけた全容疑者五十五名の「口書」すなわち自白の供述書が県庁に提出されるに至った。[63] なお、これらの中に、七月十日夜の襲撃参加者はもとより六月二十七日の「御下金」下付後に自宅謹慎を命じられた者がふくまれているのは当然のこととしても（この中には、事情を知らず実兄より「御下金」を受領した高木豊四郎および養父の代理で行動したにすぎない伴　鹿治郎がふくまれている）、七月十日夜、文字通りの急迫不正の侵害をうけ、これを排除せんとした土肥大作の書生六名が、予め殺人を計画していた容疑でふくまれていることは意外の感がする。

ちなみに、この「口書」によれば、各人の容疑は次のごとくであった。[64]

①村井八十三郎

六月中旬以来数拾人語合歎願ニ事寄セ土肥大作石川少参事等宅江屢々多人数罷越相迫リ萬一願筋聞届之周旋も致不呉時者右両人者不及申ニ当時之官員をも及暗殺終ニ者県庁江も可及暴挙段予メ約定可有之且七月十日重キ御達書拝命をも不顧同夜諸所奔走終ニ大作方江立越候義者同人ヲ暗段ニおよひ置脱走等可致所存ニ有之といへとも即死手負等モ有之ヲ幸ト申立且自分儀鞘走リヲ以疵仕抔是又右様ニ者有之間敷多分抜剣を以先方江も深手ヲ為負居候ニ者相違有之間敷不包置有体ニ申出候様再三厳敷御詰問被仰付候

②中村　實

六月中旬以来数拾人語合セ歎願ニ事寄セ土肥大作石川少参事等宅エ屢多人数罷越相迫リ萬一願筋聞届之周旋モ致シ不呉時ハ右両人ハ不及申当路之官員ヲモ及切害終ニハ県庁エモ可及暴挙段予シメ結約致シ可有之且七月十日夜私宅ニ於テ相謹可罷在筈之処同夜諸所奔走シ終ニ土肥大作方エ立越候義者最初ヨリ同人ヲ暗殺ニ及ヒ置脱走致ス所存ニ可有之不包置有体ニ申出候様再三厳敷御詰問被仰付候

③森　辨蔵

六月中旬以来数拾人語合歎願ニ事寄セ土肥大作石川少参事等宅江度々多人数罷越相迫リ萬一願筋聞届之周旋も致シ不呉時者右両人ハ不及申当時之官員ヲも及切害終ニハ県庁江も可及暴挙段予メ決約致シ可有之不包置有体ニ申上ヘ《（ママ）》候様再三厳敷後詰問被仰付候

④三田三郎

六月中旬以来数拾人語合歎願ニ事寄セ土肥大作石川少参事等宅江屢々多人数罷越相迫リ萬一願筋聴届之周旋も致不呉時ハ右両人者不及申当時之官員ヲも及切害終ニ者県庁江も可及暴挙段予メ結約可有之且七月十日私宅ニおゐて相謹可罷在筈ヲも不顧同夜諸所奔走終ニ多人数相揃土肥大作方江立越混雑中抜剣切込候覚茂有之上ハ必然最初より弥《（ママ）》吉郎藤彌太等ト盟約之上同人ヲ暗段ニ及ヒ置脱走致ス所存ニ可有之不包置有体ニ申出候様再三厳

敷御詰問被仰付候
⑤村井平吉・小河周平太・杉本國治郎・松浦恒治郎・村山達八・西川源太郎・高林亥歳男・石垣文次郎
最初歎願書ニ事寄セ余ニ深約も有之同志之者共語合終ニ者土肥大作ヲ及殺害ニ置脱走等可致所存ニ有之与いへ共孰も手疵ヲ負不得已より相果候者を幸ひニ申立自分等後難相遁所存ニ而可有之不包置有体ニ申出候様再三厳敷御詰問被仰付候
⑥津坂昇平
最初ヨリ歎願ニ事寄セ余ニ深約茂有之同志之者共語合終ニ者土肥大作初当路之官員共及暗殺ニ置脱走可致処存ニ可有之且分外御下ケ金ニ茂相成同十日之夜一時同志之者共即死手負等出来候ヨリ其場ヲ逃去今日ニ至リ候而ハ即死之者共有之候ヲ幸ニ申立自分共後難ヲ相遁候所存ニ可有之不包置有体ニ可申上段再三嚴敷御詰問被仰付候
⑦高木益治郎・平井錦二郎・津坂直松・妻鹿豊治・伊藤覺之丞
最初ヨリ歎願ニ事寄セ余ニ深約も有之同志之者共語合終ニハ土肥大作初及暗殺置脱走可致所存ニ可有之且分外之御下金ニも相成同十日之夜とても一時同志之者共即死手負等出来候ヨリ其場を逃去今日ニ至リ候而ハ即死之者共有之ヲ幸ニ申立自分等後難ヲ相遁候所存ニ可有之不包置真直ニ可申出様再三厳敷御詰問被仰付候
⑧浅見勇馬・清水八郎
最初ヨリ歎願ニ事寄セ余ニ深約も有之同志之者共語合終ニハ土肥大作初及暗殺置脱走可致所存ニ可有之且分外之御下金ニも相成同十日之夜迚も一時同志之者共即死手負等出来候ヨリ其場ヲ逃去今日ニ至リ候而ハ即死之者共有之を幸ニ申立自分等後難ヲ相遁レ候所存ニ可有之不包置真直ニ可申出様再三厳敷御詰問被仰付候
⑨本庄元太・西川嘉平治・金子環三・高木小作・長谷川祐一郎・沼田竹三郎・關　清・竹本康郎・臼杵荒五郎

最初歎願書ニ事寄セ余ニ深約モ有之同志之者共語合終ニ者土肥大作ヲ初及暗殺ニ置脱走等可致所存ニ可有之且分外御下金ニモ相成同十日之夜トテモ一時同志之者共即死手負等出来候ヨリ其場ヲ逃去今日ニ至候而者即死之者共有之ヲ幸ニ申立自分等後難ヲ相遁レ候所存ニ可有之不包置有体ニ申出候様再三厳敷御詰問被仰付候

⑩林　唯七

六月中旬以来同志之者共語合歎願書ニ事寄セ同廿日以後石川少参事土肥大作等宅江屢々多人数罷越相迫リ萬一願筋聞届之周旋茂致不呉時者右両人ハ不及申当路官員をも及切害置終ニ者県庁江も可及暴挙段予メ決約ニ可有之不包置有体ニ申出候様再三厳敷御詰問被仰付候

⑪藤村九十九・松原郁彦・加治直八・小川五郎八・伊藤　傳・齊田浪三・津田東太

六月中旬以来数十人語合歎願ニ事寄セ土肥大作石川少参事等ヘ度々多人数罷越相迫萬一願筋聴届之周旋も致不呉時者右両人者不及申当路之官員ヲモ及切害終ニ者県庁迄モ可及暴挙且同七月十日夜私宅ヲ立出候節モ同断大作方ヘ乱入可致所存ニ而立出候得共機会相後レ候ヨリ退散致候義ニ可有之不包置有体ニ申出候様再三厳敷被仰付候

⑫村井凡夫

六月中旬以来数拾人語合歎願ニ事寄土肥大作石川少参事等宅江屢多人数罷越相迫リ萬一願筋聴届之周旋致不呉時者右両人ハ不申及当路之官員ヲ茂及切害終ニハ県庁江も可及暴挙段予メ条約相結可有之不包置有体ニ申出候様再三厳敷御詰問被仰付候

⑬三野　轂

六月中旬以来数拾人語合歎願ニ事寄セ土肥大作石川少参事方江屢々多人数罷越相迫リ萬一願筋御聞届之周旋モ致不呉候時ハ右両人ハ不及申当路之官員ヲモ及切害終ニハ県庁江モ可及暴挙ニ段予メ決約ニ可有之不包置

有体ニ申出候様再三厳敷御詰問被仰付候

⑭伴　節太郎

六月中旬以来自分儀病気ニ有之候トハ乍申養子鹿治郎ヲ以数拾人語合歎願ニ事寄セ土肥大作石川少参事等宅江屢々多人数ヲ以為相迫萬一願筋御聞届ケ之周旋モ致シ不呉候時ハ右両人ハ不及申当路之官員ヲモ及切害ニ終ニハ県庁ェ茂可及暴挙予メ結約致可有之同七月十日之夜トテモ同断土肥大作方江相迫可申段兼テ申含メ差遣シ候儀ニ可有之不包置有体ニ申上候様再三厳敷御詰問被仰付候

⑮百々乙次郎・中川　渉・内山新一郎・岡田格治郎・松井一太郎・入江　武・赤羽　榮

最初ヨリ相組シ屢土肥大作石川少参事方江も立越相迫リ居候へとも此節後難相恐レ病気ニ而出席不致様と相訖居候ニ相違有之間敷不包置有体申上候様再三被召出厳敷御吟味被仰付候

⑯高木豊四郎

六月以来数十人申合歎願書差出其上御下ケ金も五拾壱両と拾匁配分を受可罷在不包置有体ニ申上候様厳敷御吟味被仰付候

⑰伴　鹿治郎

六月中旬頃以来数拾人語合セ歎願書ニ事寄セ土肥大作石川少参事等宅江屢々多人数相迫リ萬一願筋聞届之周旋も致し不呉時者右両人ハ不及申当路之官員をも及切害終ニハ県庁江も可及暴挙段予メ相約シ有之段養父節太郎ヨリ兼而被示聞可罷在不包置有体ニ申上候様再三厳敷御詰問被仰付候

⑱出淵固治郎・三橋傳四郎・佐治与一郎・百々英夫

最初五十壱人之者共謹被申付候段承知致スより兼而六月以来願出申立候義も有之寄宿ニ事寄セ当夜ニ限リ大作方ヘ立越若シ萬一彼等罷越候節ハ是非ヲ茂不問早速斬殺ニ致段大作等与予メ相約シ置候義ニ可有之且一同

罷越面接ヲ乞候節も同断先方之動静ヲも不伺理不尽ニ抜剣切込候得共即死之者共有之ヲ幸ひニ申立何事茂藤弥（ママ）太等へ為相負自分共後難相遁レ候処存ニ可有之不包置有体ニ申出候様再三厳敷御詰問被仰付候

⑲守武政一郎

最初五拾壱人之者とも謹被申付候段承知致スより六月以来之儀も有之寄宿ニ事寄セ当夜ニ限リ大作方江立越若シ一同罷越候節者是非ヲも不問斬殺可致段予メ大作等ト相約シ置候上ニテ右為探索外出候義ニ付門前迄帰足之節茂同断抜剣待設ケ先方之不意江切込候義ニ有之候得共即死之者共有之ヲ幸ニ申立自分共後難相遁候処存ニ可有之不包置有体ニ申出候様再三厳敷御詰問被仰付候

⑳田中　鍛

最初五拾壱人之者共謹被申付候段致承知候ニ付六月以来ヨリ之儀も有之寄宿ニ事寄セ当夜ニ限リ大作方エ立越若シ万（ママ）一彼等罷越候節ハ是非ヲモ不問斬殺可致段大作等ト兼テ相約シ置候儀ニ可有之且一同罷越候節モ同断先方ニ先立抜剣切込候得共即死之者共有之ヲ幸ヒニ申立何事モ藤（ママ）弥太等エ為相負自分儀後難相遁候所存ニ可有之不包置有体ニ申出候様再三厳敷御詰問被仰付候

さて、容疑者の自白を得た丸亀県では、九月（日欠）、彼らの「処刑伺」を司法省に提出したようである。[65] 現存する「処刑伺」は、首謀者と認定された中村彌吉郎に関するものだけであるが、それは、次のごとくである。[66]

処刑伺

当県士族

中村　彌吉郎

右者今（明治四年――中山註）五月以来歎願ニ事寄セ自分等発端ニ依リ数拾人語合威勢ヲ以テ迫リ出テ加之七月十日夜重キ命令ヲ犯シ土居（ママ）大作宅ニ於テ及暴挙罷在候事ハ不憚上ノ仕業不届之至リ右科ヲ以死罪可申付筈之処令死

失候ニ付死体無御構可申付哉

右之通御座候間御所置之儀別紙口書相添此段相伺申候以上

明治四年辛未九月

丸亀県

ここに挙示した中村をはじめ死亡した三好、および杉山ならびに容疑者として取り調べをうけ「口書」を提出した五十五名に対する「処刑伺」を丸亀県より上申された司法省は、発令年月日は記載を欠き不明であるが、「附紙」という形式で、次のごとき量刑指令を丸亀県に申達したものと思われる。[67]

中村弥《ママ》吉郎ノ従一等ヲ減シ

庶人ニ下シ

徒　三　年

伊丹　縣

村井八十三郎　樺山

中村　實　大庭

松本　渡邊

村井八十三郎等ト同

庶人ニ下シ

徒　三　年

伊丹　縣

森　辨蔵　大庭

樺山

松本　渡邊

多衆ヲ聚メ訟ヲ構ヘ官ニ抗スト雖モ良民ヲ擾害スルニ至ラサル者ノ首破廉耻甚者ヲ以テ論シ

縣

存命ナレハ
庶人ニ下シ
准流十年

伊丹 大庭
中村　彌吉郎 樺山
此分口書ナシ 伊丹《ママ》 松本
渡邊

中村弥《ママ》吉郎ノ従一等ヲ減シ
存命ナレハ
庶人ニ下シ
徒　三　年

伊丹 縣
三好　藤彌太 大庭
此分口書ナシ 樺山
松本 渡邊

中村弥《ママ》吉郎ノ従ニシテ情軽キヲ以テ二等ヲ減シ
存命ナレハ
庶人ニ下シ
徒　二年半

伊丹 縣
杉山　盤治郎 大庭
此分口書ナシ 樺山
松本 渡邊

中村弥（ママ）吉郎ノ従ニシテ
情軽キヲ以テ二等ヲ減シ
庶人ニ下シ
徒　二　年　半

三田　三郎　［縣］
津坂　昇平　［伊丹］
村井　平吉
小河　周平太
杉本　國治郎
松浦　恒治郎
村山　達八
西川　源太郎
高林　亥歳男　［大庭］
石垣　文治郎　［樺山］
［松本］　［渡邊］

［伊丹］
高木　益治郎　［縣］
平井　錦二郎
津坂　直松
妻鹿　豊治
伊藤　覺之丞

不応為重キニ依リ
杖七十破廉耻甚者
ヲ以論シ
庶人ニ下ス

浅見　勇馬
清水　八郎
本庄　元太
西川　嘉平治
金子　環三
高木　小作
長谷川祐一郎
沼田　竹三郎
関（ママ）　清
竹本　康郎　大庭
臼杵　荒五郎　樺山
松本　渡邊

不応為重キニ依リ杖七十

伊丹　縣
林　唯七
藤村　九十九
松原　郁彦
加治　直八
小川　五郎太

状情軽キ者ニツキ閏刑ニ
換ヘ

閉　門七十日

伊藤　　傳
齊田　浪三
津田　東太 大庭
村井　凡夫 樺山
三野　　瑴
松本 渡邊

不応為軽キニ依リ笞
三十閏刑ニ換ヘ
謹　慎　三十日

伴　　節太郎
百々　乙次郎
中川　　渉
内山　新一郎
岡田　格治郎
松井　一太郎 大庭
入江　　武 樺山
赤羽　　榮 渡邊
伊丹 松本

幼年ニシテ其情ヲ知ラサル者ニツキ

伊丹 大庭 渡邊
岸良

無　罪

高木　豊四郎　[樺山]　[縣]

一家倶ニ罪ヲ犯ス卑幼ハ不論

放　免

伴　鹿治郎　[伊丹][大庭][渡邊]　[岸良]　[樺山]　[縣]

兇暴ノ徒露刃来リ迫ル其勢イ間ニ髪ヲ容レス防禦ノ情緩フス可ラス即時

格闘殺死スルヤ夜故ナク人家ニ入ル者ヲ殺スヨリ更ニ切迫ノ事情顕然タリ

則強盗ヲ殺ス者ノ情理ニ準シ

無　罪

[大庭][渡邊]　[伊丹][岸良]

出淵　固治郎　[樺山]

外五人　[縣]

なお、この指令にみえる「伊丹」、「縣」、「樺山」、「大庭」、「松本」、「渡邊」および「岸良」の各捺印は、司法省の量刑指令の起案に関与した司法省中判事伊丹重賢、同少判事縣信緝、同中判事樺山資綱、同少判事大庭景考、同中判事松本　暢、同権中判事渡邊　驥および同権中判事岸良兼養のそれであろうと思われる[68]。

さて、この司法省指令を分析すると次のごとくである。

㈠　まず、量刑の基準とされた中村彌吉郎に対する司法省指令は、当時、現行刑法として頒行されていた新律綱領の条項によることなく、その改正・補充法として準備されつつあった新律条例に依拠していた可能性の高いことが指摘できよう[69]。すなわち新律条例（第一次草案）第百六十五条（賊盗律・兇徒聚衆附例）の中の「凡多衆ヲ聚メテ訟ヲ構ヘ官ニ強逼スト雖モ良民ヲ擾害スルニ至ラサル者首ハ流三等従ハ一等ヲ減ス従ニシテ情軽キ者ハ又一等ヲ減ス」なる規定により、「首犯」の「流三等」を選択し、さらに、新律条例（第一次草案）第七条（名例律・五刑附例）の中の「凡流刑地方未タ定ラサレハ姑ク流刑ヲ停メ五徒ノ外別ニ准流法ヲ設ケ獄則ニ照シ懲役ニ服シ限満テ原籍ニ還ス……流三等　准流十年」なる規定により、「流三等」を「准流十年」に換刑したうえで、新律綱領・名例律上・閏刑五条の「凡士族。罪ヲ犯シ。本罪。笞刑ニ該ル者ハ。謹慎ニ処シ。杖刑ニ該ル者ハ。閉門ニ処シ……流刑ニ該ル者ハ。辺戍ニ処シ……若シ賊盗。賭博等ノ罪ヲ犯シ。廉恥ヲ破ルコト甚シキ者。笞杖ニ該ルハ。廃シテ庶人ト為スニ止メ。徒以上ハ。仍ホ本刑ヲ加フ」なる規定を適用し、「士族」の身分を剝奪し、「庶人ニ下シ准流十年」と量刑したのであろう。

㈡　つぎに、村井八十三郎、中村　實、森　辨蔵、三好藤彌太および杉山盤治郎の五名に対する司法省指令は、この五名を首犯の中村（彌）の従犯と事実認定のうえ、前述の新律条例第百六十五条の規定により、首犯の法定刑「流三等」から一等を減ずることとし、さらに、新律綱領・名例律下・加減罪例条中の「減ト称スル者ハ。本罪上ニ就テ減軽ス。仮令ハ……徒三年ハ。徒二年半ニ坐スルノ類。惟二死三流ハ。各一減ト為ス。仮令ハ……流罪ヲ犯スニ。一等ヲ減スレハ。徒三年ニ坐スルノ類」なる規定により、「徒三年」を量刑したうえで、前述の新律綱領・名例律上・閏刑五条を適用し、「庶人ニ下シ徒三年」と量刑したのであろう。

㈢　つぎに、三田、津坂（昇）、村井（平）、小河、杉本、松浦、村山、西川（源）、高林および石垣の十名に対する司法省指令は、この十名を前述の新律条例第百六十五条後段の「従ニシテ情軽キ者」に該当するものと事実認定のうえ、同条により、従犯の法定刑から「又一等ヲ減」ずることとし、さらに、前述の新律綱領・名例律下・加減罪例条により、「徒二年半」を量刑したうえで、前述の新律綱領・名例律上・閏刑五条を適用し、「庶人ニ下シ徒二年半」と量刑したのであろう。

(四) つぎに、高木(益)、平井、津坂(直)、妻鹿、伊藤(覺)、浅見、清水、本庄、西川(嘉)、金子、高木(小)、長谷川、沼田、關、竹本および臼杵の十六名に対する司法省指令は、新律綱領・雑犯律・不応為条の「凡律令ニ正条ナシト雖モ。情理ニ於テ。為スヲ得応カラサルノ事ヲ為ス者ハ。笞三十。事理重キ者ハ。杖七十」なる規定の後段により、「杖七十」を選択し、さらに、前述の新律綱領・名例律上・閏刑五条の中の「賊盗……等ノ罪ヲ犯シ。廉恥ヲ破ルコト甚シキ者。笞杖ニ該ルハ。廃シテ庶人ト為スニ止」なる規定を適用し、士族の身分を剝奪し、その特権である「閏刑」をみとめず、「庶人ニ下ス」と量刑したのであろう。

(五) つぎに、林、藤村、松原、加治、小川、伊藤(傳)、齊田、津田、村井(凡)および三野の十名に対する司法省指令は、まず、前述の高木(益)以下十六名に対する場合と同一の操作で、「杖七十」を選択し、ついで、この十名の場合は、「状情軽キ者」であり、「廉恥ヲ破ルコト甚シキ者」には該当しないものと認定のうえ、前述の新律綱領・名例律上・閏刑五条を適用し、士族の身分を剝奪し、「庶人ニ下ス」ことなく、「閏刑」をみとめ、「杖七十」の「閏刑」である「閉門七十日」と量刑したのであろう。

(六) つぎに、伴(節)、百々(乙)、中川、内山、岡田、松井、入江および赤羽の八名に対する司法省指令は、前述の新律綱領・雑犯律・不応為条前段の規定により、「笞三十」を選択し、ついで、この八名の場合は、前述の新律綱領・名例律上・閏刑五条中の「廉恥ヲ破ルコト甚シキ者」には該当しないものと認定のうえ、同条を適用し、「笞三十」の「閏刑」である「謹慎三十日」と量刑したのであろう。

(七) つぎに、高木豊四郎に対する司法省指令は、高木の主張を全面的に認容し、「其情ヲ知ラサル者」すなわち事件には無関係であったと事実認定し、「無罪」としたのであろう。

(八)　つぎに、伴　鹿治郎に対する司法省指令は、養親子関係にある養父節太郎との共犯の成立を一応認めたうえで、それが、「盗罪。及ヒ枉法。不枉法。若クハ闘殴殺傷等」の共犯ではないと認定し、新律綱領・名例律下・共犯罪分首従条第二項の「若シ一家人。共ニ罪ヲ犯セハ。止タ尊長ヲ坐シ。卑幼ハ論セス」なる規定を適用し、「一家倶ニ罪ヲ犯ス卑幼ハ不論放免」としたのであろう。

(九)　最後に、出淵固治郎、三橋傳四郎、佐治与一郎、百々英夫、守武政一郎および田中　鍛の六名に対する司法省指令は、この六名の防禦行為を緊急の防衛行為と認定したうえで、一種の誤想防衛をすら処罰しないとする新律綱領・賊盗律・夜無故入人家条の「凡夜故ナクシテ。人家ニ入ル者ハ。笞三十。家主。即時ニ殺死スル者ハ。論スルコト勿レ」なる規定を援用し、本件の場合は、これよりも「更ニ切迫ノ事情顕然」たるものがあるとして、「無罪」としたのであろう。その意味では、まさに新律綱領・名例律下・断罪無正条条の「凡律令ニ。該載シ尽サヽル事理。若クハ罪ヲ断スルニ。正条ナキ者ハ、他律ヲ援引比附シテ。加フ可キハ加ヘ。減ス可キハ減シ」なる規定により一種の類推解釈をおこなったものといえよう。

かくして、この指令により、関係者の刑は確定し、丸亀県は、これをうけ、四年十二月に刑の宣告をおこなったものと思われ、前掲「丸亀県史・刑事」には、次のごとき記事がみられる。

同年（明治四年——中山註）十二月日欠士族中村彌吉郎等三拾二人暴挙ヲ責メ罪ニ処ス各差アリ中村彌吉郎准流十年ノ処死失実決ナシ其余総テ流三等以下ナレハ詳載セス

なお、前掲「丸亀県史・処刑原文」には、前述の中村彌吉郎の「処刑伺」の末尾に

御附札

存命ニ候ハヽ、庶人ニ下シ

准流十年　　中村彌吉郎

なる記事がみえるが、他の事件関係者についても、これと同様に、司法省指令に従って刑の宣告がおこなわれたものと思われる。

ちなみに、事件後の土肥大作の動静であるが、七月十二日、弁官宛に、次のごとき進退伺を提出している[70]。

当月十日夜中当県士族五十名斗私居宅へ暴入不得止寄留ノ書生共防禦候ニ付私義モ為鎮撫罷出却テ及刃傷不都合之段甚以奉恐入候依之進退之義奉伺候以上

辛未七月十二日　　土肥　大作

弁官御中

また、同日、丸亀県は、土肥の丸亀滞在延期願を弁官宛に、次のごとく提出している[71]。

土肥大作義願済之上当県へ立越居候所別紙ヲ以御届仕候通之義出来候ニ付兼テ奉願候日限ヨリ三十日ノ日延御聞届被成下度此段奉願候以上

辛未七月十二日　　丸亀県

弁官御中

その後、「五十壱人之者共……罷越候節ハ是非ヲ茂不問早速斬殺ニ致段大作等与予メ相約シ置候義ニ可有之[72]」などの容疑をかけられたようであるが、「口書」をとられるような取り調べをうけることはなかったようである。以後、七月二十七日、民部省の廃止にともない、「追テ御沙汰候迄是迄之通事務取扱可致事」、同年九月二十四日、大蔵省七等出仕、同年十一月二日、姫路県参事、五年一月四日、新治県参事など歴任の後[73]、同年五月二十四日、次のごとき遺書をのこして自殺している[74]。

臣本県拝命以来奉職無状不謹之甚遂発狂気之症頗見醜態罪戻弗逭悔悟何及請従容自裁欲免斧鉞之誅願憐察其志伏請朝奏

本県拝命以来ハ格別御懇情被下朝暮失敬ノミ今更悔悟仕候扨此程中ヨリ疳気相発頗究失敬其後尚又鬱気相発醜態自所耻也就テハ此御用繁中恐入候ヘ共生テ不能奉職務則死テ表精神志ノ未竭於是乎断然自裁耻入候次第ニテ御座候臨書心緒紛乱不知所言恐惶謹言

實　光

本庁諸兄御中

盍棺論定矣　　此言吾嘗聞
精神猶未尽　　題句問諸君
辞世作

土肥實光時壬申五月廿四日也

土肥の自殺を知った新治県は、即日、この事実を史官宛に、次のごとく報告している。(75)

今朝第四字参事土肥實光自裁ノ条同人従者ヨリ別紙届出候ニ付直チニ其邸ニ到篤ト検査仕候処實光於居間麻白無垢着袴従容就死居申候臣等熟實光ノ情実ヲ推察仕候ニ是迄奉務ニヲヒテ励精ヲ究メ県中ノ人望ヲ得加之平生ノ素志大ニ天下ノ官員ヲシテ旧発進歩セシムルノ事ヲ希居候間以死萬人ヲ皷舞致候心意ヨリ此場ニ立至リ候儀ト奉存候外心当リノ儀更ニ無之候依ヲ此段不取敢言上仕奉待御沙汰ノ程候以上

同九等出仕
壬申五月廿四日　神　谷　明　信
同

池田直養
同　關口忠篤
同権典事　牧野重正
新治県七等出仕　上村行請

史官御中

さらに、翌二十五日、同県は、大蔵省へも、次のごとく報告している。(76)

右之通申上候ニ付写ヲ以此段御届申上候也

新治県七等出仕　大木良房

壬申五月廿五日

大蔵省御中

これをうけて、大蔵省は、即日、正院に、次のごとく報告している。(77)

新治県参事土肥實光自裁之条同県届出書並遺表ノ趣ニテハ全ク痞発切迫ノ情状ヨリ如斯処行ニ及ヒ候儀ニモ可有之哉就テハ庁中近頃ノ形情及ヒ官員中折合方其他異状等無之歟難計其辺篤察監視可致趣ヲ以至急同県地方出張罷在候官員ヘ相達申置候間猶詳細ノ情実ハ追テ可申上候ヘ共先以別紙相添此段言上仕候也

壬申五月廿五日　大蔵大輔井上　馨

正院御中

三　むすび

以上が、明治四年七月十日夜、丸亀県下丸亀で発生した土肥大作襲撃事件（いわゆる五十人組事件）の概略およびその司法的処理の経過である。この事件については、本稿「はしがき」においてふれたごとく、香川県地方史関係の文献を中心に多数の先業が存在しているが、一部をのぞいて、いずれも簡単なものであり、とくに、その裁判の過程については、十分に解明されたとはいいがたいものであった。そこで、本稿では、前掲『諸県口書』明治四年・三十六・賊盗・第五百二十四号に収録されている新資料などを利用し、その裁判の経過の概略などを可能なかぎり明らかにすることにつとめた。けれども、資料蒐集も不十分のまま、その貧弱な資料を基礎に、余りにも推測をかさねすぎたことや、関係者に対する司法者の量刑指令の準拠法が新律条例であったのか否かという点ならびに高木（豊）および出淵以下六名に対する司法省の量刑指令にみえる「無罪」と伴（鹿）に対するそれにみえる「放免」との相異点について、それが解明を今後の課題としてしまったことなどをみずから認めざるをえないが、拙き本稿が契機となって、香川県地方において新資料が発掘され、この事件の内容が一層鮮明になることがあるとすれば望外の倖せである。[78]

なお、本稿を草するにあたり、法務省法務図書館、国立公文書館、香川県立図書館、丸亀市立図書館などには、貴重な資料の閲覧につき種々御厚配にあずかった。また、手塚　豊先生は、御存命中、資料蒐集などについて丸亀市の直井武久氏に種々の御厚配をたまわったとうかがっている。ここに併せて、その学恩に対し、深甚なる感謝の意を表したい。

注

（1）「太政官日誌」明治四年四月十日条・橋本　博編『改訂維新日誌』第三巻・第一期・巻五（昭和四十一年）一八一―一八二頁。
（2）福家惣衛『讃岐人物伝』（大正三年）一一八頁。
（3）黒正　巖「明治初年における侍階級の騒擾」京都帝国大学経済学会『経済論叢』第三十二巻三号（昭和六年）一三七頁（『百姓一揆の研究』続篇（昭和三十四年）三一九頁）。
（4）梶原猪之松『讃岐人名辞書』第参版（昭和十一年）一六〇―一六一頁。
（5）香川県教育委員会編『新修香川県史』（昭和二十八年）六四八―六四九頁。
（6）丸亀市史刊行領布会編『丸亀市史』（昭和二十八年）四一四―四一六頁。
（7）福家惣衛『香川近代史』（昭和三十四年）二八八―二九一頁。
（8）毎日新聞社高松支局編『明治百年――香川県の歩み――』（昭和四十三年）八〇―八三頁。
（9）新修丸亀市史編集委員会編『新修丸亀市史』（昭和四十六年）四一七―四一八頁。
（10）市原輝士・山本　大『香川県の歴史』県史シリーズ37（昭和四十六年）二〇九―二一一頁。
（11）香川地方史研究会編『讃岐の歴史』（昭和五十年）二七〇―二七一頁。
（12）洞爺村編『洞爺村史』（昭和五十一年）一六二―一六五頁。
（13）四国新聞社編『讃岐人物風景』〈8〉（昭和五十七年）二二五頁。
（14）直井武久『丸亀の歴史散歩』（昭和五十七年）一〇一頁。
（15）香川県編『香川県史』第五巻　通史編　近代Ⅰ（昭和六十二年）一三一―一三三頁。
（16）丸亀市史編さん委員会編『新編丸亀市史』2　近世編（平成六年）七四七頁。
（17）丸亀市史編さん委員会編『新編丸亀市史』3　近代現代編（平成八年）二八―三〇頁。
（18）「丸亀県史・刑事」国立公文書館蔵『愛媛県史料』第三十九。
（19）「丸亀県史・時変」前掲『愛媛県史料』第三十九。
（20）「丸亀県史・騒擾時変原文」前掲『愛媛県史料』第三十九。

(21)「丸亀県史・処刑原文」前掲『愛媛県史料』第三十九。

(22)「三十二・丸亀県下元丸亀藩士暴動ニ付倉敷県ヨリ捕亡手ヲ出張セシム」国立公文書館蔵『太政類典』第八十七巻・保民・警察三。

(23)「廿四・丸亀県下動揺之儀届」国立公文書館蔵『公文録』辛未自正月至七月倉敷県伺。

(24)「二十・旧丸亀県少参事石川宗一変死届」国立公文書館蔵『公文録』辛未自七月至八月司法省伺。

(25)香川県編『香川県史』第十一巻　資料編　近代・現代史料Ⅰ（昭和六十一年）五六―五七頁。これは、前掲「丸亀県史・騒擾時変原文」の一部分を翻刻、紹介したものである。

(26)例えば、前掲『丸亀市史』四一六頁は、「五十一人組の方は翌日より一人宛庁に呼出し、下民に下し、訊問入牢せしめ、十二月香川県となったので、香川県へ送り、夫々徒罪又は閉門或は差控を命ぜられ、差控の者は翌年正月六日免罪となり、七日閉門の輩は禄を召上げられ平民に降下された」とし、前掲・福家惣衛『香川近代史』二九一頁は、「五十一人組の方は翌日より一人宛県庁に呼出して下民に下し、訊問入牢せしめ、十二月、香川県となったので、香川県へ送り、夫々徒罪又は閉門或は差控を命ぜられ、差控の者は翌年正月六日免罪となり、七日閉門の輩は禄を召上げられて平民に降下された」とし、前掲『明治百年――香川県の歩み――』八二頁は、「五十一人の暴徒は、翌十一日から藩庁に呼び出され、士族の籍をけずられ、下人に降等されて入牢した。うち三十人は家録（ママ）召上げのうえ、懲役又は謹慎その他は閉門あるいは差控えを命じられた」とし、前掲・市原輝士・山本　大『香川県の歴史』二二〇頁は、「翌十一日、暴徒らは全部逮捕され、投獄・家禄召しあげのうえ、それぞれ懲役または謹慎・閉門を命ぜられて事件は落着した」とし、前掲『讃岐の歴史』二七二頁は、「五十人組は……翌日逮捕され、それぞれ家禄没収のうえ禁錮または閉門を命ぜられた」とし、前掲『洞爺村史』一六三頁は、「翌十一日暴徒は全部逮捕され、投獄、家禄召しあげの上、それぞれ懲役、閉門、差控えを命ぜられることになるのである（ルビ省略――中山註）」とし、前掲『香川県史』第五巻　通史編　近代Ⅰ・一三二頁は、「彼らは翌日逮捕され、それぞれ家禄没収のうえ、禁錮または閉門を命じられ……た」とし、前掲『新編丸亀市史』3 近代現代編・二九頁は、「県庁は翌日から彼らを逮捕し、裁判のうえ家禄没収、禁錮または閉門に処した」とするがごとく、関係者に対する刑事処分についての記述は区々にわたっている。

(27)「第五百二十四号・丸亀県伺同県士族村井八十三郎外数十名衆ヲ聚メ訟ヲ構ヘ官ニ抗シタル等ノ件」法務省法務図書館蔵『諸県口書』明治四年・三十六・賊盗（司法省調査課編『和漢図書目録』昭和十一年末現在・昭和十二年・一六三九頁）。この文書は、事件の処理にあたった丸亀県が、司法省の指示をあおぐため、同省に提出した処刑伺であると思われるが、伺書等を欠き、ために提出年月日などは不明である。その内容は、明治四年九月五日附の関係者が丸亀県に提出した口供書すなわち自白調書およびそれに附された各人に対する量刑を記した司法省指令と思われる附箋である。ちなみに、この文書の構成は、次のごとくである。

(一)　丸亀県士族村井八十三郎中村　實弐人口書

①　明治四年九月五日・村井八十三郎口書

②　明治四年九月五日・中村　實口書

(二)　丸亀県士族森　辨蔵口書

①　明治四年九月五日・森　辨蔵口書

(三)　丸亀県士族三田三郎ヨリ林　唯七ニ至迄弐拾七人口書

①　明治四年九月五日・三田三郎口書

②　明治四年九月五日・村井平吉・小河周平太・杉本國治郎・松浦恒治郎・村山達八・西川源太郎・高林亥歳男・石垣文治郎口書

③　明治四年九月五日・津坂昇平口書

④　明治四年九月五日・高木豊治郎・平井錦二郎・津坂直松・妻鹿豊治・伊藤覺之丞口書

⑤　明治四年九月五日・浅見勇馬・清水八郎口書

⑥　明治四年九月五日・本庄元太・西川嘉平治・金子環三・高木小作・長谷川祐一郎・沼田竹三郎・關　清・竹本康郎・臼杵荒五郎口書

⑦　明治四年九月五日・林　唯七口書

(四)　丸亀県士族藤村九十九ヨリ伴　節太郎ニ至迄拾人口書

① 明治四年九月五日・藤村九十九・松原郁彦・加治直八・小川五郎八・伊藤　傳・齊田浪三・津田東太口書
② 明治四年九月五日・村井凡夫口書
③ 明治四年九月五日・三野　彀口書
④ 明治四年九月五日・伴　節太郎口書
(五) 丸亀県士族百々乙次郎ヨリ赤羽　榮ニ至迄七人口書
① 明治四年九月五日・百々乙次郎・中川　渉・内山新一郎・岡田格治郎・松井一太郎・入江　武・赤羽　榮口書
(六) 丸亀県士族高木豊四郎伴　鹿治郎口書
① 明治四年九月五日・高木豊四郎口書
② 明治四年九月五日・伴　鹿治郎口書
(七) 丸亀県士族出淵固治郎ヨリ卒田中　鍛ニ至迄六人口書
① 明治四辛未（月日欠）・出淵固治郎・三橋傳四郎・佐治与一郎・百々英夫口書
② 明治四辛未九月五日・守武政一郎口書
③ 明治四辛未九月五日・田中　鍛口書

ところで、この資料の存在に最初に気づかれ、注目されたのは、今は亡き恩師手塚　豊先生であった。本稿も、また、拙稿「明治四年・伊賀農民騒擾裁判関係資料（一）」身延山大学仏教学会『身延論叢』第一号（平成八年）一四四頁に記したような事情から、先生の御遺志を引き継ぐべく浅学非才をかえりみず草したものである。なお、中山光勝「明治四年・丸亀県土肥大作襲撃事件関係資料㈠」身延山大学仏教学部『身延山大学仏教学部紀要』第二号（平成十三年）八一―九九頁は、この資料の一部を翻刻・紹介したものである。

(28) 本稿における資料の引用に際しては、漢字は人名をのぞき、現代一般に使用されているものに改め、合字、変体仮名についても、普通のものに改めた。また、平出、闕字はこれを再現しなかった。

(29) 前掲『香川県史』第五巻　通史編　近代Ⅰ・一三一―一三二頁。ちなみに、丸亀藩主京極朗徹の「版籍奉還願」が「言上之通被聞食」、新生丸亀藩の「知藩事」に任命されたのは、明治二年六月十七日のこと（「太政官日誌」明治二年六月二十五日条・橋本　博編『改訂維新日誌』第二巻・第一期・巻三・昭和四十一年・一七六―一七七頁）であり、また、その「建言之趣」が「被聞食」、「丸亀藩被廃、丸亀県被置候事」となり、新置の丸亀県知事に任命されたのは、明治四年四月十日のこと（「太政官日誌」明治四年四月十日条・前掲『改訂維新日誌』第三巻・第一期・巻五・一八一―一八二頁）である。なお、この間の事情については、前掲『香川県史』第五巻・通史編　近代Ⅰ・二一―二五頁、三五頁、五四―五七頁参照。

(30) 土肥大作は、愛媛県士族にして、これ以前の官歴は、明治元年六月十五日三河県判県事、同二年二月十二日徴士、同十月十四日丸亀藩権大参事、同四年四月十日丸亀藩権大参事、同四月二十三日民部省出仕などである（「丸亀藩及県官員履歴」国立公文書館蔵『愛媛県史料』二・土肥大作の項、日本史籍協会編『百官履歴　一』日本史籍協会叢書　175〈昭和四十八年・覆刻〉二〇五頁）。彼の伝記に、前掲・福家惣衛『讃岐人物伝』一一四―一一九頁、前掲・梶原猪之松『讃岐人名辞書』第参版・一五九―一六一頁、前掲・四国新聞社編『讃岐人物風景〈8〉・二〇四―二一七頁、前掲・直井武久『丸亀の歴史散歩』九九―一〇二頁、日本歴史学会編『明治維新人名辞典』（昭和五十六年）六三七頁などがある。なお、彼の官歴については、前掲「丸亀藩及県官員履歴」および前掲『百官履歴　一』以外に、東京教育大学特定研究「日本近代化」研究組織編『任解日録』（昭和四十五年）一九一頁、二三四頁、三四二頁参照。

(31) 前掲『丸亀市史』四一四頁。

(32) 前掲「丸亀県史・騒擾時変原文」。

(33) 「明治四年九月五日・村井八十三郎口書」前掲『諸県口書』明治四年・三十六・賊盗・第五百二十四号。

(34) 「明治四年九月五日・中村　實口書」前掲『諸県口書』明治四年・三十六・賊盗・第五百二十四号。

(35) 「明治四年九月五日・森　辨蔵口書」前掲『諸県口書』明治四年・三十六・賊盗・第五百二十四号。

(36) 前掲「丸亀県史・騒擾時変原文」。なお、これによれば、平井鉄二《ママ》郎（おそらくは平井錦二郎を誤記したものであろう）、村井八十三郎、村井凡夫、林　唯七、中村彌吉郎、本庄元太、津坂昇平、三野　轂、高木豊四郎、小川周《ママ》平太（おそらくは小河周平太を誤記したものであろう）、浅見勇馬、松井一太郎および小川五郎八の十三名は、各七十両宛、佐田竹《ママ》三郎（おそらくは沼田竹三郎を誤記したものであろう）、齊田浪三、三田三郎、伊藤　傳、藤村九十九、中村　實、森　辨蔵、内山新一郎、津田東太、清水八郎、百々乙次郎、村井平吉、伴　節太郎、杉山盤次《ママ》郎（おそらくは杉山盤治郎を誤記したものであろう）、赤羽　榮、中川　渉、高木益次《ママ》郎（おそらくは高木益治郎を誤記したものであろう）、加治直八、松原郁彦、三好藤彌太、村山達八、竹本康郎、津坂直松、杉本國次《ママ》郎（おそらくは杉本國治郎を誤記したものであろう）、伊藤健次《ママ》郎（おそらくは伊藤健治郎を誤記したものであろう）、入江　武、岡田格次《ママ》郎（おそらくは岡田格治郎を誤記したものであろう）および高木純三《ママ》（おそらくは高木純二を誤記したものであろう）の二十八名は、各五十両宛、西川源太郎、關　清、妻鹿豊次《ママ》（おそらくは妻鹿豊治を誤記したものであろう）、高林亥年《ママ》男（おそらくは高林亥歳男を誤記したものであろう）、松浦恒次《ママ》郎（おそらくは松浦恒治郎を誤記したものであろう）、金子環三、長谷川祐一郎、向枝《ママ》荒五郎（おそらくは臼杵荒五郎を誤記したものであろう）、石垣文治郎および西川嘉平治の十名は、各三十両宛それぞれ給付されることとなっているが、各人の供述によれば、村井（八）、中村（實）、森、三田、村井（平）、小河、杉本、松浦、村山、西川（源）、高林、石垣、津坂（昇）、高木（益）、平井、津坂（直）、妻鹿、伊藤覺之丞（伊藤健治郎の叔父）、浅見、清水、本庄、西川（嘉）、金子、高木小作（高木純二の厄介）、長谷川、沼田、關、竹本、臼杵、林、藤村、松原、加治、小川、伊藤（傳）、齊田、津田、村井（凡）、三野、伴、百々、中川、内山、岡田、松井、入江および赤羽の四十七名は、各五十一両十匁宛、高木豊四郎（中村彌吉郎の弟）は、二十五両をそれぞれ給付されたようである（前掲「明治四年九月五日・村井八十三郎口書」、前掲「明治四年九月五日・中村　實口書」、前掲「明治四年九月五日・森　辨蔵口書」、前掲「明治四年九月五日・三田三郎口書」、前掲「明治四年九月五日・村井平吉・小河周平太・杉本國治郎・松浦恒治郎・村山達八・西川源太郎・高林亥歳男・石垣文治郎口書」、前掲「明治四年九月五日・津坂昇平口書」、前掲「明治四年九月五日・高木益治郎・平井錦二郎・津坂直松・妻鹿豊治・伊藤覺之丞口書」、前掲「明治四年九月五日・浅見勇馬・清水八郎口書」、前掲「明治四年九月五日・本庄元太・西川嘉平治・金子環三・高木小作・長谷川祐一郎・沼田竹三郎・關　清・竹本康郎・臼杵荒五郎口書」、前掲「明治四年九月五日・林　唯七口書」、前掲「明治四年九月五日・藤村九十九・松原郁彦・加治直八・小川五郎八・伊藤　傳・齊田浪三・津田東太口書」、前掲「明治四年九月五日・村井凡夫口書」、前掲「明治四年九月五日・三野　轂口書」、前掲「明治四年九月五日・伴　節太郎口書」、前掲「明治四年九月五日・百々乙次郎・中川　渉・内山新一郎・岡田格治郎・松井一太郎・入江　武・赤羽　榮口書」、前掲「明治四年九月五日・高木豊四郎口書」）が、土肥大作襲撃時に現場において即死した中村彌吉郎、三好藤彌太および杉山盤治郎の三名については、「口書」を欠き、実際の給付額は不明である。

(37)　前掲「丸亀県史・騒擾時変原文」。
(38)　前掲「明治四年九月五日・村井八十三郎口書」。
(39)　前掲「明治四年九月五日・中村　實口書」。
(40)　前掲「明治四年九月五日・森　辨蔵口書」。
(41)　前掲「丸亀県史・騒擾時変原文」。ちなみに、七月十日に謹慎を命じられたことが、判明しているのは、村井八十三郎、中村　實、三田三郎、村井平吉、小河周平太、杉本國治郎、松浦恒治郎、村山達八、西川源太郎、高林亥歳男、石垣文治郎、津坂昇平、高木益治郎、平井錦二郎、津坂直松、妻鹿豊治、伊藤覺之丞、浅見勇馬、清水八郎、本庄元太、西川嘉平治、金子環三、高木小作、長谷川祐一郎、沼田竹三郎、關　清、竹本康郎、臼杵荒五郎、藤村九十九、松原郁彦、加治直八、小川五郎八、伊藤　傳、齊田浪三、津田東太、三野　轂、伴　節太郎、百々乙次郎、中川　渉、内山新一郎、岡田格治郎、松井一太郎、入江　武、赤羽　榮および高木豊四郎の四十五名である（前掲「明治四年九月五日・村井八十三郎口書」、同「明治四年九月五日・中村　實口書」、同「明治四年九月五日・三田三郎口書」、同「明治四年九月五日・村井平吉・小河周平太・杉本國治郎・松浦恒治郎・村山達八・西川源太郎・高林亥歳男・石垣文治郎口書」、同「明治四年九月五日・津坂昇平口書」、同「明治四年九月五日・高木益治郎・平井錦二郎・津坂直松・妻鹿豊治・伊藤覺之丞口書」、同「明治四年九月五日・浅見勇馬・清水八郎口書」、同「明治四年九月五日・本庄元太・西川嘉平治・金子環三・高木小作・長谷川祐一郎・沼田竹三郎・關　清・竹本康郎・臼杵荒五郎口書」、同「明治四年九月五日・藤村九十九・松原郁彦・加治直八・小川五郎八・伊藤　傳・齊田浪三・津田東太口書」、同「明治四年九月五日・三野　轂口書」、同「明治四年九月五日・伴　節太郎口書」、同「明治四年九月五日・百々乙次郎・中川　渉・内山新一郎・岡田格治郎・松井一太郎・入江　武・赤羽　榮口書」、同「明治四年九月五日・高木豊四郎口書」）。なお、林　唯七は、七月十日は他出し、帰宅したのが、同日暮頃であったため、自身で直接この謹慎処分を命じられることはなかったようであるが、謹慎処分の存在自体は、他からの情報により承知していたようである（前掲「明治四年九月五日・林　唯七口書」）。また、森　辨蔵および村井凡夫の両名は、「下金相渡候後浪花並ニ伊予之内ヱ」他出していたため（前掲「丸亀県史・騒擾時変原文」）、この謹慎処分を直接命じられることはなかったようである（前掲「明治四年九月五日・森　辨蔵口書」、同「明治四年九月五日・村井凡夫口書」）。さらに、土肥大作襲撃時に現場において即死した中村彌吉郎、三好藤彌太および杉山盤治郎の三名については、口書を欠き不明であるが、おそらく七月十日に他の人々と共に謹慎処分を命じられたものと思われる。

(42) 前掲「明治四年九月五日・村井八十三郎口書」。
(43) 前掲「明治四年九月五日・中村　實口書」。
(44) 前掲「丸亀県史・騒擾時変原文」。
(45) 前掲「明治四年九月五日・村井八十三郎口書」。
(46) 前掲「明治四年九月五日・中村　實口書」。
(47) 前掲「明治四年九月五日・三田三郎口書」。
(48) 前掲「丸亀県史・騒擾時変原文」。
(49) 前掲「明治四辛未（月日欠）・出淵固治郎・三橋傳四郎・佐治与一郎・百々英夫口書」。
(50) 前掲「明治四辛未（月日欠）・出淵固治郎・三橋傳四郎・佐治与一郎・百々英夫口書」。
(51) 前掲「明治四辛未九月五日・守武政一郎口書」。
(52) 前掲「明治四年九月五日・三田三郎口書」、前掲「明治四年九月五日・村井平吉・小河周平太・杉本國治郎・松浦恒治郎・村山達八・西川源太郎・高林亥歳男・石垣文治郎口書」、前掲「明治四辛未・出淵固治郎・三橋傳四郎・佐治与一郎・百々英夫口書」、前掲「明治四年九月五日・村井八十三郎口書」、前掲「明治四年九月五日・中村　實口書」、前掲「明治四年九月五日・津坂昇平口書」、前掲「明治四年九月五日・高木益治郎・平井錦二郎・津坂直松・妻鹿豊治・伊藤覺之丞口書」、前掲「明治四年九月五日・浅見勇馬・清水八郎口書」、前掲「明治四年九月五日・本庄元太・西川嘉平治・金子環三・高木小作・長谷川祐一郎・沼田竹三郎・關　清・竹本康郎・臼杵荒五郎口書」。ちなみに、土肥宅における中村彌吉郎の動静については、土肥側の出淵などの供述に「深手ニ而相倒レ居候」とみえるのみで、本人が死亡したため「口書」もなく不明であるが、三好および杉山とともに死亡していることから考え最初の一団に参加していたものと思われる。
(53) 前掲「丸亀県史・騒擾時変原文」。
(54) 前掲「明治四年九月五日・林　唯七口書」。ちなみに、浅見、津坂（昇）および清水の「口書」には、この事実は記されていない。

(55) 前掲「明治四年九月五日・森　辨蔵口書」、前掲「明治四年九月五日・林　唯七口書」、前掲「明治四年九月五日・村井凡夫口書」、前掲「明治四年九月五日・三野　轂口書」。

(56) 前掲「明治四年九月五日・藤村九十九・松原郁彦・加治直八・小川五郎太・伊藤　傳・齊田浪三・津田東太口書」。

(57) 前掲「明治四年九月五日・百々乙次郎・中川　渉・内山新一郎・岡田格治郎・松井一太郎・入江　武・赤羽　榮口書」。

(58) 「辛未七月・丸亀県下動揺之儀届」前掲『公文録』辛未自正月至七月倉敷県伺。ちなみに、倉敷県は、これと同一文言（ただし冒頭の「当月十一日」のみは、「去月十一日」と訂正されている）の届を八月十日附で司法省にも届け出ているが、司法省では、即日、それを史官に進達している（「辛未八月十日・旧丸亀県少参事石川宗一変《ママ》死届」前掲『公文録』辛未自七月至八月司法省伺）。

(59) 前掲「丸亀県史・騒擾時変原文」。

(60) 前掲「丸亀県史・騒擾時変原文」。

(61) 前掲「辛未七月・丸亀県下動揺之儀届」。

(62) 前掲『丸亀市史』四一五頁には、

かくて翌日より官に於て夫々捕縛して裁判に附し処刑した。

とあり、また、同・四一六頁には、

五十一人組の方は翌日より一人宛庁に呼出し下民に下し、訊問入牢せしめ、十二月香川県となったので、香川県へ送り、夫々徒罪又は閉門或は差控を命ぜられ、差控の者は翌年正月六日免罪となり、七日閉門の輩は祿を召上げられ平民に降下された。

とあるが、いずれも、その典拠は不明である。なお、前掲・福家惣衛『香川近代史』二九〇頁および二九一頁の記述は、本書のこの記述によったものであろう。

(63) 前掲「明治四年九月五日・村井八十三郎口書」、同「明治四年九月五日・中村　實口書」、同「明治四年九月五日・森　辨蔵口書」、同「明治四年九月五日・三田三郎口書」、同「明治四年九月五日・村井平吉・小河周平太・杉本國治郎・松浦恒治郎・村山達八・西川源太郎・高林亥歳男・石垣文治郎口書」、同「明治四年九月五日・津坂昇平口書」、同「明治四年九月五日・高木益治郎・平井錦二郎・津坂直松・妻鹿豊治・伊藤覺之丞口書」、同「明治四年九月五日・浅見勇馬・清水八郎口書」、同「明治四年九月五日・本庄元太・西川嘉平治・金子環三・高木小作・長谷川祐一郎・沼田竹三郎・關　清・竹本康郎・臼杵荒五郎口書」、同「明治四年九月五日・林　唯七口書」、同「明治四年九月五日・藤村九十九・松原郁彦・加治直八・小川五郎八・伊藤　傳・齊田浪三・津田東太口書」、同「明治四年九月五日・村井凡夫口書」、同「明治四年九月五日・三野　瞉口書」、同「明治四年九月五日・伴　節太郎口書」、同「明治四年九月五日・百々乙次郎・中川　渉・内山新一郎・岡田格治郎・松井一太郎・入江　武・赤羽　榮口書」、同「明治四年九月五日・高木豊四郎口書」、同「明治四年九月五日・伴　鹿治郎口書」、同「明治四辛未九月五日・守武政一郎口書」、同「明治四辛未九月五日・田中　鍛口書」。なお、出淵固治郎、三橋傳四郎、佐治与一郎および百々英夫の四名の「口書」に記された日付は「明治四辛未」とあるのみで「月日」を欠く（前掲「明治四辛未（月日欠）・出淵固治郎・三橋傳四郎・佐治与一郎・百々英夫口書」）が、前掲の人々と同じく「九月五日」であったと思われる。

(64)　(63) に同じ。

(65)　後述のごとく、現存する「処刑伺」は、中村彌吉郎に関するものだけであり、しかも、宛名を欠くが、この「処刑伺」中にみえる「別紙口書（当然のことながらすでに死亡している中村彌吉郎、三好藤彌太、杉山盤治郎のものは存在しないので、この中にふくまれてはいない）」に該当すると思われる事件関係者の「口書」が、前述のごとく、司法省旧蔵文書である前掲『諸県口書』明治四年・三十六・賊盗・第五百二十四号中に、この「処刑伺」に対する司法省の指令と思われる「附紙」とともに綴込まれていることなどから、司法省に提出されたものと思われる。なお、この「処刑伺」は、提出の日附を欠くが、それは、前述のごとく、県庁宛の「口書」の日附が九月五日であることから、それ以後のことであろう。

(66)　前掲「丸亀県史・処刑原文」。

(67)　「村井八十三郎・中村　實量刑指令」（前掲「丸亀県士族村井八十三郎中村実弐人口書」の「目録」上欄に添附）、「森　辨蔵量刑指令」（前掲「丸亀県士族森　辨蔵口書」の「目録」上欄に添附）、「中村彌吉郎量刑指令」（前掲「丸亀県士族森　辨蔵口書」の目録の裏面の上欄に添附）、「三好藤彌太郎量刑指令」（同前）、「杉山盤治郎量刑指令」（同前）、「三田三郎・津坂昇平・村井平吉・小河周平太・杉本國治郎・松浦恒治郎・村山達八・西川源太郎・高林亥歳男・石垣文治郎量刑指令」（前掲「丸亀県士族三田三郎ヨリ林　唯七ニ至迄弐拾七人口書」の「目録」上欄に添附）、「高木益治郎・平井錦二郎・津坂直松・妻鹿豊治・伊藤覺之丞・浅見勇馬・清水八郎・本庄元太・西川嘉平治・金子環三・高木小作・長谷川祐一郎・沼田竹三郎・關　清・竹本康郎・臼杵荒五郎量刑指令」（同前）、「林　唯七・藤村九十九・松原郁彦・加治直八・小川五郎太・伊藤傳・齊田浪三・津田東太・村井凡夫・三野　轂量刑指令」（前掲「丸亀県士族藤村九十九ヨリ伴節太郎ニ至迄拾人口書」の「目録」上欄に添附）、「伴　節太郎・百々乙次郎・中川　渉・内山新一郎・岡田格治郎・松井一太郎・入江　武・赤羽榮量刑指令」（前掲「丸亀県士族百々乙次郎ヨリ赤羽　榮ニ至迄七人口書」の「目録」上欄に添附）、「高木豊四郎量刑指令」（前掲「丸亀県士族高木豊四郎　伴　鹿治郎弐人口書」の「目録」上欄に添附）、「伴　鹿治郎量刑指令」（同前）および「出淵固治郎外五人量刑指令」（前掲「丸亀県士族出淵固治郎ヨリ卒田中　鍛ニ至迄六人口書」の「目録」上欄に添附）。

(68)　「袖珍官員録司法省辛未十一月五日改」寺岡寿一編『明治初期の官員録・職員録』第一巻・改訂版（昭和五十四年）四二六頁。

(69)　新律条例は、明治四年春に編纂に着手され（藤田弘道「足利裁判所旧蔵『新律条例』考（一）——改定律例の草案と覚しき文書について——」『法学研究』第四十六巻二号〈昭和四十八年〉七四頁〔『新律綱領・改定律例編纂史』〈平成十三年〉一九八頁〕）、第一次草案（明治五年八月奏進）、再校草案（明治五年十月十三日進呈）、改正浄書案（明治五年十一月二十八日再進呈）、最終案（明治六年三月九日以降）を経て、その後、名称を改定律例に改め、明治六年六月十三日、太政官第二百六号布告をもって頒布されたものである（藤田弘道「『公文録』所載『新律条例』考」手塚　豊編著『近代日本史の新研究』Ⅰ〈昭和五十六年〉一六八頁〔前掲『新律綱領・改定律例編纂史』二七四頁〕）が、司法省が、本件の量刑に利用したものが、この四種類の草案のいずれであったかは、司法省指令がその発令年月日を欠くので確かなことは不明であるが、前述のごとく指令の文言中に「庶人ニ下シ」あるいは「庶人ニ下ス」とみえるところから、明治五年三月二十五日の

　新律凡華士族罪ヲ犯シ廉耻ヲ破ル甚シキ者廃シテ庶人ト為ス然ルニ御政体日進已ニ華族庶人互ニ婚姻シ且華士族ノ輩農商ノ業相営候儀等御差許相成候折柄独リ律上ニ於テハ庶人ヲ以テ刑名ノ一部ニ置クニ相該リ甚不体裁ニ相見申候依テ廃為庶人ノ刑名ヲ刪リ改テ除族ト称シ名義允当セシメ度此段相伺候也

なる司法省伺に対し、同四月二日の

別紙司法省ヨリ刑名改正ノ儀ニ付伺ノ趣熟議仕候処至当ノ事ニテ異存無之候事
なる左院議案にもとづき、同年四月（日欠）附で（左院議案の日附から考え、二日以降のことであろう）、「伺之通」と「廃為庶人」の刑名を「除族」に変更することを認めた太政官指令が発令される（内閣記録局編『法規分類大全』第五十四冊・刑法門二　刑律二〈明治二十三年〉二一二頁）以前の発令にかかるものと考えられるので、時期的にみて、それに一番ちかい第一次草案ということになろう。もっとも、新律条例を学界に最初に紹介された藤田弘道氏は、明治五年七月以前の新律条例の適用について、次のごとく疑問を呈されている（前掲『新律綱領・改定律例編纂史』二四九頁）。

新律条例は、新律綱領頒布後、単行法規の形で出された同法の修正・追加法と新たに起案した条文をあつめて一本にしたものであり、同条例中の条規によって擬律しているからといって、必ずしも新律条例に依拠しているとはいえないからである。問題は、その修正・追加法がいつ成立し、それがいつ適用されたかである。新律条例の成稿前であるならば、それは、単行の修正・追加法に依拠して擬律されたものであり、成稿後ならば、それは、新律条例に依拠して擬律されたものであるとみることができる。

藤田氏の提起された問題は、当時の裁判の実態を解明するうえで重要なことであるが、これに応えうる十分な成案もないことにて、これが検討は後考を俟つこととし、ここでは、とりあえず本文のごとく解しておきたい。そこで、本稿では、前掲『新律綱領・改定律例編纂史』三五五―四三〇頁に収録されている新律条例（第一次草案）を利用させていただくこととする。

(70) 前掲「丸亀県史・騒擾時変原文」。
(71) 前掲「丸亀県史・騒擾時変原文」。
(72) 前掲「明治四辛未（月日欠）・出淵固治郎・三橋傳四郎・佐治与一郎・百々英夫口書」。
(73) 前掲『百官履歴　一』二〇五―二〇六頁。
(74) 「四十五・新治県参事土肥實光自裁届」国立公文書館蔵『公文録』壬申五月大蔵省伺・中。
(75) 前掲「四十五・新治県参事土肥實光自裁届」。
(76) 前掲「四十五・新治県参事土肥實光自裁届」。

(77)　前掲「四十五・新治県参事土肥實光自裁届」。

(78)　ここでは、とりあえず「無罪」も「放免」も刑を科せられないという点では同じであるが、前者が、現代刑法学にいわゆる違法性阻却あるいは有責性阻却による「犯罪の不成立」に相当するものであるのに対し、後者は、違法性も有責性も阻却されず犯罪は成立するが、法上とくに刑を科さない「刑の免除」に相当するものであると解しておくこととし、より詳密な検討は他日を期したい。

唐律の共犯規定より見た家長の責任

高　明　士　著
大　浦　太　治　訳

翻訳凡例

1、本稿は二〇〇一年十一月十日(土)、明治大学に於いて行われた高明士氏(国立台湾大学歴史系教授並兼主任)による講演の原稿を翻訳したものである。その通訳には氣賀澤保規氏(明治大学文学部教授)が当たられた。ただ当日は、時間の都合によりその主要部分を紹介されるにとどまった。その後高氏により講演原稿にかなりの修正が加えられた。この訳稿はその修正稿にもとづくものである。

2、論文題名および各節の題目については、あえて意訳した。ちなみに原題は「由唐律『家人共犯止坐尊長』論家長的責任」である。

3、『唐律疏議』の条文番号について、原文では「総四二条」のように通し番号で記すが、本稿ではわが国の学界の慣例に従って篇目ごとの条文番号に改め、またその番号は律令研究会編『訳註日本律令』第二、三巻の条文番号に従う。なお条文名については、原文との照合の便宜を考慮して、あえてそのままとした。

4、論文の本文中に引用された諸史料に関しては、訳者において書き下し文を附した。なお『唐律疏議』の引用部分に関しては、律令研究会編『訳註日本律令』唐律疏議訳註篇の各巻を参考とし、訳者の判断によって一部改めた。また、［ ］内は訳者の註記である。
5、引用史料の句読点については、原文のままとした。ただし、「.:」と「.;」は適宜「。」と「、」に改めた。
6、本稿に頻出する「家人」の語の翻訳について、「家族」と訳すと誤解を生じる恐れがあるため、あえて原文のままとした。ただ若干であるが、文脈から「家族」と訳したところもある。

一　家長と尊長について

社会が発展して父系制社会となったのち、父権と夫権の権威が確立した。戦国時代から秦漢時代までの間に、家父長制は進展して家族構造の基本形式となった。文献上、最初に「家長」の語が現れるのは『墨子』天志上であり、そこでは家務の処理に際し、「家長」より処罰されるようなことをしてはならないと指摘している。(1)また『商君書』墾令では、「大夫・家長」が房屋を修繕・建築しなければ、農事を害することはないと述べている。(2)礼経ではさらに具体的に、家父長が一家の主人であり、最高の存在であると定めている。(3)これらの事例は、遅くとも戦国時代までに、家父長が家中での権威ある地位を確立したことを明らかにしている。

秦の商鞅変法ののち、社会は次第に小家族制となり、秦漢時代においても同様であった。国家統治は小農経営の基礎の上に形成された。戸籍が整備されるに従い、一室一戸が国家統治の最小単位となり、家長は君主が支配することを強く求める対象となった。それに対して春秋戦国時代以降確立された賦役制度は、人身支配の原理に基づいて作られたものであった。戸籍制度の実施と国家統治原則の実施とがあいまって、家父長を通じなければ個々人を支配できないこととなった。このような統治原則は、戦国時代から秦漢時代を通じて絶えず実行・改善され、隋唐に至って完備されたものが、まさに律令制度であった。現実と法制との間には隔たりがあったが、少なくとも法制の観点から言えることは、以上のようなものである。

唐の開元二十五年の戸令には、「諸戸主皆以家長為之。」〔諸て戸主は皆な家長を以て之と為す〕とある。(4) この規定はおそらく唐代の一般原則であったろう。これによれば、法的観点から言うと、家長が戸主であり、一族では一般に輩行・年齢が最高の者を指し、つまり尊長のことである。一方、小家族において通常指しているのは父親であるから、学界では家父長あるいは父家長の語を用いて説明している。ただ妻について言うならば、父は夫でもあるため、夫の役割も持っている。唐律に言う「尊長」とは「祖父母・父母・伯叔父母・姑・兄姉」（唐名例律第一五条・以理去官条疏議）を指し、(5) 尊長としてのこれらの身分があれば、みな戸主（家長）になることができる。それはとりわけ、父と祖父とであった。

また戸主としては、丁男・丁女を除き、特別の状況下では、黄・小・中男・中女および老男・篤疾・寡妻妾もみな戸主となることができたが、結局のところこれらは例外でしかなかった。(6) 清の沈之奇は「家統一尊、祖在則祖為家長、父在則父為家長」〔家は一尊に統べられ、祖在らば則ち祖家長と為り、父在らば則ち父家長と為る〕と言った。(7) ここから、祖父あるいは父が家長となる場合が、清代に至ってもまったく変わらなかったということが知られる。

一般に中国社会の家父長制を論じるとき、みな家父長権力の分析から、家父長の家族構成員に対する権力は専制的であると指摘し、あるいはその絶対的な権威について述べる。(8) 礼・法の規定から見て、家父長権力は確かに専制的あるいは権威的な一面を持っている。しかしこの権力は、決して「絶対的」などとは言えない。なぜならそれはやはり国家法の制約を受けているからである。このほか家族構成から見ると、核家族が多いが、祖父母を含む三世代同居を無視できず、甚だしいものに至っては曾祖父母を含めた大家族すらも存在するので、このときの「尊長」の地位は自ずから輩行の最も高い者を以てこれに当てることとなる。この場合、家長の地位や権利は、尊長以下のすべての目上の者の制約を受ける。(9) 要するに、伝統中国の家長権は相対的なものであって、絶対的なものではないと言える。

権利と義務との観点から言うと、家父長は一方において、もとより他の家族構成員にはない権利あるいは権威を持っている。しかし他方において、実際には礼・法の束縛の下、重い義務も負わなければならない。このような義務は家族構成員ないし国家との係わりでは、責任とも言える。ここでの「責任」とは、受けるべき制裁のある義務違反を指す。つまり責任は義務を伴い、義務の拘束力を強める。あるいは責任発生の前提に義務があり、すなわち責任とは、義務履行を担保するものであるとも言えよう。社会上、義務と責任とは常に一対のものとされ、また同等に扱われる。しかし厳密に言えば、必ずしも正しくはなく、一部重複しているのである。現代刑法における責任とは、行為者の犯罪行為の意思形成に対する非難可能性を指して言う。したがって、責任があるということは処罰の前提となる。このことは、唐律の家長に対する懲罰においても、窺い知ることができる(詳しくは後述する)。

そのほか律では家長の責任を規定する際、同時に現代刑法のいわゆる責任能力をも考慮している。責任能力とは善悪を区別でき、これによって行為する能力を指す。(10) 要するに、犯罪行為者が刑事責任を負う地位であることを言う。唐律は伝統的な礼・律の影響下に、(11) 一定の年齢層および有疾者に対して優免規定を定めており、このことは『唐律疏議』名例律第三〇条・老小及疾有犯条に詳しい。

二　家人共犯と尊長の処罰

『唐律疏議』名例律第四二条・共犯罪造意為首条に言う。

諸共犯罪者、以造意為首、随従者減一等。若家人共犯、止坐尊長。(於法不坐者、帰罪於其次尊長。尊長、謂男夫。)侵損於人者、以凡人首従論。即共監臨主守為犯、雖造意、仍以監主為首、凡人以常従論。

諸て共に罪を犯さば、造意を以て首と為し、随従せるは一等減ず。若し家人共に犯さば、止だ尊長を坐す（法に於いて坐せざれば、罪を其の次の尊長に帰す。尊長とは、男夫を謂う）。人を侵損せば、凡人の首従を以て論ず。即し監臨主守と共に犯を為さば、造意と雖も、仍お監主を以て首と為し、凡人は常の従を以て論ず。

『宋刑統』と明・清律は、みな唐律のこの規定と同じである。これは唐律の共犯に対する処罰で、きわめて重要な原則的規定である。この原則は共犯の罪を首と従に分け、造意を首とし、随従を従とする。すなわち首犯は全罪によって処罰され、従犯はそれから一等を減じる。首・従の認定にあたっては、次の三類型に分ける。(12) (一)、一般人の共犯。(二)、家人の共犯。(三)、凡人と監臨主守との共犯。一般人（凡人）の共犯とは、身分上の区別のない普通の人を指し、この種の人々の共犯では、造意を首とし、それ以外の者を従とする。家人共犯の場合は、犯罪が「人を侵損」したか否かを見るべきであり、侵害すれば首・従に分かち、その適用法はともに凡人と同様である。そうでなければ、すなわち「止坐尊長」こととする。凡人と監臨主守が共犯の場合、造意であるか否かを問わず、一律に監臨主守を以て首とし、凡人を従とする。(13) 以下本稿では、第二類型の家人の共犯について論じる。

前述のように、家人の共犯の場合、犯罪が「人を侵損」したか否かを見るべきで、それに該当すれば首・従に分かち、凡人の法に従う。そうでなければ、「止坐尊長」こととなる。この問題に関しては、以下の三点につき検討すべきであろう。(一)、家人共犯とは何か。(二)、なぜ家人共犯では、尊長のみを処罰するのか。(三)、なぜ家人共犯では、人を侵損した際に首・従を分ける必要があるのか。ここではまず第一の問題を検討し、後の二つの問題については、次節において併せ論ずることとしたい。

本条［名四二］の疏議に言う。

「共犯罪者」、謂二人以上共犯、以先造意者為首、餘並為従。「家人共犯」者、謂祖・父・伯・叔・子・孫・弟・姪共犯、唯同居尊長独坐、卑幼無罪。

「共に罪を犯さば」とは、二人以上共に犯すを謂う。先に造意せるを以て首と為し、餘は並びに従と為す。「家人共に犯さば」とは、祖・父・伯・叔・子・孫・弟・姪共に犯すを謂い、ただ同居の尊長独り坐し、卑幼には罪無し。

疏議は、二人以上が共同犯罪を実行するとき、首である「造意」者（すなわち首者）とその他の「随従」者（すなわち従者）が存在すると言う。ここでの共同犯罪とは、共謀して共同で犯罪を実行することを指している。(14) 一般に共犯であれば、首・従を区別し、異なる刑罰を科さなければならない。またいわゆる「家人共犯、止坐尊長。」と言う場合、ここでの家人は、疏議に言う「同居」の「祖・父・伯・叔・子・孫・弟・姪」、すなわち祖父以下四代の男子のことである。祖父がいれば彼が尊長であり、祖父が亡くなれば、伯叔父が順次「次の尊長」となる。さらにその次には、父を尊長とする。父が尊長になると核家族になり、これが典型的ないわゆる五口の家の形である。すべての社会構造の中で、おそらく最も多い形態であり、また家父長制社会の基礎となるところでもあろう。

疏議にまた言う。

「於法不坐者」、謂八十以上、十歳以下及篤疾。「帰罪於其次」者、仮有尊長与卑幼共犯、尊長老・疾、依律不坐者、即以共犯次長者当罪、是名「帰罪於其次尊長」。「尊長、謂男夫」者、仮有婦人尊長、共男夫卑幼同犯、雖婦人造意、仍以男夫独坐。

「法に於て坐せざる」とは、八十以上、十歳以下及び篤疾を謂う。「罪を其の次に帰す」とは、たとえば尊長卑幼と共に犯す有り、尊長は老・疾にして、律に依りて坐せざれば、即ち共に犯せる次の長を以て罪に当つ。是れを「罪を其の次の尊長に帰す」と名づく。「尊長とは、男夫を謂う」とは、たとえば婦人の尊長、男夫の卑幼と共に同じく犯さば、婦人造意すと雖も、仍お男夫を以て独り坐す。

注文に見える「法に於いて坐せざる」とは、疏議の言う八十歳以上十歳以下および篤疾者であって、七十歳以上十五歳以下および廃疾者は処罰の対象には決して含まれない。名例律第三〇条・老小及疾有犯条によれば、七十歳以上十五歳以下および廃疾者で流罪以下の罪を犯した者は、収贖した上で減免の待遇を受けることが知られる。あるいはこの規定があるために、「法に於いて坐せざる」者を一級格上げして適用したものであろう。また前掲疏議で、もし婦人が尊長となり、卑幼の男夫と共同犯罪を実行した場合、婦人が造意であったとしても、やはり男夫のみが罰せられる。すなわち婦人が処罰されることはない。どうしてこのように規定されているのであろうか。戴炎輝氏は三つの理由を指摘している。すなわち第一に、婦女は対外関係において家を代表しないため。第二に、婦女は通常監護を受ける者であるため（たとえば三従）。第三に、刑法上の婦女の地位は特別で、できるだけ罪を科さないようにすべきであるため。[15] 氏の説は、十分理にかなったものと言える。

三　家人共犯における尊長処罰の理由

――家父長と家・国家・家天下の係わりに触れて――

前述のように、名例律では家人の共犯に対して、「止坐尊長」か否かは、犯罪が「侵損人」〔人を侵損す〕かどうかを考慮すべきであり、もしそうであれば首・従に分け、その適用法は凡人に依るべきであるとする。もしそうでなければ尊長のみを処罰する。このような規定は、どう考えればよいであろうか。疏議は律文が「侵損人以凡人首従論」〔人を侵損せば凡人の首従を以て論ず〕〔名四二〕と規定することに対し、以下のように解釈する。

侵謂盗窃財物、損謂闘殴殺傷之類。仮令父子合家同犯、並依凡人首従之法、為其侵損於人、是以不独坐尊長。

侵とは財物を盗窃するを謂う。損とは闘殴殺傷の類を謂う。たとえ父子合家同犯するも、並びに凡人の首従の法に依る。其の人を侵損すると為さば、是れ独り尊長を坐すにあらざるを以てす。

「侵」とは財物を窃盗することを指し、「損」とは闘殴殺傷の類を指す。一般にこれらの行為は、個人の財産や身体を侵害することにほかならず、今日から見れば、みな個人法益を侵害することであり、国家・社会の法益を侵すことではない。そのためもし父子が共に罪を犯せば、その罪を論じるにあたり、凡人の法によって首・従に分け、尊長のみを罪に問うことはない。この場合には造意を首とし、随従者はそれより一等軽減する。

しかし家人共犯の結果、もし国家・社会の法益を侵害すれば、家父長だけが処罰を受けなければならない。(16) その国家の法益を侵犯するとは、例えば冒度（名を偽って通行手形を請求し、関門などを通過すること）・私度（公文書も無く、私的に関門を通過すること）・越度（関を通過するのに門を通らず、また津を通過するに渡し場を通らないこと）のようなことであるが、家長が計画し実行した場合は、家長が行動をともにしていなくとも家長だけが処罰される。(17) いわゆる「家人相冒」して関津を通過するとは、冒名者であるか被冒名者であるかを問わず同じ家族であるから、すでに通過した者は杖八十とする。もし馬やその他の家畜によって冒度・私度・越度した場合は、このことが家長の指示によるものであれば、家長は実行していなくとも、また家長のみ処罰する。『唐律疏議』は家人の冒度・私度・越度を「家人共犯、止坐尊長。」の適用例であると解釈している。したがって唐律中の「尊長」とは、通例は家長を指している。この条文は明・清律においても、ひとり家長のみを処罰しており、その刑罰も同様である。(18)

またもし脱戸（一戸がともに附籍されていないことを指す）があれば、家長は三年の徒刑になる。(19) 祖父母・父母が子孫に別籍異財させたり、妄りに子孫を他人の養子とした場合もまた教令者を処罰する。(20) 百姓の戸内に荒れた田地がある、あるいは課税の輸納が遅滞して実施されない場合、家人共犯と言わなくとも、いずれも戸主を処罰しなければならない。(21) さらに民間で自から剃髪して僧尼・道士となる、および他人を僧尼・道士とするといった場合、家長の教令によるものであれば、家長を処罰する。(22) またもし親族が期親の卑幼を「和同相売」し奴婢とすれば、(23) それらの卑幼は尊長による処分を受けたのであるから、売られた当人は処罰されず、名例律の「家人共犯、止坐尊長。」の規定を適用し、

ひとり尊長のみを処罰する。(24)

また私鋳銭について、家人共犯の場合、やはり家長のみが処罰される。『通典』巻九食貨・銭幣下が引用する、高宗永淳元（六八二）年五月の勅では、以下のように言う。

私鋳銭造意人及句合頭首、並処絞、仍先決杖一百。従及居停主人(25)加役流、各決杖六十。若家人共犯、坐其家長。老疾不坐者、則罪帰其以次家長。其鋳銭処、隣保配徒一年。里正・坊正・村正各決六十。

私鋳銭の造意の人及び句合の頭首は、並びに絞に処し、仍お先に杖一百に決す。従及び居停主人は加役流とし、各の杖六十に決す。若し家人共に犯さば、其の家長を坐す。老疾にして坐せざれば、則ち罪は其の次を以て家長に帰す。其の鋳銭の処、隣保は徒一年に配す。里正・坊正・村正は各の六十に決す。

高宗の勅書では私鋳銭に対する処罰として、「家人共に犯さば、其の家長を坐す。老・疾にして坐せざれば、則ち罪は其の次を以て家長に帰す」と規定し、まさしく前掲名例律第四二条・共犯罪造意為首条の適用である。そして勅書にいう家長は、名例律に規定されている尊長である。私鋳銭は国家の金融政策に関わるので、銅・鉄の採掘については、私人による経営は許されず、そのため家人共犯の場合、家長が国家に対して責任を負わなければならなかった。

この規定に類似したものに、「神龍（元年、七〇五年）散頒刑部格」であるP.3078・S.4673がある。すなわちこの残巻中関連部分は、以下の通りである（P.3078、その第四三・四四行）。

40　一、私鋳銭人、勘当得実、先決杖一百、頭首処尽、
41　家資没官、従者配流、不得官当・蔭贖、有官
42　者仍除名。勾合頭首及居停主人雖不自鋳、
43　亦処尽、家資亦没官。若家人共犯罪、其家
44　長資財並没。家長不知、坐其所由者一房資財。

45 其鋳銭処隣保処徒一年、里正・坊正各決杖一百。
46 若有人糾告、応没家資並賞糾人。同犯自首
47 告者、免罪、依例酬賞。

40 一、私鋳銭の人、勘当して実を得ば、先ず杖一百に決し、頭首は尽に処し、
41 家資は没官し、従者は配流し、官当・蔭贖するを得ず。官を有する
42 者は仍お除名す。勾合の頭首及び居停主人は自ずから鋳さずと雖も
43 亦た尽に処し、家資は亦た没官す。若し家人共に罪を犯さば、其の家
44 長の資財は並びに没す。家長知らざれば、其の所由者の一房の資財を坐す。
45 其の鋳銭する所の隣保は徒一年に処し、里正・坊正は各の杖一百に決す。
46 若し人の糾告する有らば、応に家資を没し並びに糾人を賞すべし。同犯自ら首
47 告せば罪を免じ、例に依りて酬賞す。

この規定は、基本的に前述の永淳元年の勅書に依拠している。ただ処罰を重くするとともに告発を奨励する。家人共犯罪に対しても、また家長のみを処罰し、あわせて資財を没収する。[26] この条文は明・清律（刑律・詐偽）では、やや簡略となり、家人共犯の場合、家長のみを罰するという規定は削除された。[27] なぜこのようになったのかについては後考に俟ちたい。このほか五代の後周において、私人が許可なく塩と酒麹を製造・販売することについて処罰を決め、「骨肉卑幼奴婢同犯、祇罪家長主首。」〔骨肉の卑幼奴婢同じく犯さば、祇だ家長主首を罪す〕と定めた。[28] これは「家人共犯、止坐尊長。」の適用で、「家人」の範囲を拡大し奴婢まで含んだのである。

子女の嫁娶において、唐律の禁止事項に違反したとき、[29] もしそれが祖父母・父母の主婚によるものであれば、主婚のみが処罰される。[30] そのわけは、子女は「奉尊者教命、故独坐主婚、嫁娶者無罪。」〔尊者の教命を奉ずるが故にひとり

主婚を坐し、嫁娶する者は罪無し」のためである。[31]これは善良な風俗に反し、社会の法益も侵しているので、「家人共犯、止坐尊長。」の規定を適用する。

以上の諸規定は、国家が全人口（寺観等を含む）を確実に把握し、戸籍や耕地の管理を充分なものとし、賦役制度の実施に役立たせるためのものである。その支配方法は、州・県・郷里の首長を通じて行うほか、また家長を通じても個々人を掌握することが必要であった。家長の負うべき責任について、唐律がすべてに詳細な規定を設けていることから、上述したことが明らかとなろう。これを法的観点から言えば、国家法益の侵害ということである。[32]このような場合は、前述した個人法益（財産・身体）への侵害とは異なり、ただ尊長のみを処罰するのである。

「家人共犯、独坐尊長。」の法的淵源を、今すぐに究明することは難しい。ただ『藝文類聚』巻四歳時部中・寒食条引くところの、魏の武帝の明罰令に、以下のようにある。

令到、人不得寒食。若犯者、家長半歳刑、主吏百日刑、令長奪一月俸。

令到らば、人寒食するを得ず。若し犯さば家長は半歳刑、主吏は百日刑、令長は一月俸を奪う。

（『太平御覧』巻三〇時序部・寒食条もまた同じ）

この命令は、直接には家長を処罰するものであるが、しかし寒食は家族が共に行うことから、家人共犯の例と解することができよう。また『晉書』巻三〇刑法志に載せる西晉恵帝の時、河東の衛展の上書が引く「庚寅詔書」には、「挙家逃亡、家長斬。」［家を挙げて逃亡せば、家長は斬す］と規定する。魏晉以来、法律上すでに家長は比較的重い責任を負い、甚だしい場合はひとりその責めを負うという明文規定があった。このことはまさに漢末以来、家族制がますます発達していったことと密接な関係があろう。

唐律はなぜ個人法益と国家・社会の法益侵害を、厳格に区分しなければならなかったのだろうか。これは尊長が法律上、国家から賦与された教令権を持ち、卑幼はその処分を受けたためである。さらに尊長は公法上家を代表したため、家人共犯の場合、まず尊長が国家により追及される対象となった。要約すれば、以下の二項となろう。

（一）、「家」は国家統治の基本単位であり、家父長は家を代表するため、ひとりで一戸の処罰を受けなければならない。

（二）、家長は家族構成員に対して専制権を持つので、彼らのわずかな処罰も家父長がひとりで引き受けなければならない。

1、「家」は国家統治の基本単位である

戦国時代以降、新しい国家・社会形態が現れ、その後秦漢の大統一を経てからの発展は、国家・社会組織に関して、二つの側面から考察することが可能である。一つは家族を単位とするもの、もう一つは州・県・郷里を単位とするものである。前者は社会構造からの検討であり、後者は政治・行政レベルからの検討である。これを国家秩序の観点から言えば、家法と国法に分けることができる。前掲『魏書』巻七高祖紀の魏律では、戸口を隠せば戸主および県・郡・州の長官は、等しく処罰を受ける。これに対して『唐律疏議』戸婚律の条文配列は、以下のようになっている。第一に、脱漏戸口増減年状条〔戸一〕であり、その内容は具体的に家長が戸全体の家口を代表して、直接国家に対して責任を負うものである。第二に里正不覚脱漏増減条〔戸二〕、第三に州県不覚脱漏増減条〔戸三〕であり、このように戸主および地方末端の首長を処罰する順序は、実に意味のあるものであった。里正不覚脱漏増減条〔戸二〕では、以下のように規定する。

諸里正不覚脱漏増減者、一口笞四十、……若知情者、各同家長法。

諸て里正、脱漏増減を覚らざれば、一口に笞四十とし、……若し情を知らば、各の家長の法に同じ。

州県不覚脱漏増減条〔戸三〕の規定は、次の如くである。

諸州県不覚脱漏増減者、県内十口笞三十……知情者、各同里正法。

諸て州県、脱漏増減を覚らざれば、県内十口笞三十とし、……情を知らば、各の里正の法に同じ。

疏議して言う。

州県知情者、得罪同里正法、里正又同家長之法、共前条家長脱漏同。

州県情を知らば、罪を得ること里正の法に同じ。里正は又た家長の法に同じ。共に前条家長脱漏に同じ。

これは脱漏戸口・増減年状に対し、州・県・里各級の長官がもし事情を承知していたならば、その責任は脱漏戸口増減年状条〔戸二〕に規定する家長の法に依り、口数によって罪を定める。このような処罰の原則は、戸籍制度が国政の基本的任務であり、家長と里正および州・県の長官が、ともに国家権力を行使する末端であるということを示している。このため「情を知」りつつ法を犯せば、みな同じく処罰を受けることとなる。

また前掲『通典』巻九食貨・銭幣下に記載された高宗の永淳元年五月の勅書では、その処罰対象は二つに分かれ、一方は直接私鋳銭にかかわった者達、他方は行政の末端で連帯責任を負うべき者達である。前者には、私鋳銭の造意者、句合の頭首、従たる者と居停主人、および家人共犯の際の家長を含む。また後者には隣保・里正・坊正・村正などを含む。前者は首・従に分かたれるが、家人共犯であれば、ひとり家長のみを処罰する。もし家長が老疾であれば処罰せず、その次の家長に罪を負わせる。この勅書には家人共犯にかかわる規定があり、それは名例律第四二条・共犯罪造意為首条を直接引用している。本条の処罰の重点は首・従を除けば、家人共犯の有無、また家長がその中にいたか否かという点について特に注目していると言えよう。その次に地方末端の首長の責任がくる。

したがって家長と地方末端の首長の両者を掌握することこそ、実は国家（あるいは皇帝とも言える）が専制統治の基本原則を実行することであり、とりわけ戸籍と賦役制度をしっかりと根付かせなければならなかった。この観点から言うならば、「家」こそ国家の最末端の行政単位であり、そのことは前述した戸婚律の条文配列がよく示している。

以上のように理解してこそ、いわゆる斉家・治国・平天下は、この順で漸進する政治理念であることが了解できるのである。すなわちここでは「家」の存在は二つの役割をもつ。一つは社会構成の基本単位であり、他の一つは行政の、さらには司法の最末端単位である。前者については、すでに学界の共通認識となっているが、後者については、今後のさらなる検討を俟ちたい。(33)

伝統中国の社会構造は、孟子が説くように、身（個人）・家・国・天下から成り、その基本単位こそ家である。それゆえに孟子は「国之本在家。」〔国の本は家に在り〕と説き、『礼記』大学では「欲治其国者、先斉其家。」〔その国を治めんと欲する者は、先ずその家を斉せ〕と言う。先秦と秦漢以後の社会構造の違いは、前者では宗法によって各家を組織するのに対し、後者では国法によって組織することにある。前者は親親を重んじ、後者は尊尊を重んじる。(34)君主の地位が上昇して専制的・独裁的になり、官僚制を通じ天下・国家のすべてを掌握したことは、秦漢以後の歴史発展の趨勢であった。中国本土についていえば、帝王は全ての土地を支配することに努めた。万里の長城出現の意義もこの点にある。そしてさらに進めて、いわゆる「個別人身支配」原理を実現した。(35)個別人身支配あるいは人頭統治を実現するためには、賦役制を徹底することが必要な方法であり、そこで初めになすべきは、家長を支配することであった。そのため法制上、一方において家長権を賦与し、他方同時に家長に義務あるいは責任を課した。この基礎の上に帝王は一国の君主であると同時に民の父母となった。そのため秦漢以後の国家体制は、一面では君主専制であり、また別の一面では家父長体制となった。皇帝は君・父という二重の性格を持ち、公的あるいは私的関係を利用して天下を統治し、国家全体はここにおいて家父長身分制の結合体となった。このことは最初に漢代において実現し、唐代になってより成熟した。(36)

さらに、中国の皇帝は臣服した周辺諸国に対して、決して直接的統治や「個別人身支配」を行わず、ただ「君長人身支配」をしただけであった。したがって法制について言えば、臣服した諸国の戸籍は戸部に到らず、ただその君長は中国皇帝の徳化（王化あるいは教化）の下、定期的に朝貢することを求められただけである。中国皇帝は個々の状況に応じて、一定の国君に対しては冊封を行い、直接君臣関係を結んだ。しかし中国の天子には君・父という二つの性格があるので、このような君臣支配原理も、実際には家父長統治を天下に拡張して「家天下」を実現することとなった。この場合の天下（当然に国を含む）も、やはり家の拡大と見ることができる。

国家が「家」について、支配を受ける一つの基本団体（同居共財者）とし、「家」にはまた社会的・政治的な二重性があったため家長は極めて重い責任を負わなければならなかった。すなわち家長の社会的責任は礼的秩序を維持することに重きがあり、その政治的責任は法（あるいは律）的秩序を維持するということに重点がおかれた。漢代以後、礼・法はそれぞれ異なる役割を持ち[37]、それらが押し広められて社会・国家の秩序となった。このような理論は漢代以来次第に法制に定着し、唐に至って集大成された。したがって国家構造と法制問題を検討する場合、まず家から論じるべきである。すなわち国は個々の家によって構成されることから、斉家・治国、あるいは国家と言われるのである。さらに秩序の確立について言えば、家には家法があり国には国法があるが、家法は国法に違反してはならない。家長は一家の主権を持つが、家族構成員の法的（国法）責任を必ず負わねばならない。この責任とは国家に対して負う義務とも言える。この責任（あるいは国家法益）に違反すれば、法律によって処罰される。国法は末端の行政組織（隣・里・坊・村を含む）を通して、個々の家（実際は家長）を監督しているので、家長が罪を犯せば、末端の行政単位の首長も処罰を受けなければならない。これは親族一体と家国一体に基づく法思想である。唐律は一家の主である家長に対して、すでにその権利・義務を詳細に規定している。ただし一国の主である大家長（皇帝）に対しては、いかなる規範も存在しないので、父権的家長制の国家体制から言えば一個の欠陥であるが、まさにそれこそが特徴なのである。法律が皇帝権に対して何ら規制するところがないのは、国法は君主から授けられるためかもしれない。国君の身分は民の父母であるほか、また天の子という関係もあった。それゆえ中国の皇帝は、「法」の支配の及ばない大家長となる。

民間で家長権を行使するに当たっては、その家法は国法に抵触してはならない。家長（あるいは尊長）の生殺権を例にとると、先秦の宗法時代は、宗子は同族に対して生殺権を持っていたが、君主専制の父権的家長制時代になると、理論上ただ国君と国家機構だけが生殺権を持つこととなったのである。国法はいかなる恣意的殺人も許さず、父親が息子を殺すことも当然に例外ではなかった。晉律には子孫を殺しても刑罰を軽減するという条文はないが、ただ「違犯教令、敬恭有虧、父母欲殺、皆許之。」［教令に違犯し、敬恭虧くる有りて、父母の殺さんと欲さば、皆な之を許す］と規定されていた。これによれば父母が子女を殺そうと考えても、やはり必ず上請して、法官により執行されるべきであった。北魏律と唐律では、祖父母・父母が子孫を殴殺することに対して、等しく厳罰を科していた。[38] 唐律の処罰は魏律に較べて軽く、しかもより詳細に規定されていた。両者は「故殺」に対して、いずれも刑罰を加重した。ただ例外として、唐律は「過失殺」に対しては処罰しない。そのため唐律では、祖父母・父母が子孫を殴殺することについて全面的に禁止したが、「過失」罪には寛容であった。この原則は、元・明・清律にも踏襲された。[39] ある意味でこの例は、父権的家長制の原則を確立する際、国法が家法に対して妥協したものかもしれない。

2、家長は家内の構成員に対し専制権を持つ

『唐律疏議』戸婚律第一三条・同居卑幼私輒用財条の疏議に言う。

凡是同居之内、必有尊長。尊長既在、子孫無所自專。若卑幼不由尊長、私輒用当家財物者、十疋笞十、十疋加一等、罪止杖一百。

凡そ是れ同居の内、必ず尊長有り。尊長すでに在れば、子孫の自専する所なし。若し卑幼、尊長に由らずして、私に輒く当家の財物を用うるは、十疋に笞十とし、十疋ごとに一等を加え、罪は杖一百に止む。

疏議の注釈は、明らかに『礼記』に依拠している。[40] ただ『礼記』は直接父母を指すが、唐律では尊長に改めている。尊長とは同居者のうち世代の最も高い者で、一家を代表し、通常は家長でもあり卑幼はみなその指示を受ける。宋の羅大経の『鶴林玉露』巻五・陸氏義門条に言う。

陸象山家于撫州金谿、累世義居。一人最長者為家長、一家之事聴命焉。

陸象山は撫州の金谿に家し、累世義居す。一人最長の者を家長と為し、一家の事は命を聴く。

これは宋代の大家族の例であり、参考となろう。上述の戸婚律では、同居の卑幼が尊長の許可を得ずに、勝手に「当家の財物」を用いてはならず、もしこれに反すれば処罰されると指摘する。それは「尊長既に在れば、子孫の自専する所無し」のためである。尊長が家にいて専制権を持つことは、清律に至っても同様に定めていた。尊長あるいは家長の専制権は法が授与するもので、法の範囲内での専制であり、これこそ家父長制のきわめて重要な理論的基礎である。国家は尊長（家長）に家内に対する専制権を賦与したので、ひとたび家中で問題が生じれば、尊長あるいは家長ひとりその責任を負うべきであり、犯罪の場合もまた同様であった。

四　結　論

周代からの宗法制度が崩壊したのち、これに代わって父権的家長制（族長を含む）が興った。[41] それは主として秦漢以後のことである。新たに確立された皇帝制について言えば、家族は政治・法律の基本単位と考えられ、家長（あるいは族長）はこの単位の主権を賦与され、家族秩序を維持し国家に対する責任を負った。この観点から言うならば家族もまた最下級の司法単位であり、家族内のあらゆる衝突や揉め事についてはまず家長が仲裁し、それでも解決不能の場合にはじめて国家の司法機関によって処理された。したがって国家の政治・法律制度もまた、これらの家族の結合体であると言える。国家法が掌握すべき基本単位は家（戸）であり、家長は自ずとその特定の対象となった。すなわち家長を掌握してこそ、すべての家（戸）を支配できるのである。国家ないし天下はこれらの家によって構成されるので、家国あるいは国家ないしは家天下と言われるのである。専制君主は君であり、また父でもあった。すなわち行政制度と父権的家長制を通して、王化（君権）と教化（父権）を各人の身に及ぼした。そのため中国の皇帝制度の作用を論じる場合、ただ君権とその行政組織である郷里制だけから述べるのは不十分である。それとは別に父権的家長制の働きが、社会の最下層の秩序を形成したことを軽視してはならない。

中国の伝統的な用語に、「社会」の二文字はないが、それに近いものとして「家」がある。思うに「家」字の定義には広狭二種がある。すなわち狭義の「家」は、父母と子女の核家族を指す。漢代以来、常に「五口の家」と言われたのはまさにこの形態であり、このときの家長は父親である。ただより広く宗族や姻族をその内に含めることもある。広義の「家」は血縁を擬制した集団を含み、血縁による人倫秩序を藉り人々を関係付けて一家としたものである。こうした背景の下、先秦の儒家は、修身・斉家・治国・平天下という理論を提示した。それぞれの家族が家内の秩序を維持し、国家に対して責任を負いさえすれば、社会全体の秩序は自ずと維持されることができる。その後の宋儒の内聖外王説は、まさにこの理論に基づいて起こったのである。

尊長（家長）が専制権を持つ以上、それに応じてある特定の状況下では、国家に対してひとり責任を負うこととなる。名例律第四二条・共犯罪造意為首条の注により、ひとり責任を負うべき尊長は男夫のみを指すので、婦人は尊長となりえても本条では処罰されない。また輩行の最も高い者が老疾のために法により処罰されないのは礼経に根拠があるためで、現行刑法から見れば責任能力を考慮してのことである。これらのことから唐代法は刑罰を決定する際、きわめて慎重であったことが見て取れる。

家父長制は法律の観点から言うと、国法によって賦与された権利を持ち、また国法が課した義務あるいは責任を持つ。唐律の家父長責任規定について言えば、前述の名例律が「家人共犯、止坐尊長。」と規定するほか、総括的に言えば、祖先祭祀義務・子孫監護養育義務・戸口申告義務・納税義務・主婚権と責任などがある。いわゆる家長専制権は、実際国家法からかなりの制約を受けており、通例言われるように、家長（あるいは尊長）が絶対的専制権力を持つということは決してない。さらに唐律に見られる家長責任は、前代に較べて規定がより詳細となった。明・清律に至っていくらかの権利・責任規定は軽減される傾向にあったとはいえ、大方唐律を基礎として発展したものと言える。このことは唐律を固有法の藍本とすることにさらに一例を加えることとなった。明・清律に至ると家長の責任が唐律よりも軽く規定されたのは、唐代までの現物経済とそれによる賦役制度の家長に対する要求が多様で処罰も自ずと重かったのに比べ、明清時代ではそうではなくなったからである。相対的に明清時代では、民間の家礼・家訓・家規などにより家内秩序を維持することがより普及し発達した。家長は民間の礼的規範の下、法的秩序の維持に力を尽くしたため、国法はその責任を軽減したのである。換言すれば、唐以前は国法が重んじられたが、宋以後は家礼が重んじられた。そのため家長の刑罰は宋以後やや軽減されたのである。以上歴史発展の状況に則して論じてきたが、立法思想について言えば、おそらく依然として賈誼の言う「礼者禁於将然之前、而法者禁於已然之後。」［礼は将然の前に禁じ、而して法は已然の後に禁ず］という礼・法思想の域を脱していない。

筆者の能力には限りがあり、特に唐律の規定についての上述の検討が果たして妥当なものであるか否か、読者各位の御教示を頂きたい。

注

（1）『墨子』天志上には「悪有処家而得罪於家長、而可為也。」とある。

（2）『商君書』墾令には「大夫家長不建繕、則農事不傷。」とある。

（3）『礼記』坊記には「家無二主、尊無二上。」、『儀礼』喪服には「父、至尊也。」とある。
（4）『通典』巻七食貨・丁中。
（5）唐戸婚律第三九条・卑幼自娶妻条。疏議もまた同じ。
（6）『通典』巻二食貨・田制下に引く開元二十五年の戸令には「黄・小・中・丁男女及老男・篤疾・廃疾・寡妻妾当戸者、各給永業田二十畝、口分田二十畝。」とある。
（7）清朝・沈之奇『大清律輯註』（法律出版社、二〇〇〇年、北京）巻二〇、奴婢殴家長条の沈氏「律上註」。
（8）高達観氏はわが国の古代の家長権が、絶対的、無制限であると指摘する（高達観『中国家族社会之演変』九思出版社、一九七八年、台湾第一版、台北、三四頁を参照）。李桂海氏は、家長は家族の中で「絶対的権威」をもつと指摘する（李桂海『中国封建結構探要』遼寧大学出版社、一九八七年、瀋陽、二六七頁を参照）。また王玉波氏も「唐律は、家父長の絶対的権威を維持することを極めて重視する」とする（王玉波『中国家長制家庭制度史』天津社会科学院出版社、一九八九年、天津、二四〇頁を参照）。
（9）堀敏一氏は、家長の家族に対する統制は弱く、限度があったと考える。堀「中国古代の家父長制」三三三頁、同「中国古代の家族形態」三四八頁（以上の二論文は堀『中国古代史の視点――私の中国史学（二）』汲古書院、一九九四年、東京、所収）を参照。また国内外の学者の父家長制あるいは家父長制に対する研究史の紹介について、詳しくは尾形勇『中国古代の「家」と国家』（岩波書店、一九七九年、東京。中訳本は張鶴泉『中国古代的「家」与国家』文史出版社、一九九三年、長春）の「序章――中国古代帝国の支配体制と家族主義」を参照のこと。最近の研究として、吉田浤一「中国家父長制論批判序説」（中国史研究会編『中国専制国家と社会統合』文理閣、一九九〇年、京都）を参照。
（10）徐朝陽『中国刑法溯源』（商務印書館、一九六七年、台湾第一版、台北）一〇七～一〇八頁参照。唐律の責任能力を検討したものとして、黄源盛「唐律刑事責任能力的歴史考察」（同『中国伝統法制与思想』五南図書出版公司、一九九八年、台北、所収、二〇九～二四一頁参照。原載『現代刑事法与刑事責任――蔡教授墩銘六秩晉五華誕祝寿論文集』刑事法雑誌基金会出版、台北、一九九七年）。桂斉遜「唐律『刑事責任能力』規範溯源」（『元培学報』四、一九九七―一二）一七三～一八五頁参照。

(11)　いわゆる礼経は『周礼』秋官・司刺に見える「三赦」法を起源とする。律について言えば、最初に漢律において整った。劉俊文『唐律疏議箋解』(中華書局、一九九六年、北京)三〇五～三一一頁の解析参照。

(12)　晉・張斐の「注律表」は「唱首先言、謂之造意。」(『晉書』刑法志)と言う。北魏律には「諸共犯罪、皆以発意為首。」(『魏書』刑罰志)とある。ゆえに造意とは、首謀の意味である。

(13)　前掲劉俊文『唐律疏議箋解』四二〇～四二一頁の解析参照。

(14)　前掲劉俊文『唐律疏議箋解』四一九頁の解析参照。また現代刑法から見た唐律の共犯の定義について、戴炎輝・滋賀秀三両氏は共に日本の刑法学者小野清一郎氏の見解を踏襲して、「拡張的正犯概念」とする。戴氏は共同で犯罪行為を実行した者は、現行法上の共同正犯と幇助犯(すなわち従犯)とを問うことなく、等しく正犯となり、かつ「非必要共犯」[必要的共犯ではない]であると強調する(前掲戴炎輝『唐律通論』三七四、三八〇頁を参照)。滋賀氏はそれを共謀共同正犯の法理と軌を一にするものと考える(滋賀秀三「唐律における共犯」一九六三年公刊、後に同『清代中国の法と裁判』創文社、一九八四年、東京、所収、三九六～三九七頁参照)。律令研究会編『訳註日本律令』第五巻、唐律疏議訳註篇一、滋賀秀三訳註(東京堂出版、一九七九年、東京)二五一～二五三頁。

(15)　前掲戴炎輝『唐律通論』三八一頁参照。また劉俊文氏も、婦人には三従があり、一家を代表する権限はないとする。前掲劉俊文『唐律疏議箋解』四二〇頁の解析参照。

(16)　前掲戴炎輝『唐律通論』四一、五七、三八一頁参照。

(17)　『唐律疏議』衛禁律第二六条・不応度関而給過所条には、「諸不応度関而給過所……若家人相冒、杖八十。(下略)」。疏議曰、「家人不限良賤、但一家之人、相冒而度者、杖八十。既無『各』字、被冒名者無罪。若冒度・私度・越度、事由家長処分、家長雖不行、亦独坐家長、此是『家人共犯、止坐尊長』之例。」と規定されている。ただし滋賀秀三氏は、疏議中の「冒度・私度・越度」の六字は衍文であると考えた。なぜなら本条[衛二六]は冒度についてのみ言うからである(前掲律令研究会編『訳註日本律令』第五巻、唐律疏議訳注篇一、滋賀秀三訳註、二五六頁参照)。これも一つの見方であろう。しかし、戴炎輝氏はまさに冒度・私度・越度は、家人がともに関を冒度したとみなし、「家人任意共犯」[家人の任意的共犯]であって、国家・社会の法益を侵害したものであることを疑わない。そのため名例律第四二条の、ひとり尊長あるいは家長を処罰する、という規定が適用されるのである。本稿はここでは戴説に拠る。名例律第四三条では「私度・越度関棧垣籬者、亦無首従。」［関棧垣籬を私度・越度せば、亦た首従無し］と規定するが、これは一般人が「身並自犯」［身並びに自から犯す］ことを指し、また同時犯に類似するとはいえ、それらは特殊な犯罪であり、家人共犯に属さないので、尊長のみを処罰するという規定がないのである。「家人不限良賤」［家人は良賤を限らず］については、名例律第四二条疏議の定義と異なり、まさに衛禁律本条は、名例律の拡大規定であり特別法であって、決して唐律の一般規定ではない。あたかも史書が郭子儀に言及して、「家人三千」（両『唐書』郭子儀伝）とするが、ここでの家人は当然良賤を含んでおり、決して名例律の家人の定義と同じではない。

(18)『明代律例彙編』巻一五兵律・関津、私越冒度関津条は、「凡無文引、私度関津者、杖八十。……若有文引、冒（他人）名度関津者、杖八十。家人相冒者、罪坐家長。」と規定する（『大清律例』巻二〇兵律・関津、私越冒度関津条もまた同じ）。

(19)『唐律疏議』戸婚律第一条・脱漏戸口増減年状条には、「諸脱戸者、家長徒三年。」とある。

(20)『唐律疏議』戸婚律第六条・子孫別籍異財条には、「若祖父母・父母令別籍異財及以子孫妄継人後者、徒二年、子孫不坐。」とある。

(21)『唐律疏議』戸婚律第二一条・部内田疇荒蕪条、同第二五条・輸課税物違期条。

(22)『唐律疏議』戸婚律第五条・私入道条に、「諸私入道及度之者、杖一百。（若由家長、家長当罪。）」とある。

(23)『唐律疏議』賊盗律第四七条・略売期親以下卑幼条および疏議。いわゆる「期親以下卑幼」とは、疏議により「弟・妹・子・孫及兄弟之子孫・外孫・子孫之婦、及従父弟・妹。」を指すことが知られる。

(24)前に引用した略売期親以下卑幼条［賊四七］の疏議に、「又問、名例律［第四二条］云、『家人共犯、止坐尊長』。未知此文『和同相売』、亦同「家人共犯」以否。答曰、依（名）例（律）［第四九条］、『本条別有制、与例不同、依本条。』此文売期親卑幼及兄弟・子孫・外孫之婦、売子孫及己妾・子孫之妾、各有正条、被売之人不合加罪、為其卑幼合受処分故也。其売餘親『各従凡人和略之法』、既同凡人為法、不合止坐家長。」と言う。ここでは和売の罪の問いに対し、期親以下の卑幼を売って婢とした時は、「被売之人不合加罪、為其卑幼合受処分故也。」とする。そのため名例律の「家人共犯、止坐尊長。」の規定を適用する。ただし、餘親を売った者に対しては、売者を処罰するほかに、被売者が共犯と見られれば、また同様に処罰される。それゆえに家人共犯の規定を適用しない（前掲劉俊文『唐律疏議箋解』一四三五頁の解析参照）。中村茂夫氏は、疏議のここの解説に対して疑問を呈している。すなわち賊盗律は和売の規定に対して、売者と被売者とを「必要的共犯」［賊四五］と見て、名例律［第四二条］の規定を適用しないからである。もしかりに名例律［第四二条］の規定を引用したとしても、「侵損」規定の制限を受け、人を侵損しても「家人共犯、止坐尊長。」の処罰規定を適用しないことになるからである。この説は注目に値する。律令研究会編『訳註日本律令』第七巻、唐律疏議訳註篇三、中村茂夫訳註、（東京堂出版、一九八七年、東京）二四三〜二四四頁の解説参照。

(25) 「句合頭首」の語は理解し難いが、仲間の首領を指すのであろう。いわゆる「居停主人」とは倉庫業、あるいは倉庫兼旅館業を営む商人を指す（『旧唐書』巻四八食貨志、加藤繁『支那経済史考證』上巻、東洋文庫、一九五二年初版、一九七四年第三版、東京、四七九〜四八三頁参照）。

(26) 劉俊文『敦煌吐魯番唐代法制文書考釈』（中華書局、一九八九年、北京）二四九〜二六二頁を参照。

(27) 明・清律（刑律・詐偽）は比較的簡略なものとし、その規定は「凡私鋳銅銭、絞。為従及知情買使者、各減一等。……里長知而不首者、杖一百。不知者不坐。」である。

(28) 『五代会要』巻二七塩鉄雑条下、周の太祖の広順二（九五二）年九月十八日の勅「条流禁私塩麹法」の中に「一所犯私塩麹、有同情共犯者、若是骨肉卑幼奴婢同犯、祇罪家長主首。如家長主首不知情、祇罪造意者、餘減等科断。若是他人同犯、並同情科断遣。」と規定する。

(29) 前掲劉俊文『唐律疏議箋解』一〇七七頁の箋釈は、戸婚律中の婚姻禁止規定について、有妻更娶・居父母夫喪嫁娶・父母被囚禁嫁娶・同姓為婚・嘗為袒免親而嫁娶・娶逃亡婦女・監臨娶所臨女・和娶人妻・奴娶良人為妻・雑戸官戸与良人為婚姻等、十条を列挙しているので参照されたい。

(30) 『唐律疏議』戸婚律第四六条・嫁娶違律条に、「諸嫁娶違律、祖父母・父母主婚者、独坐主婚。」とある。

(31) 前掲嫁娶違律条疏議。

(32) 前掲戴炎輝『唐律通論』五七頁参照。また戴氏はこの種の共犯を、家人の「任意的共犯」と解している。前掲戴炎輝『唐律通論』五七、三八一頁参照。

（33）大陸中国における最近十年間の中国行政法史関係の出版物では、行政単位を論ずる際、すべて「家」及び家長の責任に言及しない。例えば蒲堅『中国古代行政立法』（北京大学出版社、一九九〇年、北京）、張晉藩・李鉄『中国行政法史』（中国政法大学出版社、一九九一年、北京）、奇秀『中華古典行政管理制度研究』（山東大学出版社、一九九七年、済南）、銭大群・艾永明『唐代行政法律研究』（江蘇人民出版社、一九九六年、南京）等。

（34）『礼記』大伝では「服術有六、一日親親、二日尊尊、（下略）」という。鄭玄の注では「術、猶道也。親親、父母為首。尊尊、君為首。」という。孔穎達の疏では「親親者、父母為首、次以妻子伯叔。二日尊尊者、君為首、次以公卿大夫。」という。『礼記』喪服小記の孔穎達の疏は、「親親、謂父母也。尊尊、謂祖及曾祖高祖也。」という。これは「親親、尊尊、長長、男女之有別、人道之大者也。」に対応する解釈であり、君臣問題には触れない。「尊尊」の意味は、「大伝」の解釈とは異なる。ここに反映しているのは、おそらく戦国時代以後の現象であろう。

（35）個別人身支配原理についての議論は、詳しくは西嶋定生『中国古代帝国の構造』（東京大学出版社、一九六一年初版、一九七一年第二刷、東京）三六、四六九～四七四頁参照。

（36）拙稿「隋唐天下秩序与羈縻府州制度」（『中華民国史専題論文集・第五届討論会「国史上中央与地方的関係」』国史館、二〇〇〇年、台北）二五三～二九三頁。また尾形勇氏の研究に基づけば、秦漢時代以来の「家」には大小強弱貧富の区別が確かに存在していたが、皇帝の「家」から庶民の「家」に至るまで、実のところ同一線上に位置しており、少なくとも「姓」を通して「家」を見ればこのようになる、と指摘できる。また秦漢帝国の基礎は、無数の等質な「家」が並存することで「天下一家」をなしていた。これら地平上に散見される、それぞれの「家」に秩序を与えるために、一つの統合的支配機構を必要としたのである。ここに国と家は公・私の結合をなし、皇帝が君・父として天下を治めたのである。この説は上述の私見を補強するものである。前掲尾形勇『中国古代の「家」と国家』一一六頁および第五章を参照。

（37）漢の文帝のとき、賈誼は政治について上疏し、その中で「凡人之智、能見已然、不能見将然。夫礼者禁於将然之前、而法者禁於已然之後、是故法之所用易見、而礼之所為生難知也。……然而曰礼云礼云者、貴絶悪於未萌、而起教於微眇、使民日遷善遠辠而不自知也。」（『漢書』賈誼伝）と言及した。礼・法の禁については、『大戴礼記』礼察にも見える。

（38）北魏律には「祖父母・父母忿怒、以兵刃殺子孫者五歳刑、殴殺者四歳刑。若心有愛憎而故殺者、各加一等。」と規定する。

『唐律疏議』闘訟律第二八条・殴詈祖父母父母条疏議に「『若子孫違犯教令』、謂有所教令、不限事之大小、可従而故違者。祖父母・父母即殴殺之者、徒一年半。以刃殺者、徒二年。『故殺者、各加一等』、謂非違犯教令而故殺者、手足・他物殺、徒二年。用刃殺、徒二年半。……違犯教令以刃殺者、二年上加一等、徒二年半。殴殺者、一年半上加一等、徒二年。『過失殺者、各勿論』、即有違犯教令、依法決罰、邂逅致死者、亦無罪。」という。

(39)　元・明・清律の紹介については、瞿同祖『中国法律与中国社会』（僶勉出版社、一九七八年、台南）六〜七頁参照。ただし、瞿氏は唐闘訟律第二八条・殴詈祖父母父母条疏議を引用する際、「『過失殺者、各勿論』、即有違犯教令、依法決罰、邂逅致死者、亦無罪。」の一文を書き落としている。さらに元・明・清律が唐律の規定を継承しているか不明とし、元・明・清律が唐律に比して「はるかに寛容」であったと推測しているが、この説については検討を俟つ。

(40)　『礼記』坊記に「父母在、不敢有其身、不敢私其財。」という。『礼記』内則には「子婦無私貨、無私蓄、無私器、不敢私仮、不敢私与。」という。前掲劉俊文『唐律疏議箋解』九六〇頁参照。

(41)　前掲瞿同祖『中国法律与中国社会』一七頁を参照。

訳者後記

高明士教授は、明治大学国際交流センターの招請により、二〇〇一年十月二十八日（日）から十一月十七日（土）まで訪日された。この間、同センター主催の国際交流基金事業セミナーとして三回の講義・講演会が行われた。本稿は、そのうちの第三回目の講演原稿に基づくものである。

本稿は唐律中の共犯規定の分析から家長の責任を論じ、さらに上代から近世に到る家と国家の構造を検討したものである。周知のごとく、唐律の共犯に関しては滋賀秀三・戴炎輝両氏の間で見解の相違があり、その議論の内容は極めて高度なものである。本稿において高教授は戴説に依拠しつつ、唐律の共犯規定を歴史学的見地から再検討されている。同教授の提言は中国の歴史や法制史を学ぶものにとって、大変新鮮であり、また同時に重要な意義をもつものと言えよう。

訳者は岡野誠先生より試訳の命を受けて第一次訳稿を作成し、それを基として明治大学大学院の東洋法史学の時間を利用させて頂き、全文の翻訳を口頭発表した。そして参加者の方々から出された多くのご意見を参考としつつ大幅に改稿した。私にとっては初めての翻訳であり、その作業が容易なものでないことを実感した。

本訳稿作成にあたって、岡野先生には二度にわたり全文を校閲して頂いた。また鹿嶋瑛氏には第一次訳稿作成段階で多くの助力を得た。さらに石岡浩氏には資料調査の面でご援助を受け、久村裕一氏には訳語につき的確な指摘をして頂いた。ここに記して各位のご協力に感謝する次第である。しかしなお残る問題点や思わぬ誤訳などについては、全て訳者である私の責任である。

本稿がこの論文集に収載されるについては、高・岡野・高塩三先生がご相談された結果であり、高教授はこのことを大変喜ばれていると伺った。

最後になるが、私は國學院大学大学院および明治大学大学院において、小林宏先生の日本法制史の講義に六年間出席させて頂き、様々なお教えを受けた。先生は未熟な弟子である私に対し、常に温かく接して下さった。こうした形で、先生の古稀のお祝いに参加させていただけることは、私にとっては思いがけない幸せである。小林先生のますますのご健勝を祈念するとともに、このような機会をお与え下さった各先生方に心より御礼を申しあげたい。

白鳳美術とその時代的背景
——主として山田寺仏頭を巡って——

山下重一

はしがき

天武天皇十四年（西暦六八五年）に開眼された飛鳥の大寺山田寺の本尊薬師如来の仏頭を奈良国立博物館で私が初めて見たのは、戦後間もなくのことであったが、痛々しく火災の跡を止めたこの仏頭にすがすがしい生気に満ちた丈六の原像を偲びながら、曾つて感銘深く読んだ『日本書紀』の蘇我氏誅滅の項と讒言のために官兵の襲撃を受けて自害した項に記された蘇我倉山田石川麻呂の悲劇を直ちに想起し、この仏頭は石川麻呂の娘遠智娘《をちのいらつめ》を母とする天武天皇の皇后、後の持統天皇の願いによって、祖父の面影をモデルにしたものではないかと直観した。この仏頭は、昭和三十四年に建てられた興福寺国宝館に移されたが、私は、奈良を訪れる毎に、この仏頭を拝し、石川麻呂と天武・持統天皇に関する『日本書紀』の記事を読み返して、白鳳仏の代表作といわれるこの仏頭にますます魅せられるに至った。大学で政治学を学び、近代イギリス政治思想史を専攻するようになっても、日本古代史、特に飛鳥、白鳳、天平の仏教美術に対する私の関心は現在まで絶えず続いているが、大化改新（六四五年）から奈良遷都（七一〇年）に至る間の白鳳美術、特に仏像彫刻は、天武・持統朝（六七二―六九七年）を中心とする日本古代の律令制国家形成期の時代精神を象徴しているように思われる。

日本法制史を専攻する方々による律令研究会の長年にわたる共同研究の成果を集成したこの論文集に、律令研究に全く縁のない私が白鳳仏、特に山田寺仏頭の日本古代国家形成史との関係を自己流に論じる拙稿を載せていただくことは、われながらおこがましい限りであるが、同時代の律令制形成史を専攻する方々に、私見に対する忌憚のない御高評をお願いする次第である。

以下では、先ず昭和十二年に、山田寺仏頭が興福寺東金堂の解体修理中に発見されるまでのこの薬師三尊の数奇な流転の歴史と、今なお論争の的となっている薬師寺金堂薬師三尊像に関する諸説を要約的に記した後、白鳳仏の代表作をいくつか紹介し、次に、白鳳諸仏の特徴とその時代的背景との関連を、私になし得る限り論述することにしたい。

第一節　山田寺仏頭と薬師寺金堂薬師三尊

現在頭部のみ残されている山田寺の薬師如来像の流転の歴史は、他にほとんど例がないほど豊富な史料によって明らかになっている。山田寺は、蘇我馬子の子で蝦夷の弟に当る倉麻呂の子倉山田石川麻呂の氏寺として創建された。石川麻呂は、蘇我氏の有力な一支流の家に生まれたが、中大兄皇子（後の天智天皇）と中臣鎌子（後の藤原鎌足）が蝦夷、入鹿の父子を誅滅した皇極天皇四年（六四五年）六月六日のクー・デタ（乙巳の変）の際に、宮中で三韓の表文を読む役割を引き受け、中大兄皇子等が入鹿に斬りつけるのを心おののきながら待ったという。(1)その前年に、石川麻呂の娘遠智娘が中大兄皇子の妃となったのは、中臣鎌子が皇子に「大きなる事を謀るには、輔《たすけ》あるには如《し》かず。請ふ、蘇我倉山田石川麻呂の長女《えひめ》を納《めしい》れて妃《みめ》として、婚姻《むこしうと》の昵《むつび》を成さむ。然して後に陳べ説きて、与《とも》に事を計らむと欲ふ。」と献策した結果として実現した明らかな政略結婚であり、しかも長女は、石川麻呂の一族の者に奪われ、妹の遠智娘が代わって妃となったのである。(2)

蘇我蝦夷、入鹿の誅滅後、孝徳天皇の下に中大兄皇子は皇太子となり、中臣鎌子は、大錦冠を授かり、石川麻呂は、左大臣阿倍内麻呂と並んで右大臣となった。(3)

大化改新を推進した中大兄皇子と中臣鎌子は、大化五年（六四九年）三月に阿部左大臣が死去した直後、右大臣石川麻呂を粛正するに至った。『日本書紀』の記述によれば、蘇我臣日向（字は身刺）の左大臣に皇太子殺害計画があるという讒言によって、孝徳天皇の命で官兵が山田寺を襲撃し、石川麻呂は、「願はくは我、生生世世《よよ》に君主を怨みじ」と言い残して、妻子八人と共に自害した。さらに物部二田造塩《ふつたのみやつこしほ》は、石川麻呂の死体の首を斬り、この事件に連坐した者は、二十三人、流刑に処せられた者十五人に上ったという。その直後、石川麻呂の資財を調べたところ、「好き書《ふみ》の上には、皇太子《ひつぎのみこ》の書と題《しる》す。重宝《おもきたから》の上には、皇太子の物と題」していたことが分かり、これを聞いた皇太子は、石川麻呂の忠誠心を知って哀しみ後悔した。そして妃蘇我造媛《みやつこひめ》、すなわち石川麻呂の娘遠智娘は、父の死を哀しみ歎き、遂に死に至った。(4)この薄命の妃が残した皇太子の娘が後に天武天皇の皇后となり、次いで持統天皇として即位したのである。千百年余り後の今も仏頭が残されている山田寺薬師如来は、大化改新と、天武、持統朝にわたる古代国家の一大転換期の貴重な遺産である。

山田寺建立の経過は、八世紀末から九世紀初め頃に成立したと考えられる『上宮聖徳法王帝説』の裏書の一部分に、極めて簡潔に記されている。この部分には、「承暦二年戊午南一房写之。真曜之本也」と註記されているが、承暦二年は、平安時代末期の一〇七七年、南一、真曜は、法隆寺の僧と思われ、その内容は、天武十三年から遠くない時期に書かれた古記に基づいていると考えられる。[5] 家永三郎氏は、「吾人は、之れによりて山田寺建立の経過を年序を追うて精細に辿り得べく、上代仏教文化史の史料として貴重この上なきものなり。」と評している。[6] 次に、山田寺に関する部分の漢文体を年代の西暦表記を加えて読み下して見よう。

「有る本《ふみ》に云く、寺を造り三宝を恭敬せんと誓願し、十三年辛丑〔舒明天皇十三年、六四一年〕春三月十五日、浄土寺を始むと云ふ。

注に曰く、辛丑の年に始めて地を平《なら》し、癸卯の年〔皇極天皇二年、六四三年〕金堂を立てたり。戊申〔孝徳天皇、大化四年、六四八年〕始めて僧住みき。己酉の年〔孝徳天皇、大化五年、六四九年〕三月廿五日、大臣害に遇ふ。癸酉〔天武二年、六七三年〕十二月十六日、塔の心柱を建つ。其の柱の礎の中に円き穴を作りて、浄土寺と刻めり。其の中に蓋《ふた》有る大鋺《かなまり》一口《ひとつ》を置き、内に種々《くさぐさ》の珠玉《たま》を盛れり。其の中に金《こがね》の壺有り。壺の中に亦種々の珠玉を盛れり。其の中に銀《しろがね》の壺有り。壺の中内(ママ)に純金の壺有り。其の内に青玉《あをるりの》瓶《かめ》有り。其の中に舎利八粒を入れたり。丙子の年〔天武天皇五年、六七六年〕四月八日、露盤を上げ、戊寅の年〔天武天皇七年、六七八年〕丈六の仏《ほとけの》像《みかたち》を鋳《まつ》りき。乙酉の年〔天武天皇十四年、六八五年〕三月廿五日仏眼《ほとけのみな》を点《あらは》す。山田寺是れなり。[7]」

このような記録を補う『日本書紀』の記事としては、天武天皇十四年八月十二日の項に「天皇、浄土寺に幸《いでま》す。」という記事がある。[8] 以上の記録を政治史上の年代と重ねれば、山田寺は、蘇我倉山田家の氏寺として着工され、乙巳の変をはさんで造営が続けられ、石川麻呂が右大臣として、中大兄皇子の新政の中枢部にあった時完成されたのであるが、その翌年、石川麻呂が不慮の死を遂げたこと、また、六七二年の壬申の乱によって大友皇子（弘文天皇）の近江朝を打倒した大海人皇子（天武天皇）の新政権下に、官寺に匹敵する規模の大寺院として改めて造営され、六八五年、あたかも石川麻呂の三十七回忌の当日に開眼供養が行われたことが分かる。

建立時の山田寺は、回廊に囲まれた五重塔（方三間、法隆寺塔とほぼ等大）、金堂（正面三間、奥行二間、法隆寺金堂より一廻り小さい）と、回廊の外に講堂（正面八間、奥行四間）があった堂々たる大伽藍であり、金堂には半丈六の中尊と金銀の三尺立像が安置された上、堂内東南に石川麻呂の肖像が掲げられ、講堂には、丈六の十一面観音と丈六の薬師如来と日光、月光の両脇侍が安置されていたという(9)。

この山田寺が、建立の三百余年後にも往昔の偉容を維持していたことは、入道大相国藤原道長が高野山に詣でた後に南都七大寺を巡拝したことを記録する『扶桑略記』第二十八巻、治安三年（後一条天皇、一〇二三年）十月の項の記録によって知ることができる。道長は、十月十八日に東大寺大仏殿に詣でたのを初め、元興寺、大安寺、法蓮寺を巡拝した後、山田寺に着いて宿泊した後、「十九日、堂塔を覧る。堂中奇偉荘厳を以て、言語云ふを黙し、心眼及ばず。御馬一疋権大僧都扶公に給ふ。」と記されている(10)。

しかし、平安京から遠く離れた山田寺の往昔の隆盛は、徐々に下降線を辿り、創建から五百余年後の鎌倉時代初期、後鳥羽天皇の文治三年（一一八七年）に、興福寺の僧衆によって講堂の薬師三尊を奪い去られて、決定的な打撃を蒙った。九条兼実の日記『玉葉』には、次のように記されている。

「［文治三年三月］九日、別当僧正示して云ふ。東金堂衆等、衆徒僧綱等に触れず、又長吏にも申さず、自由に山田寺仁和寺宮領、大和国に在りの金銅丈六薬師三尊像を奪取し、件の東金堂に安じ奉らんと欲すと云々。只今此の由を承り、制止を加ふるの処、已に途中に引き出し奉り云云、自由なる所行、申す限りに無しと云云。……十一日、……仁和寺の官、長暹を以て山田寺の仏の事を示さる。東金堂衆等の所為、説く可からず、説く可からざる事なり(11)。」

また、『玉葉』の文治五年（一一八九年）八月二十二日の項には、この日兼実が南都（奈良）を訪れ、興福寺南円堂に詣でた後、東金堂で二年前に山田寺から移されて安置されていた薬師三尊を拝したことが、次のように記されている。

「次に東金堂に向ふ。別当権別当同じく以て相伴ふ。金堂前に参会なり。余壇上に昇る。沓は階上壇の下に脱ぐ。別当覚憲一人を招き上げ、仏の間事を問ふ。此の仏、先年堂衆等山田寺の金銅仏を盗み取り、安置し奉れるなり。彼の時は沙汰ありと雖も、遂に以て止住す。今拝見し奉るの処、事太だ相応じ、誠に機縁の然らしむる事か。[12]」

このように、僧衆が山田寺の丈六薬師如来像と脇侍二体を強引に移送して興福寺東金堂の本尊としたのは、治承四年（一一八〇年）十二月二十八日、平清盛の命によって平重衡が南都を攻め、東大寺、興福寺を焼いた時、東金堂も焼失し、堂宇は間もなく再建されたが、本尊を新鋳する財源が乏しかったために、山田寺の由縁ある本尊に目をつけた結果であった。『玉葉』の元暦二年（文治元年、一一八五年）六月二十八日の項に、次のように記されている。

「興福寺所司牒状を持ち来りて云ふ、東金堂寺家の沙汰をなし、造営已に了る。造仏の条に於ては、其の力及び難し。仍ち勧進の氏公卿已下受領等、其の功を遂ぐべしと云云。[13]」

文治元年といえば、三月の壇の浦の戦いによって平氏一門ことごとく滅亡し、源頼朝の守護、地頭設置の要請が勅許された年である。源平の争乱がようやく終り、鎌倉幕府の時代の到来と共に、南都では東大寺、興福寺の再興が急ピッチで進められた時に、いち早く再建された興福寺東金堂に山田寺の三尊が移されるという前代未聞の事件が起こったのである。

旧山田寺講堂の三尊は、蘇我倉山田石川麻呂の冥福を祈る天武、持統両天皇の心をこめて開眼されてから三百年余り後に、興福寺東金堂に強引に移送されてしまったのであるが、東金堂は、南北朝時代の南朝後村上天皇の文和五年（北朝後光厳天皇の文和五年、一三五六年）二月十七日と後小松天皇の応永十八年（一四一六年）閏十月十五日の二回の火災に遭った。文和五年の火災については、『細々要記抜書』に、「十七日夜、東金堂ノ塔ヨリ火出テ、東金堂並ニ手水屋等焼失セリ。雷ナル雷火歟、人之ヲ知ラズ。塔ハ本尊等一体モノコラセ給ハス。但舎利ハ後日ニ御出来、追イテ之ヲ記スベシ。東金堂ハ諸尊等悉相出奉リ、即食堂ノ両四間□□ヘタテテ安置奉ツルナリ。」と記され、同書応安二年

（一三六八年）十二月十三日の項に、「東金堂本尊、食堂仮殿ヨリ本堂ニ入レ奉リ、別ノ儀式ナシ。大物ナル間、大ナルワヅラシニテ引キ奉リ、本尊日光月光ハカリ也。次第次第ニ入レ奉ル。」と記されていることから、この時には、三尊が安泰であったことが分かる。

しかし、次の応永十八年閏十月十五日の落雷による火災により、東金堂は、三尊と共に焼失してしまった。『東寺執行日記』には、次のように記されている。

「興福寺三基ノ塔、並ニ東金堂、大湯屋已下炎上ス。雷火ニ依ルナリ。其ノ日午刻斗ニ、春日社ノ辺雷落テ、猛火穿天、諸人驚目トコロニ、又興福寺ノ寺中塔ヨリ黒烟上リテ、九輪地ニ落チ、猛風大湯屋ニ吹キ懸リテ、又其ヨリ余ノ二基塔婆ニ吹キカクト云云。」

応永十八年に焼失した東金堂は、同二十二年（一四一五年）に再建され、『古記部類』には同年五月十三日に東金堂本尊頭部、二十五日に身体部の鋳造が終り、六月二十六日に新本尊を安置したことが記録されている。この時の火災によって、山田寺の旧三尊は、永久に失われたと長く信じられていた。

以上文治年間、応永年間の二回にわたる東金堂の火災の記録は、すべて足立康氏の綿密な考証（「石川麻呂追福の仏像」『史学雑誌』第四十六巻第二号、昭和十年二月）[14]に依ったものであるが、足立氏のこの論文が呼び水になったかのように、昭和十二年（一九三七年）十月三十日、東金堂解体修理の準備として本尊台座の内側を調査している時に、大きな木箱とその上に載せられた仏頭が発見され、翌日、関係者一同立会いの下に木箱を開いたところ、大きな銀造の腕が現われて、見る者を驚かせた。足立氏は、次のように記している。

「仏頭の台座内に於ける安置状態は、先づ下方に銀腕を納めた箱を置き、以て基台とし、その中央に正しく堂の正面を向くやうに仏頭が安置されてゐた。即ち、吾々が東金堂本尊を礼拝するときは、自らこの仏頭をも無意識の間に礼拝するやうな仕組になってゐたわけである。この点から考へると、この仏頭は東金堂と全然無関係のものとは認め難く、恐らくその旧本尊のものであらうと推察される。今回発見の台座裏の墨書銘中にも、東金堂焼亡の際御首の残留した事は大慶ではないか云々とある事も、亦これを裏書するものと云へよう。仏頭の台となってゐた箱の内部には、大きな唐櫃の足をとったものが入れてあり、その中に火中せる大銀像の腕や、仏躰の熔滓と思はれるもの、刀装具の残片などが乱雑に納められてゐた。(15)」

このように焼亡後五百余年にして発見された旧山田寺仏頭は、鋳造年代が明白なほとんど唯一の白鳳仏の遺品として国宝に指定され、同時に発見された銀製仏手は、東金堂創建時の銀像の遺品として、重要文化財の指定を受けている。山田寺の薬師本尊の両脇侍、日光、月光菩薩が山田寺創建当時のものであるかどうかには賛否両論があるが、筆者は、文和或いは応永の火災によって破損し、大修理を受けたために創建時の潑剌とした生気を著しく失なっているとはいえ、この両脇侍の本尊に寄り添うように腰をひねったポーズが薬師寺三尊に生写しであることから、原像が幾度かの火災の試練を越えて残されていると考えたい。

私が今はこの仏頭のみにその面影を伝えている山田寺の創建の歴史に強烈な魅力を感じるのは、元来蘇我倉山田石川麻呂の氏寺として造られたこの寺が、大化改新のクー・デタに参劃し、右大臣として中大兄皇子の政権に重きをなしながら、異母弟の讒言によって自害に追い込まれた石川麻呂の菩提を葬うために石川麻呂の孫に当たる鸕野皇女(後の持統天皇)が夫の大海人皇子(後の天武天皇)の協力の下に、官寺に準ずる大寺とすることを発願し、天武天皇十三年(六八五年)三月二十五日、すなわち大化五年(六四九年)三月二十五日に石川麻呂が自害した日から三十七回忌の祥月命日に開眼式が行われたことから、白鳳文化の全盛期と目される天武、持統朝を代表する寺と考えられるからである。この仏頭を顕著な典型とする白鳳仏は、先行する飛鳥時代ともこれに続く天平時代とも異なる独特の迫力に満ちている。白鳳仏にその背景をなす時代の影響を見出そうとする試みは、単なる素人の思い付きではないと思う。

文化史上の白鳳時代は、大化改新(六四五年)から奈良遷都(七一〇年)までと通常定義されているが、白鳳の年号が天武天皇二年（六七三年）三月に、白雉の献上に伴なって付けられたと伝えているのは、『扶桑略記』であり、(16)『日本書紀』第二十九巻、天武天皇二年の項には、「三月の丙戌の朔壬寅［十七日］に、備後国司、白雉《しろきぎす》を亀石郡に獲て貢《たてまつ》れり。乃ち当郡の課役《えつき》悉《ことごとく》に免さる。仍《なほ》、天下に大赦したまふ。(17)」とあって、孝徳天皇時代の白鳳改元のことは全く記されていない。一方、『藤原家伝』上、大織冠伝にみえる白鳳年号の使用法は、公年号の白雉と一致する。白鳳が公年号でなかったことは明らかであり、公年号の白雉が中瑞とされたのに反して、白鳳は大瑞とされたので、白雉の年号が白鳳と呼ばれるようになったと考えられる。(18)何れにせよ、壬申の乱によって、古代律令制国家の基礎を確立した天武天皇の年号として伝えられてきた白鳳を当時の文化の総称とすることには意味があるであろう。家永三郎氏は、白鳳文化の特徴を示すものとして、薬師寺東塔と主要仏像、法隆寺金堂壁画、中門の金剛力士、塔の塑像、山田寺の仏頭を挙げ、「壁画や薬師寺金堂三尊にみなぎる雄健な気宇には、律令国家上昇期の支配層の軒昂たる意気が反映しているようにも思われる。」と評している。(19)

　ところで、白鳳仏の時代的背景との関係を論ずるに当たって避けることのできない難問は、薬師寺金堂の薬師三尊が持統朝期の白鳳時代の作か、奈良遷都後の養老神亀年間の天平仏かをめぐる今なお結着しているとはいえない大論争である。筆者には、明治期以来繰り返されてきた論争の全貌を紹介することは到底できないが、『日本歴史』昭和三十六年四月号に同時に発表された町田甲一、久野健両氏の対照的な論説と、久野氏に対する町田氏の反論として、同誌の同年六月号に発表された論説によって、その一端を窺うことにしたい。(20)

　両氏の説が対立する第一点は、飛鳥の地に建立された本薬師寺に関する『日本書紀』の記録から金堂薬師三尊の完成時期を何時と認定するかにある。『日本書紀』の記述は、次の通りである。

　天武天皇九年（六八〇年）十一月十二日「皇后《きさき》体不予《みやまひ》したまふ。則ち皇后の為に誓願《ちか》ひて、初めて薬師寺を興《た》つ。仍りて一百僧《ももたりのほふし》を度《いへで》せしむ。是に由りて、安平《みやまひい》ゆることを得たまへり。是の日に罪《つみびと》を赦《ゆる》す。」

持統天皇二年（六八六年）一月八日「無遮大会《かぎりなきをがみ》を薬師寺に設く。」

持統天皇十一年（六九一年）七月二十九日「公卿百寮《まへつきみつかさつかさ》、仏の眼開《みめあらは》しまつる会《をがみ》を薬師寺に設く。(21)」

薬師寺の造営が天武天皇の発願により、造営中に天皇が崩じたことには、論者の間に異論はないが、天武天皇の殯《もがり》の間に、薬師寺で無遮会（平等に財施と法施を行ずる大法会）が行われたことの解釈については説が分かれる。町田氏は、この時に金堂や本尊が完成されていたと考えるべきであり、十一年に開眼されたのは別の像であったと強調するのに反して、久野氏は、持統天皇二年にはまだ未完成であって、十一年の開眼式が薬師三尊の完成の時であったと主張した。

第二の論争点は、現存の奈良西の京の薬師寺が飛鳥の本薬師寺の堂塔と仏像を移転させたものか、平城京に再建されたのかという問題である。町田氏は、長和四年（一〇一五年）の『薬師寺縁起』の金堂の薬師三尊を七日かかって本寺から移したという記事の信憑性を否定し、この縁起に引用されている天平期の古い縁起に、塔が四基あって、本寺と当寺に二基ずつあるという記事と『中右記』その他にある十一世紀末に旧寺東塔の心礎中にあった舎利が出土し、その後平城薬師寺金堂内に移安されたという記事を指摘して、移建移坐説を激しく論駁した。これに対して、久野氏は、『薬師寺縁起』、保延四年（一一四〇年）の大江親通の『七大寺巡礼私記』、十二世紀の『扶桑略記』に何れも持統天皇の造るところと記し、三尊を奈良の薬師寺で新鋳したという記録は、延宝八年（一六八〇年）の『薬師寺濫觴私考』などの近世のものにしかないと指摘した。

第三の論点は、極めて微妙な様式論をめぐる対立である。町田氏は、対象の立体性をリアルに表現する技術は飛鳥後期から白鳳を経て天平初期に初めて完成されたという観点から、薬師寺金堂三尊が、「天武朝の山田寺仏頭や当麻寺の彌勒、法隆寺の橘夫人念持仏の阿彌陀三尊や夢違観音、或いは深大寺の釈迦像より溯り得ない。」と指摘し、天平初期説を主張した。これに対して、本薬師寺からの移転説を取る久野氏は、旧山田寺の仏頭と薬師寺金堂の薬師如来との間の様式上の相違は、年代的な隔りよりも、新しい中国の様式が入ってくると、突然様式的に飛躍した七、八世紀の美術の特色によって説明すべきであると反論し、北斉、北周、隋の様式と考えられる山田寺仏頭と初唐の影響を受けた薬師寺三尊とが持統朝に相次いで造られたことは十分に説明することができると強調した。

筆者には、両説の当否を判断することは到底できないが、久野氏がその後インド、中国、朝鮮、その他に精力的な探訪調査を続けた記録と、町田氏の緻密な研究の成果を古寺巡礼の形でまとめた『大和古寺巡歴』（講談社学術文庫899、一九八九年）から、貴重な示唆を受けることができた。

久野氏の数多いアジア各地への探訪旅行記の一冊である『仏像のきた道――ガンダーラから唐州まで』（NHKブックス）の第七章「神通寺千仏涯の磨崖仏」は、薬師寺金堂の三尊をめぐる論争を強く意識し、「神通寺の初唐の仏像は、その解決に光明を与えてくれるかも知れないという期待」に満ちた探訪の生々とした記録である。山東省済南市の南方にある神通寺の跡には、多くの磨崖仏が残されているが、この遺跡を訪れた久野氏が特に注目したのは、貞観十八年（六四四年）の紀年が刻まれた古様の二如来と顕慶三年（六五八年）の銘記のある二如来との間に様式上の著しい相違が見出されることである。同氏は、後者の二如来について、「体躯は堂々として肉づきよく、両手は膝上におき、定印を結んでいる。衲衣には自在に衣文が刻み出され、裙《くん》の紐を強く腹上で結び、この紐が豊満な肉体にくい込んで、弾力性のある衣文表現となっている。……顕慶三年といえば、薬師寺薬師三尊像を持統十一年（六九七年）の制作と考えても、それより三十九年も前である。……かかる様式が山東省から黄海を渡り、朝鮮半島を経て、或いは直接わが国に及んだとすれば、三十九年という時間は充分ではなかろうか。」と記している。そして、同氏は、「従来私自身の中にも一抹の不安があった薬師寺薬師三尊像の白鳳時代造顕説が、決して中国彫刻史の展開から見ても、矛盾しないことを実感できたところに、最大の成果があったのではないだろうか。」と結んでいる。(22)

一方、町田氏は、『大和古寺巡歴』で、文献批判を詳細に展開すると共に、山田寺仏頭と薬師寺三尊とを様式論的に比較し、薬師寺三尊の飛鳥、白鳳仏との本質的な相違を指摘して、この三尊を白鳳的なものの中から生み出された新しい天平様式の父と呼んでいる。[23] 町田氏は、久野氏の移転説を否定して、現薬師寺は旧都から移転したのではなく、平城京で新しく造営されたと主張し、金堂三尊は養老神亀頃（七一八―七二八年頃）の造立、東塔は天平二年（七三〇年）の建立と推定している。しかし、筆者が特に注目したいのは、同氏が薬師寺を、天武、持統両天皇の夫婦愛の結晶と考えて、「平城への移転、新造営は、両天皇の皇子草壁皇子の妃で、持統天皇の妹、天武天皇の姪にも当たる元明天皇によって行われているから、この寺はまた、天武、持統両帝を中心とした同族愛の結晶ともいえよう。」と述べたことである。[24]

筆者の私見を敢えて記すならば、薬師寺移転説よりも非移転説、すなわち平城京での再建説の方に分があるように思われるが、久野氏が中国各地の古仏を調査して、白鳳仏に影響を与えた初唐の仏像（特に自然石に彫られた石仏）に短期間に生じた大きな様式の変化を見出し、「中国の初唐の彫刻の研究が進めば、おそらく、持統朝に金堂薬師三尊像のような仏像が造られても決して矛盾しないということになるのではないか。」と述べたことは、同氏の移転説が否定されても意味を失わないのではなかろうか。何故ならば、町田氏が指摘するように、新旧の薬師寺が天武、持統両天皇を中心とする同族愛の結晶であったことを考えれば、薬師寺の大伽藍、特に金堂の薬師三尊と東院堂の聖観音像とが、平城京での再建の際に本薬師寺にあったものをこの間に一段と進歩した技術によってなるべく原型通りに再現したと推定することは十分に可能なのではないかと思われるからである。私見によれば、平城遷都を境として文化史上の白鳳時代と天平時代とを区分することには余り意味はなく、薬師寺の堂塔と仏像は、白鳳文化が行き着いた最高傑作ということができると考えられるのである。

次に、筆者が特に魅力を感じている白鳳仏のいくつかを点描しておきたい。先ず挙げたいのは、奈良県北葛城郡当麻町にある古刹当麻寺の金堂の本尊として安置されている彌勒仏坐像である。この寺の正確な記録はないが、『建久御巡礼記』には、壬申の乱の功臣当麻真人国見が、天武天皇の白鳳九年（六八一年）にこの地に遷したと記されている。[25] この頃に造られたと思われる彌勒仏は、丈六の重厚な作で、わが国最古の塑像であり、円い豊かな頭部と切長の目は、山田寺仏頭に通じ、天武朝の新鮮な雰囲気を感じさせる威容を示している。

奈良に近い京都府相楽郡山城町の蟹満寺は、助けられた蟹が無数の仲間と共に大蛇を退治して恩返しをしたという『今昔物語』の説話で名高いが、この寺の本尊釈迦如来坐像は、重量感に満ちた傑作で、国宝に指定されている。この像の由来については、信頼し得る文献がなく、白鳳仏か天平仏か、またこの寺の創建以来の本尊であったのか、他の寺から移されたのかについて、長く定説がなかったが、平成二年に山城町教育委員会によって行われた同町内の古寺遺跡調査によって、かなり決定的な事実が確認された。その主要な点は、釈迦本尊が創建以来ほとんど現位置を動いていないことと、出土瓦にこの地域の白鳳寺院の中核であった高麗寺の跡から出土した瓦と同笵のものが多く、蟹満寺の創建と本尊の造立が七世紀末頃と推定し得ることである。[26] 容貌も体躯も薬師寺金堂の薬師本尊に酷似しているこの本尊が白鳳仏と認定されたことは、極めて有意義なことであった。

これ等の丈六の巨像と並んで注目されるのが、のびのびとした姿体と穏やかな顔面で見る人を魅惑する小形の白鳳仏である。私が最も惹かれるのは、法隆寺の夢違観音、兵庫県加古川市、鶴林寺の聖観音像、昭和十八年に盗難に遭い、今では模造でしか見られないが、新薬師寺の香薬師、桜井市に近い石位寺にあるわが国では極めて珍しい如来三尊の浮彫り石仏、それに私の家に近くしばしば訪れている調布市深大寺の釈迦如来椅像である。これ等の諸仏に共通に見出されるのは、飛鳥仏の荘重ではあるがやや生硬で重苦しい姿態とも、円満で様式的に高い完成度を示すと共にややもすれば力量感を欠く天平仏とも違う独特の豊かさと若々しさである。私には十分に表現することはできないが、白鳳仏には天平仏の円熟性への単なる過渡段階とは言い切れない豊富な可能性を宿す生々とした個性が秘められると実感しているのである。

第二節　白鳳仏の時代的背景

『日本書紀』の巻第二十二は、推古天皇十二年（六〇四年）の四月三日の項に、聖徳太子の憲法十七《いつくしきのりとをあまりなな》条の制定を記録し、その全文を載せているが、翌十三年（六〇五年）四月一日の項には、元興寺の建立が発願されたことを記して、「鞍作鳥に命《みことおほ》せて、仏造りまつる工《たくみ》とす。是の時に、高麗《こま》国の大興王、日本《やまと》国の天皇《すめらみこと》、仏像《ほとけのみかた》を造りたまふと聞きて、黄金三百両《こがねみももころ》を貢上《たてまつ》る」。と記録し、翌十四年（六〇六年）の四月八日の項には、法興寺の本尊の完成について、次のように記している。

「是の日に、丈六の銅の像《みかた》を法興寺の金堂に坐《ま》せしむ。時に仏像《ほとけのみかた》、金堂の戸より高くして、堂に納《い》れまつることを得ず。是《ここ》に、諸《もろもろ》の工人《たくみ》等、謀りて曰はく、堂の戸を破《こぼ》ちて納れむと。然るに鞍作鳥の秀れたる工《たくみ》なること、戸を壊《こほ》たずして堂に入るることを得。即日《そのひ》に設斎《をがみ》す。是に会集《まかりつど》へる人衆《ひとども》、勝げて数ふべからず。[27]」

この時に安置された丈六の釈迦如来像は、わが国最初の丈六金銅仏であり、現在も安居院の飛鳥大仏として残っている。この仏像は、後世の火災のため破損し、当初の部分は、顔の上半分と右手の指三本などに過ぎないが、補修部分も原像の様式をかなり再現している。この古仏は、中国の北魏様式が高句麗を通じてわが国に伝えられた様式と考えられているが、昭和三十一年（一九五六年）の大規模な発掘調査によって、法興寺の伽藍配置がそれまで知られていた四天王寺式、法隆寺式、薬師寺式の何れとも異なる特異なものであったことが明らかになり、現在では、高句麗の金剛寺（清岩里廃寺）に通じるところが多いと認められている。このことは、飛鳥文化に対する朝鮮文化の影響を主として百済との関係に重きを置いて理解してきたことを再考するように促がす契機となった。[28]飛鳥仏と総称されていても、鞍作鳥作の法興寺本尊や法隆寺金堂の釈迦如来と両脇侍が、中国の南北朝時代の北朝の系統を引く高句麗様式を示しているのに反して、広隆寺と中宮寺の半跏像は、中国の南朝と関係が深かった百済様式を示し、飛鳥仏の特徴を一概に総括することはできない。飛鳥仏がどのような時代背景の下に造られたものであったかを知るためには、当時の国内状勢のみならず、日本と中国、朝鮮、それぞれの大きな転換期における複雑な国際関係を広く綜合的に考察することが不可欠であり、白鳳仏についても全く同様である。以下では、大化の改新から平城京遷都に至る文化史上の白鳳時代の仏像を生み出した時代的背景について、筆者なりの考察を試みたい。

　大化改新によって本格的に推進され始めた新国家体制の確立過程の前史が、聖徳太子を中心とする推古朝における隋への遣使と留学生派遣であったことは言うまでもない。『日本書紀』巻第二十二、推古天皇十五年（六〇七年）七月三日の項に「大礼〔十二階冠位の第五〕小野臣《おみ》妹子を大唐《もろこし》〔隋〕に遣《つかは》す。鞍作福利を以て通事となす。(29)」、同十六年（六〇八年）九月五の項に、「復《また》小野妹子臣を以て大使《おほつかひ》とす。……唐《もろこし》の客《まらうど》裴世清に副へて遣《つかは》す。……是の時に唐の国に遣す学生《ふむやらは》、倭漢直《やまとのあやのあたひ》福因、奈羅訳語《ならのおさ》恵明、高向漢人《たかむくのあやびと》玄理、新漢人《いまきのあやびと》大圀、学問僧《ものならふほふし》新漢人日文、南淵請安、志賀漢人慧隠《ゑおん》、新漢人広済、拝《あはせ》て八人なり。(30)」と記されている。この留学生の中、僧旻（日文）と高向玄理は、大化の改新に際して国博士となり、南淵請安は、改新の直前に死去したが、中大兄皇子と中臣鎌子の師となった。六一八年に隋に代わった唐に対する遣使も続き、推古朝の遣隋使は六回、舒明天皇二年（六三〇年）から天智天皇八年（六六九年）に至る遣唐使は八回にわたっている。この間の百済、新羅、高句麗との交流による文化的影響と相俟って、日本古代国家形成は、急速に進展したのであるが、それは決して平坦な道ではなく、激烈な国際的緊張と国内の権力闘争を伴なったのであった。特に大化改新の発端となった蘇我氏の誅滅（六四五年の「乙巳の変」）、白村江の大敗北と百済の滅亡（六六三年）、天武、持統政権を生み出した壬申の乱（六七二年）の国際的、国内的要因に注目することが極めて重要である。

　戦時中に進められた津田左右吉、坂本太郎の両碩学の研究と論争に始まり、今日に至るまで着実に蓄積されてきた大化改新前後の歴史に関する膨大な文献を検討することは、全くの門外漢である筆者には到底不可能であるから、以下では、『日本書紀』を筆者なりに読解することによって、中大兄皇子と中臣鎌子を中心として推進された改新の過程と白村江の戦いの敗北、壬申の乱を経て天武・持統政権に至るまでの一大過渡期をフォローして行きたいと思う。

前述のように、石川麻呂は、鎌子の提案によって娘遠智娘を中大兄皇子の妃とし、蘇我本宗家の蝦夷・入鹿を誅滅する策略に参劃し、乙巳の変の後、右大臣の地位を与えられて新政の中枢部に入ったのであるが、このことは、新政権が蘇我氏一門をも分断し、旧来の有力氏族の不安定な連合に基づいて発足したことを示している。それ故に、新政権下にあって、中大兄皇子による粛正が相次いで行われた。その最初の犠牲者は、乙巳の変の三箇月後に中大兄皇子の命によって討たれた舒明天皇の皇子で中大兄の異母兄の古人皇子であった。『日本書紀』巻第二十五には、大化元年（六四五年）九月十二日に、吉備笠臣垂《きびのかさのおみしだる》が、「吉野の古人皇子、蘇我田口臣川堀等と謀反《みかどかたぶ》けむとす。臣《やつかれ》其の徒《ともがら》に預《くはは》れり。」と自首し、「中大兄、即ち菟田朴室古《うだのえむろふる》、高麗宮知《こまのみやしり》をして、兵《いくさ》若干《そくばく》を将て、古人大市皇子等を討たしむ。[31]」と記されている。この年の六月に皇極天皇の譲位に際して、中臣鎌子は、中大兄皇子の叔父軽皇子（孝徳天皇）を推し、軽皇子は、古人大兄皇子に譲ろうとしたが、固辞して出家姿で吉野に去ったので、軽皇子が止むなく即位したと『日本書紀』に記されているが、[32]この一連の動きは、宮廷内部の暗闘を赤裸々に示している。

大化五年（六四九年）の蘇我倉山田石川麻呂の粛正については、先に『日本書紀』の記述を引用したが、この記述に中大兄皇子が石川麻呂の異母弟日向臣《ひむかのおみ》の讒言を信じて、直ちに官兵を山田寺に出動させて妻子もろとも討滅した後、石川麻呂の無実を知って、「皇太子、始《いま》し大臣《おほおみ》の心の猶《なほ》し貞《ただ》しく浄《いさぎよ》きことを知りて、追ひて悔い恥づることを生《な》して、哀び歎くこと休《や》み難し。」とあり、さらに「日向臣を筑紫大宰帥《おほみこともちのかみ》に拝《め》す。世人《ひと》相謂《かた》りて曰はく、是《これ》隠流《しのびながし》か。」[33]と記されているのはいかにも奇異である。異母兄を讒言して死に至らしめた者を地方官とはいえ大宰帥の要職に任じたことが流刑に等しいということは、詭弁以外の何ものでもなく、石川麻呂は、中大兄皇子と中臣鎌子によって、蝦夷、入鹿討伐の密計に引き込まれ、やがて使い棄てられてしまったに違いない。

中大兄皇子の政権によって抹殺された有馬皇子（孝徳天皇の皇子）の悲劇は、『万葉集』巻第二の「磐代《いはしろ》の浜松が枝を引き結び真幸《まさき》くあらばまた還り見む」「家にあらば笥に盛る飯《いひ》を草枕旅にしあれば椎の葉に盛る」の二首(34)によって知られている。『日本書紀』巻第二十六には、斉明天皇四年（六五六年）十一月三日に蘇我赤兄臣《あかえのおみ》から現政権の失政を批判する話を聞いて、「吾が年始めて兵《いくさ》を用ゐるべき時なり。」と蹶起を決意し、この夜赤兄が皇子の家を軍兵で囲み、天皇に報告したため、皇子は、捕えられて紀温湯《きのゆ》に送られ、十一日に藤白坂（和歌山県海南市。現在この地に皇子の短歌を刻んだ石碑が立っている）で絞首されたことが記されている。(35)この事件については、赤兄が中大兄皇子に取り入るために挑発した説や赤兄が途中で裏切ったという説もあるが、政権の基盤が極めて不安定であったために疑心暗鬼になった中大兄皇子の指示による粛正と見るべきであろう。

大化改新は、唐制に倣った新国家体制建設の第一歩であったとしても、その政権基盤は、旧来の大氏族の連合に過ぎず、いまだ中央集権体制の確立には遠かった。中大兄皇子と中臣鎌子は、強烈で非情な権力欲の持主であったが、旧来の政治体制を抜本的に改革するには至らなかった。確固とした基盤に立脚する新たな政治体制が推進されるためには、百済救援のために派遣された倭の大軍の無惨な敗北と、緊迫した国際状勢の下に断行された壬申の乱を経なければならなかったのである。

熟田津《にぎたつ》に船乗りせむと月待てば潮もかなひぬ今は漕ぎ出でな

この一首は、『万葉集』第一巻に、額田王《ぬかだのおほきみ》（初め大海人皇子に嫁し、十市皇女を生み、後に天智天皇に召された女流歌人）の作として掲げられているが、この短歌の原註に、「後岡本宮に天の下知らしめしし天皇〔斉明天皇〕の七年辛酉（六六一年）の春正月丁酉の朔の壬寅〔六日〕、御船西征して始めて海路に就く。庚戌〔十四日〕、御船伊予の熟田津の石《いは》湯《ゆ》〔道後温泉〕の行宮《かりみや》に泊《は》つ。天皇、昔日《むかし》より猶ほし存《のこ》れる物を御覧《みそこなは》し、当時《すなはち》忽感愛の情を起す。所以《ゆゑ》に歌詠を製《つく》り

て哀傷したまふといへり。」と付記されている。(36)

　この歌が斉明女帝の御製であったかどうかは定かではないが、唐、新羅の連合軍に圧倒されて滅亡の危機にあった百済を救援するために老女帝みずから西征の途につき、筑前朝倉宮に崩じた史実と結びつけて解釈することができる。『日本書紀』巻第二十六、斉明天皇六年（六六〇年）の項によれば、十月に百済の福信等が来朝して、前年に唐、新羅に敗れ、義慈王が降伏して滅亡に瀕した百済を救うために、「百済国の天朝《みかど》に遣《まだ》し侍る王子《せしむ》豊璋《ほうしよう》を迎へて、国の主《にりむ》にせむ」ことを訴えた。この記事に続いて、同年十二月二十四日の項には、「天皇難波宮に幸《おはしま》す。天皇、方に福信が乞《まう》す意《こころ》に随ひて、筑紫に幸して、救《すくひの》軍《いくさ》を遣《や》らむと思ひて、初《ま》づ斯《ここ》に幸して、諸の軍器を備ふ。」と記されている。(37) 翌七年（六六一年）一月六日、難波を出発した軍船団は、西行して、十四日には、伊予の熟田津の石湯行宮に至り、五月九日に筑前の朝倉橘広庭宮に着いた。そして、百済遠征の準備中の七月二十四日に、女帝は崩じた。享年を『水鏡』には六十八、『帝王編年記』には六十一とするが、老齢の女帝が遠征の途中で崩じたのは、前後に全く例のないことである。

　以下天智称制前紀に入るが、斉明天皇の死後、中大兄皇子は、長津（現在福岡市内）に入り、九月には百済の王子豊璋に織冠《おりもののかうぶり》を授け、大山下《だいせんげ》狭井連檳榔《あぢまさ》、小山下秦造田来津《はたのむらつこたくつ》に軍兵五千人余を率いて、王子を百済に衛り送らしめた。(38) 翌天智天皇元年（六六二年）一月二十一日には、福信に矢十万隻、糸五十斤、綿一千斤、韋《なめしかは》一千張《はり》、稲種三千斛、三月四日には布三百端《むら》を贈った。五月には、阿曇比羅夫連を船師百七十艘を率いて百済に派遣し、天皇の宣勅によって、豊璋を国王として即位させた。この年を通じて、百済救援のために、兵甲、船舶、軍糧を備え、いよいよ百済救援作戦が近付いた。(39) 翌二年（六六三年）二月二日には、新羅軍が百済の南畔四州を焼き、三月には、倭軍二万七千人が新羅との戦闘を開始したが、この時に百済王豊璋が福信に謀反の疑いをかけて糾問し、遂に斬刑に処したことは、百済政権内部の分裂を暴露し、新羅軍は、これに乗じて州柔《つぬ》（錦江下流沿岸。天智紀の疏留、新旧唐書の周留、三国史記の豆率と同じ）を攻めようとしたが、百済側は、倭軍の来援に頼って白村《はくすき》（錦江の河口付近）で決戦を挑もうとし、ここに八月十七日以降の白村江《はくすきのえ》の戦いとなった。『日本書紀』巻第二十七には次のように記録されている。

「戊戌《つちのえいぬのひ》（十七日）に、賊将《あたのいくさのかみ》州柔に至りて、其の王城《こきしのさし》を繞《かく》む。大唐《もろこし》の軍将、戦船一百七十艘《いくさふねももあまりななそふね》を率《ゐ》て白村江に陣烈《つらな》れり。戊申《つちのえさるのひ》（二十七日）に、日本《やまと》の船師《ふないくさ》の初《ま》づ至る者と大唐の船師と合ひ戦ふ。日本不利《ま》けて退く。大唐陣《つら》を堅めて守る。己酉《つちのとのとりのひ》（二十八日）に、日本の諸将《もろもろのいくさのきみ》と百済の王《こきし》と、気象《あるかたち》を観ずして相謂りて曰はく、我等先を争はば、彼自づと退くべしといふ。更に日本の伍乱《つらみだ》れたる中軍《なかいくさ》の卒《ひとども》を率て、進みて大唐の陣《つら》を堅くせる軍を打つ。大唐便ち左右《もとこ》より船を夾《はさ》みて繞《かく》み戦ふ。須臾之際《ときのま》に官軍敗続《みやいくさやぶ》れぬ。水に赴きて溺れ死ぬる者衆し。艫舳《へとも》廻旋《めぐら》すこと得ず。朴市田来津、天《あめ》を仰ぎて誓ひ、歯を切《くひしば》りて嗔《いか》り、数十人《とをあまりのひと》を殺しつ。焉《ここ》に戦死《たたかひう》せぬ。是の時に百済の王豊璋、数人《あまたひと》と船に乗りて高麗に逃げ去りぬ。[40]」

この決戦に関する新羅と唐の側の記録としては、『三国史記』新羅紀文王十一年の項に、「此の時倭国の船兵、来りて百済を助く。倭船千艘、停りて白沙に在り。百済の精騎、岸に上り船を守る。新羅の驍騎、漢の前鋒を為す。先づ岸陣を破る。周留胆を失ひ、遂に即ち降下す。」とあり、『旧唐書』劉仁軌伝には、「仁軌倭兵と白江の口に遇ふ。四たび戦ひて捷ち、其の舟四百艘を焚く。煙燄天に漲り、海水皆赤し。賊衆大いに潰え、金豊身を脱れて走る。其の宝剣を獲たり。偽王子扶余忠勝、忠志等、士女及び倭の衆併せて耽羅の国使を率い、一時に並びて降る。百済の諸域、皆復帰順す。」と記録している。[41]

白村江の敗戦と百済の滅亡は、日本の勢力の朝鮮からの完全な撤退をもたらしただけでなく、律令制を確立した唐帝国と律令制を日本に先立って採用して朝鮮半島を統一しようとしていた新羅王国との国力の格差をまざまざと立証した大事件であった。戦後に関する『日本書紀』の記事は極めて簡単であるが、天智天皇三年（六六四年）の項の「是歳《ことし》、対馬嶋《つしま》、壹岐嶋《いきのしま》、筑紫国等に、防《さきもり》と烽《すすみ》とを置く。又筑紫に大堤を築《つ》きて水を貯へしむ。名けて水城《みずき》と曰ふ。」の記事や四年（六六五年）八月に、百済の亡命者に命じて長門と筑紫の大野と椽《き》に、六年（六六七年）に大和の高安、讃吉《さぬき》の尾嶋、対馬の金田に、城《き》、すなわち朝鮮式山城を築かせた記事があり、(42)現存の遺跡によって、短期間につくられた大規模の防衛施設が天智朝の切迫した危機感の現われであったことを偲ぶことができる。

天智六年（六六七年）の近江遷都も、唐、新羅に対する防衛を強化することを主な目的とするものであったと考えられるが、『日本書紀』には、遷都に際して、「天下《あめのした》の百姓《おほみたから》、都遷ることを願はずして、諷《そ》へ諫《あざむ》く者多し。童謡《わざうた》亦衆《おほ》し、日日夜日《ひるよる》失火《みづながれ》の処多し。」と記されている。(43)『万葉集』巻第三に、柿本人麻呂の歌として、「淡海《あふみ》の海夕波千鳥汝《な》が鳴けば情《こころ》もしのに古《いにしへ》思ほゆ」の一首があるが、(44)大津宮は、壬申の乱（六七二年）の際に大海人皇子の蹂躙するところとなり、乱の後、都は飛鳥浄御原宮に移されて、近江の大津宮は僅か五年間しか続かなかったのである。

八年（六六九年）十月十六日に中臣鎌足が死去したが、天皇は、その六日前に親しく見舞い、死去の前日には、大織冠《だいしきのかうぶり》と大臣《おほおみ》の位を授け、藤原の姓を与えた。そして、天智天皇もその二年後の十年（六八一年）十二月一日に、近江宮で崩じた。(45)しかし、天皇が波瀾の生涯を閉じる前に、異母弟の大海人の皇子が即位を固辞して、皇后倭姫王を推し、大友皇子が太政大臣として補佐することを薦め、出家して吉野に隠退したために、結局大友皇子（弘文天皇）が皇位を継ぐことになった。大海人皇子の吉野入りに当って、或る人は、「虎に翼を着けて放てり」と言ったという。(46)果して、天智天皇が崩じてから僅か半年後に、壬申の大乱が起こったのである。

『日本書紀』巻第二十八には、壬申の乱の経過が詳細に記録されているが、六月二十四日夜半に大海人皇子が吉野を出発してから七月二十二日に大友皇子が自殺するまで、僅か一箇月の短期決戦であった。(47)『日本書紀』の乱に関する記述は、五月に舎人の朴井連雄君《えのゐのむらじをきみ》が大海人皇子に、美濃に旅した時、近江朝廷が山陵造営を口実として兵力を集めていることを告げ、また或る人から近江から飛鳥にかけて処々に候《うかみ》を置き、菟道《うぢ》の守橋者《はしもり》に命じて、吉野への食料輸送を妨げていると報告された皇子が「朕《われ》位を譲り世を遁る所以は、独り病を治め身を全くして、永《ひたぶる》に百年《ももとせ》を終へんとなり。然るに今、已むこと獲ずして禍を承けむ。何《いかに》ぞ黙《もだ》して身を亡さむや。」と蹶起の決意を固めたことから始まっている。しかし、大海人皇子が吉野に入って以来、各地方特に東国の豪族と連絡を取って、挙兵の準備を整えていたことは明らかであり、慌しく吉野を出発した皇子に同行したのは、妃の鸕野皇女（後の持統天皇）、草壁、忍壁の二皇子と舎人二十余人、女孺《めのわらわ》十余人に過ぎなかったとはいえ、数日にして伊勢の鈴鹿で五百人の軍兵を徴発して鈴鹿山道を抑え、次いで美濃の兵士三千人を徴発して不破関を閉鎖した作戦が可能になったのは、周到な計画があったからに違いない。壬申の乱で大功をたて、後太政大臣となった高市皇子が持統十年（六九六年）に薨じた時、城上《きのへ》の殯宮《あらきのみや》で柿本人麻呂が作った迫力に満ちた長歌(48)（『万葉集』巻第二199）の一節に「やすみしし　わご大君のきこしめす　背面《そとも》の国の　真木立つ　不破山越えて　高麗剱　和蹔《わざみ》の原の　行宮《かりみや》に　天降《あも》り座《いま》して　天の下　治め給ひ　食《を》す国を　定めたまふと　鶏《とり》が鳴く　吾妻《あづま》の国の　御軍士《みいくさ》を　召し給ひて　ちはやぶる　人を和《やは》せと　服従《まつろ》はぬ　国を治めと　皇子《みこ》ながら　任《ま》け給へば」の一節は、いち早く「背面の国」すなわち美濃に突出して、不破関を抑え、「吾妻の国の御軍士」を動員した大海人皇子の峻敏な作戦行動を高らかに歌い上げている。

一方、近江朝側では、「遅く謀らば後れなむ。如《し》かじ、急《すみやか》に驍騎《ときうまいくさ》を聚《つど》へて、跡に乗りて逐はんには」との献策を大友皇子が退けたために追撃の好機を逸し、さらに、吉備国守《くにつかみ》当摩公《たぎまのきみ》広嶋と筑紫大宰《おほみこともち》栗隈王《くるくまのおほぎみ》に軍兵の動員を断わられたことは致命的であった。(49)大和での戦闘は、大伴連吹負が飛鳥を奇襲して成功した後、奈良に向かって、近江軍のために大敗したが、吉野軍は、信濃、甲斐などを含む東国から参集した軍勢が奈良と近江京へと二手に分かれて進み、七月十三日には、安河の浜《ほとり》（琵琶湖に注ぐ野洲川）で大勝し、二十二日には、近江国瀬田で大友皇子自ら出陣した大軍と決戦した。「鉦鼓《かねつづみ》の声《おと》数十里《あまたさと》に聞え、列弩《つらなれるゆみ》乱れ発《はな》ちて、矢の下ること雨の如し。」と形容された瀬田橋をはさむ激戦は、吉野軍の大勝に終り、翌二十三日、進退窮まった大友皇子は、自ら縊《くび》れて果てたのである。(50)

壬申の乱は、天智天皇の弟大海人皇子が甥に当る大友皇子の近江朝を打倒したという点では易姓革命ではなかったが、武力によって新政権を樹立し、旧政権の中軸にあった伝統的な大豪族の多くを排除し、旧政権に対する不満から大海人皇子の挙兵に応じた東国を中心とする地方豪族を登用し、しかも、左右大臣を置かずに、天武天皇自ら皇后鸕野皇女（後の持統天皇）と一体となって政権を担う全く独自の政治体制を創り上げた。大海人皇子が勝利の直後に断行した近江朝の重臣の処罰について、『日本書紀』巻第二十八、天武元年八月二十五日の項に、「重罪八人を極刑《しぬるつみ》に坐《お》く。仍《なほ》、右大臣《みぎのおほまへつきみ》中臣連金を浅井の田根に斬る。是の日に左大臣《ひだりおほまへつきみ》蘇我臣赤兄、大納言《おほきのまうすつかさ》巨勢臣比等《ひと》、及び子孫《うみのこ》、幷て中臣連金が子、蘇我臣果安《はたやす》が子、悉くに配流《なが》す。以余《これよりほか》は悉くに赦す。(51)」と記され、蘇我、巨勢、中臣等の有力豪族が一挙に排除されたことは明らかである。さらに、二年（六七三年）二月十七日に、飛鳥浄御原宮で即位した天武天皇は、壬申の乱の際に吉野方に加担した臣、連、伴造などの豪族を登用するためのルールとして、「夫れ初めて出身《みやつかへ》せむ者をば、先ず大舎人に仕へしめよ。然して後に其の才能《かどしわざ》を選簡《えら》びて、当職《かなはむつかさ》に充てよ。(52)」との詔が下され、五年（六七六年）四月十四日には、「外国《とつくに》（畿内に対して、それ以外の諸国をいう）の人、進仕《つか》へまつらむと欲《おも》ふ者は、臣、連、伴造の子、及び国造（大化改新後の一国一員の国造ではなく、古来の家柄を持つ地方豪族を指す）の子をば聴《ゆる》せ。唯《ただ》し以下《これよりしも》の庶人《おほみたから》と雖も、其の才能《かどしわざいさを》長しきのみは亦聴せ。」との勅が出されたことは、天皇親政の下に、新政権の権力基盤に、従来とは大幅に異った人材を配置することを目指したものと思われる。

天武・持統二代の治世は、聖徳太子の時代以来、七十年余りにわたって隋、唐の制度、文化を営々として吸収しつつ進展してきた中央集権国家形成過程が、国内では乙巳の変、壬申の乱による権力中枢部の大変動、国際的には、唐、新羅の連合軍による白村江の大敗北というきびしい危機を経てほぼ完成の域に達した時代と考えられる。「生れましより岐嶷《いこよか》なる姿《みすがた》有り。壮《をとこざかり》に及《いた》りて、雄抜《をを》しく神武《たけ》し。(53)」と称された天武天皇と、「帝王《みかど》の女《みこ》と雖も、礼《ゐや》を好みて節倹《みこころまたくみみへ》りたまへり。……皇后《きさき》、始《はじめ》より今に迄《いた》るまで、天皇を佐《たす》けまつりて天下《あめのした》を定めたまふ。毎《つね》に侍執《つかへまつ》る際《あひだ》に、輒《すなわち》ち言《こと》、政事《まつりごと》に及びて、毗《たす》け補ふ所多し。」と称された持統天皇との日本史上他に全く例のない夫妻の二代にわたる天皇親政体制は、古代国家が到達した注目すべき一極点であった。

天智七年（六六八年）に制定された近江令が壬申の乱後に徐々に改修され、持統三年（六八九年）に至って浄御原令ができたとする滝川政次郎、坂本太郎両氏の説は、佐藤誠実、小中村清矩、中田薫氏等の近江朝で令がつくられたことを否定する説に反対して主張されたものであるが、大宝律令（文武天皇、大宝元年、七〇一年）の成立に至る律令制定史については、筆者には全く語る資格はない。また、唐の律令と日本の律令との比較――この点について、天武朝から文武朝の七〇一年に至る三十年間、日唐間の公式な遣使が全くなく、新羅との国交回復後の密接な国交を指摘して、唐制の直接の継承以外に新羅を経由した律令制度の受容を重視する鈴木靖民氏の新説は注目に値する(54)――については、専門家の方々に初歩からお教えいただくほかはない。筆者としては、白鳳文化の特色として、「遣唐使による盛唐の文化と、百済の貴族、学者らが伝えた百済文化の精粋が、遣唐使の途絶により直接に唐文化に接しえなかった三十年余の間に、十分に咀嚼して受容され、それらが発酵、成熟し、日本的な要素も加わって、日本文化として定着したことにある。(55)」という和田萃氏の指摘を、特に天武、持統朝の文化の特徴を示すものとして受け止め、その具体例を筆者なりに『古事記』『万葉集』と白鳳時代の仏教美術の中に求めたい。以下では、天武天皇が稗田阿礼に命じて「帝皇日継《すめらみことのひつぎ》及び先代旧辞《さきつよのふること》を誦《よ》み習はしめ」たことを発端として、元明天皇の和銅五年（七一二年）に太安万侶によって撰上された『古事記』の性格と、壬申の乱の頃から全盛期に入ったと言うことができる柿本人麻呂を中心とする万葉歌人の活動について簡単に素描した後に、山田寺仏頭と薬師寺金堂三尊とに代表される白鳳仏の時代的背景に関して私見を述べることにしたい。

『古事記』と『日本書紀』とがほぼ同時期に著述されながら、その文体と内容についてかなり顕著な相違があることは周知の事実である。もとより、両者が共に神話と伝承を素材としながら神格化された天皇を頂点とする歴史叙述として明確な政治的意図によって構成されたものであることは明白であるとしても、対外的――唐と新羅――に日本国家の歴史像を整序された形で示そうとした政治的な目的意識については、『日本書紀』の方が遙かに強烈であって、『古事記』には、素材としての神話、伝承の本来の性格がより多く織り込まれているように思われる。『古事記』が天武、持統両天皇の中国の伝統的な史観と歴史叙述の形式に把われない独自の発想に基づいていたことは、太安麻呂の序文の「飛鳥の清原の大宮に大八州《おほやしま》御《しら》しめしし天皇《すめらみこと》の御世に曁《いた》りて、潜竜元に体し、洊《せん》雷期に応じき。」に始まる迫力に富む一節(56)は、先の一部を引用した柿本人麻呂が高市皇子の殯宮《あらきのみや》で歌い上げた長歌の調べと全く軌を一にしていることに示されている。『古事記』が壬申の乱によって親政の新政権を樹立した天武天皇夫妻が、新政策を次々に打ち出しながら、自己の政権を歴史の中に位置付けるために、基本的には強固な政治的路線に沿って過去の歴史を整序しつつ、素材としての神話、伝承の原型をできるだけ残すように稗田阿礼に命じ、太安麻呂が天武、持統両天皇の遺志を尊重したために、官選の正史としての『日本書紀』では切り棄てられた古代人の多様な心情と行動とをかなりの程度まで盛り込むことができたのではないかと思われる。

『古事記』に見出される多彩で赤裸々な人物像は、文化史上の白鳳時代に当る初期万葉歌人の作品にも共通している。実例として天武、持統両天皇の天真爛漫な答問歌を挙げよう。

天皇（天智）蒲生野に遊猟《みかり》したまふ時、額田王《ぬかだのおほきみ》の作る歌
あかねさす紫野行き標野《しめの》行き　野守は見ずや君が袖振る
紫草《むらさき》のにほへる妹《いも》を憎くあらば　人妻ゆゑにわれ恋ひめやも(57)

天皇（持統）志斐《しひ》の嫗に贈ふ御歌一首
不聴《いな》と言へど強《し》ふる志斐のが強語《しひがたり》このころ聞かずて朕《われ》恋ひにけり

志斐の嫗の和《こた》へ奉る歌一首
否《いな》と言へど語れ語れと詔らせこそ志斐いは奏《まを》せ強語《しひがたり》と詔《の》る(58)

前者は、初め大海人皇子（天武天皇）に嫁し、後に天智天皇に召された女流歌人額田王との「人妻ゆゑに」ときわどい表現の答問歌である故に、壬申の乱の引き金となった天智、天武兄弟の確執を暗示するという説がかつて有力であったが、それはうがち過ぎであろう。むしろ旅先での歌垣での即興歌と解し、天武天皇の直情径行の性格がおのずから滲み出た歌として味わいたい。持統天皇の志斐嫗（天皇が長く仕えていた老女官に付けた仇名であろう）との気軽な答問歌の交換も、女帝として史上稀有の政治的能力の持主であった持統天皇の細やかな人間味を示しており、一方では唐詩の最高水準を模範とした『懐風藻』を生み出した同時代に、和歌が上層階級の生活の中に生々とした多様な表現の場を維持していたことは注目に値するであろう。柿本人麻呂が天皇を讃美する儀礼的な宮廷歌人の地位に安住することなく、人生の歓喜と悲哀を率直に歌い上げることができたのも、和歌による多様な表現が上流社会の風潮になり切っていた時代ならではのことであったと考えられる。『万葉集』については、巻第二に「天皇崩《かむあが》りましし後八年九月九日、奉為《おほみため》の御斎会の夜、夢の中に習ひ給ふ御歌一首」として収められている持統天皇の長歌を挙げておきたい。

明日香の　清御原の宮に　天の下　知らしめしし　やすみしし　わご大君　高照らす　日の皇子《みこ》　いかさまに
思ほしめせか　神風の　伊勢の国は　沖つ藻も　靡《なび》きし波に　潮気のみ　香《かを》れる国に　味《うま》こり　あやにともしき
高照らす　日の皇子(59)

歌の形が整っていないために、夢の中に作られた歌として伝えられたのであろうが、天武天皇の妃として、壬申の乱以来一体となって新政権の樹立と強化に邁進し、夫亡き後は自ら大権を掌握した持統天皇の夫への追悼歌として、しみじみとした感慨が込められていることを実感させる長歌である。

　ここで既に詳述した山田寺と薬師寺の建立の由来、特に今に残る山田寺の仏頭と薬師寺薬師三尊の美術史上の価値の評価に立ち返り、山田寺の造立が祖父蘇我石川麻呂の非業な最後を悼む持統天皇が夫天武天皇の全面的な協力によって発願されたこと、現在の薬師寺三尊が天武天皇の発願により、天皇の死後持統天皇の治世に造立された飛鳥の本薬師寺の三尊そのものでなく、平城遷都後に新たに造営された現薬師寺の金堂の本尊として新鋳されたとしても、天武、持統両天皇を中心とする同族愛の結晶であったこと（平城薬師寺は、両天皇の皇子草壁皇子の妃で、持統天皇の妹、天武天皇の姪に当る元明天皇によって造営された）を想起して、天武、持統期の時代精神との関連について私見を記して結びとしたい。

山田寺仏頭を初めて見た時、石川麻呂をモデルにしたのではないかと直ちにひらめいた私の直感の当否は別として、あの仏頭は、特定の人物をモデルにしたと思えるほど個性的であり、筆者が常に感じているのは、仏頭の若々しく躍動的で、しかも少しも誇張のない一種の余裕を持った豊かさ、換言するならば、無限の可能性を秘めた明るさであり、敢えて言うならば、持統天皇が悲運の祖父を悼うために思い描いた若き日の祖父の理想像ではなかったかと考えたい。

薬師寺の三尊は、山田寺仏頭と比べて、技術的には格段に進歩しているとはいえ、同一のモチーフに基づいていると思われる。本尊薬師如来の雄々しい体駆と容貌とが示しているのは、決して威圧的な過度の緊張感でも、円満な成熟性でもなく、さらに力強く発展する可能性を内に秘めた豊かさであり、しかも本尊に引き寄せられた形で腰をひねって立つ両脇侍の動的な姿勢の無理のないごく自然な造形と見事に調和している。この三尊こそ、白鳳文化が到達した最高峰と言うべきであろう。

白鳳の巨像が、山田寺仏頭、当麻寺彌勒仏、蟹満寺釈迦如来と次々に造られ、薬師寺金堂三尊で頂点に達しただけでなく、この時代は、やはり同じ時代精神を反映する愛すべき小像も生み出した。筆者の知る限り、その代表作は、今は失われた新薬師寺香薬師、法隆寺夢違観音、石位寺の三尊石像と深大寺釈迦如来椅像であるが、何れも、白鳳仏に特有ののびのびとした豊かな可能性を秘めた容貌と姿体を、それぞれの個性をもって表現している。

血縁者間の死闘を繰り返した古代国家形成期に生み出された白鳳文化は、中国と朝鮮から怒濤のように流入した外来文化によって触発されたものであったが、天武・持統両天皇を中心とする支配者層は、外来文化を無差別に受容したのではなく、彼等なりに自主的な選択と自国古来の文化との融合に努めたに違いない。筆者がたどたどしく論述してきた白鳳文化、特に天武・持統期にゆかり深い白鳳仏に関する考察は、日本古代史に深い関心を持ちながら、専門的な研究に立ち入ることが全くできなかった筆者の素朴な思い付きを羅列してきたのに過ぎないが、西洋政治思想史専攻者としての私が長く関心を持ち続けてきた古代日本の政治史・文化史に関する一私見としてお読みいただければ幸いである。

注

（1）『日本書紀』下（『日本古典文学大系』68、岩波書店）二六二頁。
（2）同書、二五四―六頁。
（3）同書、二六九―七〇頁。
（4）同書、三〇六―一〇頁。
（5）家永三郎『上宮聖徳法王帝説の研究』増訂三版（三省堂）七二―三頁。
（6）同書、一九五頁。
（7）同書、四三九―四〇頁の「校訂本文及正訓」による。
（8）前掲『日本書紀』下、四九〇頁。
（9）飛鳥資料館カタログ第十一冊『山田寺』改訂第二版（平成九年）八―一〇頁。
（10）『扶桑略記』第二十八、『新訂増補・国史体系』第十二巻、二八八頁（原漢文）。
（11）『玉葉』（哲学書院版）下巻、三四二頁（原漢文）。
（12）同書、五五三―四頁。
（13）同書、五七一頁。

(14) 足立康『日本彫刻史の研究』(竜吟社・昭和十九年)一〇八―一一〇頁。
(15) 同書、一三一―二頁。初出は、『画説』第十八号(昭和十二年十二月)の「興福寺東金堂内発見の仏頭と銀腕」。
(16)『扶桑略記』第五、六四頁。
(17) 前掲『日本書紀』下、四一一頁。
(18) 石井正敏「白鳳」『国史大辞典』。
(19) 家永三郎「白鳳文化」同右。
(20) 町田甲一「薬師寺薬師三尊像の造立年代について」、久野健『薬師寺金堂薬師三尊像の制作年代について」(『日本歴史』昭和三十六年四月号、第一五四号)、町田「久野健君の薬師寺移建説を駁す」(同誌、昭和三十六年六月号、第一五六号)。
(21) 前掲『日本書紀』下、四四四、四九〇、五三三頁。
(22) 久野健『仏像のきた道――ガンダーラから慶州まで――』(NHKブックス418・昭和六十年)一六〇―六三頁。
(23) 町田甲一『大和古寺巡歴』(講談社学術文庫889、平成元年)一五六頁。
(24) 同書、一三五頁。
(25) 水野敬三郎「当麻寺」『国史大辞典』。
(26)『山城町内遺跡発掘調査概報・蟹満寺――第一次調査――』(山城町教育委員会・平成二年)。
(27) 前掲『日本書紀』下、一八六―七頁。
(28) 門脇禎二『新版・飛鳥―その古代史と風土』(NHKブックス305、昭和五十二年)一一〇―一八頁。
(29) 前掲『日本書紀』下、一八七頁。
(30) 同書、一九二頁。
(31) 同書、二七八頁。
(32) 同書、二六九―七〇頁。
(33) 同書、三一〇頁。
(34)『万葉集』一(『日本古典文学体系』4、岩波書店)八七頁。

(35)『日本書紀』下、三三四頁。
(36)『万葉集』一、一五頁。
(37)『日本書紀』下、三四六—七頁。
(38)同書、三五二—三頁。
(39)『日本書紀』下、三五六—七頁。
(40)同書、三五八—九頁。
(41)同書、三五八頁、頭註22（原漢文）。
(42)同書、三六二—三、三六六頁。
(43)同書、三六六頁。
(44)『万葉集』一、一五五頁。
(45)『日本書紀』下、三七八—八〇頁。
(46)『日本書紀』下、三七八、三八二頁。
(47)同書補註五八五頁に、壬申の乱の経過の詳細な表がある。
(48)『万葉集』一、一〇七—一三頁。
(49)『日本書紀』下、三九一—二頁。
(50)同書、四〇〇頁。
(51)同書、四〇六頁。
(52)同書、四一二頁。
(53)同書、三八二頁。
(54)鈴木靖民『古代対外関係史の研究』（吉川弘文館、昭和六十年）参照。
(55)和田萃「渡来人と日本文化」『日本通史』第三巻（岩波書店、平成六年）二七八頁。
(56)『古事記』（『日本古典文学体系』1『古事記・祝詞』（岩波書店）四五頁。

(57)『万葉集』一、二一頁。
(58) 同書、一四五頁。
(59) 同書、九五頁。

揺籃期のドイツ「犯罪心理学（Criminalpsychologie）」についての一考察

――19世紀前半の医師グロース（Friedrich Groos）の「妄想なきマニー」論に注目をして――

井　上　琢　也

はじめに

瘋癲殺人
凡瘋癲人。人ヲ殺ス者ハ。終身鎖錮。仍ホ埋葬金二十五両ヲ追取シ。死者ノ家ニ給付ス。若シ二名以上ヲ。連殺スル者ハ。絞。其親属。看守厳ナラスシテ。他人ヲ殺死スルニ致ス者ハ。杖九十。(以下略)

本稿で検討の対象となる、精神病者の殺人行為について、1870年に制定された新律綱領は、このような規定を置いている。続く改定律例においては、規定が若干詳細になり、刑罰の内容もソフトになるが、精神病者の殺人という現実に、どのような刑罰が適用されるべきかについて、旧刑法が施行される1882年まで、このような基本線に立っての処理がなされた(1)。

明治初期にいたるまで、日本法の実務に携わる者のバックボーンとなる知を提供し続けてきた律令法体系が、時代の変革期や新たな現実が「発見」される度に援用

されてきた事実は、明治初期の刑事立法を典型として、改めて指摘するまでもない。異質な知である西洋法を継受し、新たな法・法学体系を構築していく局面において、律令法体系に支えられたいにしえの法学識が重要な役割を果たした事は、精神病者の犯罪に関してのみならず、様々な局面において確認できる。伝統的な知と新たな現実、異質な知とが出会い、新たな知が作り出されていく過程で、伝統的な知が克服の対象として霧散してしまうのではなく、新たな知を生み出すのに不可欠な転轍機の役割を果たすことは、どうやら普遍的な命題のようである。

近代国民国家形成を本格的に目論み始めた、19世紀前半のドイツにおいて、数十年後の日本と同様に精神病、精神病者、精神病院が新たに「発見」されていくプロセスについて、フーコーの影響を遅ればせながら受容する形で、十年ほど前にようやく、各論のレベルにまでおりての議論が始まった。しかし、当然そこで議論の対象となるべき、精神病者の現実と法制度との軋轢については、ドイツにおいてもあまり検討が進んでいない様である(2)。視線を日本に転ずると、この時期の西欧諸国での法制度・裁判実務と精神病者の「発見」過程との相互作用についての紹介は残念ながら、ほとんどなされて来なかった。もちろん、責任能力論との関係で、フォイエルバッハやミッターマイアーら刑法学者の議論は詳細に紹介されてきた(3)が、精神病をめぐる現実を視野に入れた研究、医師の議論や現実の訴訟に焦点を当てた研究は意外な事にほとんど存在しなかった。しかし最近、フランスに関しては、波多野敏氏の、ドイツに関しては、原口健治氏の興味深い論文が発表され、ようやく、この領域の研究の基盤が整備されつつある。波多野氏は、論文「モノマニーと刑事責任」等の中で、「精神病と刑法」を巡る議論の中心テーマの一つである、「モノマニー」論に正面から対峙されることを通して、この時期の状況を小気味よく整理し、思想史的深みにまで突っ込んで、「精神病と刑法」を巡る議論の本質を活写されている(4)。一方、原口氏は、論文「『ヴォイツェック』と精神医学論争」等の中で、ブューヒナーの戯曲にもなった、ヴォイツェック事件を手がかりに、医師ハインロートの議論に典型的に現れている、「狂気の倫理化」傾向に注目して、心理主義から身体主義へと変容していく、19世紀前半ドイツ精神医学界の動態を活写されている(5)。

二氏のこれらの業績に触発された本稿では、「国家医療学（Staatsarzneikunde)」の一部門として自立を目指す、ドイツ「犯罪心理学（Criminalpsychologie)」の揺籃期の状況を、最近、グレーヴェ（Ylva Greve）が、19世紀前半の司法医達の主張の中に18世紀的「自然法」論の残滓を認める形で展開している、「犯罪心理学」の歴史的分析(6)を参照して、また、この時期に若き医師達によって展開された「妄想なきマニー（Mania sine delirio)」論に注目をして、検討してみたい。具体的には、ハインロート（J. C. A. Heinroth）やフリードライヒ（J. B. Friedreich）といった、教科書を残した大物司法医達の整理された議論ではなく、これまであまり注目されることのなかったグロース（Friedrich Groos）という医師の錯綜した「妄想なきマニー」論に敢えて焦点を当て、その内容を紹介し、そこに確かに現れている、揺籃期「犯罪心理学」の混沌を確認してみようと思う。

グロースの「犯罪心理学」を巡る言説は、極めて観念的・思弁的であり、いわゆるロマン主義的心理学、人間学的心理学の色合いを濃く残している。彼の主張は、「科学」として、「国家学」として、離陸しようとしている、20年代から30年代にかけての「犯罪心理学」の全体的傾向から見ると、「哲学的」であり、「守旧的」であると判断されてしまいがちである。しかしながら、慎重に読み下してみると、グロースの言説が、離陸を阻む制動機としてではなく、むしろ離陸を促す加速器の役割を果たす可能性を内含していたことが露わになってくる。西欧の伝統的知の典型として君臨してきたストア哲学を動員して進められる、グロースの「妄想なきマニー」論が示す混沌の意味を検討し、「犯罪心理学」そのものが持ち合わせていたヤヌス的相貌の射影として、グロースの議論を読み下す事で、19世紀前半の「犯罪心理学」のダイナミズムを探る事が本稿の最終的な目標となる。以下、グロースの整理による「妄想なきマニー」論の変遷についての確認、グロースの「妄想なきマニー」論の方法論的前提となるストア的決定論の確認、そして、グロースの「妄想なきマニー」論を病因論と刑罰目的論の観点から紹介し、最後に、彼の議論が果たした転轍機としての役割について検討する、という順序で、筆を進めていきたいと思う。

1　ドイツにおける「妄想なきマニー」論──グロースの整理に従って──

①「妄想なきマニー」論の登場

1768年にカールスルーエの高級官僚の家で生まれたフリードリッヒ・グロースは、まず、法学部に入学して勉強を始め、4年後の1792年に医学部に再入学して、官医を目指す道を歩み始めた。1806年以後、彼は官医としての実務を開始し、各地の精神病院等を転々とした後、26年以後、ハイデルベルクに腰を落ち着け、36年に引退するまで、大学で講義を行ったり、世紀半ばにかけての精神医学界をリードしていくことになるフリードライヒが主催する雑誌を初めとした、数多くの雑誌に寄稿するなど、精神医学について積極的な発言を続け、52年にこの世を去った[7]。

法学、医学、心理学、哲学についての該博な知識を前提として、自由論への懐疑を前面に押し出す形で、精神病についての、刑罰論についての哲学的基礎付けを行ったグロースの諸著作は、この時期の錯綜した議論のあらゆる領域を対象とし、大胆に、対立点を架橋しようとするが故に、争点を小気味良く整理することに成功している。特に、同時代の最大の争点となっていた、「妄想なきマニー」論で、彼の異才は遺憾なく発揮されており、1830年に執筆された『心理学的に検討され、刑法の責任論との関係で観察された「妄想なきマニー」論』（以下、『マニー論』と略）[8]の一章から三章において、30年までの「妄想なきマニー」論の流れが手際よく纏められている。彼の整理に従って、まず、ドイツにおける「妄想なきマニー」論の変遷について確認してみよう。

古来、ヨーロッパにおいて認知されていた精神病を、フランスの精神医学者ピネル（Pinel）は、メランコリー（鬱病）、マニー（躁病）、痴呆、白痴という四つのカテゴリーに分類したが、18世紀後半あたりから、従来の分類から見てマージナルな症例が次々と「発見」され、それらの症例をどう位置づけるかが、責任阻却を巡り刑事訴訟との関係で19世紀初頭の西欧各国にて大きな問題となっていった。特にマニーについては、神経的興奮を伴い、悟性（Verstand）の減退から妄想が付随

して生まれるものとして従来理解されてきたのであるが、症例を詳しく検討すると、悟性の障害も妄想も発生せず、ただ、意思を巡る能力のみが傷つけられるケースが存在する事が指摘されるようになっていた。精神病に不可欠の要素として理解されてきた、悟性あるいは理性の減退、妄想、錯乱を伴わないマニーが存在し、それを「妄想なきマニー」と分類した上で、精神病の枠内に理論的に取り込んだ先駆者がピネルであった(9)。

「妄想なきマニー」というカテゴリーは、揺籃期にあったドイツ「犯罪心理学」に大きな影響を与えた。18世紀のドイツにおいて、自然法・理性法思想が刑罰・刑法の正当化を巡る議論を脱宗教化していく中、理性の自由な使用、あるいは理性の命令に従うかどうかを決定しうる意思の自由が、刑事責任を問う前提と見なされるようになり、行為者の心理状況の解明が、責任の有無、大小を決する際の鍵として重視されるようになった。このような時代状況に要請されて、18世紀末に、犯罪者の犯行時の心理状況について探求する、新しい学問分野「犯罪心理学（Criminalpsychologie）」がシャウマン（J. C.G. Schaumann）を引率者として登場してきた。この幼き学問は、精神病者は、刑事責任を問う前提となる理性・悟性を有していないのであるから、責任は問えない、という単純な図式と現実との整合性をとるために、犯罪者の複雑な精神状況を覗き始めたのである(10)が、早速、袋小路に入り込んでしまう。ようやく、よちよち歩きを始めた、若い学問を迷路へと追いやったのは、他でもない、ピネルが提出した「妄想なきマニー」というカテゴリーだった。

理性・悟性を備えた精神病者の存在を認容するピネルの「妄想なきマニー」論は、ライル（Reil）やホフバウアー（Hoffbauer）によってすぐにドイツに紹介され、数多くの賛同者を得る事となる。例えば、プラトナー（Platner）は、「憤怒」（Wut）に煽られ、「熱情」（Leidenschaft）や「情動」（Affekt）に突き動かされているが、記憶力や判断力は存在し、悟性が弱まることなく、ただ、意思の領域のみを支配する狂気の形態が確かに存在すると主張する(11)。

プラトナー以外の多くの論者も、悟性は病んでおらず、意思のみが病んでいる、精神病の形態を肯定するのであるが、この種の精神病を自然に受け入れる素地は既に存在していた。18世紀末にモーリッツ（Carl Philipp Moritz）が「能力心理学

(Vermögensseelenlehre)」に基づく三能力論[12]を提出していたが故に、悟性以外の、心のある特定領域のみが病んでいるという図式はドイツに比較的容易に受容された。実は、ドイツの近代心理学は、18世紀後半に、哲学的心理学として出発しており、19世紀前半に、「犯罪心理学」の中にも流入する「医学」的心理学の潮流が生まれた後も、ロマン主義的な傾向の強い「哲学」的、人間学的心理学は命脈を保ち、「医学」的心理学に陰に陽に影響を与えていた。

両心理学の相互作用を示す典型例が、心の持つ三能力説であった。モーリッツは、自らが主宰する『経験心理学（Erfahrungsseelenkunde）雑誌』を拠点として、心理過程を経験的に観察し、そこに現れる法則性を「哲学」的に分析しようとしたのであるが、その成果として、心には三つの独立した能力、すなわち、想像 Vorstellung（判断 Urteil、悟性 Verstand）能力、感情 Gefühl（知覚 Sinn）能力、欲求 Begehrung（意思 Wille）能力が備わっているという、有名な図式を提示した。心理過程を「医学」的に分析しようとした医師達、「犯罪心理学」者達は、この図式に立脚する事により、能力が限定的に制限された未知の精神病を簡単に理解する事ができた。モーリッツが言うところの、欲求能力のみが減退した病として、「妄想なきマニー」の存在が認容されたのである。

医師達に賛同者を得た、フランス由来の「妄想なきマニー」論は、ドイツの刑法学者の中にも賛同者を得た。グロースは、賛同した刑法学者の代表として、ミッターマイアーの名を挙げている。ミッターマイアーは、人間の自由を、判断の自由 in libertas judicii と決断の自由 in libertas consilii の二つに分類し、この二つの自由のいずれかが失われていれば、責任は阻却されるとした。彼の分類に従うと、ピネルの「妄想なきマニー」は判断（悟性）の自由は失われていないが、決断（意思）の自由が失われている精神病としての位置づけを獲得して、刑事責任を免除される[13]。このようなミッターマイアーの理解に沿う形で、ザクセンやハノーヴァーの刑法草案においては、「妄想なきマニー」を免責し得る規定が盛り込まれた。

このように、19世紀初頭から20年代にかけて、ピネルの「妄想なきマニー」論は、ドイツの多くの医師あるいは刑法学者の一部に賛同者を得たのであるが、しかし同

時に強い反発を生む事にもなった。ピネルの議論を徹底批判したヘンケの議論について、次に見てみたい。

②ヘンケによる「妄想なきマニー」論批判がもった意味について

本国フランスにおいても、「妄想なきマニー」論は、早速批判にさらされることになる。批判の急先鋒に立ったのが、ピネルの弟子のエスキュロール（Esquirol）であった。エスキュロールは、理性を完全に保ち妄想を伴わないマニーの存在を否定し、「妄想なきマニー」とされる症例においても、固定された一つの事柄に関して、部分的で一過性のものではあれ妄想が存在しているのであり、そのようなマニーを「モノマニー（Monomanie)」として、「妄想なきマニー」に対置した(14)。このようなフランスにおける批判に並行する形で、ドイツにおいては、アドルフ・ヘンケ（Adolph Henke）がピネルやコンラッディ（Conradi)、ミッターマイアーに挑戦状を叩きつけた。

心の持つ三つの能力のうち、いずれかの能力の減退を精神病ととらえ、「妄想なきマニー」を意思能力（Willenvermögen）のみが病んだ精神病と位置づける「犯罪心理学」者たちを、ヘンケは根底的に批判する。すなわち彼は、三つの能力をそれぞれ分離独立した無関係の能力ととらえる事は出来ず、特に判断・悟性能力と意思能力とは密接に連関しあっていると主張して、多くの医師達が依拠する、モーリッツ以来の三能力説それ自体を否定する(15)。そして、ピネルの言う「妄想なきマニー」を示す症例においては、意思能力のみが病んでおり、知覚能力や判断・思考能力は病んでいないとする通説を、意思能力のみが単独で病んだ状態など考えられない、と厳しく批判した。更に、返す刀でヘンケは、判断の自由と決断の自由という二分法に立ったミッターマイアーの「妄想なきマニー」論をも、立法者は、判断の自由も決断の自由ももちあわせている「健常者」と、どちらも持ち合わせていない「精神病者」のいずれかしか想定していないこと、決断の自由のみが病んだ「精神病者」を認め免責の対象としてしまうこと、「情動」や「熱情」に影響され決断の自由を失ってしまった者に「口実」を与えてしまうこと、そもそも、決断の自由には判断の自由が不可欠であること、等を論拠として批判した(16)。

意思能力のみが病んだ「狂気」など存在しない、というヘンケの批判はこのように極めて歯切れ良いが、「妄想なきマニー」に分類される、「妄想」を伴わない、マージナルな「狂気」が存在すること、それ自体は、ヘンケによっても明確には否定されていないことをグロースは指摘する(17)。ヘンケが問題とするのは、このような症例の「説明」法であり、「このようなマニーにとりつかれた人間が、完全に意識を保ち、障害なく理性を使用できる状態にありながら、意思の欠如のみによって、凶行へと走りうる」のか、という一点に絞られる。「人間が自己決定(Selbstbestimmung)する自由を奪うほどの身体的、精神的病いは、理性や自己意識(Selbstbewußtseyn)をも奪う」はずであり、「自己意識があるなら理性を使用できるし自己決定を行う自由も持ち合わせている(18)」はずである、と考えるヘンケは、「妄想なきマニー」の発作に襲われ、自己決定を経ずに、出来ずに凶行に及んだ病者が、犯行時に自己意識、理性を持ち続けていたという「新学説」の「説明」を批判し、そのような「説明」に従う限りにおいて「妄想なきマニー」の存在を否定する。

「新学説」が規定する意味での「妄想なきマニー」の存在について疑念を呈しながら、ヘンケは、結局、マージナルな、疑わしき精神状態の存在を四つに分類して肯定する(19)。一つ目が、不規則な中断を伴う、間欠的マニーと見なしうる状態、二つ目が、病的な憤怒(Wut)状態、三つ目が、エスキュロールが言うような、固定された観念(fixe Idee)が支配する「モノマニー」状態、そして最後に、前触れとなる身体的な変調に引き続いて、興奮や衝動が発生し、瞬間的に、理性や自己意識が奪われるマニー状態。1830年段階において、従来「妄想なきマニー」とされてきた症例を、こう分類することにより、通常想定されている、妄想が絶えず支配しているマニーの形態からはずれた精神病症例の存在を肯定しながら、自由意思のみが欠落してかつ理性が残存しているマニーの存在はあくまでも否定する、という主張をヘンケは展開し、ピネルの説を無条件に認容する、多数派の医師達と、厳しく対立した。

以上、グロースの『マニー論』第一、第二章の叙述に従って、「妄想なきマニー」論の変遷について確認してみたが、「犯罪心理学」者たることを目指す医師たちの、「精神病と刑事責任」を巡る1830年前後の議論状況を、ヘンケ、エスキュロール対コンラッディ、ピネル、ミッターマイアーという対立項でとらえるグロースの整理法は、極めて自然であり、同時代の他の教科書や辞典もおおむねこのような整理法を採用している[20]。しかし、グロースが『マニー論』を著した目的は、ただ単純に現状を分析したり、一方の陣営に立ち他方を罵倒することではなかった。彼の究極の目標は、ヘンケ、コンラッディ両陣営の主張を架橋し止揚することであった。このような目論みをもって、グロースは、両陣営の主張、特にヘンケの議論との対質を行い、両陣営が対立する論点をより深く掘り下げる試みを第三章で更に続行している。

この章でグロースは、ヘンケが分類した、「妄想なきマニー」と見なされてきたうちの第四の類型、前触れとなる身体的変調に引き続いて一時的に理性や意識が麻痺している症例に注目し、メンデ（Mende）が報告した以下の事例を手がかりにヘンケやコンラッディの議論の本質を問う。

出産後６週間を経て、ある女性が乳母として他の子供に授乳を始めた。彼女は出産後平静な生活を続けていたが、自分の子供が死亡したのに続いて、産後、32週目を過ぎて月経が正常に戻った後、様子が変わってくる。このあたりから、乳を与えていた子供達への扶養意思が目に見えて減退してしまう。そして遂に、彼女の身体に激痛が走り、胃をかきむしられるような感情がわき上がり、部屋にいた二人の子供の首を切り裂く殺人衝動が彼女を襲った。彼女はこのような衝動に恐れをなし、ナイフや子供を遠ざけ、いったんは床についたが、再び同様の殺人衝動が抗しがたい形で彼女を襲い、衝動に従うに到る寸前に、子供の親が現れ、彼女を鎮め、治療を施し、事なきを得た[21]。

この事例において、いったんは殺人が本人の意思によって断念されている点に注目して、グロースは、初期においては理性や自己意識が存在していたと解釈する。

とりあえず、理性、悟性を伴った意思が、殺人衝動を退けたのである。しかし、下肢で発生した病的なプロセスは、中枢神経を伝い、やがて脳まで達し覆ってしまう。この段階において、もはや、すべての思考力、判断力が停止していると考えるグロースは、この段階に限って言えば、「妄想なきマニー」状態にある者も理性・悟性を失っているのだとするヘンケの意見は正しいと述べている。ただそれは、最終段階での話であり、初期において悟性は健全であり、暗い盲目的衝動が脳を支配する段階において初めて、一時的に意識や理性が麻痺してしまうのだ、とヘンケの説に距離をおく(22)。

このようなプロセスこそが「妄想なきマニー」と称されてきた症例の本質であると考えるグロースは、最終段階において、犯人を殺人へと向かわせているのは、事物に関する誤った、倒錯した概念（Begriff)、観念（Vorstellung）ではなく、判断、決断の基点となる概念を消滅させる「衝動」そのものなのだと主張する。そして、この段階において、妄想を含めた、すべての概念・観念が消滅しているのだから、確かに妄想は存在しておらず、その意味で、コンラッディやピネルらの言う「妄想なきマニー」は確かに存在している、と断じている。この極めて錯綜した物言い(23)は、実は彼の哲学的信念に基づくものであり、彼の依拠する哲学体系を読み解かねば理解は難しいのであるが、彼の哲学の内容確認は後で行うこととして、とりあえずここでは、「衝動」という身体的要素と理性、悟性、意思といった精神的・心理的要素の衝突が「妄想なきマニー」の本質であるとグロースが見ていたことだけを確認しておきたい。

もう一つ、グロースが注目した論点がある。それは、「情動」（Affekt）や「熱情」（Leidenschaft）と精神病との関係、「熱情」や「情動」と刑事責任との関係である。熱情、情熱、受苦的情念等々、いろんな和訳が付けられるLeidenschaft＝パトスをヨーロッパ思想の流れの中で、19世紀初頭の思想状況の中で、どう位置づけるかは、それ自体大問題なのであり、フランスに関してもドイツに関しても様々な議論を呼んでいる(24)。この拙い小論で、この問題に答えを出す用意はないが、とりあえず、ヘンケとグロースの応答だけは紹介しておこう。ヘンケは問う。「熱情」と精神病とを同一視していいのだろうか。「情動」や「熱情」は病んでいる

人間にも、病んでいない人間にも宿る。「情動」・「熱情」が理性を喪失させた場合と精神病が理性を喪失させた場合の法的責任の有り様は同一にしていいのか、やはり、「熱情」が理性を喪失させた場合には責任は阻却されないとすべきである(25)、と。ヘンケのこのような呼びかけに、グロースは冷徹に返答する。あなたは、「病気によって発生する、自己意識と理性使用を巡る障害のみが責任を阻却する」と簡単に断定しているが、それでは、どんな病気の場合、阻却されるのか。精神的病気なのか、身体的病気なのか。あなたもまた、「妄想なきマニー」において、身体的要素・病いが作用していることを肯定しているが、悟性の麻痺は身体的病いの後に来るのか、前にくるのか。理性的存在としての人間は「情動」や「熱情」をコントロールすることができるし、しなければならないと言うが、確かに「情動」や「熱情」の作用で理性が一時的に喪失している事実が認められるにもかかわらず、「情動」をコントロールできない責任を問うべきだ、という理屈は果たして成立し得るのか(26)。このようにグロースは狂気と「熱情」と身体的病いを巡るヘンケの主張の詰めの甘さを指摘する。

このようにヘンケの議論に潜んでいる弱点を指摘し、身体的要素や「熱情」の問題等、解明すべき難問を暴き出した上で、グロースは『マニー論』第四章以下で、いよいよ、自らの該博な哲学的素養を存分に発揮して、「妄想なきマニー」の本質に斬り込んでいくのであるが、その詳細に立ち入る前に、先程指摘しておいた宿題、彼が依拠した哲学の内容について確認をしておきたい。

2　グロースのストア的「概念決定論」(Begriffdeterminismus)

グロースは、自らのよって立つ哲学的基盤はエピクテートスを初めとする古代ストア哲学者の主張にあることを様々な書物、例えば『精神法医学の最高原理の基礎付けについての考察』(1829年、以下、『考察』と略）や『刑事責任論との関係から見た、自由論における懐疑』(1830年、以下『懐疑』と略)(27)の中で告白し、この「信仰告白」がもたらす自らへの誤解について繰り返し弁明している。自由と宿命について論じ、自然や神から与えられた必然の中で生きる人間の自由について考えを巡ら

せたストア哲学は、いわゆる決定論的世界観を提示した典型的思想体系として、後世の人々に、例えば、近世初頭の異能の人、リプシウスらに、大きな影響を与えた(28)が、グロースもまた、この強固な思想体系に魅せられ、ストア的決定論を軸に、自由について、意思について、精神病について、刑罰について、責任について、同時代の論者と比較しても異彩を放つ独自の議論を展開した。

彼は『考察』の中で、ストア哲学のエッセンスを列挙しているが、その中からめぼしいものを取り出すと次のようになる。まず、「人間の中には神的なものと動物的なものとが同居している」という西洋哲学共通の指摘。次に、「魂は自らの外部によってではなく、自ら自身のみによって、自ら固有の概念（Begriff）によって動かされ、悩まされ、圧倒される。自由意思は自ら自身のみによって克服が可能である」という意思と概念と自由の関係を巡る指摘。そして、「人間の魂の本性は、魂が真実や善を探し求めるところにある」「悪は善についての誤った概念に由来する」という善と悪と魂との関係を巡る指摘(29)。これらの命題をストア哲学から抽出したグロースは、そこを出発点として、理性と悟性と意思の関係についての議論に踏み込む。

グロースにとって、理性（Vernunft）は「プラトンの言うところの、真・善・美という、生得的で、一般的な基本イデアを巡る能力」とされ、他方、悟性（Verstand）は「これらの一般的な基本イデアを特殊な場合に正しく適用する能力」と位置づけられる(30)。理性と悟性のこのような位置づけを前提として、意思は二段階に分けられる。まず、「原初的意思（Urwille）」は、理性がもたらす善のイデアと一致しており、絶対的に自由であるが、神の「閃光（Funke）」として、知的意思として、悪を志向することがそもそも不可能な存在とされ、「後天的意思（Nachwille）」は、悟性が身体によって破壊された真のイデアが放つ光、反映であるとみなされるのと同様に、身体によって破壊された、原初的意思が放つ光、反映ともみなされる。この「後天的意思」は、感覚をもちあわせた現世的人間が通常持ち合わせている意思であり、「悟性がもたらす、善についての正しいあるいは間違った概念の中に存在する動機（Motive）と、破壊を行う媒体としての身体によって結びつけられている」とされる(31)。

理性、悟性、意思、概念といったタームの内容をこのように確定した上で、グロースは、「人間の意思は、概念によって決定されている」という中心命題を用いて、人間の行動が決定される様を描き出していく。人間の意思は、悟性が生み出した概念によって決定されるのであり、宿命づけられる。概念は正しかろう（gerade）と歪曲されて（verkehrt）いようと関係ない。もし、概念が正しい場合には、正しい行動を行う決定をするだけであり、歪曲されている場合には、間違った行動を行ってしまうだけのことである(32)。逆に言うと、正しい行動は、悟性がもたらした正しい概念から生まれるのであり、誤った意思、悪い行動、犯罪は、悟性が導き出した、歪曲された、善についての概念から生まれるのであって、絶対的に善を志向する理性自体から生まれるものでは決してない(33)。これが、グロースの展開する「概念決定論」の根幹をなす命題である。

このような決定論は、当然の事ながら、人間の行動の、意思の自由の存在、理性の存在を前提とする同時代の論者たち、特に自由を前提として刑事責任の問題を考える、大多数の医師や法学者によって攻撃される。しかし、グロースは、ストア哲学を信奉する者に共通して浴びせられる、こういった攻撃を、自らの決定論を生命なき決定論、機械論的決定論と誤解したことから生じたものだと断じ、自分の議論は、デラ・メトリ流の機械論的、受動的決定論ではなく、能動的決定論だと弁明する(34)。意思は既に概念の中に潜んでいるのであり、眠っているだけであり、概念は覚醒した意思であり、「種子」として意思の中に隠されている、とモルフォロギー的＝ストア的＝ネオ・プラトニズム的ダイナミズムの中に意思と概念を投げ込む(35)一方、「人間は自らに概念を与えるのでも、概念が人間に受動的に与えられるのでもなく、人間は、外側から概念を見つけだし、積極的に取得するのだ(36)」と主張するグロースは、意思の絶対的自由を否定し、人間行動の宿命性という命題を堅持しつつも、宿命という制約の中での人間の主体性、自由、能動性を擁護する。

人間が生まれつき持っている、神への、善への衝動の中に自由を見いだし、成長に伴って、この衝動が覚醒していく過程の中に自由を見いだす、グロースの自由論、決定論については、まだまだ検討しなくてはならない問題が残っているのだが、とりあえずここでは、このような決定論から、責任は、刑罰は、どう位置づけられる

のか、という問いかけをグロースに投げかけてみたい。この問いについて、理性自体は善のみを志向し、理性の子である、悟性や意思もそれ自体は悪を志向しない、人間は、悟性が生み出す歪曲された概念から、悪を選択するのであり、いわば「錯誤」から悪行が、犯罪が遂行されているに過ぎないと解するグロースは、歪曲された概念を取得したのは、悟性の修練（Cultur）の度合いが低いことから発生した事態であり、正しい概念を取得するか、歪曲された概念を取得するかということを巡って、その人間に責任は発生しない(37)、と『考察』の中で返答している。

以上が、彼のストア的「概念決定論（Begriffdeterminismus）」の概略であるが、このような錯綜した自由論、決定論でもって、「妄想なきマニー」はどうとらえ直され、ヘンケやコンラッディの議論にどう審判が下され、精神病者への刑罰がどう意味づけられるのか。『マニー論』第四章に戻って検討してみたい。

3　グロースの「妄想なきマニー」論

①「妄想なきマニー」の発生メカニズムについて

グロースはまず、ヘンケが攻撃をした、心の三能力論を遡上に載せて、「妄想なきマニー」の本質に迫ろうとする。結論から言うと、彼は『考察』で展開した議論を提示して、意思能力と判断・悟性能力の密接な関係を指摘した上で、ヘンケとは異なるやり方で、意思能力欠損説を批判する。

彼は問う。ヘンケにしろ、ピネルにしろ、対立しているように見えて、実は両者が一致して依拠し前提としている認識があるでのはないかと。それは、「妄想なきマニー」に陥っている人物が凶行を犯す過程で、犯人は、抵抗する事ができずに、随意性を欠く形で、意思に反する（wider Wille）形で、殺人行為にひきずりこまれてしまったのだ、という認識である。しかし、このような認識は正しいのか。彼は否と答える。意思に反して行われた、凶行を起こす決定が、意思に起因するなどということは、論理矛盾である。何故なら、意思は、意思に反した決定を決して容認することはないからである。「妄想なきマニー」のどの症例においても、上で見

たメンデが紹介した乳母を巡る事案に典型的に現れているように、非理性的な行動が意思に反して惹起された時に、意思は明確にそのような行動を拒絶している。このような拒絶が「妄想なきマニー」の特徴であるとするなら、意思に反した行動を確かに意思は拒絶しているのであり、従って、拒絶を試みる意思は、それ自体極めて健全である(38)。そう述べるグロースは、判断・悟性能力の減退の有無を巡って争われてきた「妄想なきマニー」論争に、意思能力の減退は認められない、という全く異なった切り口からの参戦を果たす。意思能力のみの減退を主張するピネルらの陣営や意思能力のみならず判断能力も減退しているとするヘンケらの陣営のいずれも敵に回し、意思能力さえも、少なくとも、「妄想なきマニー」の前提としては、病んでいない(39)、という戦術を彼は選択した。このような選択を促したのは、当然、悟性も意思も理性から生まれたものであり、両者は密接に関係しあっているのであり、また、悟性も意思も、それ自体は、絶えず善を志向している、という彼の決定論であった。悟性が病んでいないとするなら意思も病んでいないはずであり、そもそも、悟性も意思も悪を生み出すはずがない、というグロースの「ストア的心理学」がこのような戦術を引き出したのである。

「妄想なきマニー」において、意思、悟性、知覚、どの側面をとってみても、能力の減退、病いは存在しない、と主張する事によって、彼は、「妄想なきマニー」の原因を心の病の世界から、心の、精神の世界から最終的に放逐した。しかし、確かに「妄想なきマニー」というマージカルな心理状態は存在しているのであって、それではその起源はどこに認められるべきなのか。心の世界と身体の世界を峻別して対立的にとらえるグロースは、専ら、身体の病に「妄想なきマニー」の起源を求める形で、この問いに答える。「妄想なきマニー」を疑われる犯人達は、しばしば、身体の痛みを訴え、そこから、不安や衝動が生まれ、凶行に及んでいる。ここに注目して彼は、動物的、身体的要素と神的、理性的、精神的要素の対立軸の中で、「妄想なきマニー」のプロセスをとらえなおしている。このプロセスにおいて、「身体器官の病いに引き続いて、身体から生まれた、器質的（somatisch）要素が、悟性がもたらす、かつて純粋であった一連の概念の中に侵入してくる」のであり、精神的動機と身体的動機が混合して作用しあう事により、遂に「瞬間的に自己意識が

曇り、感覚の混乱が生じるのであって、このような現象は意思・欲求能力の病から生まれているのではない」。そう、「身体という獣との戦いの中で、精神的人間が瞬間的に圧倒される」ことにより、「妄想なきマニー」が生じるのである[40]。このような形の結論を見いだす事で、グロースは、「妄想なきマニー」論検討の長い旅路を終えたのである。

②刑事責任と刑罰の目的について

グロースは、「妄想なきマニー」を、心それ自体に起因する病いではなく、身体的病いが心に侵入して、意識や感覚が一時的に混乱している状態と解釈した訳であるが、それでは、この枠組みの中で、刑事責任はどう位置づけられるのか。19世紀初頭の段階において、自由な意思・行動決定ができる状態を、あるいは理性や悟性の存在を刑事責任を問う前提として、それらの前提が存在しない精神状態の者、「精神病者」の責任は問えないと言う原則がドイツにおいても確立しており、刑法学者や医師の大多数、そして各ラントの立法内容もまた、この原則を容認していた。この原則が実際にどのように適用されたか、という問題が当然存在するとしても、この原則は確かに、法文を通して実効力をもち、精神病者は責任を阻却される対象と見なされたのである。しかし、法が予定し、各論者が想定していた、責任阻却が考慮される精神病の形態は、明確かつ持続的な精神の異常であり、「妄想なきマニー」のケースが示す、一時的な感覚や悟性の混乱状態は想定外の事態であった。この想定外の精神状況が免責条件として作用しうるのか、という問いについては、例えばバイエルン刑法が免責の対象としうるような文言を入れるなど肯定的な意見が立法に反映されつつあったが、なお、異論が山積していた。その代表例が上でみたヘンケの主張であり、彼は、「情動」（Affekt）や「熱情」（Leidenschaft）から生まれる、感覚や悟性の混乱について、典型的に精神病から生まれる混乱と同様に、責任を免除する事について不快感を示した。

グロースは、この件について、それではどう考えたのだろうか。彼は、『懐疑』等の論文の中で、18世紀来の啓蒙法学や多数の医師が前提とする、人間は絶対的に自由であり、自由に自分で決定でき、自分で行動の選択が出来る、という想定に疑

問符を付すことから、刑事責任あるいは刑罰を捉え直そうとする。彼は自らのメタ思想である、ストア的「概念決定論」に従って、絶対的自由論を否定する。人間は、悟性がもたらした概念を動機として選択を行うのであり、完全に自由に意思決定、行動決定を行うのではない。自由に決定できたにもかかわらず、敢えて「悪」を選択したことに、責任の根拠を求める考え方をグロースは真向から否定する。しかも彼は、理性は「善」そのもので、絶えず「善」を志向するのであって、人間が犯す「悪」は、悟性が「善」を誤って歪曲して把握してしまったことから、たまたま生じたものであり、絶対的な「悪」は存在しないと考える。現実の感覚世界において、悟性を発揮して生きている人間は、絶対的な「悪」を意思することなく、悟性がもたらした歪曲された「善」の概念に「従って（conform）」、相対的な「悪」を結果として犯してしまうだけであるから、そこに責任は発生しない(41)。このような論理構成でグロースは、通説化していた、意思の自由を根拠とした責任理解を完全に明確にする。

グロースは、絶対的自由論に従った刑事責任理解が誤っていると評価するのに留まらず、そのような理解がもたらす、ネガティブな影響にも警鐘を鳴らす。悪しき影響として、例えば、もし無制約な自由を人間に与えると、理性、あるいは、理性を体現する法や国家に対して反抗する自由をも認めてしまう事になる(42)、といったことが指摘されているのであるが、彼が最も恐れ憂いていたのは、大多数の法学者が従っていた絶対的自由論が、非人道的な応報刑、復讐刑思想へと大多数の法学者を誘っているという「現実」であった。人間が自由に行い得た意思決定の際に、敢えて選択された絶対的「悪」を罰するために刑罰が執行される、という刑法学者達の刑罰理解自体が、この絶対的「悪」を担保するために刑罰が執行されるべきであり、絶対的「悪」はそれ自体が「悪」である刑罰でもって罰せられるべきだ、という内容の応報刑思想を論理必然的に導出し、非人道的な復讐刑を執行してもよいという考え方を蔓延させている(43)、と彼は批判するのである。

理性レベルにおいて、絶対的に神を、善を志向する意思は自由であるが、日常行動を導く悟性レベルにおいては、概念の拘束をうけ、絶対的自由を享受できないというストア的決定論を透過させることにより、自由意思論は破綻するばかりか、自

由意思を前提として初めて成立しうる、刑罰目的論としての応報刑、復讐刑思想も否定され、克服され、代替物が要求される。これがグロースの「戦略」であった。「悪でもって悪を罰する」という応報刑的理解に代わって、彼は、悟性による、歪曲された概念の生産を抑止し、既に犯罪者の中に編み上げられてしまった概念体系を再編成するためにこそ、刑罰は執行されるべきである、と提唱する。ねじ曲がった「善」の概念から必然的に犯罪が生まれるのであり、犯罪者の頭の中にある、ねじ曲がった概念が多い、低いグレードの概念体系を組み替え、ねじ曲がった概念を生み出さないように悟性のグレードを挙げていく、すなわち、悟性を矯正していくことが刑罰目的であるとする(44)グロースは、決定論を用いて、残虐な刑罰執行を可能にする応報刑思想を否定し、矯正刑、教育刑を目指す特別予防的思想をいち早くドイツにもたらした医師としての位置づけを与えられた(45)。

さてここでようやく、グロースが精神病者、「妄想なきマニー」に支配された人間と責任、刑罰との関係をどうとらえていたか、という先程の問いに答える準備ができた。意思や感覚を麻痺させる「熱情」が、どの人間にも普遍的に備わっているという事実からも、意思が絶対的自由を享受していることを彼は否定する(46)が、もし、万一そのような自由が存在するとして、かつ、「妄想なきマニー」状態において意思は病んでおらず、自由意思が残存としているという自分の分析が正しいとするなら、彼らの責任能力が肯定され、一般人と同じ形に残虐な死刑が適用されることになってしまう。それでいいのか。

彼は、そのような帰結を容認しない。絶対的自由意思を否定するグロースは一般人、精神病者問わず、悪を選択した意思に刑罰の、復讐の根拠を求めず、あくまでも、すべての人間の行動を規定している概念体系を再構成し、悟性をレベルアップしていくことが、適用される人間のカテゴリーを問わない、刑罰の目的であると主張し、矯正刑論を貫徹させようとする(48)。特に低級な概念体系、悟性レベルを備えていると考えられる、精神病者や「妄想なきマニー」に支配された人間にこそ、体系のねばり強い「矯正」が必要なのであり、そのような困難であるが実現可能な「矯正」作業を国家は裁判官にではなく、自分たち、医師に、新進気鋭の「犯罪心理学」者に担わせるべきだと提案し(48)、グロースは『マニー論』を閉じている。

4　グロースの知識社会学的布置について――むすびにかえて――

以上、『マニー論』の内容を追いかけながら駆け足で、「妄想なきマニー」論が置かれていた状況の確認と、「妄想なきマニー」論と格闘の中に浮かび上がってくる、グロースのストア的「概念決定論」、矯正刑論等について検討してみた。グロースのこのような議論は、「犯罪心理学」を取り巻く全般的状況の中で、それでは、どのように意味をもったものとして位置づけることができるであろうか。同時代の同僚達は、彼の議論を概ね否定的に受け止めたが、果たして、古代哲学を時代錯誤的に援用した、前時代の「心理学」として斬って捨てる事ができるのだろうか。

グレーヴェは、19世紀前半の「犯罪心理学」の状況を描く際に、18世紀来の単純な自由意思論、理性法論では割り切れない「現実」が噴出した現場に向き合った医師の代表として、我がグロースと、19世紀前半のドイツ「犯罪心理学」をリードし、グロースと対照的な立場を示したハインロートを取り上げている。ハインロートは、犯罪者があえて行った、理性に反した行為が、不純で不自由な意思を生み出し、やがて最終的には狂気を植え付けるのだ、という有名な図式を提唱し、狂気をその人物が行った倫理的判断、悪しき判断の生産物とみなすことによって、自らが生み出してしまった狂気に支配された人間の「責任」を追求する論陣を張る(49)。このような図式を踏まえて、原口氏は、精神病の原因をもっぱら心理面に求める「心理主義」的傾向を色濃く示す18世紀前半の精神医学界の状況を体現していた人物として、「精神病を病者本人の倫理的罪の結果と見なす」「狂気の倫理化」を実践した代表者として、ハインロートを位置づけている(50)。

精神医学界、正確には「犯罪心理学」界を支配していた、ハインロートに代表される「心理主義」的傾向は、30年代を境に、「哲学」的、「人間学」的心理学から「科学」的心理学への変容が徐々に進行していく中で、身体面に病の起源を求める、「身体主義」的傾向へとシフトしていき、世紀半ばには、フリードライヒに代表される「身体主義」者達が多数派を形成していった。グロースが『マニー論』を書いたのは、ハインロートからフリードライヒへと医師達のよって立つ重心が移りつつ

ある、ちょうどその真っ最中であった。

そのフリードライヒは、1836年に書いた『精神病の本質と位置についての理論の歴史的・批判的叙述』の中で、ハインロートと並んで、グロースの議論を批判的に検討している。彼はそこで、ストア哲学を駆使して展開されるグロースの議論の思弁性にいらだちを示し、「犯罪心理学」が「医科学」へと変貌を遂げようとしている時期に、科学性を微塵も見せず、心理主義と身体主義との、「哲学」と「医学」との架橋を行う、という無駄な試みを行おうとしている(51)、とグロースを嘲笑している。フリードライヒの嘲笑は果たして正しかったのか。

『マニー論』を見る限りにおいて、身体的要素と精神的要素がぶつかりあうカンバスの中に「妄想なきマニー」の姿を描き込んでおり、グロースは確かに、心と身体を架橋する試みを通して、精神病や責任、刑罰を理解しようとしている。それでは、彼の試みは、フリードライヒの言うように、前時代的で、無駄なものだったのだろうか。問題は、彼の「心理学」に潜む、「哲学」的、「心理主義」的「残滓」をどうとらえるかである。彼の視線は、身体的要素にまで確かに及んでおり、「妄想なきマニー」の淵源を身体的要素、生理学的過程に、19世紀後半の精神医学を先取る形で、求める先進性を有していた。「妄想なきマニー」は身体の病を起源とするという「説明」を行うグロースは、しかし、精神世界、心、精神病を「身体主義」的に「説明」しつくすべきとは考えず、ストア哲学を駆使して、身体世界と峻別される精神、心の世界を、絶対的、神的善が支配する場所として防衛したのである。概念や悟性という媒介物を用いて、両世界に深く沈潜し、「理解」し、その相互作用を解明する、そのようなヤヌス的相貌をグロースの思想は確かに呈していた。

このようなグロースの相貌は、「心理主義」から「身体主義」へと転換しつつあった1830年前後の「犯罪心理学」自体の状況そのものをも表象していた。「犯罪心理学」は、精神の世界に閉じこもっている哲学的「心理学」から離脱することによって、ようやく、学としての自立性を確保していった。鑑定権限、あるいは、鑑定の果たす役割について、裁判官や哲学者との闘争が繰り広げられていた様を、グレーヴェは提示してくれている(52)が、この闘争に勝ち抜くためにも、「犯罪心理学」者は、「心理学」に背を向け、未知の領域である生理学の領域にスイッチする

必要があった。このようなスイッチを可能にする「種子」を、グロースの議論は宿していた。転轍器としてストア哲学を利用し、精神世界の倫理性を強調することにより、精神病をそこから逆説的に排除し、身体世界へと導く。そのような試みをすることにより、グロースの中の「心理主義」的要素は、フリードライヒの嘲笑にもかかわらず、精神病を、「犯罪心理学」を身体世界へと転轍させるポイントの役割を果たしたのである。

グロースの議論は、最終的に、精神病者を含めた犯罪者への矯正刑論へと行き着いた。悪に対する復讐、懲罰としての刑罰を否定し、より「ソフトな」教育刑、矯正刑の正当性を基礎づけた彼の試みは、刑罰の人道主義化に寄与する可能性をもったものとして評価されている。しかし、フーコーらの名を挙げるまでもなく、「矯正」という発想は、当然、精神の国家による管理という危険性を内含していた。国家や法を理性と同一視してとらえていたグロースは、国家が犯罪者をより積極的にトリートメントすることを求めた。確かに、彼は、「否定する」（vernichten）権力としての国家権力には退場を促したが、「強要する」（coerciren）権力としての国家に強い期待を寄せた(53)。国家学へのギアチェンジをスムーズにする潤滑油としての可能性をもグロースの議論は持ち合わせていた。

19世紀後半には、「犯罪心理学」が、近代国家が果たすべき最重要任務とされた「衛生学」的試みを実践する先兵の役割を担った。「国家医療学（Staatsarzneikunde）」のもとに統括された「犯罪心理学」は「制度化」、「科学化」、「身体主義化」する過程で、国家を治療する役割を担い、国家が犯罪者を治療する「薬品（Arznei）」を提供する学問として、グロースの結論が暗示する方向へとつき進んでいく。そのあたりの事情については、また別の機会に紹介してみたい。

注

（1）　改定律例は192条から197条にかけて、精神病者の複数人殺、尊属殺、管理者責任等について、より詳しく、具体的に規定しているが、被害者の親族に支払われる埋葬金についての配慮が前面に出ていること、被害者、被告人の双方について、経済的状況あるいは家族の状況に応じて、埋葬金の減免や拘禁期間の短縮が定められていることに目が引

かれる。対して、旧刑法は、78条で、罪ヲ犯ス時知覚精神ノ喪失ニ因テ是非ヲ弁別セサル者ハ其罪ヲ論セス、という、より一般性を持たせた条文をおいていたが、一般性をもたせた規定であっても、そこからはみ出そうになるケースが多々あることを、ボアソナードは、本稿で取りあげる「モノマニー」や別の機会に検討しようと思っている「夢遊病」等のケースを取りあげて、既に『刑法草案註解』（1878年、上巻の２、379頁以下）の中で指摘している。

（２）確かに、精神病院等の研究は進んできているように見受けられるが、個別研究の域を出るものは少なく、一方で、刑法学、犯罪学の領域からの制度論を含めた、包括的な研究は見あたらない。例外的に、Doris Kaufmann, *Aufklärung, Bürgerliche Selbsterfahrung und die "Erfindung" der Psychiatrie in Deutschland, 1770–1850*, Göttingen 1995は、射程の長い議論を展開しており、事実上、この本が「精神医学と刑法」について論じる場合の唯一の基本書となっている。この本の内容については、改めて、別の機会に検討してみたい。

（３）例えば、荘子邦雄氏の『近代刑法思想史序説』（有斐閣、1983年)、『近代刑法思想史研究』（NTT 出版、1994年）等の業績や西村克彦氏の一連の訳業を見られたし。

（４）モノマニーと刑事責任——19世紀前半のフランスにおける刑法と医学（１）（２・完)」（『京都学園法学』1994年１号・２号）（以下、「モノマニー」と略）で「モノマニー」論の思想史について展開された後、「医学と犯罪——心理医学会における「部分的責任」をめぐる議論（1863－1864)」(『京都学園法学』1996年２号)、「拘禁と追放——19世紀末フランスにおける再犯者に関する法律」(『京都学園法学』1998年１号）で19世紀を縦断して精神医学と刑法の関係について格闘されている。同「フランス近代刑法学の流れ」、竹下・平野・角田編『トピック法思想』（法律文化社、2000年）所収、177頁以下は、より包括的にこの問題について整理している好論である。フランスの状況については、他に、ルース・ハリス、中谷陽二訳『殺人と狂気』(みすず書房、1997年）の整理が有益である。

（５）ヴォイツェックと精神医学論争（１）（２)」(青山学院大学全学共通科目「論集」第35（1994年)、36号（1995年))（以下「ヴォイツェック」と略）で、この時期の精神医学の流れを整理された後、原口氏は「ドクトルとは誰か（１）（２)」(青山学院大学全学共通科目「論集」第38（1997年)、39号（1998年))にて、作品内在的な検討をされている。

（６）本稿で取りあげるYlva Greve, Naturrecht und "Criminalpsychologie", in: *Zeit-*

schrift für die Neuere Rechtsgeschichte（Jg. 22-1 2000）（以下、"Naturrecht" と略）に先だって、“Richter und Sachverständige: Der Kompetenzstreit über die Beurteilung der Unzurechnungsfähigkeit im Strafprozess des 19. Jahrhunderts“, in: Helmut Berding/Diethelm Kippel/Günther Lottes (Hrsg.) *Kriminalität und abweichendes Verhalten*, Göttingen 1990, S. 69-104（以下、“Richter“ と略）; Die Unzurechnungsfähigkeit in der “Criminalpsychologie” des 19. Jahrhunderts, in: Michael Niehaus und Hans-Walter Schmidt-Hannisa (Hrsg.), *Unzurechnungsfähigkeiten. Diskursivierungen unfreier Bewußtseinszustände seit 18. Jahrhunderts*, Frankfurt a. M. 1998, S. 107-132等で、グレーヴェは責任無能力論について思想史的検討を積み重ねてきている。

（7） グロースの略歴については、とりあえず、*Neue Deutsche Biographie*, Bd. 7（Berlin 1966）S. 129f や Udo Benzenhofer, *Psychiatrie und Anthropologie in der ersten Hälfte des 19. Jahrhunderts*, Hürtgenwald 1992, S. 145f を参照。

（8） Friedrich Groos, *Die Lehre von der Mania sine delirio psychologisch untersucht und in ihrer Beziehung zur strafrechtlichen Theorie der Zurechnung betrachtet*, Heidelberg 1830（以下、Mania と略）の構成は、第一章は「「妄想なきマニー」論の基礎付けに関する事実」、第二章は「「妄想なきマニー」の存在を巡る争い」、第三章は「論争当事者双方において解決されていない論点」、第四章は「「妄想なきマニー」論における不明朗な部分についての解明の試み」となっている。

（9） Vgl. Groos, *Mania*, S. 1-5; ピネルの議論については、波多野、「モノマニー」（2）4頁以下をとりあえず参照。

（10） Greve, Naturrecht, S. 69-7 この箇所では、啓蒙の時代が、理性と意思の自由への、行為ではなく行為者への、行為者の主観的な状況への注目を促し、プーフェンドルフがそのような流れを集約したことが指摘されている。

（11） Groos, *Mania*, S. 5-8

（12） 以下の「経験心理学」及び三能力論についての整理は、Andreas Gailus, “A case of Individuality: Karl Philipp Moritz and the Magazine for Emprical Psychology”, in: *New German Critique*（vol. 78, 2000）pp. 67及び Greve, Naturrecht, S. 86-89を参照した。

（13） Groos, *Mania*, S. 14-16

（14） Groos, *Mania*, S. 18-22; エスキュロールの議論については、波多野、「モノマニー」

（2）7～11頁をとりあえず参照。

(15) Groos, *Mania*, S. 23–24

(16) Groos, *Mania*, S. 25–27

(17) グロースは *Mania*, S. 30において、論敵コンラッディがヘンケ批判の中で行った「ヘンケ自身が、見たところ認識能力に障害のない類のマニーの存在を認めており、人間が自由であるか否かは、悟性が障害なく使用されているかという見かけ上のメルクマールでは必ずしも決定し得ないと語っている」という指摘を取りあげている。

(18) 以上三つのヘンケの発言については、vgl. Groos, *Mania*, S. 32–33

(19) Groos, *Mania*, S. 34–41; グロースは特に四つ目のカテゴリーについて注意を喚起している。この症例の持つ意味については後述。

(20) 例えば、19世紀前半の犯罪心理学の基礎概念を解説した、Friedrich Julius Siebenhaar (Hrsg.), *Encyklopädisches Handbuch der gerichtlichen Arzneikunde für Aerzte und Rechtsgelehrte* Leipzig 1840は、その２巻、813頁以下の Wuth ohne Verkehrtheit des Verstandes の項目で、同様の整理を行っているし、非常な影響力をもつことになる、フリードライヒのテキスト *Systematisches Handbuch der gerichtlichen Psychologie,* Leipzig 1835も、499頁以下で同様の叙述を行っている。

(21) Groos, *Mania*, S. 8–11の引用

(22) 乳母の事案を巡る以上の分析については、vgl. Groos, Mania, S. 42–46

(23) Groos, *Mania*, S. 46 このように、『マニー論』では、身体的要素と結びついた「衝動」の究極的な役割が強調されているが、彼の他の著作においては、そのような身体的要素と並んで、心理的要素としての「熱情」が精神病の発症には不可欠であることが指摘されており、彼の議論はますます錯綜してくる。vgl. Benzenhofer, a. a. O. S. 148–150

(24) 波多野氏は、「モノマニー」（2）47頁以下で、フランスにおいても、「情熱」と精神病との関係、区別が微妙であり、かつ、「情熱」の問題が、裁判に決定的な影響を与えていたことを指摘している。一方、カントの「情動」(Affekt) と「情念」(Leidenschaft) の分別に従って、原口氏は、精神医学者クラールスが、理性を駆逐し、悪の概念が結びついた「情念」に従ったものとして、ヴォイツェックの犯罪を裁断したことに、19世紀前半のドイツ精神医学の倫理性が現れていると指摘している。

(25) Groos, *Mania*, S. 52–57

(26) Groos, *Mania*, S. 61–65; 狂気と熱情と身体的病いを巡る議論の、19世紀前半におけ

るカオス的状況を、グロースの応答はうまく表現しているように思われる。

(27)　Friedrich Groos, *Ideen zur Begründung eines obersten Prinzips für die psychische Legalmedizin*, Heidelberg 1829（以下、Ideen と略）及び *Der Skepticism in der Freiheitslehre in Beziehung zur strafrechtlichen Theorie der Zurechnung*, Heidelberg 1830（以下、*Skeptismus* と略）の中で詳細に検討されるストア的決定論については、ジャン・ブラン、有田潤訳『ストア哲学』（白水社、文庫クセジュ、1959年）72頁以下、テレンス・アーウィン、川田親之訳『西洋古典思想』（東海大学出版会、2000年）238頁以下を参照。

(28)　グロースと同じく、運命的必然の下で意思の自由を基礎づけていこうとする、リプシウスの決定論については、山内進『新ストア主義の国家哲学』（千倉書房、1985年）105頁以下参照。

(29)　Groos, *Ideen*, S. 41-67

(30)　Groos, *Mania*, S. 68

(31)　Groos, *Mania*, S. 71; *Skeptismus*, S. 50-52

(32)　Groos, *Ideen*, S. 79

(33)　Groos, *Ideen*, S. 153

(34)　Groos, *Skeptismus*, S. 10

(35)　Groos, *Ideen*, S. 83-85

(36)　Groos, *Ideen*, S. 88

(37)　Groos, *Ideen*, S. 90-91 但し、刑事事件を犯した人間が「責任」から完全に免除されるとは、グロースも考えていない。彼は、犯罪行為自体が普遍的理性を毀損しているところに「責任」の根拠を見いだそうとする。vgl. Benzenhofer, a. a. O. S. 154

(38)　Groos, *Mania*, S. 74-75

(39)　Groos, *Mania*, S. 76　彼は続けて、「精神病が実際に先行して発症しておらず、暴力行為の原因となっていないとするなら、「妄想なきマニー」状態で、抵抗なく、不随意に、意思に抗して犯された当該暴力行為の真の原因は、心理的な原因以外の、心の外部にあるもの、厳密には、病んで阻害された器官に条件づけられた身体的原因に求めざるを得ない」と言っている。

(40)　Groos, *Mania*, S. 82-84

(41)　Groos, *Skeptismus*, S. 90

(42)　Groos, *Skeptismus*, S. 26 f

（43） Groos, *Skeptismus*, S. 134

（44） Groos, *Skeptismus*, S. 139

（45） 神谷美意子「精神医学の歴史」神谷美意子著作集七（みすず書房、1972年）所収、67頁の「保護のために復讐の観念を捨てた最初の一人であるといわれる」という指摘を見よ。

（46） Groos, *Mania*, S. 92

（47） Groos, *Mania*, S. 119-121; *Ideen*, S. 159

（48） Vgl. Groos, *Skeptismus*, S. 150-159末尾でグロースは「責任能力と責任無能力の違いは、以下の事実にのみ還元される。すなわち、責任能力を持った、法の侵犯者は、刑罰による威嚇でもって、悟性の涵養が可能である。一方、責任能力のない狂人は、こういった、（刑罰による）理性的な、自然な作用を受容することがないので、医師によるケアを内容とする判決が必要である」と述べ、精神病者の医師による矯正を要求している。

（49） Greve, Naturrecht, S. 80-81

（50） 原口「ヴォイツェック」（2）で紹介されている、ハインロートの「ヴォイツェック」像を参照。

（51） Vgl. Johann Baptist Friedreich, *Historisch-kritische Darstellung der Theorie über das Wesen und den Sitz der psychischen Krankheiten*, Leipzig 1836, S. 310 ff

（52） Greve, “Richter“, S. 81-92は、司法医の鑑定の絶対的拘束力は認められず、責任能力の有無について、裁判官に最終的な決定権があったにもかかわらず、事実上、司法医達の鑑定に裁判官は従わざるを得なかった、19世紀前半の状況について、明らかにしている。

（53） Groos, *Mania*, S. 118

小林宏主要著作目録

1　著　書

『伊達家塵芥集の研究』　創文社　昭和四十五年二月（以下、Aは本書収録を示す）

2　編著書

『日本庶民生活資料集成』第十四巻　部落（原田伴彦・中澤巻一と共編）　三一書房　昭和四十六年五月

『譯註日本律令』二・三　律本文篇上下巻　律令研究会編（嵐義人と共編）　東京堂出版　昭和五十年三月・八月　平成十一年六月再刊

『熊本藩訓譯本　清律例彙纂』第一巻〜第五巻　律令研究会編（編者代表島田正郎）　汲古書院　昭和五十六年十月・十一月・十二月・同五十七年一月・二月

『梧陰文庫影印　明治皇室典範制定前史』　梧陰文庫研究会編（澤登俊雄・山下重一・中島昭三・大石眞と共編）　國學院大學発行　大成出版社制作　昭和五十七年十月

『瀧川政次郎博士米寿記念論集　律令制の諸問題』　瀧川博士米寿記念会編（島田正郎・鍋田一・利光三津夫と共編）　汲古書院　昭和五十九年五月

『日本律復原の研究』　國學院大學日本文化研究所編（高塩博と共編著）　国書刊行会　昭和五十九年六月（以下、

Bは本書収録を示す）

『梧陰文庫影印 明治皇室典範制定本史』 梧陰文庫研究会編（山下重一・中島昭三・大石眞・島善高と共編） 國學院大學発行 大成出版社制作 昭和六十一年八月

『神道大系』古典編九律令 神道大系編纂会 昭和六十二年三月

『高瀬喜朴著 大明律例譯義』（高塩博と共編） 創文社 平成元年二月（以下、Cは本書収録を示す）

『熊本藩法制史料集』（高塩博と共編） 創文社 平成八年三月（以下、Dは本書収録を示す）

『古城貞吉稿 井上毅先生傳』 梧陰文庫研究会編（共同校訂） 木鐸社 平成八年四月

『明治皇室典範（明治二十二年）』上・下 日本立法資料全集16・17（島善高と共編） 信山社 平成八年四月・同九年五月

『城泉太郎著作集』長岡市史双書No.37（山下重一と共編） 長岡市発行 平成十年三月（以下、Eは本書収録を示す）

3 論説その他

「中使考——越後上杉氏領国制の一考察——」『法学論叢』六九巻四号 昭和三十六年七月

〈再録〉阿部洋輔編『戦国大名論集9 上杉氏の研究』吉川弘文館 昭和五十九年十二月刊

A「塵芥集に於ける若干の問題——戦国法研究への一試論——」(1)(2)(3)完『法学論叢』七二巻三号・七三巻一・二号 昭和三十七年十二月・同三十八年四月・五月

A「（資料）塵芥集の制定と御成敗式目」『法学論叢』七五巻二号 昭和三十九年五月

A「塵芥集に於ける「塵芥」の意義について——戦国法の一性格——」『法学論叢』七五巻四号 昭和三十九年七月

「学界動向・律令研究史（明治以後、終戦まで）」（瀧川政次郎・利光三津夫と分担執筆）『法制史研究』一五　昭和四十年十月
〈再録〉瀧川政次郎著『律令の研究』刀江書院　昭和四十一年十月刊（復刻版）

A「塵芥集関係資料」⑴⑵⑶完『法学論叢』七九巻二・四・六号　昭和四十一年五・七・九月

A「塵芥集の成立と伊達家天文の乱」『法学論叢』八〇巻二号　昭和四十一年十一月

「静嘉堂文庫所蔵の律令研究書について」（利光三津夫と共同執筆）『法学研究』三九巻一一号　昭和四十一年十一月
〈再録〉利光三津夫著『律令制とその周辺』慶応通信　昭和四十二年十一月刊

A「塵芥集の原本について——新発見の古写本の紹介——」『國學院法學』五巻二号　昭和四十二年十月
〈再録〉小林清治編『戦国大名論集2　東北大名の研究』吉川弘文館　昭和五十九年四月刊

A「中世伊達氏の信仰とその社寺法」『國學院法學』五巻三号　昭和四十三年一月

A「戦国大名伊達氏の刑罰権」（上）（下）『國學院雜誌』六九巻二・三号　昭和四十三年二月・三月

「我が中世に於ける神判の一考察」『國學院法學』七巻一号　昭和四十四年六月

「近世上方における賤民支配の成立」（中澤巻一と共同執筆）『法制史研究』一九　昭和四十四年十二月
〈再録〉部落問題研究所編『前近代京都の部落史——京都の部落問題一——』部落問題研究所出版部　昭和六十二年八月刊

「戦国の法典について」『國學院法學』七巻三号　昭和四十五年一月

「伊達綱村と塵芥集の発見」『國學院法學』八巻三号　昭和四十六年一月

B「律条拾零」（律令講究会、小林宏編）『國學院大學日本文化研究所紀要』三〇輯　昭和四十七年九月

B「律条拾穂」『國學院法學』一〇巻三号　昭和四十八年一月

B「律条拾塵」『國學院法學』一〇巻四号　昭和四十八年三月

B「律条拾藻」『國學院法學』一一巻一号　昭和四十八年七月

B「律条拾遺」（律令講究会、小林宏編）『國學院大學日本文化研究所紀要』三二輯　昭和四十八年九月

B「律条拾葉」『國學院法學』一一巻三号　昭和四十九年一月

B「唐律疏議の原文について」『國學院法學』一二巻二号　昭和四十九年十二月

B「律集解の構成と唐律疏議の原文について」⑴⑵⑶完（高塩博と共同執筆）『國學院法學』一三巻四号・一四巻三号・一五巻三号　昭和五十一年二月・十二月・同五十三年二月

B「律条拾羨　付、律条拾肋」（律令講究会、小林宏編）『國學院大學日本文化研究所紀要』三八輯　昭和五十一年九月

「日本律　伝存部解説」律令研究会編『譯註日本律令』四　律本文篇別冊　東京堂出版　昭和五十二年九月

「法曹至要抄による復原律若干の刪定」（小林宏編）『國學院大學日本文化研究所紀要』四〇輯　昭和五十二年九月

「紅葉山文庫本令義解巻首附載〈官符・詔・表・序〉訳文」（小林宏編）『國學院大學日本文化研究所紀要』四二輯　昭和五十三年九月

"Domain Laws (*Bunkoku-hō*) in the Sengoku Period—with Special Emphasis on the Daté House Code, the *Jinkaishū*" ACTA ASIATICA No.35 The Tōhō Gakkai Tokyo 1978

B「律疏考——我が国における唐律継受の一断面——」（高塩博と共同執筆）『國學院法學』一六巻四号　昭和五十四年二月

「日本律の成立に関する一考察」『牧健二博士米寿記念　日本法制史論集』思文閣出版　昭和五十五年十一月

「熊本藩訓譯本『清律例彙纂』について」（中山勝と共同執筆）　律令研究会編『熊本藩訓譯本 清律例彙纂』第一巻所収解説　汲古書院　昭和五十六年十月
「皇位継承をめぐる井上毅の書簡について――明治皇室典範成立過程の一齣――」『國學院法學』一九巻四号　昭和五十七年二月
『梧陰文庫影印　明治皇室典範制定前史』第三部解説・解題」　梧陰文庫研究会編　國學院大學発行　大成出版社制作　昭和五十七年十月
「法制史学会編『法制史文献目録』Ⅱ（一九六〇～一九七九年）日本古代の部」（利光三津夫と共同分担）　創文社　昭和五十八年十月
B「律附釈考」（高塩博と共同執筆）『國學院雑誌』八五巻四号　昭和五十九年四月
「明治皇室典範における皇位継承法の成立――西欧法受容における律令法の意義に寄せて――」『瀧川政次郎博士米寿記念論集　律令制の諸問題』所収　汲古書院　昭和五十九年五月
B「日本律復原の補訂」（高塩博と共同執筆）　國學院大學日本文化研究所編『日本律復原の研究』所収　昭和五十九年六月
C「高瀬喜朴著『大明律例譯義』」其の一・二・三・四・五・六完（高塩博と共編）『國學院大學日本文化研究所紀要』五六・五七・五八・五九・六〇・六一輯　昭和六十年九月・同六十一年三月・九月・同六十二年三月・九月・同六十三年三月
「明治皇室典範制定史の一考察」『國學院法學』二三巻二号　昭和六十年九月
「折中の法について」『國學院雑誌』八六巻一一号　昭和六十年十一月
「『梧陰文庫影印　明治皇室典範制定本史』緒論Ⅰ明治皇室典範制定の前史と本史、解題2皇室法典初稿　柳原前

光内案」　梧陰文庫研究編　國學院大學発行　大成出版社制作　昭和六十一年八月
「熊本藩と大清律例彙纂」『島田正郎博士頌寿記念論集　東洋法史の探究』所収　汲古書院　昭和六十二年九月
〈要約の中国語訳〉趙雅君訳「熊本藩和大清律例彙纂」『中外法学』（北京大学、北京大学出版会）一九九七年五期（総第五十三期、一九九七〈平成九〉年五月）
「熊本藩における中国法の機能――法的決定の「理由づけ」に寄せて――」『國學院法學』二六巻一号　昭和六十三年八月
「我が国における律令法の受容・素描」『神道古典研究　会報』一〇号　平成元年二月

C
「熊本藩と「大明律例譯義」」小林宏・高塩博編『高瀬喜朴著　大明律例譯義』所収　創文社　平成元年三月
「徳川幕府法に及ぼせる中国法の影響――吉宗の明律受容をめぐって――」『國學院大學日本文化研究所紀要』六四輯　平成元年九月
「「因循」について――日本律制定の正当化に関する考察――」『國學院法學』二八巻三号　平成三年一月
「因准ノ文ヲ以ッテ折中ノ理ヲ案ズベシ――明法家の法解釈理論――」『國學院法學』二八巻四号　平成三年三月
「井上毅の女帝廃止論――皇室典範第一条の成立に関して――」　梧陰文庫研究会編『明治国家形成と井上毅』所収　木鐸社　平成四年六月

D
「熊本藩「刑法草書」私考」『國學院大學日本文化研究所紀要』七三輯　平成六年三月
「日本律逸文三題」『國學院法政論叢』一六輯（國學院大學大学院法学研究科編刊）平成七年三月
「古典ヲ斟酌シテ時勢ノ宜シキニカナフ――熊本藩と法的思考――」京都大学日本法史研究会編『法と国制の史的考察』所収　信山社　平成七年十月

「新井白石における法的弁証――正徳元年の疑獄事件を例として――」『國學院大學紀要』三四巻　平成八年三月
〈再録〉植松秀雄編『掘り出された術・レトリック』木鐸社　平成十一年三月刊
「刑法草書と式目と律令と――前近代の法典編纂――」『創文』三八一号　平成八年十月
E「城泉太郎資料(1)――城泉太郎日記――」（山下重一と共編）『國學院法學』三四巻三号　平成九年二月
E「城泉太郎資料(2)――城泉太郎談話――」（山下重一と共編）『國學院法學』三四巻四号　平成九月三月
「日本律の枘鑿――その立法上の不備について――」『古代文化』五一巻二号　平成十一年二月
「歴史のなかのレトリックをたずねて」『法史学研究会会報』四号（明治大学法学部法史学研究会編刊）平成十一年五月
「維新の北越長岡と福沢諭吉」『福沢諭吉年鑑』二六号　平成十一年十二月
「越後長岡藩における法学の系譜――渡辺廉吉・小原直に寄せて――」梧陰文庫研究会編『井上毅とその周辺』所収　木鐸社　平成十二年三月
「『譯註日本律令』の終結に際して」『古代文化』五三巻二号　平成十三年二月
「明法家の法解釈にみるフィクションの特徴」『法史学研究会会報』六号（明治大学法学部法史学研究会編刊）平成十三年八月
「「瘠我慢」をつらぬいた男、三島億二郎」『福澤諭吉書簡集』第六巻月報　岩波書店　平成十四年一月
「徳川吉宗と法の創造」『國學院大學日本文化研究所紀要』九〇輯　平成十四年九月
「唐律疏議のなかのレトリック――アリストテレスの『弁論術』を手懸りとして――」『法史学研究会会報』七号（明治大学法学部法史学研究会編刊）平成十四年九月

「瀧川政次郎「中国の礼制と日本の儀式（一）」解題」『儀礼文化』三一号　平成十四年十月
「前近代法典編纂試論」『國學院法學』四〇巻四号　平成十五年三月
「『米百俵』の説得術――もう一つの学ぶべきもの――」『長岡郷土史』四〇号　平成十五年五月

4　書評・紹介等

W・レール著『塵芥集――日本中世法の一考察――』（一九六〇年刊）『法学論叢』七一巻六号　昭和三十七年九月
水戸部正男著『公家新制の研究』（創文社　昭和三十六年十一月刊）『法制史研究』一四　昭和三十九年十一月
猪熊兼繁「「倭国」について」（『法学論叢』七一巻一号）『法制史研究』一四　昭和三十九年十一月
利光三津夫著『裁判の歴史――律令裁判を中心に――』（至文堂、昭和三十九年五月刊）『法学研究』三八巻八号　昭和四十年八月
隈崎渡「中世武家法の所領没収刑に関する一考察」（『法学新報』七〇巻三号）『法制史研究』一五　昭和四十年十月
利光三津夫「解部考」（『法学研究』三六巻一〇号）『法制史研究』一五　昭和四十年十月
上横手雅敬「建武以来追加の成立」（『小葉田淳教授退官記念 國史論集』同記念事業会　昭和四十五年十一月刊）『法制史研究』二三　昭和四十九年三月
カール・スティーンストラップ「今川状」（『モヌメンタ・ニッポニカ』二八巻三号　昭和四十八年）『法制史研究』二四　昭和五十年三月
B『律令』所感――日本思想大系3に寄せて――（研究余録）『日本歴史』三五三号　昭和五十二年十月

吉田孝「名例律継受の諸段階」（弥永貞三先生還暦記念会編『日本古代の社会と経済』上巻　吉川弘文館　昭和五十三年五月刊）『法制史研究』二九　昭和五十五年三月

川北靖之「大宝田令六年一班条の復原について」（『皇学館大学史料編纂所報』一六号）『法制史研究』三〇　昭和五十六年三月

「広池千九郎博士編纂の『倭漢比較律疏』を読みて」『モラロジー研究』一〇号（財団法人モラロジー研究所）昭和五十六年六月

利光三津夫著『律令制の研究』（慶応通信　昭和五十六年七月刊）『法制史研究』三二　昭和五十八年三月

「上野利三氏の書評を読む――『日本律復原の研究』をめぐって――」『古代文化』三八巻三号　昭和六十一年三月

島善高「明治皇室典範制定史の基礎的考察」（『國學院大學紀要』二二巻）『法制史研究』三五　昭和六十一年三月

伊能秀明著『日本古代国家法の研究』（巖南堂書店、昭和六十二年十月刊）『法制史研究』三八　平成元年三月

「縄文人の法的思考――小林達雄『縄文人の世界』を読む――」『法史学研究会会報』三号（明治大学法学部法史学研究会編刊）平成十年三月

國學院大學日本文化研究所編『國學院黎明期の群像』（編者発行　平成十年三月刊）『國學院大學学報』四四八号　平成十年五月

所功著『近現代の「女性天皇」論』（展転社　平成十三年十一月刊）『比較法史研究』一一　平成十五年三月

跋文

小林宏先生は、平成十三年五月七日、めでたく七十歳の誕生日を迎えられた。本書は先生の古稀を寿ぎ、先生の学恩に感謝の意を表わすために編まれたものである。そのため受業生が中心となって論文を草したが、元同僚の山下重一先生も玉稿をお寄せ下さり、花を添えていただいた。山下先生は西洋政治思想史の御専攻でＪ・Ｓ・ミルの研究者として名高いが、学生時代から興味を持ち続けてこられた飛鳥の山田寺仏頭について御寄稿いただいた。同じく元同僚で西洋法制史講座を担当しておられる井上琢也教授、また台湾大学の高明士教授も、それぞれ御専門の立場から玉稿をお寄せ下さった。厚く御礼申し上げる次第である。さらに、先生御自身からも日本律編纂に関する玉稿を頂戴できたことは、この上ない喜びである。

先生は昭和六年、新潟県長岡市に生まれ、昭和二十五年三月に県立長岡高等学校を卒業されるとただちに京都大学に進学し、文学部史学科に在籍して日本史を専攻された。病気療養のこともあって七年間の学生生活であったときいている。その後、日本法制史の研究に志し、同大学大学院法学研究科に進み、猪熊兼繁教授の指導のもとで研鑽を積まれ、昭和四十一年三月、博士課程修了と同時に法学博士の学位を授与された。学位論文は中世分国法の伊達家塵芥集の研究である。

同年四月、先生は國學院大學日本文化研究所の研究員として上京された。これは当時、同大学法学部で日本法制史を講じられていた瀧川政次郎博士が後継者と目して先生を招請されたからである。翌年四月には法学部に転じ、爾来、平成十四年三月に定年退職を迎えるまで、実に三十五年の長きにわたって國學院大學法学部に職を奉じ、日本法制史講座を担当され、その間、亜細亜、明治学院、立教、明治、岡山、大東文化、早稲田の諸大学にも出講された。

最初の就職先である日本文化研究所には、法学部に移籍の後も、嘱託所員、兼担教授、運営委員など様々な形で関係をもたれ、研究所のために尽力してこられた。とりわけ研究所主催の律令研究会においては、昭和四十四年発足以来今日に至るまで、ほどんど毎回出席して多くの後進を指導された。瀧川博士が律令研究会を全国的組織に拡大して『譯註日本律令』全十一巻の刊行計画を推進された折も、その第一、第二冊目として『律令文篇』上下巻を編纂され、且つ事務方として事業を支えられた。事業半ばで瀧川博士が逝去された後、粘り強くこれを継続させたのも先生のお力であった（小林宏「『譯註日本律令』の終結に際して」『古代文化』五三巻二号、平成十三年参照）。

先生はまた、法学部有志で結成した梧陰文庫研究会においても、昭和五十五年発足以来のメンバーとして研究会を運営され、研究会としての数々の業績を収めてこられた。平成九年度以降は山下重一氏より研究会代表を引き継ぎ、それは定年に及んだ。その活動の内容は、同研究会編『井上毅とその周辺』（平成十二年、木鐸社）の巻末に附載する「梧陰文庫研究会について」に詳しい。

大学院においては、平成三年度から同六年度まで、法学研究科委員長としての重責を果たされ、学会活動においても昭和五十九年度より同六十二年度まで法制史学会理事を勤められた。

先生の敬愛してやまない瀧川政次郎博士は碩学にしてその研究分野は多領域にわたっているが、その本領が律令学に存したことは周知の通りである。その跡を嗣がれた先生は、國學院大學に着任してからは律令を中心に据えての研究に専心され、やがてその律令研究を近世法、近代法の研究にも応用されて方法論の上でも新機軸を拓かれた。

先生のもとには日本法制史を専攻する大学院生がほとんど絶えることなく在籍した。院生は母校法学部出身者ばかりではなく、他学部、他大学から慕って来た者も多い。先生は院生各人の個性を尊重し、常に暖かい眼差をもって懇切に、そして根気をもって教え導かれた。この度、受業生が曲りなりにも本書を献呈できるのも、その御指導の賜である。本書収載の論文は古代から近代まで、テーマが分散しているが、それらの多くは律令研究が基盤となっている。書名に「律令」を冠するのは、その故である。

今からちょうど百年前の明治三十六年四月、國學院は『法制論纂』と題する論文集を刊行した。千五百頁にも及ばんとするこの書は、皇典講究所の講演録の中から法制史に関する七十八篇を収録したものである（國學院は明治二十三年、皇典講究所によって設立された）。さらに翌年一月には、これに漏れた五十七篇を編んで『法制論纂続編』が刊行された。これらの書は、わが国における法制史論文集の嚆矢といわれている。その研究対象とする時代は古代から明治初期まで多岐にわたり、執筆陣も小中村清矩、木村正辞、小宮山綏介、井上頼圀、萩野由之、池辺義象、有賀長雄等々、当代一流の多彩な顔ぶれである。実は本書の書名「論纂」は、右の両書に因んで命名したものである。

先生は昨年三月に退職された後も御健勝の裡に過しておられ、その健筆にもいっそうの拍車がかかっている。これからも変らぬ御指導を賜るよう願ってやまない。

本書は当初、先生の御退職にあわせて刊行する予定であったが、小生の怠慢と力不足のために大幅に遅れてしまった。何よりも先生にお詫び申し上げると共に、執筆者各位にもご海容を乞うものである。

なお、本書のタイトル文字は、大島敏史氏（号祥泉）が小林先生の古稀祝賀のために、わざわざ揮毫して下さったものである。年末年始の御多用中、御無理をお願いしたのであるが、御快諾いただき感謝のほかはない。又、「著作目録」の作成にあたっては、吉原丈司氏の協力を得た。末筆ながら本書の出版をお引受け下さった汲古書院社長石坂叡志氏、ならびに編集の労をとっていただいた同書院小林詔子氏にも深謝の意を表する次第である。

平成十五年一月

高　塩　　博

執筆者紹介（掲載順）

小林　宏（こばやし　ひろし）

1931年生。京都大学大学院法学研究科博士課程修了。法学博士。國學院大學名誉教授。

宮部　香織（みやべ　かおり）

1973年生。國學院大學大学院法学研究科博士課程後期単位取得。國學院大學日本文化研究所調査員。

長又　高夫（ながまた　たかお）

1964年生。國學院大學大学院文学研究科博士課程後期単位取得。博士（法学）。國學院大學日本文化研究所兼任講師。

瀬賀　正博（せが　まさひろ）

1970年生。國學院大學大学院法学研究科博士課程後期修了。博士（法学）。國學院大學栃木中学高等学校教諭。

高塩　博（たかしお　ひろし）

1948年生。國學院大學大学院法学研究科博士課程後期単位取得。法学博士。國學院大學日本文化研究所教授。

島　善高（しま　よしたか）

1952年生。國學院大學大学院法学研究科博士課程後期単位取得。早稲田大学社会科学部教授。

中山　光勝（なかやま　こうしょう）

1949年生。國學院大學大学院法学研究科博士課程単位取得。身延山大学仏教学部教授。

高　明　士（こう　めいし）

1940年生。東京大学大学院修士課程修了。文学博士。国立台湾大学歴史系教授。

大浦　太治（おおうら　ひろじ）

1971年生。明治大学大学院法学研究科博士課程後期単位取得。豊島学院高等学校非常勤講師。

山下　重一（やました　しげかず）

1926年生。東京大学法学部政治学科修了。國學院大學名誉教授。

井上　琢也（いのうえ　たくや）

1962年生。京都大学大学院法学研究科博士課程後期単位取得。國學院大學法学部教授。

律令論纂

平成十五年二月　発行

編　者　小林　宏
発行者　石坂叡志
印刷所　中台整版
　　　　モリモト印刷

発行所　汲古書院
〒102-0072　東京都千代田区飯田橋二―五―四
電　話〇三（三二六五）九七六四
ＦＡＸ〇三（三二二二）一八四五

題字／大島敏史

ISBN 4−7629−4165−4　C3032

KYUKO-SHOIN, Co.,Ltd.　Tokyo